진로독서교육의 이해와 실제

방숙영 · 김은정 · 박주현 · 박보경 지음

도서출판 태일사

진로독서교육의 이해와 실제 / 지은이: 방숙영, 김은정, 박주현, 박보경. -- 대구 : 태일사, 2016.
407 p. ; 26 cm.

ISBN 979-11-87268-00-0 93020 : ₩20000

독서 교육[讀書敎育]
진로 교육[進路敎育]

029.8-KDC6   028.5-DDC23

머리말

 지식정보시대에 따른 급격한 정보·과학기술의 변화는 지식산업과 노동시장 환경의 변화뿐만 아니라 개개인의 수행 능력의 변화를 요구하고 있다. 따라서 예측 불가능한 미래 사회에서 학생들이 자신의 진로를 찾고 성취하도록 돕기 위해서는 단순한 암기식 지식의 축적보다는 지식의 적용과 활용 능력을 기르도록 하는 교육 내용과 과정이 필요하다. 이러한 사회 환경의 변화에 대응하기 위해서 정부는 진로에 대한 깊이 있는 이해와 함께 학생들에게 요구되는 능력을 향상시키는 진로교육을 강화시키고 있다.

 그러나 교육현장에서는 여전히 특정한 직업을 탐색하는 교과서 중심의 진로교육과정을 운영하고 있으며 교사들이 학생들의 진로교육 활동을 계획하고 실질적으로 운영하는 데 도움이 되는 참고 도서는 부족한 편이다.

 이 책에서는 기존 교과서 중심의 진로교육과정을 벗어나 지식·정보 활용 능력을 향상시키는 독서교육을 융합한 다양한 진로독서교육의 내용과 과정을 담았으며 교육현장에서 실질적으로 운영한 사례를 다루어 선생님들이 진로독서교육과정을 운영하는 데에 조금이나마 도움이 되고자 하였다. 이에 진로라는 주제를 중심으로 독서하는 과정을 포함한 '프로젝트 학습법', 'Big6 Skills', '포트폴리오', '소논문쓰기'의 다양한 방법을 적용하여 설계한 프로그램을 제시하였다.

 적용된 네 가지 진로독서교육 방법은 정보를 활용한다는 공통점을 가지고 있다. 그리고 프로그램 참가자의 발달 수준에 적합하게 과제를 선정하고 자료를 탐색하여 종합·정리하는 과정에서 학습자의 참여 정도를 조절할 수 있다는 특징이 있다. 또한 자신과 밀접한 관련이 있는 주제나 관심 있고 흥미 있는 주제를 과제로 선정할 수 있어 참여자의 동기수준을 높이고 학습효과를 극대화할 수 있다는 장점이 있다. 그러나 네 가지 진로독서교육 방법은 해결해야 할 과제의 구조화 정도와 학습과정 및 교육방법에 차이가 있다. 따라서 교사들은 대상과 학습전략에 따라 어떤 교육방법을 적용할지를 고려할 수 있다.

1장에서는 초등학교 고학년 학생들을 대상으로 '진로'라는 주제에 대한 프로젝트 학습과 독서 자료를 활용한 교육 방법을 적용한 CRE-PBL의 운영과정과 사례를 다루었다. 2장에서는 교육의 일반적 사고과정인 블룸(Bloom)의 교육목표와 일치하는 문제해결과정의 Big6 Skills를 활용하여, 초등학교 고학년 학생들이 스스로 자신의 적성과 흥미에 맞는 직업에 대해 찾아갈 수 있도록 설계하여 운영한 진로독서 프로그램과 사례를 다루었다. 3장에서는 학교도서관의 다양한 자료를 활용하여 진로독서단계에 따른 프로그램 운영방법과 직업별 진로독서포트폴리오 구성 방법을 사례를 통해 제시하였다. 4장에서는 중학생을 대상으로 소논문 쓰기 활동을 통한 심층적인 주제별 글쓰기 및 읽기 활동을 모색하고, Big6 Skills를 기반으로 하는 프로젝트 학습 활동의 과정과 실제 적용 방법을 제시하였다.

부족한 책이지만 현장의 교사들이 진로독서교육을 실천하는 데에 이 책이 조금이라도 도움이 되길 바라며 더불어 이 책이 교육가족과 공유될 수 있도록 지원을 아끼지 않으신 태일사 관계자분들께 감사의 말씀을 전한다.

2016년 3월
저자 일동

목 차

머리말 • 3

프로젝트 학습을 활용한 진로독서교육 / 박주현

제1절 프로젝트 학습 진로독서교육 • 11

1. 진로독서교육의 방향 …………………………………………… 11
2. 프로젝트 학습을 적용한 진로독서교육 ……………………… 12
3. 교사로서 도전할 만한 "프로젝트 학습 진로독서교육" …… 13

제2절 프로젝트 학습을 활용한 진로독서교육의 이해 • 14

1. 진로독서교육과정의 편성과 운영 …………………………… 14
2. 프로젝트 학습과 프로젝트 학습 독서 ……………………… 20
3. 프로젝트 학습을 활용한 진로독서교육 ……………………… 21
4. 프로젝트 학습 진로독서활동 과정 …………………………… 24

제3절 프로젝트 학습 진로독서교육 활동의 실제 • 38

1. 전체적인 스토리 ………………………………………………… 38
2. 프로젝트 계획하기 ……………………………………………… 39
3. 프로젝트 실행하기 ……………………………………………… 47
4. 되돌아보기 ………………………………………………………… 61

• 부록 • 65

◆ 참고문헌 • 104

Big6 Skills를 활용한 진로독서교육 / 김은정

제1절 Big6 Skills와 초등학교 진로교육 • 107

1. Big6 Skills의 정의 ·· 109
2. Big6 Skills와 진로독서교육 ································· 110

제2절 Big6 Skills를 활용한 진로독서교육 프로그램의 이해 • 112

1. Big6 Skills를 활용한 진로독서교육 프로그램의 이해 ·········· 112
2. Big6 Skills를 활용한 진로독서교육 프로그램의
   차시별 운영 계획 ·· 117

제3절 Big6 Skills를 활용한 진로독서교육 프로그램의 실제 • 122

1. 진로독서교육 프로그램 운영 대상자 및 프로그램 운영 환경 ·· 122
2. Big6 Skills를 활용한 진로독서교육 프로그램 사례 ·············· 126
• 부록 • 161

◆ 참고문헌 • 220

진로독서포트폴리오와 진로독서교육 / 방숙영

제1절 진로교육과 진로독서교육 • 225

1. 진로교육의 의미 ·· 225

2. 진로독서교육의 필요성 …………………………………… 228
3. 진로독서지도 ……………………………………………… 230

제2절 진로독서포트폴리오의 이해 • 232

1. 독서포트폴리오의 의미 …………………………………… 232
2. 독서포트폴리오 작성요령 ………………………………… 233
3. 진로독서포트폴리오의 의미 ……………………………… 235
4. 진로독서포트폴리오 구성 내용 …………………………… 238

제3절 진로독서프로그램의 실제 • 258

1. 차시별 프로그램의 이해 ………………………………… 259
2. 독서를 통한 자기이해 …………………………………… 260
3. 독서를 통한 진로이해 …………………………………… 270
4. 독서를 통한 진로탐색 …………………………………… 277
5. 진로에 따른 독서활동 …………………………………… 284

• 부록 • 293

◆ 참고문헌 • 318

제4장

소논문 쓰기 활동을 통한 진로독서교육 프로그램 / 박보경

제1절 중학교에서 청소년 글쓰기 활동 모색하기 • 321

제2절 중학생을 위한 소논문 쓰기 활동을 통한
진로독서교육 프로그램의 이해 • 323

제3절 중학생을 위한 소논문 쓰기 활동을 통한
진로독서교육 프로그램의 실제 • 326

  1. 효율적인 수업 운영을 위한 시간 확보 ·································· 326
  2. 수업 대상의 설정 ·· 328
  3. 수업 운영의 실제 ·· 329
  • 부록 • 357

◆ 참고문헌 • 404

색 인 • 405

프로젝트 학습을 활용한 진로독서교육 — 제1장

제1절 프로젝트 학습 진로독서교육

제2절 프로젝트 학습을 활용한 진로독서교육의 이해

제3절 프로젝트 학습 진로독서교육 활동의 실제

부 록

프로젝트 학습을 활용한 진로독서교육

제1절 프로젝트 학습 진로독서교육

1. 진로독서교육의 방향

초등학교 교육과정에서 독서교육은 장소와 시기를 불문하고 이루어지지만 교육과정 편제를 고려하였을 때 진로교육과 같이 대부분 창의적 체험활동시간에 이루어진다. 그리고 진로교육은 다양한 방법으로 운영되기도 하지만 일반적으로 독서활동과 연계하여 운영되고 있는 실정이다. 서울특별시교육청이 발표한 2013년과 2014년 진로교육 활성화 계획에서도 진로교육 활성화의 한 방법으로 창의적 체험활동을 활용한 '진로 연계 독서교육 운영'을 제시하고 있다(서울특별시교육청 2013; 2014). 또한 교육과학기술부와 한국직업능력개발원이 발행한 『교과 통합 진로교육 교수·학습지도안: 초등』을 보면 진로교육 프로그램의 상당수가 독서라는 방법에 의존하고 있음을 알 수 있다. 그리고 시중에 나와 있는 대부분의 진로관련 책들 역시 진로교육 프로그램에 필요한 읽을 자료를 제시하고 그에 따라 학생들이 독서하는 활동을 주로 다루고 있다. 전체적으로 진로교육 관련 책들은 제시된 자료를 학생들이 읽고 주어진 활동지에 자신의 생각을 표현하는 내용으로 구성되어 있다. 이와 같이 읽을 자료를 제시하는 진로교육 방법은 다양한 진로교육 방법 중에 하나로, 특히 독서활동과 연계하여 운영된다는 점에서 긍정적인 교육방법이라고 할 수 있다. 그러나 단순히 학생들이 주어진 진로관련 자료만을 읽고 그에 따른 독서

활동을 하는 방법으로만 진로교육과정을 운영한다면 학생은 자신의 관심과 흥미에 따른 다양한 지식·정보를 스스로 구성할 수 있는 기회를 상실하게 되며 그 밖에 다양한 내용과 방법을 통한 진로교육 활동의 기회도 상실하게 될 것이다.

진로교육에 있어 중요한 교육 방법 중의 하나가 경험과 체험이라고 할 때(이종범 2005), 학생들에게 다양한 경험과 체험을 제공할 수 있는 진로교육 방법을 안내할 필요가 있다. 또한 읽을 자료를 제시함에 있어서도 단지 특정 직업이 등장한 책을 소개하거나 특정 직업과 관련된 내용이 포함된 책의 일부분을 제시하고 그에 따른 활동을 하는 등의 직업 탐색 위주의 도서 또는 예시 자료 제공은 탈피해야 한다(조재윤 2014). 왜냐하면 진로교육에서 '진로'란 직업과는 다른 의미이기 때문이다. 즉 진로교육이 곧 직업교육이 아니라는 뜻이다. 진로는 전(全)생애와 관련된 것으로, 직업이나 일 등의 상위 개념으로, 진로에는 일생에 걸쳐 갖게 되는 모든 역할과 여러 가지 활동이 포함된다.

특히 초등학생들을 대상으로 하는 진로교육에 있어 중요한 것은 초등학생들이 '자신의 이상'은 무엇인지, '자신의 꿈'은 무엇인지를 고민하게 하는 과정이다. 이러한 과정을 위하여 교사는 학생들이 자신과 주변에 대해 고민하고, 깊은 생각과 넓은 경험을 할 수 있도록 이끌어야 한다. 즉 학생들이 진로에 관심과 흥미를 유발할 수 있는 방법과 학생들이 스스로 지식·정보를 구성할 수 있는 방법으로 진로독서교육을 실시해야 한다.

2. 프로젝트 학습을 적용한 진로독서교육

초등학생들의 진로교육도 발달단계에 따라 수행되어야 한다. 진로 발달이론을 토대로 진로교육에서는 긍정적 자아개념 형성, 일의 중요성 이해, 진로탐색과 계획, 진로 역량 개발과 같은 내용이 다뤄져야 한다. 이와 같은 내용들 역시 교육방법적 측면으로 보았을 때 독서를 통해 다뤄질 수 있다. 그것은 독서가 간접 경험과 체험을 제공하기 때문이다. 그러나 특정 직업이 나와 있는 읽을 자료를 교사가 단순히 제시하는 방법은 지양해야 한다.

 학생 스스로 진로 관련 문제를 인식하고 문제를 해결하기 위한 방법을 모색하고 문제를 해결하는 과정을 통해 자신과 주변에 대한 고민을 이끌 수 있는 교육방법이 있다. 게다가 이 방법은 문제 해결 과정에서 학생들에게 성취감을 제공하여 학생들이 긍정적인 자아개념을 형성하고 직업의 중요성을 이해하는데 도움을 준다. 이와 같은 교육방법이 바로 프로젝트 학습에 진로독서교육을 적용시킨 것이다. 프로젝트 학습을 적용한 진로독서교육은 '진로'라는 내용에 '독서'라는 방법을 추가하고 여기에 '프로젝트'라는 학습 과정을 적용한 것으로 진로라는 내용을 자기주도적으로 학습하고 문제를 해결하는 과정에서 긍정적인 자아개념을 얻을 수 있는 독서교육방법이 된다.

3. 교사로서 도전할 만한 "프로젝트 학습 진로독서교육"

 적어도 이 글을 읽고 있는 독자들은 "초등학교 학생들에게 진로교육이 무슨 필요가 있을까?"라고 생각하지 않을 것이다. 혹은 그렇게 생각하지 않았더라도 진로교육을 수행하려는 목적이 있을 것이고 경험을 통해 곧 진로교육의 필요성을 실감하게 될 것이다. 그러나 지금부터 설명할 내용은 그동안 초등학교에서 행해지고 있는 진로교육과는 사뭇 다른 내용이다. 특히 1장에서 다루어질 내용은 다양한 진로교육 방법 중에서 프로젝트 학습 방법과 독서활동을 융합한 진로교육이다. 이와 같이 프로젝트 학습 방법과 독서활동을 적용한 진로교육은 초등학교 현장에서 거의 다루어지지 않았다. 따라서 대부분의 선생님들은 이러한 용어를 매우 생소하게 느낄 것이며 또한 적용과정에서 여러 시행착오를 겪을 수도 있다. 그러나 "고생 끝에 낙이 오다"는 속담과 苦盡甘來(고진감래)라는 사자성어가 있듯이 프로젝트 학습 방법을 적용한 진로독서교육을 학생들에게 적용해 보면, 이러한 교육방법을 통해 학생들이 일과 직업의 세계에 대한 흥미를 갖고 자신의 자아를 긍정적으로 생각하게 된다는 사실을 알 수 있을 것이다. 또한 과제를 해결하는 과정을 통해 학생들의 문제해결능력과 자기주도적 학습능력도 향상되었음을 실감할 수 있을 것이다. 그리고 교사에게는 열정에 대한 만족스런 성취감을 제공할 것이다. 교사에게 있어 교육을 통한 아동의 긍정적인 발달을 경험하는 것만큼 교사라는 직업에 대한 보람을 얻을 만한 것이 있겠는가. 여러분이 읽고 있는 프로젝트 학습을 통한 진로독서교육은 교사로서 도전해 볼 만한 교육방법이 될 것이다.

제2절 프로젝트 학습을 활용한 진로독서교육의 이해

1. 진로독서교육과정의 편성과 운영

학교교육과정이 새로운 학년이 시작되기 전에 편성된다는 점에서 미리 고려해 두지 않으면 프로젝트 학습 진로독서교육을 운영하기에 곤란한 경우가 생길 수 있다. 이에 진로독서교육과정 편성·운영 방법을 살펴보고 전체적인 프로젝트 학습 진로독서교육과정을 설계하길 바란다.

초등학교 진로교육의 방향과 구체적인 운영 방법은 교육과학기술부가 2011년 발행한 『초등학교 진로교육 매뉴얼』과 각 시·도교육청에서 발행한 초등학교 진로교육 매뉴얼을 참고하면 된다. 추가로 부록에 교사들이 활용할 수 있는 진로교육 자료 목록을 제시하였으니 참고하길 바란다. 다만, 여기서는 진로교육과 독서교육을 연계하여 편성·운영할 수 있는 방법에 대한 부분만을 간략히 기술하기로 한다.

1.1 진로독서교육과정 편성 방법

진로독서교육과정을 편성하는 방법은 교과통합 방법, 범교과·자기주도적 학습 연계 방법, 창의적 체험활동 하위 영역간 연계 방법이 있다.

교과통합 방법은 교과 시간에 진로교육을 통합하여 운영하는 방법이다. 초등교사들은 자신이 맡고 있는 교과(예를 들어 국어, 수학, 영어, 사회, 과학 등)와 진로교육을 통합하여 운영하면 된다.

범교과나 자기주도적 학습과 진로교육을 연계하는 방법은 범교과 학습 주제나 자기주도적 학습과 진로교육을 연계하여 운영하는 방법이다. 범교과 학습 주제에 '독서교육'은 직접적으로 명시되어 있지 않지만 인성 교육, 여가 활용 교육, 문화 예술 교육, 의사소통·토론 중심 교육, 논술 교육 등과 연계하여 진로독서교육을 운영할 수 있다. 또 환경, 경제 등과 관련한 도서를 가지고 환경 교육, 경제 교육 등을 운영한다고 할 때 범교과 학습 주제는 모두 진로독서교육의 내용으로 운영될 수 있다.

〈표 1-1〉 범교과 학습 주제

민주 시민 교육, 인성 교육, 환경 교육, 경제 교육, 에너지 교육, 근로 정신 함양 교육, 보건 교육, 안전 교육, 성 교육, 소비자 교육, 진로 교육, 통일 교육, 한국 정체성 교육, 국제 이해 교육, 해양 교육, 정보화 및 정보 윤리 교육, 청렴·반부패 교육, 물 보호 교육, 지속 가능 발전 교육, 양성 평등 교육, 장애인 이해 교육, 인권 교육, 안전·재해 대비 교육, 저출산·고령 사회 대비 교육, 여가 활용 교육, 호국·보훈 교육, 효도·경로·전통 윤리 교육, 아동·청소년 보호 교육, 다문화 교육, 문화 예술 교육, 농업·농촌 이해 교육, 지적 재산권 교육, 미디어 교육, 의사소통·토론 중심 교육, 논술 교육, 한국 문화사 교육, 한자 교육, 녹색 교육, 독도 교육 등

(출처: 교육과학기술부. 초중등 교육과정 총론 [별책 1]. 교육과학기술부 고시 제2013-7호, 2013. 12. 18.)

자기주도적 학습과 진로교육을 연계하여 운영하는 방법으로 진로독서교육을 운영할 수도 있다. 자기주도적 학습을 학년군과 연계한 운영 방식은 다음과 같다.

여기서 학생들의 수준이나 과제의 종류는 학생들의 교육적 요구와 학교의 실태 등을 반영하여 융통성있게 적용할 수 있다. 프로젝트 학습법은 스스로 과제를 인식하고 해결하는 과정이 포함된 자기주도적 학습법이므로 〈표 1-2〉의 내용을 프로젝트 학습 과제에 맞춰 수정하여 교육과정을 운영할 수 있다.

〈표 1-2〉 학년군에 따른 자기주도적 학습 방식

학년군	내 용
1~2	학교나 교사가 제시한 과제를 스스로 계획을 세워 실천하는 활동 수행
3~4	만들기나 독서 등 자신이 하고 싶은 과제를 찾아보고 그것을 실천하기 위한 활동 수행
5~6	자신과 같은 흥미와 관심을 가진 친구들과 더불어 과제의 주제를 결정하고 실천하는 과정 수행

〈표 1-3〉은 창의적 체험활동과 자기주도적 학습을 연계하여 운영할 수 있는 예시 안이다. 독서자료를 중심으로 진행되는 진로독서를 〈표 1-3〉과 같은 연계 방법으로도 운영할 수 있다.

〈표 1-3〉 창의적 체험활동과 자기주도적 학습과의 연계 운영(예시)

영 역	자기주도적 학습과의 연계 운영
진로활동	진로활동의 '진로 정보 탐색 활동'과 관련하여 학생 개개인이 찾아보고 싶은 직업을 선정하여 관련 도서와 인터넷 등을 중심으로 탐색하는 활동 전개

창의적 체험활동의 하위 영역간 통합 진로교육 편성방법은 창의적 체험활동의 하위 영역인 자율활동, 동아리활동, 봉사활동, 진로활동 영역을 통합적으로 편성하고 운영하는 방법으로 〈표 1-4〉와 같이 계획할 수 있다.

〈표 1-4〉 창의적 체험활동 하위 영역 간 통합 편성 · 운영(예시)

통합영역	통합 편성 · 운영
자율활동과 진로활동	진로교육에 대한 학생 및 학부모의 관심을 높이기 위하여 진로활동을 자율활동의 하위 활동인 행사활동이나 창의적 특색 활동으로 운영하는 경우
동아리활동과 진로활동	진로 관련 동아리를 운영하는 경우 동아리별로 관련된 진로활동을 계획하여 운영하는 경우
봉사활동과 진로활동	다양한 봉사활동을 수행하며 직업의 세계를 이해하고 자신의 진로를 탐색하는 기회를 제공하는 경우

보통 특색교육으로 독서교육을 운영 중인 초등학교의 경우, 독서교육 운영을 위해 자율활동의 창의적 특색 활동의 학교특색사업으로 독서교육을 편성한다. 그런데 진로독서교육을 운영한다고 하였을 때는 자율활동과 진로활동의 영역이 중복되는 경우가 생긴다. 이 경우 자율활동의 창의적 특색 활동과 진로활동을 통합하여 진로독서활동으로 편성·운영할 수 있다.

1.2 프로젝트 학습을 적용한 진로독서교육 운영·편성 방법

프로젝트 학습을 적용한 진로독서교육 운영 방법에서 고려해야 할 부분을 창의적 체험활동의 4개의 영역(자율활동 - 행사, 학교특색 사업, 동아리활동, 봉사활동, 진로활동)을 중심으로 기술하고자 한다.

프로젝트 학습 진로독서교육은 참여한 동아리별로 그간 수행한 프로젝트를 발표하는 시간을 갖게 된다. 발표회를 어떤 방식으로 운영하느냐에 따라 다르겠지만 수업시간에 특정 학년의 학생들과 강당에서 발표회를 갖는다면 학년교육과정에 이를 반영해 놓는 것이 좋다. 범교과 학습주제와 연계하여 특정 교과시간을 할애하는 방법도 있겠지만 〈표 1-5〉와 같이 창의적 체험활동의 자율활동의 행사활동에 이를 편성하고 운영할 수도 있다. 물론 프로젝트 학습 진로독서 발표나 작품전시회를 학교특색 또는 학년특색활동에 편성하고 운영할 수도 있다. 이와 같이 프로젝트 학습 진로독서를 학년특색이나 학교특색에 반영하면 프로젝트 학습 진로독서 운영에 필요한 교육활동에 필요한 시수와 자원을 확보할 수 있다는 장점이 있지만 참여 교사가 본인의 의지와 상관없이 프로젝트 학습 진로독서 활동을 운영하는 교사가 된다는 문제점이 있다. 따라서 학교의 상황에 따라 참여 대상과 운영방법을 결정하여 교육과정을 편성하고 운영계획서를 작성할 필요가 있다.

진로독서교육과정은 독서활동을 통한 진로탐색의 내용으로 진로활동에 편성할 수도 있다. 또한 다양한 진로독서교육 행사라는 내용으로 다양한 활동에 편성하여 운영할 수도 있다.

〈표 1-5〉 창의적 체험활동 연계 운영 예시안

	활동	3-4학년군	5-6학년군
자율	행사	프로젝트 학습 진로독서 발표(1) 프로젝트 학습 진로독서 작품전시회(1) 진로 연계 독서토론대회, 진로 관련 독후감 대회, 진로신문 만들기 대회, 부모님과 함께 하는 진로독서의 날 등 실시	
	학교특색	창의적 독서교육(6)	인성함양 독서교육(3)
	학년특색	진로독서교육(6)	진로독서교육(3)
동아리	소질계발	소질계발 (1, 2, 3학년 각 30시간)	동아리활동 (학술, 문화, 스포츠, 노작, 소년단체활동, 진로독서)
봉사	교내, 지역사회봉사, 자연환경보호, 캠페인활동 등	자연환경보호, 캠페인활동, 교내봉사, 지역사회 봉사	
		8 | 8	8 | 8
진로	자기 이해, 진로 정보 탐색, 진로 계획 등	자기 이해, 진로 정보 탐색, 진로 계획, 진로 체험 활동 등	
		4 | 4	4 | 4
		(독서활동을 통한 진로탐색) 교과별 권장 도서 읽기 및 NIE 수업 실시, 아침 독서시간을 활용한 독서 및 후기 쓰기, 직업흥미검사 · 다중지능검사 등에 기초한 도서 읽기, 독서와 진로를 연계한 방과후 활동	

프로젝트 학습 진로독서교육을 담임교사가 아닌 동아리별 담당 교사가 진행할 수도 있다. 이에 따라 사서교사나 교과전담교사가 창의적체험활동의 동아리활동으로 진로독서동아리를 개설하고 운영한다면 사서교사는 구성된 동아리원들을 대상으로 프로젝트 학습 진로독서활동을 운영할 수 있다. 이 경우 특정 학년에 소속된 선생님들이 모두 프로젝트 학습 진로독서활동에 참여할 수도 있고 관심이 있는 몇 명의 교사만이 참여할 수도 있다. 혹시 단위학교 내에서 독서나 진로관련 연구회나 동아리가 운영되고 있다면 이 교사 연구회나 교사 동아리 회원들이 운영하고 있는 창의적 체험활동 동아리활동에 참여하는 학생들만을 대상으로 프로젝트 학습 진로독서교육을 운영하는 것도 한 방법이다.

진로독서동아리의 봉사활동 시수나 진로활동 시수 운영 계획서(예시)안은 〈표 1-6〉과 같다.

〈표 1-6〉 진로동아리의 창체활동 연계 연간 운영 계획서(예시)-일부

순	월	일	자율 활동 시수	동아리 활동 시수	봉사 활동 시수	진로 활동 시수	활동계획
4	3	00				2	직업인 초청 강연 1
5	4	00	1				주제 글쓰기 : 로봇이 지배하는 세상
6	4	00				1	직업 체험의 날 희망 직업 조사
8	4	00			1		봉사활동 사전교육
12	5	00			2		점자 도서 워드 입력 봉사
13	5	00		2			직업체험의 날(IT직업인과의 만남)
14	6	00	2				NIE : 로봇이 지배하는 세상
21	7	00		4			동아리 현장체험(디지털파빌리온)
22	7	00			8		봉사의 날(초등학생 로봇 프로그램 교육)
34	11	00		2			동아리 발표회 준비
35	11	00		8			동아리 발표회
37	12	00		1			동아리 활동 정리(소감문 작성, 설문조사)
41	12	00	1				자율활동 정리(소감문 작성)
42	12	00				1	진로활동 정리(소감문 작성, 설문조사)

서울시교육청이 발표한 2014 진로교육 활성화 계획에는 단위학교 추진내용으로 진로동아리 운영이 기술되어 있다. 이 계획서에 기술된 진로동아리는 앞으로 언급할 프로젝트 학습 진로독서동아리와 일정부분 유사한 부분이 있다. 두 동아리 모두 동아리 구성 및 운영방법이 비슷하며 포트폴리오를 만든다는 점에서 공통점이 있다. 따라서 이 계획서에 포함된 진로동아리 운영 계획안과 직업군별 동아리활동 예시는 프로젝트 학습 진로독서동아리를 운영함에 있어 참고할 만하다. 직업군별 동아리 활동 일부(예시안)는 〈표 1-7〉과 같다.

〈표 1-7〉 직업군별 동아리 활동 일부(예시)

동아리명	관련직업군
(친구 도우미반) 또래상담반, 또래 멘토-멘티반 등	사회복지사, 교사, 교수, 상담사, 놀이방교사, 컨설턴트 등
(도서, 언어 관련반) 도서반, 독서반, 신문읽기반, 성경읽기반, 영어책읽기반, 영어회화반, 토론반 등	도서관 사서, 작가, 기자, 작사가, 시나리오작가, 번역가, 출판업자, 북디자이너, 다국적 기업인, 한국어교사, 외교관, 대사관 직원, 정치인, 국어교사, 영어교사, 영어동화작가, 언론인, 잡지사 CEO, 동시통역사, 여행가 등

2. 프로젝트 학습과 프로젝트 학습 독서

프로젝트 학습은 프로젝트법, 프로젝트 중심 교수법, 프로젝트 기반 학습, 프로젝트 수행법 등과 같이 사용되고 있으나 강조점에 차이가 있을 뿐 기본 개념은 동일하다. 여기서는 프로젝트 기반 학습(Project Based Learning, PBL)을 기본 개념으로 사용하고 줄여서 프로젝트 학습이라고 기술하기로 한다.

프로젝트 학습의 시작은 1886년 설립된 Dewey(1859-1952)의 실험학교로 거슬러 올라간다. Dewey는 교육이 교사에 의해 주도되는 것이 아니라 아동들의 경험을 통해 교육이 이루어지는 것으로 보고, 학생들의 능동적 참여와 적극적 활동을 강조하는 프로젝트 형식의 수업을 취하게 된다. 이후 Kilpatrick은 1918년에 '프로젝트법(The Project Method: The Use of The Purposeful Act in Educative Process)'라는 논문에서 프로젝트를 '학생들이 진심을 다하는 유목적적인 활동'으로 정의하였고 이후로 '프로젝트법'이 교육적인 용어로 널리 사용되었다(지옥정 1996). 그리고 1989년에 프로젝트법이 Katz와 Chard(1989)에 의해 '프로젝트 접근법(Project Approach)'라는 이름으로 발표되면서 교육현장에서 프로젝트라는 용어가 일반화되었고 미국과 캐나다를 중심으로 교육현장에서 널리 활용되기 시작하였다. 프로젝트 학습을 정의하면 "학습자가 중심이 되어 학생 주변에 있는 실제적인 문제들에 관해서 학생 스스로 과제를 설정하고, 해결하는 방법을 모색하고, 그 과정에서 다양한 탐구 방법을 이용하여 결과를 도출해내는 학습 방법"이라고 할 수 있다. 이러한 프로젝트 학습은 학습자의 내적 동기 유발, 학습에 대한 책임감, 긍정적인 자아개념, 탐구과정을 통한 성찰, 문제해결능력, 자기주도적 학습능력, 의사소통능력, 자발성과 능동성, 고등사고능력, 학습과 학습자의 삶이 연계, 긍정적인 학습 성향, 소속감과 공동체의식, 도전정신을 향상시킨다는 점에서 교육현장에서 많이 활용되고 있다(박민정 2007; 임종훈, 조주현 2007; Katz, Chard 1989).

이와 같이 프로젝트 학습독서는 비교적 최근에 사용되기 시작한 용어이다. 그리고 프로젝트 학습의 실천과정과 교육적 효과를 독서교육에 적용시킨 것이 프로젝트 학습 독서이다. 이는 프로젝트 학습과 독서가 교수학습 방법에 있어 공통된 영역이 많기 때문에 융합 방법으로의 적용이 가능한 것이다. 프로젝트 학습이나 독서교육방법에 있어 가장 큰 공통점은 학습자가 학습의 과정을 주도해야 한다는 점이다. 교사가 책을 추천해줄 수는 있으나 그 책을 읽고 이해하는 것은 학습자일 수밖에 없다. 또한 교사가 문제 해결 과정을 설명해주고 조언해주고 이끌어줄 수는 있지만 결국 문제를 해결하는 과정과 과제 해결의 결과에 대한 지식구성과 만족감은 학습자에게 주어지게 된다. 그리고 프로젝트 학습에서 주어진 과제를 해결할 때 필요한 능력이 정보활용능력과 독해능력이라고 할 때, 프로젝트 학습에 독서를 통합하면 프로젝트 학습의 효과를 더욱 높일 수 있다. 프로젝트 학습에 독서를 적용한 '프로젝트 학습독서'의 효과를 정리하면 다음과 같다. 첫째, 문제해결을 위한 독서를 통해 유목적적이고 체계적인 독서활동이 가능하다. 둘째, 프로젝트 해결을 위해 텍스트를 읽고 비교, 분석, 평가하는 비판적 독서력이 향상된다. 셋째, 조력교사나 동료와의 활발한 상호작용을 통해 유의미한 독서활동이 가능하다. 넷째, 긍정적이고 자발적인 독서태도가 형성된다. 다섯째, 성취감을 통한 긍정적인 자아개념이 형성된다.

3. 프로젝트 학습을 활용한 진로독서교육

프로젝트 학습 진로독서교육은 프로젝트 학습 독서교육이라는 방법적이고 도구적 성격이 강한 학습법에 진로교육이라는 영역의 내용을 포함시켜 융합을 통한 교육적 효과를 극대화시킨다. 진로나 꿈을 주제로 프로젝트를 수행한 많은 연구에서 긍정적인 자아 인식, 일과 직업의 세계에 대한 이해력 향상, 올바른 직업관 형성, 장래 직업인으로서의 바람직힌 태도가 형성되었다(박광수 2008; 유정훈 2010; 이귀숙 2010; 박혜림 2012).

〈표 1-8〉은 교과 통합 진로독서교육을 위하여 제시하고 있는 교수·학습 방법 및 효과를 설명해주고 있다. 진로독서교육의 유형으로 제시된 프로젝트 학습이 학생중심 활동으로 실시될 수 있음을 나타내고 있다. 그러나 프로젝트 학습은 기본적으로 문제중심 학습이며 일반적으로 협동학습의 형태로 운영된다. 그리고 다양한 조사 방법들을 적용할 수도 있고 문제에 대해 토론할 수도 있다. 이외에도 강의법, ICT학습법, 실습, 역할놀이 등 다양한 방법을 적용하여 프로젝트 학습을 운영할 수 있다고 할 때, 〈표 1-8〉에 언급된 모든 유형은 프로젝트 학습방법에 적용될 수 있다.

이론적 배경과 선행연구들 그리고 개인적인 경험을 토대로 정리한 프로젝트 학습 진로독서교육의 효과는 다음과 같다. 첫째, 자신을 둘러싼 문제를 해결하기 위한 학습 방법으로 흥미와 탐구심이 유발되어 자기주도적 학습력이 제고된다. 둘째, 정보를 탐색하고 접근하는 방법을 통해 실질적인 문제를 해결하는 능력이 제고된다. 셋째, 과제를 해결하기 위하여 동아리원과 조력교사 및 사서교사와 활발한 상호작용을 하게 됨으로 자연스럽게 학생들의 의사소통이 향상된다. 넷째, 이러한 의사소통을 통해 교사와 학생간, 또 학생과 학생간에 친밀감과 협동심이 유발되고 긍정적인 대인관계가 형성된다. 다섯째, 학생들은 과제 해결에서 책의 중요성을 인식하게 되고 독서의 필요성을 체감하게 된다. 이는 독서습관 형성에 바탕이 된다는 점에서 중요하다. 여섯째, 자아존중감과 자기효능감이 향상되어 자아에 대한 긍정적인 인식이 형성된다. 일곱째, 문제를 인식하고 정보를 찾고 정리하고 표현하는 일련의 활동을 통해 정보활용능력(Information Literacy)이 향상된다. 여덟째, 다양한 직업의 세계를 이해하게 되고 아홉째, 직업에 대한 긍정적인 인식이 형성된다.

〈표 1-8〉 교사·학생 중심 교수·학습 방법 및 효과

구분	유형	방법 및 효과
교사 중심	강의법	교수자의 주도하에 일방적으로 학습자에게 학습정보를 전달하고 이해시키는 형태 새로운 인지적 기술을 학습할 때 효과적으로 적용할 수 있고, 정해진 시간 안에 많은 내용을 전달
	ICT학습	멀티미디어 자료, 웹 사이트, 실물자료 등 다양한 교육 자료가 활용되고, 인터넷을 활용한 정보검색, 정보생성, 웹 토론 등의 학습활동을 통해 학습목표를 달성하려는 수업 방식 다양하고 심도 있는 정보탐색 및 정보 활용능력 향상
학생 중심	토론학습	학습자가 자신의 의견을 제시하고 다른 사람의 의견을 받아들이는 상호작용 속에서 합의점을 찾고 문제를 해결하는 방법 다른 사람과의 의견교환을 위한 사회적 기술을 익힐 수 있고, 사고를 확장
	문제중심 학습	학생 스스로 과제 및 문제를 선정하여 그에 대한 해결안이나 자신의 의견을 전개해 나가는 학습방법 계속적인 학습이 가능하며, 학습주제에 대한 흥미와 자기조절 학습능력을 향상
	조사 학습법	어떤 일에 대한 내용을 정확하게 알기 위해서 자세히 찾아보거나 살펴보는 학습방법 조사대상에 따라 설문지, 인터뷰, 관찰, 문헌연구 등의 방법이 있음
	프로젝트 학습	학생들이 주제선정, 활동계획 수립, 탐구 및 표현, 마무리 과정 등의 프로젝트 전 과정에 주도적으로 참여하여 의사결정권 행사 학생들 스스로 관심 있는 분야의 주제를 선정하여 학습함으로써 흥미와 진로개발의 기회제공
	협동학습	모둠별로 '협동활동' 및 '주어진 과제에 대한 집단사고'를 통해 문제에 대한 해결책 및 결론을 도출토록 하는 학습방법 타인을 배려하는 태도와 문제를 해결하거나 의사 결정하는 능력을 길러줄 수 있으며, 사회적 상호작용 경험
	실습	교수학습의 장을 생생한 정보와 자료가 있는 자연이나 현장으로 옮겨 수행하는 수업 방식 다양한 체험과 경험을 통해서 살아있는 지식을 스스로 느끼고 적극적으로 문제에 부딪히고 적응하는 능력 함양
	역할 놀이	학생들에게 특정 역할을 부여한 후 각자 주어진 역할의 입장에서 문제를 해결하게 해 보는 수업방식 역할놀이 상황에서 얻은 통찰력을 실제 생활에서 적용할 수 있으며, 문제나 상황을 이해하고 해결하는 능력 발달

(출처: 교육과학기술부, 한국직업능력개발원. 2012. 교과 통합 진로교육 교수·학습지도안: 초등, 수정하여 재구성.)

4. 프로젝트 학습 진로독서활동 과정

앞에서 설명하였듯이 프로젝트 학습독서는 도구적이고 방법적인 학습이다. 이에 프로젝트 학습독서 운영 과정에 진로라는 주제를 적용하여 프로젝트 학습 진로독서활동 과정을 설명하고자 한다.

프로젝트 학습 독서의 단계와 단계에 따른 과정들은 운영 목적과 방법에 따라 운영순서가 바뀔 수도 있으며 일부 과정들이 삭제되거나 추가될 수도 있다. 그러나 일반적인 활동 과정은 〈표 1-9〉와 같다.

〈표 1-9〉 프로젝트 학습 독서 활동 과정

단계	내용	활동
프로젝트 계획하기	주제찾기	문헌 및 사례연구, 교육과정 분석
	운영 및 협력방법 결정하기	운영기간, 교육과정 연계 방법, 동아리구성, 협력방법, 발표회.
	목표 및 평가계획	기대효과와 평가기준과 방법
	도구 개발하기	안내지 및 활동지 개발(교사)
	탐색하기	과정·모형 구안하기(교사), 주제 선정
	과제 예상하기	예비 주제망 그리기(조력교사)
		교사 질문 목록표 작성하기(조력교사)
	환경 조성하기	자원 목록표 작성하기(사서·조력교사)
		주제도서 구입 및 정보검색법 안내(사서교사)
		사서교사(담임교사) 등과 협력 환경 조성
프로젝트 실행하기	참여하기	활동 안내(교사)
		소그룹 구성하기
		참가 신청 및 동아리 구성(학생), 조력교사 선정
	과제 정하기	생각모으기, 대주제 선정하기, 유목화하기
		소주제 선정하기(학생, 조력교사)
		과제 선정하기(학생, 조력교사)
	활동 계획하기	탐구(조사)방법 정하기(학생)
		역할분담 및 진행 계획하기(학생)

프로젝트 실행하기	조언하기	조언 및 단계별 진행 확인(학생, 조력교사)
		참고문헌 이용 및 독서활동 조언(사서교사)
	활동하기	독서하기, 조사하기, 체험하기 등(학생)
	종합하기	자료 정리·분석하여 결론 도출하기(학생, 조력교사)
		보고서 작성하기(학생)
		발표자료 작성 방법 안내하기(학생, 조력교사)
		발표자료 작성 및 안내판 만들기(학생)
	표현하기	발표하기 및 전시하기(학생) *학교방송하기
되돌아보기	평가하기	모둠내평가, 모둠간평가 및 자기평가하기(학생) 교사평가(교사)
	반성하기	평가내용 나누기 및 반성하기(학생, 교사)

프로젝트 학습 독서과정을 '진로'라는 내용에 적용한 프로젝트 학습 진로독서교육(Career reading education through project-based learning, CRE-PBL) 과정은 3단계로 구분할 수 있다. 1단계는 CRE-PBL을 운영하려는 교사가 계획해야 하는 부분이고 2단계는 실제 학생들이 CRE-PBL에 참여하여 주도적으로 학습하는 부분이다. 그리고 3단계는 CRE-PBL에 참여한 학생과 교사 모두가 피드백을 받는 부분이다.

> 정리 : 프로젝트 학습 진로독서교육(Career reading education through project-based learning)을 앞으로 CRE-PBL이라고 부르기로 한다.

4.1 프로젝트 계획하기

'프로젝트 계획하기' 단계에 나열되어 있는 과정들은 프로젝트 운영 목적이나 환경에 따라 조정될 수 있다. 따라서 선생님이 운영할 수 있는 상황에 맞게 과정을 설계하여 활용하기를 바란다. 프로젝트 계획하기 단계는 일반적으로 주제찾기, 운영 및 협력방법 결정하기, 목표 및 평가 계획하기, 도구 개발하기, 탐색하기, 과제 예상하기, 환경 조성하기로 구성된다.

4.1.1 주제 찾기

'프로젝트 계획하기'에 있어 가장 중요한 부분은 학생들이 해결해야할 문제를 설정하는 것이다. 해결해야 할 문제는 주제와 관련되어 있기 때문에 어떤 주제의 범주에서 과제를 선정할 것인가를 고려해야 한다. 이 때 주제 선정을 누가할 것인가도 중요하다. 프로젝트 학습은 학습자 중심의 교육방법이다. 따라서 주제를 선정하는 주체도 학습자가 되어야 한다. 그러나 주제 선정을 학생들에게만 맡겼을 경우 너무 흥미에만 치우친 주제가 선정되거나 너무 쉽거나 어려운 주제가 선정될 수도 있다. 교육은 방향과 목적이 있는 활동이기 때문에 교육의 목적에 따라 교사가 특정한 주제를 선정할 수도 있다. 혹은 교사가 교육목적에 따라 대주제를 선정하고 학생들이 그에 따른 소주제를 선정하는 방법도 적용할 수 있다.

어찌되었건 교사는 특정 주제의 범위를 결정해야 한다. 그리고 특정 주제가 대주제인지 아니면 소주제인지도 확인해야 한다. 그런데 어떤 주제든지 그 주제를 분류하였을 때 그 주제는 대주제도 되고 소주제도 될 수 있다. 진로를 생각해 보자. 진로는 대주제인가? 소주제인가? 진로를 사회과학의 하위영역이라고 생각했을 때 진로는 소주제가 된다. 반면에 진로를 진학이나 직업의 상위영역이라고 생각했을 때 진로는 대주제가 된다. 그러나 일반적으로 한국십진분류표에 나와 있는 100구분을 대주제로 생각하면 되고, 이렇게 보았을 때 개별 교과의 영역도 대주제가 된다. 진로를 대주제로 보았을 때 직업은 중주제이고 초등교사나 사서교사와 같이 특정 직업은 소주제가 될 것이다. 또한 중주제를 연예인이라고 하였을 때, 연예인의 하루 생활이나 연예인의 종류는 소주제가 된다. 이러한 주제선정은 과제의 범위를 설정하고 실제로 학생들이 과제를 설정할 때 기준이 된다는 점에서 중요하다.

교사는 교육과정을 분석하여 교과와 단원에 제시된 교육내용들과 연계성을 고려한 주제를 선정할 수도 있고 관련 문헌이나 사례, 또 자신의 경험을 통해 학생들이 수행해야할 프로젝트의 주제를 선정할 수도 있다. 그리고 학생과 협의하여 주제를 선정할 수도 있다.

> 정리 : 여기서는 주제가 '진로'인 프로젝트 학습 독서를 운영한다.
> 우리는 대주제로 '진로'를 설정하였고 그에 따라 프로젝트 학습 독서활동의 방향도 설정하였다.

4.1.2 운영 및 협력 방법 결정하기

1) 운영방법 결정하기

이제 구체적인 운영방법을 결정해야 한다. 사회나 과학 등의 교과교육과정과 연계하여 운영할 것인가 아니면 창의적 체험활동의 동아리활동으로 운영할 것인가 또는 방과후 활동으로 몇몇 학생을 소그룹의 구성원으로 하여 자유롭게 운영할 것인가와 같이 운영방법을 결정해야 한다. 어떤 방법으로 운영할 것인가에 따라 성취나 평가의 기준이 달라질 것이며, 프로젝트 학습의 결과를 수행평가로 반영할 수도 있을 것이다. 또 어떤 시간을 활용하여 운영할 것인가에 따라 교과나 창체시간을 활용할 것인지 아니면 방과후 시간을 활용할 것인지를 결정할 수 있다. 뿐만 아니라 운영 방법에 따라 주제와 과제의 난이도 달리 결정해야 한다.

운영방법에 따라 일부 운영 과정이 추가되거나 축소될 수도 있으며 또는 순서가 바뀔 수도 있다. 그러나 프로젝트 학습 진로독서의 운영 내용은 대체로 동일하다. 만약 교과시간을 활용하여 프로젝트 학습 진로독서를 운영한다면 교육과정 운영계획에 이를 반영해야 하고 방과후 시간을 중심으로 운영한다면 보다 자유롭게 상황에 맞춰 진행할 수 있을 것이다.

> 추천 : 이 글을 읽고 있는 선생님을 나는 존경한다. 분명 선생님은 학생들이 어떤 것을 배우고 느낄 수 있도록 안내자의 길을 걷는 것을 마다하지 않는 분일 것이다. 그러나 열정이 크면 좌절감도 크게 느낀다. 프로젝트 학습 독서는 열정 없이는 운영하기가 어려운 학습법이다. 왜냐하면 운영에 상당한 노력이 투입되어야 하기 때문이다. 따라서 처음 프로젝트 학습독서를 경험하시는 선생님들께서는 교과나 창체시간을 활용하여 운영할 것을 추천한다.

CRE-PBL의 운영기간을 설정해야 한다. 교과나 창의적 체험활동 시간과 연계하여 운영한다면 6차시로 진행할 수도 있고 한 달이나 한 학기와 같이 운영기간을 설정할 수도 있다. 또 6차시를 한 달과 같이 설정할 수도 있다. 이와 같이 운영기간은 과제의 난이도와 여러 여건을 종합적으로 고려하여 자율적으로 결정하면 된다.

대상을 누구로 할 것이며 어떻게 학습 대상자를 구성할 것인지를 결정해야 한다. 담임교사의 경우 자신이 담임을 맡고 있는 학급 학생의 전체나 일부를 대상으로 할 수 있으며, 사서교사의 경우 도서부 학생이나 특별한 선발의 과정을 거쳐 CRE-PBL을 수행하는 동아리원을 구성할 수도 있을 것이다. 그리고 초등교사나 사서교사 모두 창의적 체험활동의 동아리활동에 참여하는 학생들을 대상으로 CRE-PBL을 운영할 수도 있을 것이다. 이렇게 CRE-PBL에 참여할 대상이 선정되었다면 대상을 소그룹으로 나누는 것이 좋다. 개별 학생들을 대상으로 프로젝트 학습을 진행하는 것은 교사의 노력이 훨씬 많이 투입될 뿐만 아니라 학생들이 모둠 활동을 통해 협력하고 의사소통할 수 있는 기회를 잃게 할 수 있다. 학급 학생을 대상으로 하였을 경우 4명을 소그룹으로 나누고 이질집단으로 구성하는 것이 바람직하다. 이질집단으로 구성해야 집단간 경쟁심이 유발되고 참여 학생들의 성취동기와 자아존중감을 높일 수 있다. 의욕이 있고 일정한 독해능력이 있는 동질집단으로 구성된 소그룹원들은 교사의 조력시간이 적어도 집단내에서 의사소통을 빈번하게 하고 의견을 조정하는 등 소그룹 자체적으로 프로젝트 학습 진로독서활동을 원활히 수행할 수 있다. 따라서 교사는 계획된 일정에 맞춰 활동이 진행되는지를 확인하고 활동을 격려만 하면 된다. 그러나 독해능력이 부족한 동질집단으로 구성된 소그룹은 목적성과 방향성을 잃고 결과를 도출해내기 어렵게 된다. 이는 교사가 이러한 소그룹에 많은 애정과 시간을 투여해야 함을 의미한다. 그러나 이질집단으로 구성된 경우라도 소그룹의 독해능력 등에 비추어 해결해야 할 과제의 난이도를 조절할 필요가 있으며 소그룹내의 학생들이 활동에서 소외되지 않도록 관심을 가져야 한다. 그렇지 않으면 소그룹내의 몇몇 학생들만이 활동에 참여하고 그들만의 노력으로 과제가 해결될 수 있기 때문이다.

> 정보 : 소그룹의 구성원은 4~5명으로 하고 소그룹을 동질집단으로 구성하였을 경우 과제의 난이도를 조정한다. 소그룹을 이질집단으로 구성하였을 경우 집단 내에서의 역할을 구분하여 운영한다.
> 조언 : 학급 학생들을 대상으로 CRE-PBL을 시작할 엄두조차 나지 않는다면, 선생님이 믿을 수 있는(?) 유능한 몇몇 학생만으로 소그룹을 구성하여 시작하는 것도 좋은 방법이다.

2) 협력방법 결정하기

프로젝트 학습을 적용한 진로독서교육을 선생님 학급 학생들에게만 적용하고자 한다면 선생님은 혼자서 프로젝트 학습 모형을 교육과정에 반영한 계획서와 이에 필요한 부수적인 도구를 개발해야 하며, 운영 중에 생기는 많은 고민도 혼자서 감내해야 한다. 그러나 선생님이 동학년 선생님들과 함께 CRE-PBL을 운영한다면 동학년 선생님들과 역할을 나누어 CRE-PBL을 진행할 수 있기 때문에 운영에 따른 노력을 반감시킬 수 있으며, 동학년 선생님들과의 유대감도 증대될 것이다.

선생님은 프로젝트 학습에 필요한 진로자료가 학교도서관에 있는지 아는가? 만약 있다면 그 목록은 어떠한가? 사실 대부분의 초등교사는 학교도서관의 서가에 놓여 있는 한권 한권의 도서에는 별로 관심이 없다. 물론 관심이 없다는 것 보다는 관심을 가질 시간이 없다는 표현이 맞을 것이다. 어쨌든 그 한권 한권의 내용에 관심을 갖는 사람은 아마도 사서교사일 것이다. 결론적으로 학생들에게 소그룹의 과제를 해결하는 데 도움이 되는 정보를 제공함에 있어 사서교사는 전문가이다. 따라서 프로젝트 학습을 운영하는 데 사서교사의 협력이 필요하다. 상황을 바꾸어 사서교사가 프로젝트 학습을 운영한다고 하자. 그들이 아무리 도서의 내용을 잘 알고 있으며 정보활용의 전문가라고 하더라도 담임교사와의 협력 없이는 프로젝트 학습을 효과적으로 운영하는 것 자체가 힘들어 질 수 있다. 결론적 교사 한명이 운영하는 것보다는 여러 선생님이 동참하여 함께 CRE-PBL을 운영할 때 보다 효율적으로 교육목적을 달성할 수 있다. 그리고 함께하는 활동을 통해 얻는 동료애는 부수적인 소득이 된다. 따라서 옆반 담임교사나 학년부장 그리고 사서교사 등의 동료교사들과 함께 CRE-PBL을 운영하기를 권한다.

> **정보** : 뜻이 있는 선생님들과 함께 논의하고 진행하면 프로젝트 학습 진로독서교육과 정을 보다 즐겁게 운영할 수 있다. 동학년 교사나 연구회(동아리) 소속 교사, 사서교사, 교과전담교사 등과 함께 하길 바란다.

CRE-PBL을 함께 운영하는 교사들은 CRE-PBL의 역할을 나누는 협력교사도 될 수 있으며 차시 수업을 함께하는 사서교사와 같은 협동교사도 될 수 있다.

사서교사는 과제에 따른 정보목록을 작성하고 학생들이 학교도서관에서 프로젝트 학습을 수행할 수 있는 환경을 조성한다. 또 어떤 교사는 학생들이 최종적으로 제출해야 할 보고서 양식을 정하고 교사들에게 안내 자료를 배부하고 설명한다. 또 다른 교사는 발표회나 전시회 업무를 담당하여 교육과정에 반영하고 운영교사들에게 당일 일정 등을 안내한다. 이와 같이 앞으로 교사들이 프로젝트 학습 진로독서활동을 운영함에 있어 수행해야 할 역할을 운영교사들이 나누어 처리할 수 있다. 이와 같이 운영교사들이 역할을 나눈다면 투입되는 노력을 절감시킬 수 있다.

4.1.3 목표 및 평가계획

목표는 우리가 CRE-PBL을 통해 얻고자 하는 점이 무엇인지를 기술하는 것이다. 여기서의 목표는 좀 더 포괄적이고 개괄적인 것이 된다. 구체적인 목표는 과제가 설정되면 그 과제에 맞게 설정될 것이다. 우리는 대주제가 진로인 프로젝트 학습 독서에 대한 목표를 설정해야 한다. 따라서 진로라는 영역 중에서 어떤 지식이 학생들의 스키마(지적구조)에 형성되기를 바라는가를 고민해야 한다. 이와 같은 고민을 통해 우리는 CRE-PBL의 목표를 예시적으로 다음과 같이 설정할 수 있다. 첫째, 초등학생들이 그동안 알고 있는 것보다 직업의 종류가 다양하다는 사실을 알 수 있도록 한다. 둘째, 학생들마다 선호하는 직업이 다르다는 사실을 알 수 있도록 한다. 셋째, 책을 읽는 것이 문제를 해결하는 데에 도움을 줄 수 있다는 사실을 알 수 있도록 한다. 넷째, 과제를 해결하기 위하여 책의 내용을 단순히 읽고 정리하는 것이 아니라 책의 내용에서 관련 정보를 추출하고 분석하고 종합할 수 있는 능력이 향상되도록 한다. 다섯째, 학생들이 동아리활동에 적극 참여할 수 있도록 학생들이 관심 있는 문제를 과제로 설정한다.

학생들의 삶속에 있는 문제에 관심 갖고 이러한 문제를 해결하는 과정이 프로젝트 학습법이지만 공교육에 대한 책무성이 있는 교사는 교육과정 운영에 따른 목표와 평가계획을 수립하여 공교육 활동의 불확실성을 감소시켜야 한다. 물론 CRE-PBL이 방과후에 교사가 자율적으로 운영하는 활동중 하나라면 목표와 평가계획은 보다 단순하게 기술될 수도 있을 것이다. 그렇다고 하더라도 목표설정은 필요하며 프로젝트 학습에 있어 평가는 중요한 영역이 된다. 중등교사들은 초등교사들에 비해서 프로젝트 학습을 통한 활동과정과 결과를 수행평가와 연계하여 운영하는 편이고 학생생활기록부에 프로젝트 학습 수행 결과를 기록하기도 한다. 아마도 이는 입학사정관제 등을 통한 대학입시에 도움을 주기 위한 것으로 보인다. 반면 초등교사들은 과정을 중시하는 프로젝트 학습에 포트폴리오와 같은 결과물을 생산하고 결과물로 과정을 평가하는 것이 과연 바람직한 방법인지에 대한 결론을 내리지 못한 것 같다. 특히 교사 한명이 운영하는 것이 아니라 여러 명의 교사가 함께 참여하여 운영하는 경우 평가에 대한 관점의 차이는 보다 분명히 드러나게 된다. 만약 이렇게 교사들마다 평가에 대한 의견이 엇갈릴 경우 CRE-PBL에 대한 평가를 학생을 격려하기 위한 방법적 차원으로 설정하는 것이 좋다. 교사가 소그룹을 격려하기 위해서라도 반드시 평가는 수반되어야 하기 때문이다.

4.1.4 프로젝트 학습 탐색하기

선생님들이 적용할 프로젝트 학습 진로독서 과정안이나 모형을 구안하는 단계이다. 참여 교사들은 모두 어떤 과정에 따라 CRE-PBL이 진행되는지 그리고 개별 단계에서 적용해야할 내용이 무엇인지를 알고 있어야 한다. 그리고 참여 학생들도 이러한 과정을 활동 전에 인지할 수 있도록 할 필요가 있다.

이 단계는 프로젝트 학습 진로독서를 실행하기 전에 전체적인 단계를 계획하는 것으로 '프로젝트 학습 탐색하기' 단계에 대한 설계는 운영교사가 전체적인 운영 과정을 그리는 데에 도움을 준다. 즉 이 단계는 〈표 1-9〉과 같은 프로젝트 학습 독서 활동 과정안에 진로를 구체화시키는 단계이다.

4.1.5 활용도구 개발하기

이 단계는 안내지와 활동지 등 학생들이 CRE-PBL을 수행함에 있어 필요한 도구를 개발하는 단계이다. 교사가 CRE-PBL의 시작부터 마무리까지 학생들에게 필요한 안내지와 활동지가 무엇인지를 생각해보고 학생들이 프로젝트를 수행함에 있어 도움이 될 만한 안내지와 활동지를 미리 개발해 두는 것이다. 이러한 단계를 통해 교사는 학생들의 활동 과정을 미리 예측할 수 있어 운영의 효율성을 높일 수 있다.

4.1.6 과제 예상하기

이 단계는 교사가 예비 주제망을 그리고 교사 질문 목록표를 작성하는 단계이다. 예비 주제망이란 프로젝트 학습 진로독서의 목표에 따라 교사가 선정한 대주제로 도출할 수 있는 세부주제가 무엇인지를 마인드맵 등과 같은 그래픽조직자를 활용하여 그려보는 것이다. 그리고 도출된 세부주제에 따른 질문들을 작성해 보는 단계이다.

4.1.7 환경 조성하기

'환경 조성하기'는 사서교사의 참여 여부와 역량에 따라 많은 변화가 예상되는 단계로 이 단계를 CRE-PBL 활동 과정에서 어느 단계로 설정할 것이냐는 선택의 문제이다. 이를테면 대주제를 선정한 후에나 소주제를 선정한 후에 이 단계를 실행할 수 있으며 과제를 선정한 후에 이 단계를 설정할 수도 있다. 대주제를 선정한 후에 환경 조성하기 단계를 실행한다면 CRE-PBL에 필요한 자료를 선정하고 구입하여 학생의 독서활동에 필요한 환경을 미리 조성할 수 있다는 장점이 있으나 선정된 과제에 도움이 되는 자료가 구입되지 않았을 수도 있다. 반대로 과제를 선정한 뒤에 이 단계를 실행한다면 과제에 필요한 보다 적합한 자료를 구입하고 활용할 수는 있으나 자료의 투입이 늦어져 CRE-PBL의 운영 기간이 길어질 수 있다는 단점이 있다. 이에 운영교사들은 환경 조성하기 단계를 어떤 과정으로 설정할 것인가를 협의할 필요가 있다.

앞서 '과제 예상하기' 단계에서 교사 질문 목록표가 작성되었다면 질문에 따른 해답을 구할 수 있는 자료를 확보해야 한다. 이에 따라 조력교사와 사서교사는 관련 참고자료 목록표를 만들어야 하고 참고할 만한 자료가 학교도서관에 소장되어 있는지의 여부를 확인해야 한다. 그리고 학교도서관에 그와 같은 자료가 있다면 학생들이 참고자료에 쉽게 접근할 수 있는 물리적이고 서비스적인 환경을 조성해야 한다. 그리고 될 수 있는 한 관련 참고자료를 모두 구입하여 학교도서관을 통해 주제별 참고자료가 활용될 수 있는 환경을 구축해 놓아야 한다. 또한 사서교사는 '프로젝트 실행하기' 단계이전에 개별 참고자료를 어떻게 활용할 수 있는지 등에 관한 정보검색법을 포함한 참고자료 활용법을 학생들에게 미리 안내하고 지도할 필요가 있다.

4.2. 프로젝트 실행하기

4.2.1 참여하기

운영방법에 따라 참여하기 방법도 달라질 수 있다. 학급 학생을 대상으로 수업시간에 CRE-PBL을 진행한다면 학생들의 의사와 상관없이 모든 학생들이 CRE-PBL에 참여하게 될 것이다. 반면 창체의 동아리활동시간을 활용한다면 특정 동아리에 참여하는 학생들이 대상이 될 것이다. 만약 자율적으로 참여를 희망하는 학생을 중심으로 CRE-PBL 활동 동아리를 구성하여 운영한다면 희망하는 학생들만이 참여하게 될 것이다. 그러나 어떤 식으로 운영한다고 하더라도 교사는 학생들의 참여를 격려할 필요가 있으며 자율적인 분위기에서 동아리가 구성되도록 해야 한다. 이때 동아리원은 교사에 의해서 구성될 수도 있고 학생들이 자율적으로 자신들의 동아리원을 구성할 수도 있다. 다만 학급의 모든 학생이 참여하는 활동이라면 교사에 의해 구성되는 것이 좋다. 반면에 자율적으로 참여하는 활동이라면 학생들이 스스로 동아리원을 구성할 수 있도록 격려하는 것이 좋다.

참여 교사는 학생 동아리를 맡고 있느냐의 여부에 따라 조력교사와 협력교사로 구분된다. 학생 동아리를 맡고 있는 교사를 조력교사, 학생 동아리를 맡고 있지 않지만 CRE-PBL의 업무를 맡고 있는 교사를 협력교사로 구분할 수 있다. 수업시간을 활용하는 프로젝트 학습이라면 해당 수업을 운영하는 교사가 조력교사가 될 것이며 방과후 시간을 활용하는 자유로운 동아리 활동이라면 운영교사중에서 누가 조력교사가 되도 상관이 없을 것이다.

> 운영교사 : CRE-PBL 운영을 책임지고 있거나 특정한 업무를 담당하고 있는 교사
> 조력교사 : CRE-PBL에 참여하는 특정한 동아리를 맡아 동아리가 CRE- PBL활동을 잘 수행할 수 있도록 조력하는 교사
> 협력교사 : 특정한 동아리를 맡고 있지 않지만 CRE-PBL 운영을 돕거나 조력교사를 지원하는 교사

※ CRE-PBL에 참여하는 모든 교사가 운영교사이고 조력교사이며 협력교사도 될 수 있다.

4.2.2 과제 정하기

과제를 참여 학생들의 의견으로만 정할 수도 있고 교사가 일정한 범위를 설정해 주고 그 범위 내에서 참여 학생들이 과제를 선정할 수도 있다. 프로젝트 학습이 학교에서 운영하는 프로그램이고 또 대상이 초등학생이라는 점에 비추어보았을 때 그리고 교육목적 등을 고려해 보았을 때 후자와 같은 과제 정하기 방법이 더 바람직하다.

생각모으기는 학생들이 궁금해 하는 주제를 자유로운 논의를 통해 탐색하는 과정으로 학생들이 겪고 있는 문제이거나 학생들의 주변에서 쉽게 발견할 수 있는 문제가 좋다. 생각모으기도 주어진 주제에 따른 생각을 논의할 수도 있고 특정한 상황에 따른 생각을 논의할 수도 있다. 이렇게 해서 논의된 내용을 토대로 우선 대주제를 선정한다. 대주제는 일반적으로 한국십진분류표상의 100주제에 해당된다.

그리고 논의된 내용을 주제로 유목화하거나 마인드맵을 그린 후 학생들이 가장 관심있어 하는 소주제를 선정한다. 그리고 소주제에서 학생들이 궁금하고 해결 가능한 과제를 선정한다.

프로젝트 학습에 있어 과제를 선정하는 일이 가장 어려운 일이다. 적절한 과제가 선정이 되었다면 50%는 예측할 수 있다. 따라서 조력교사나 사서교사는 학생들이 스스로 해결할 수 있는 교육적인 과제를 선정할 수 있도록 격려하고 조언해야 한다.

4.2.3 활동 계획하기

이 단계에서는 프로젝트 동아리의 활동을 계획한다. 탐구조사 방법을 정하고 동아리원간의 역할을 분담하며 향후 일정 등을 계획한다.

4.2.4 조언하기

'활동 계획하기' 단계까지 마쳤다면 이제 학생들은 동아리별 활동 계획에 따라 자신들이 해결해야 할 과제를 위해 이런저런 프로젝트 학습 활동을 하고 있을 것이다. 그리고 교사들은 이제야 조금 헝그러울[1] 것이다. 사실 활동 계획하기까지 교사는 바쁜 일정을 소화해야 했다. 그러나 학생들이 활동계획에 따라 CRE-PBL을 수행하고 있다고 하더라도 교사들의 역할이 끝난 것은 아니다. 조력교사는 동아리가 잘 운영되고 있는지를 수시로 확인하고 동아리원들을 격려해야 하고, 사서교사는 모든 동아리가 그들의 과제해결에 필요한 참고문헌을 잘 활용하고 있는지를 확인하고 이용할 수 있도록 격려해야 하기 때문이다. 또 CRE-PBL 활동에 필요한 공간이나 시설 등을 제공하고 특정한 독서전략이 필요하다면 이를 동아리원들에게 지도해줘야 한다.

---

[1] 헝그럽다: ① 여유가 생겨 마음이 가볍다. ② 동작이나 태도가 여유가 있다.

4.2.5 활동하기

학생들은 그들이 작성한 활동 계획서대로 자신들이 선정한 과제를 해결하는 다양한 활동하게 된다. 즉 참고문헌을 읽거나 조사활동을 하거나 체험을 하기도 한다. 다만 단순히 활동을 했다는 것만으로는 프로젝트 학습을 해결하는 데에 도움이 되지 않는다. 따라서 학생들의 활동이 과제를 해결하는 데에 도움이 되도록 조력교사는 안내서와 활동지를 제공하여 학생들이 과제해결의 단계 단계에서 무엇을 확인해야 하는지를 알 수 있도록 학생들을 도와야 한다. 또 일부 학생이 활동을 시도하지 않는지 또는 어떤 부분을 어려워하는지 등을 면밀히 관찰하여 학생들이 활동에서 낙오되지 않도록 격려하고 지도해야 한다.

4.2.6 종합하기

지금까지의 활동 결과를 정리하고 분석하여 과제를 해결하는 단계로 학생들은 활동 과정과 과제 해결 내용을 보고서로 작성하게 된다. 만약 발표(대)회가 계획되어 있다면 동아리별로 발표자료를 작성한다. 물론 운영교사는 발표대회와 관련한 계획을 사전에 조력교사에게 안내하고 보고서 작성법이나 발표자료 제작법을 조력교사에게 연수해야 한다. 그리고 조력교사는 이를 다시 동아리원들에게 안내하고 지도한다.

4.2.7 표현하기

프로젝트 학습 독서활동에 참여하고 있는 동아리원들은 자신들의 프로젝트 학습 활동 결과를 발표하고 활동 과정과 결과를 전시한다. 전체 학생들을 대상으로 발표하기 전에 동아리원을 대상으로 발표하도록 한다. 또 학교방송이나 학교신문 등을 통해 과제 해결과 그에 대한 대답을 안내하는 것도 학생들의 자아존중감 향상과 성취욕구 달성에 도움을 준다.

4.3 되돌아보기

되돌아보기는 학생간에 그리고 교사와 학생간에 서로의 노력을 칭찬하고 자신의 활동을 되돌아보면서 성장할 수 있는 시간을 준다. 따라서 과제가 해결되었다고 프로젝트 학습을 마무리해서는 안된다.

4.3.1 평가하기

평가하기는 평가계획에 따라 매우 다르게 진행될 것이다. 시상이 계획되어 있다면 심사방법과 평가기준이 명확히 계획서에 반영되어 있을 것이고 평가하기가 반성을 위한 과정이라면 참가한 학생들의 노력에 긍정적으로 반응하는 단계가 될 것이다. 그리고 활동의 성과를 칭찬하여 학생의 자존감을 향상시키거나 학부모에게 긍정적인 학교활동에 대한 인식을 심어주는 자리를 마련하기 위해 평가하는 것이라면 학부모 등의 참여를 홍보하고 성과를 칭찬하는 과정이 될 것이다.

이 책에서 평가하기는 실제로 자신의 활동, 자신이 속해 있는 동아리 활동과 발표 결과 그리고 다른 동아리들의 활동과 발표 결과를 보다 객관적인 입장에서 평가하는 것을 의미한다.

4.3.2 반성하기

조력교사의 주도하에 반성하기 시간을 가질 수도 있고 동아리장의 주도하에 반성하기 시간을 가질 수도 있다. 학생들은 프로젝트 학습에 참여하고 과제를 해결하고 발표하는 시간까지의 모든 과정에 대해 반성하는 시간을 갖는다. 하지만 무엇보다 중요한 것은 이 시간을 통해 긍정적인 정서를 함께 나눠야 한다는 것이다. 즉 반성하기가 너무 비판적인 자기 반성이나 동아리 활동에 대한 질책으로 이어지지 않도록 하고, 참여 의지나 동기를 격려하며, 과제를 완수했다는 성취감을 맛볼 수 있도록 서로의 활동을 칭찬하는 시간이 되도록 해야 한다. 그리고 조력교사는 평가받은 결과를 동아리원들에게 설명해야 한다. 물론 이때도 긍정적인 내용을 전달하여 학생들이 자신들의 활동에 대한 만족감을 얻도록 해야 한다.

제3절 프로젝트 학습 진로독서교육 활동의 실제

여기서 제시된 사례는 프로젝트 학습 독서를 운영했던 교사들과 함께 수행한 활동을 토대로 작성한 것이다.[2] 그 중에서 대주제가 '진로'였던 활동을 중심으로 실제 운영사례를 초기 계획부터 결과까지 소개하기로 한다.

1. 전체적인 스토리

장교사는 평소 학생들이 열정을 갖고 자기스스로 학습할 수 있는 방법이 없을까를 고민하였고 그 결과 장교사는 학생들이 평소 관심있는 주제와 관련해서 스스로 해결할 과제를 정하고 그 과제를 해결하도록 교육하면 좋겠다고 생각한다. 장교사는 12개 학급(학년별로 2개 학급)이 있는 초등학교의 6학년 부장교사이고 학교 진로교육도 자신의 업무분장의 일부이다. 장교사는 진로라는 주제에 프로젝트 학습 독서활동 방법을 적용하기로 결정한다. 그 후 장교사는 프로젝트 학습 독서활동에 참여하기를 희망하는 선생님을 모집한다. 그 결과 초등교사 4명과 사서교사 1명으로 교사 연구회를 구성한다. 장교사를 포함한 5명의 교사들은 모두 프로젝트 학습에 대한 경험이 없었기 때문에 소수의 인원을 대상으로 개별지도를 하기로 한다. 그리고 학생과 조력교사에게 동기를 부여하며 운영을 보다 체계적으로 하기 위하여 운영 결과를 동아리별로 발표하기로 하고 계획서를 작성한다.

생각나누기 활동 등을 통하여 학생들이 자신의 삶속에서 그동안 관심 있거나 궁금하게 생각하고 있는 주제를 찾아보고 이를 과제로 구체화 하는 활동 등은 관련된 교과시간이나 창의적체험활동시간을 활용하여 운영한다. 그리고 사서교사는

---

[2] 장찬익, 장현주, 유수정, 박선우 선생님과 함께 활동하고 연구한 내용을 토대로 작성하였지만 독자의 이해를 돕기 위해 일부 가상의 내용을 포함하였다.

창의적체험활동시간의 동아리활동 시간과 방과후 시간을 활용하여 CRE-PBL에 참여한 학생들에게 필요한 정보활용교육을 실시한다. 참여한 학생은 소그룹(동아리)으로 구성되고 소그룹은 활동 결과물로 보고서를 제출해야 하며 학년 행사로 계획된 발표회에서 그간의 과정과 결과를 발표해야 한다. 발표회는 학교 구성원들에게 안내되어 교사들과 학생들뿐만 아니라 학부모들도 참여하는 행사로 계획된다. 이들의 발표는 학생들과 교사들에 의해서 평가되어지고 교사는 이러한 평가 결과를 반성을 위한 자료로 활용한다. 참여 학생들은 동아리별로 반성의 시간을 갖고 교사는 학생들을 격려하고 칭찬한다. 결과물과 활동 과정은 전시되고 프로젝트 학습 독서 활동은 마감된다.

2. 프로젝트 계획하기

2.1 프로젝트 학습 진로독서 발표 대회 계획

장교사는 조력교사들과 학생들에게 프로젝트 학습 진로독서활동에 대한 동기를 부여할 목적으로 발표 대회를 개최하기로 계획하고 발표 참가자에게는 상품을 주고 우수 동아리를 선정하고 개별 학생을 시상하기로 한다. 발표를 한다는 것은 소그룹이 중간에 포기하지 않고 열심히 활동했다는 뜻이기 때문에 평가에 따른 순위를 매기는 대회라기보다는 발표 자체에 초점을 둔 것이다. 그리고 발표대회를 통해 참여 학생들에게 자신을 되돌아 볼 기회를 갖는 시간을 제공하고 더불어 학생들을 칭찬하고 격려할 수 있는 기회를 갖고자 함이었다. 운영교사들도 장교사의 의견에 찬성했다. 이에 장교사는 이와 같은 시상계획을 대회 계획서를 학교교육과정에 반영시키고자 하였으나 시상과 관련해서 교감과 몇 가지 의견 차이가 발생하였다. 장교사는 참여 학생 모두에게 표창장을 주고 싶어 했으나 대회라고 하면 금상, 은상, 동상과 같이 등위가 있어야 한다는 것이 교감선생님의 논리였다. 이에 장교사와 교감은 우수 동아리에 대해서 시상을 하고 개별적으로 참가한 학생들에

대해서는 발표내용과 평가결과를 고려하여 따로 표창을 하는 것으로 협의하였다.[3]
장교사는 시상계획이 포함된 대회 계획서에 추가로 목적, 방침, 추진방법, 세부 계획 등을 포함하였고 결재를 받아 학교교육과정에 반영하였다.

참여주체로 구분하여 조력교사, 사서교사, 학생으로 역할분담을 나누었다. 조력교사는 프로젝트 학습 진로독서 동아리(소그룹)를 운영하고 조력하는 교사이기 때문에 자신이 조력하는 동아리가 과제를 해결하도록 조력하고 보고서를 작성하고 발표할 수 있도록 동아리 활동을 지원하는 역할을 담당한다. 그리고 여기서 언급된 사서교사는 프로젝트 학습 진로독서 동아리를 운영하고 있는 조력교사이면서 사서교사로서 다른 동아리 활동을 지원하는 역할을 수행한다. 업무분장에 따라 역할을 달리 적용할 수 있으나 사서교사가 정보자료를 탐색하는 방법을 교육하고 참여 학생들에게 보고서와 발표자료를 작성하는 기준과 방법들을 지도하고 안내하는 역할을 맡는다. 정보자료를 탐색하는 방법이나 보고서나 PPT와 같은 발표자료를 작성하는 법은 프로젝트 학습 독서활동에 참여한 학생들뿐만 아니라 일반적으로 학교의 학생들에게도 지도할 수 있는 내용이다. 따라서 사서교사는 담임교사 등과 협의하여 교과나 창체시간에 학급 학생들을 대상으로 이와 같은 내용을 지도하면 된다. 또는 사서교사가 학교특색사업 등의 창체시간을 활용한 교육과정을 운영하고 있다면 사서교사의 수업 시간을 이용하여 지도할 수도 있다. 어쨌든 주어진 역할에 따라 학생들을 어떻게 지도할 것인지는 계획하기 나름이다. 업무도 조력교사의 장점을 살려 나누면 된다. 다만 사서교사가 조력교사의 의견을 수렴하여 주제별 정보자원 목록표를 작성하는 것이 좋다. 왜냐하면 프로젝트 학습 독서를 수행함에 있어 학생들은 독서자료를 필요로 하게 되는 데 참고자료가 학교도서관에 있다면 훨씬 과제를 해결하는 데에 유용하게 활용될 수 있고 학생들 입장에서는 좀 더 쉽게 과제를 해결할 수 있게 되기 때문이다. 따라서 사서교사는 과제가 선정되면 그에 맞는 주제의 정보자원 목록표를 개발하고 학교도서관에 바로 구입될 수

---

[3] 그러나 발표가 끝난 후 다른 운영교사들은 이와 같은 시상을 반대하였다. 결국 장교사는 참여 학생모두에게 상품을 주었지만 한명의 학생도 표창장을 수여받지는 못하였다. 이는 CRE-PBL 활동 전에 계획서가 충실히 작성되어야 하고 CRE-PBL에 참여하는 모든 교사들이 계획서를 잘 숙지할 수 있도록 안내할 필요가 있음을 알려주는 사례이다.

있도록 하여야 한다. 또한 학교도서관에 프로젝트 학습을 위한 별도의 서가를 마련해 놓는다면 동아리별로 주제별 도서를 활용하기가 용이해진다. 또한 학교도서관에서 관련 자료를 살펴가면서 동아리별로 토의나 협의를 진행할 수 있는 환경을 구성한다면 동아리원간의 의사소통을 활성화시키고 효율적으로 CRE-PBL 활동을 하는 데에 보다 효과적이게 된다. CRE-PBL 운영에 필요한 역할분담과 업무분담을 〈표 1-10〉과 같이 구분할 수 있다.

〈표 1-10〉 프로젝트 학습 진로독서 발표 대회 계획서 일부

4. 역할분담 : 안내서 및 활동지 개발 및 제공
   가. 조력교사 : 대회 및 활동 안내, 주제 선정 동기부여, 동아리 구성, 학습 독서 활동지 작성에 조력
   나. 사서교사 : 자료탐색법 안내, 설명회, 보고서 및 발표방법 안내
   다. 학생 : 주제 선정에 참여, 프로젝트 학습 독서 활동, 보고서 작성 및 발표

5. 업무 분장
   가. 활동 안내서 : 사서교사 ○○○
   나. 참가 신청서 : 사서교사 ○○○
   다. 예비 주제망(마인드맵) 그리기 : 조력교사 전원
   라. 교사 질문 목록표 : 조력교사 전원
   마. 소주제 선정 과정 활동지 : 초등교사 ○○○
   바. 자원 목록표 : 사서교사 ○○○
   사. 주제별 도서자료 : 사서교사 ○○○
   아. 과제 선정 활동지 : 초등교사 ○○○
   자. 학습 독서 활동지 : 초등교사 ○○○
   차. 점검 및 확인 활동지 : 사서교사 ○○○
   카. 평가도구
     1) 자기평가 : 초등교사 ○○○
     2) 모둠내평가 : 초등교사 ○○○

3) 모둠간평가 : 초등교사 ○○○
타. 보고서 작성 안내서(자료출처 등) : 초등교사 ○○○
파. PPT(또는 Prezi) 작성 안내서 : 초등교사 ○○○

곧바로 대회 안내서는 학교 학생들에게 홍보된다. 물론 조력교사들이 자신의 학급 학생 몇 명을 선발하고 이들을 소그룹으로 구성하여 프로젝트 학습 진로독서활동을 수행할 수도 있다. 그러나 프로젝트 학습 독서는 학생들의 과제 해결에 대한 의지와 인내심이 많이 요구되는 교육 방법이다. 따라서 참여의지가 있는 학생을 중심으로 동아리원을 구성하는 것이 좋다.

〈표 1-11〉 프로젝트 학습 진로독서 발표대회 안내

프로젝트 학습 독서 발표대회 안내

☆공모주제 : 꿈과 진로와 관련된 주제들

☆ 참가대상 및 조건 ☆
3-6학년 / 4-5명으로 구성된 모둠
학교 선생님(조력교사) 1명이 참여

☆신청서 제출 : 201○. 6. 25.(수)
☆설명회 : 201○. 6. 26.(목)
☆발표회 : 201○. 10. 1.(수)
발표시간 10분 이내

☆시상내역☆
우수 동아리 ○팀 : 상장 및 상품

○○초등학교

학생들은 조력교사의 서명을 받아 〈표 1-12〉와 같이 참가신청서를 제출한다. 참가신청서를 제출하게 하는 것은 학생들에게 학습에 대한 책임감을 심어주기 위한 것이다. 참가신청서에는 동아리 이름, 동아리장과 동아리원의 인적사항(학년-반-이름)을 적는 공간이 있으며 예비주제와 예비주제를 선정한 이유를 기재할 수 있는 공간이 있다. 또 앞으로의 일정에 대한 간략한 안내사항이 적혀져 있다.

〈표 1-12〉 프로젝트 학습 독서 발표대회 참가신청서

동아리 이름	궁금함을 찾아라!	접수번호	기록하지 않습니다.
인적사항	동아리장 : (6)학년 (1)반 (박○○) 연락처( ) 동아리원 : (6)학년 (1)반 (장○○), (6)학년 (1)반 (박○○) (5)학년 (2)반 (추○○), (5)학년 (2)반 (배○○) 조력교사 : 성함 (박○○)　　서명		
예비 주제	여성과 남성이 직업을 선택하는 데 어떤 차이점이 있나요? ※ 주제란 대화나 연구 따위에서 중심이 되는 문제로, 해결하고자 하는 문제의 주된 내용을 적어주세요. 　예) 지구온난화의 영향과 해결 방안, 중국의 문화유산 알아보기		
주제 선정 이유	여성과 남성은 신체에서 차이가 난다. 또 가정과 학교에서 여학생과 남학생에게 바라는 내용에도 차이가 있다. 그리고 여학생과 남학생이 희망하는 직업도 차이가 있을 것으로 생각된다. 　이에 여학생과 남학생에게 희망 직업을 조사하고 희망 직업에 차이가 있다면 그러한 차이점이 발생하게 된 이유를 찾아보고자 한다. 　세부내용으로는 신체적인 차이, 군대 입대 문제, 직업선택의 차이를 포함한다.		
안내사항	○ 참가 신청서는 조력선생님의 서명을 받아 6월 25일(수) 오후 4시까지 사서선생님에게 제출해 주세요. ○ 대회 설명회가 6월 26일(목) 2교시 쉬는 시간(10:30~10:50)에 학교도서관에서 진행되오니 참여자 전원은 설명회에 참석해 주세요. ○ 예비주제는 변경가능한 주제로 최종적으로 설정한 주제와 발표 제목은 보고서를 제출할 때 적어주세요. ○ 프로젝트 학습 독서 내용에 관한 질문은 조력선생님에게 여쭤보고 진행 방법과 과정에 대한 질문은 사서선생님에게 여쭤보세요.		

2.2 프로젝트 학습 진로독서 예비 모형·과정안 개발

어떤 과정과 단계에 따라 운영할 것인지에 대한 '예비 모형·과정안'을 개발하기나 선정하는 단계이다. 이 단계를 통해 교사들은 CRE-PBL 활동 과정을 너욱 분명하게 알 수 있고, 활동 중에 일어날 수 있는 다양한 상황을 대비할 수 있게 된다. 예비 모형·과정안은 〈표 1-9〉를 참고하길 바란다.

2.3 교사 예비 주제망 그리기(마인드맵)

조력교사가 예상되는 주제와 관련하여 미리 주제망을 그려보는 단계이다. 교사가 예비 주제망을 그려봄으로써 학생들의 주제를 예측할 수 있고 또한 학생들이 예측 가능한 주제를 선정할 수 있도록 도울 수 있다. 이 글을 읽고 있는 선생님들도 알듯이 초등학생들은 교사의 예측의 범위를 넘어설 때가 많기 때문에 예비 주제망을 그리는 것은 과제 선정에 있어 주제의 범위를 이끌 수 있는 방법이 된다.

〈그림 1-1〉은 직업으로 시작해서 고장 사람이 하는 일, 직업의 종류와 특성, 직업의 가치, 우리 가족이 하는 일, 나의 특성으로 연결되는 마인드맵이고, 〈그림 1-2〉는 직업으로 시작해서 공부, 어른, 장래희망, 하는 일, 종류로 연결되는 마인드맵이다. 이와 같이 같은 주제도 교사에 따라 다양한 내용으로 연결될 수 있다.

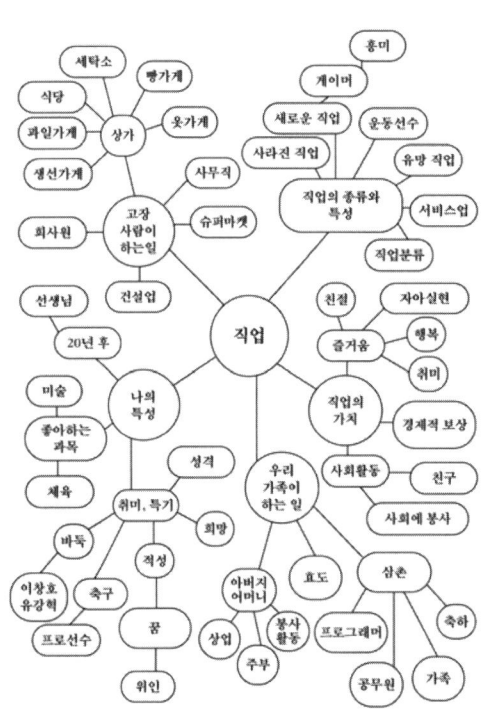

〈그림 1-1〉 교사의 직업 예비 마인드맵1
(출처: 강명환. 2003.)

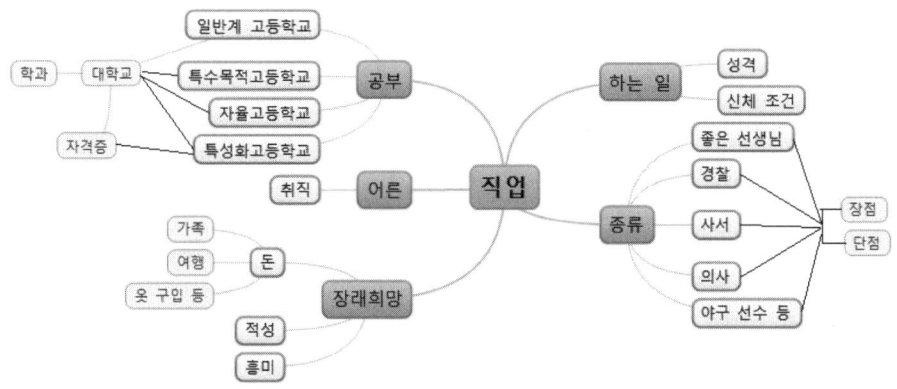

〈그림 1-2〉 교사의 직업 예비 마인드맵2

2.4 교사 질문 목록표

교사 질문 목록표는 구체적인 과제를 교사가 예상해 볼 수 있어 프로젝트 학습을 교육적으로 운영하는 데 효과적이다. 일반적으로 초등학생들은 정작 자신들이 관심있는 내용이나 궁금한 내용을 과제로 정리하는 것을 어려워한다. 그리고 동아리원의 학생들이 자체적으로 협의하여 주제를 정하였더라도 너무 어렵거나 너무 쉬운 과제를 선정할 수 있기 때문에 조력교사가 직접 참여하고 의견을 수합하여 과제 선정에 도움을 주는 것이 좋다. 이때 교사가 미리 정한 교사 질문 목록표는 실질적으로 학생들의 과제선정에 상당한 도움이 된다. 학생들은 진로라는 대주제에서 특정 과제를 정하는 것보다 보다 한정된 영역에서 과제를 선정하는 것을 쉽게 느끼기 때문이다.

그리고 이와 같이 학생 자신들이 해결해야 할 과제를 스스로 선정할 수 있도록 하는 방법은 학생들의 흥미와 성취동기를 유발시키기 때문에 학생들이 과제 해결에 대한 책임감을 느끼게 하는 데에 도움이 된다. 그리고 선생님 입장에서도 CRE-PBL 활동을 보다 교육적으로 유도할 수 있기 때문에 교육목적을 달성한다는 측면에서 학생들의 과제 선정은 바람직한 방법이 된다. 교사 질문 목록표는 〈표 1-13〉과 같다.

〈표 1-13〉 교사 질문 목록표(직업)

1. 직업의 종류에는 어떠한 것들이 있을까요?
2. 직업과 관련한 자격증으로는 어떤 것들이 있을까요?
3. 특정 학과를 졸업해야만 취득할 수 있는 자격증으로는 어떤 것들이 있을까요?
4. 직업에 따라 주로 하는 일들은 무엇인가요?
5. 특정 직업에 종사하기 위해서 필요한 능력이나 자질에는 어떤 것들이 있을까요?
6. 특정 직업의 장점과 단점은 무엇인가요?
7. 신체조건이 필요한 직업으로는 어떤 것들이 있나요?
8. 어른이 되어야만 취직할 수 있나요?
9. 장래희망은 무엇인가요?
10. 학생들이 선호하는 직업에는 어떠한 것들이 있나요?
11. 초등학교 여학생과 남학생이 선호하는 직업에는 차이가 있나요?
12. 초등학교 학년에 따라 선호하는 직업에는 차이가 있나요?
13. 직업을 갖고 싶은 이유는 무엇인가요?
14. 직업을 꼭 가져야만 하나요?
15. 적성에 따라 직업을 선택해야 하나요?
16. 적성에 맞는 직업을 선택하면 좋은 점은 무엇인가요?
17. 돈을 벌면 하고 싶은 일은 무엇인가요?
18. 공부를 잘해야 좋은 직업을 가질 수 있나요?
19. 중학교를 졸업하고 취직하면 안되나요?
20. 유망한 직업은 어떤 것들이 있나요?
22. 전 세계의 직업의 종류는 몇 가지일까요?
23. 우리 나라의 직업의 종류는 몇 가지일까요?
24. 어떤 직업에 얼마나 많은 사람들이 종사하고 있을까요?
25. 부모님께서 초등학교에 다니실 때에 가장 선호했던 직업은 어떤 것일까요?
26. 사라진 직업과 미래에 생겨날 직업에는 어떤 것이 있을까요?
27. 앞으로도 계속 유망하다고 생각하는 직업은 무엇일까요?
28. 직업을 선택할 때 가장 중요하게 생각해야 하는 것은 무엇일까요?
29. 어떤 직업을 선택하면 내가 가장 행복할까요?
30. 자격증이 있어야 하는 직업에는 어떤 것이 있을까요?
31. 나의 적성과 가장 관계있는 직업에는 어떤 것이 있을까요?
32. 직업을 가지면 좋은 점은 무엇일까요?
33. 내가 사용하고 있는 물건을 만드는 데는 어떤 사람들이 있을까요?

34. 직업을 선택할 때 가장 중요하게 생각해야 하는 것은 무엇일까요?
35. 친척들의 직업과 그 직업이 하는 일을 알고 있나요?
36. 친구들이 가장 싫어하는 직업과 좋아하는 직업은 무엇인가요?
37. 직업은 어떻게 분류할까요?

3. 프로젝트 실행하기

3.1 참여하기

〈표 1-11〉과 같이 학교 3-6학년 학생들에게 프로젝트 학습 진로독서 발표대회를 안내하고 적극적으로 홍보한다. 물론 사전에 담임들과의 협의를 통해 학급에서 담임교사들이 적극적으로 홍보한다. 그렇다고 하더라도 생각보다 적극적으로 참여하는 학생은 적을 것이다. 그러나 담임선생님이 조력교사로 참여하고 학급학생 몇 명과 함께 하겠다고 한다면 상황은 달라질 수 있다.

경험상 고학년일수록 자율적으로 참여하고자 하는 학생들이 적으며 저학년일수록 참여하고 싶어 하는 학생들이 많다.

3.2 과제 정하기

3.2.1 대주제 선정하기

CRE-PBL에서 대주제는 '진로'나 '직업'이지만 진로교육의 한 영역을 대주제로 선정할 수도 있다. 그러나 진로나 직업보다 좁은 범위의 주제를 대주제로 선정하면 소주제가 보다 구체적인 내용이 된다는 점을 고려하여 과제를 선정해야 한다. 〈표 1-14〉는 진로교육의 영역에 대한 대주제망과 나를 중심으로 한 대주제망이다. 대주제망에 따른 내용은 중주제나 소주제로 활용할 수 있다.

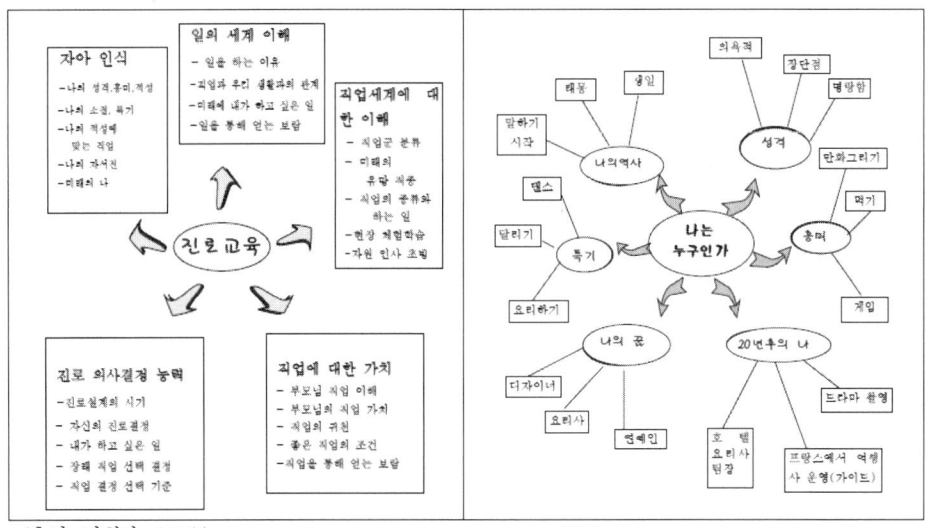

〈표 1-14〉 주제망

(출처: 박희자, 2004.)

3.2.2 소주제 선정하기

사실 조력교사가 자신의 지도 동아리에게 특정한 과제를 제시한다면 교사의 업무부담은 줄어들 것이다. 그러나 그것은 프로젝트 학습의 효과를 반감시키게 된다. 프로젝트 학습은 학생중심 교육이다. 따라서 프로젝트 학습과정에 있어서 지식을 구성하는 주체는 학생이며 학습의 책임도 학생에게 주어진다.[4] 따라서 교사는 과제를 직접 제시해주지 않고 학생들이 과제를 선정할 수 있도록 일련의 과정을 진행하며 조력하게 된다. 학생의 입장에서도 프로젝트 학습은 많은 노력이 필요하다. 게다가 경험이 학습화된다고 할 때 프로젝트 학습에 대한 경험이 없는 학생들은 프로젝트 학습 과정을 당황해하며 과제해결에 접근하지 못하고 방황할 수도 있다. 따라서 교사들은 최대한 학생들이 자신들의 궁금한 내용을 정리하여 해결해야할 문제를 선정하고 스스로 답할 수 있도록 도와야 한다. 그러려면 교사들은 최대한 학생들이 수행해야 할 일정과 그에 따른 과정을 제시해야 한다. 따라서 조력교사

---

[4] 교사에게 책임이 없다는 것이 아니라 구성주의 관점에서 학습은 외부로부터 주어지는 것이 아니라 학생 개인에 의해서 구성되어진다는 것을 강조하기 위한 표현이다.

는 학생들에게 일정과 과정에 따른 활동지를 제시하는 것이 좋다. 이러한 목적으로 개발된 소주제 선정하기 활동지는 학생들이 스스로 자신들이 관심 있는 소주제를 찾아가도록 도움을 주기 위해 개발된 활동지이다〈제1장 부록 참조〉.

〈표 1-15〉 초등학교 3학년 학생들이 소주제를 찾아가는 과정

 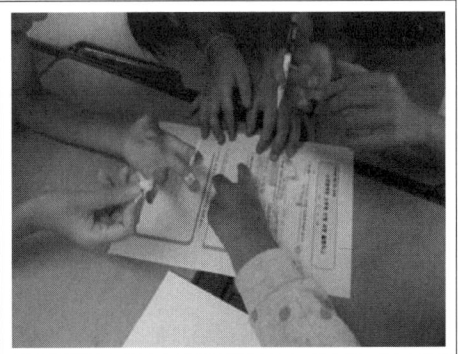

(출처: 광주광역시교육청. 2015. 도란도란 토닥토닥 재미있는 책읽기)

3.2.3 과제 선정하기

'소주제 선정하기' 과정을 통해 학생들은 자신의 관심사를 정리하게 되고 자신만의 과제를 선정하게 된다. 이처럼 선정된 소주제를 소그룹 학생들과 공유하고 최종적으로 소그룹이 수행해야할 과제를 선정하게 된다.

3.2.4 참고 정보자원 목록표

사서교사는 담임 및 교과교사와 협력하여 소주제 및 과제해결에 필요한 정보자원 목록표를 개발하였다. 일반적으로 직업이라는 주제를 다루는 도서들은 한권의 책이나 시리즈에서 다양한 직업관련 학습내용을 포함하는 경우가 많다. 따라서 직업을 세부적으로 나누지 않고 직업과 관련된 도서를 중심으로 목록을 작성하였다. 그리고 참고 자원목록은 학교도서관에서 열람 가능한 도서를 중심으로 작성하여 학교도서관 활용도를 높이고자 하였다. 예를 들어 '학교도서관 → 사회과학 → 321.55'과 같이

학교도서관 분류기호를 기술하여 최대한 학생들이 원하는 자료를 쉽게 찾을 수 있도록 배치하고 안내판을 설치하였다. 작성된 참고자원 목록표는 〈표 1-16〉과 같다.

〈표 1-16〉 참고자원 목록표

순	학습내용	참고정보원	비고
	인적자원	✓ 전문가 인터뷰 : (진로)교사, 직업 상담원, 직업 연구원, 사서, 학부모 ✓ 학생 인터뷰 : 학생 설문 및 인터뷰	

1	• 직업종류 및 하는 일	✓ 적성과 진로를 짚어 주는 직업 교과서 전집(50권)
		   학교도서관 → 사회과학 → 321.55
		✓ 성격과 기질로 알아보는 어린이 직업 백과
		   / 글공작소 저 / 아름다운사람들
		✓ 한 권으로 보는 그림 직업 백과
		   학교도서관 → 사회과학 → 336.24 조
		✓ 어린이를 위한 미래 직업 100 / 최정원, 정미선 글 / 이케이북
		✓ (초등학생들이 가장 궁금해하는)알쏭달쏭 직업 이야기 51
		   / 336.24 김
		✓ 어린이가 꼭 알아야 할 140가지 직업 상식 백과
		   학교도서관 → 사회과학 → 370이
		✓ 다 같이 돌자 직업 한 바퀴
		   학교도서관 → 사회과학 → 321.55
		✓ 만화로 보는 직업의 세계-나는 커서 뭐가 될까?
		   학교도서관 → 사회과학 → 336.2
		✓ 직업옆에 직업옆에 직업-생생 직업 현장 들여다보기
		   학교도서관 → 사회과학 → 336.24
		✓ 어린이 진로교육(각 학년별 1권, 총 6권)
		   학교도서관 → 참고서가 → 320
			종류
			하는 일
			능력
			자격
			학과

2	• 직업 소개 사이트	✓ WORKNET http://www.work.go.kr/jobMain.do
		   ⇒ 직업심리검사, 직업정보검색, 진업진로자료실, 진로상담, 학과정보검색
		✓ 커리어넷(CareerNet) http://www.career.go.kr
		   ⇒ 어린이 직업 탐험대 드림키즈, 미래의 직업세계, 한국의 직업 지표, 진로심리검사, 진로상담, 진로교육자료, 동영상
		✓ 직업능력지식포털 www.hrd.go.kr
		   ⇒ 자료실 → 직업사전, 학과정보, 직업분류	

정보 : 우리는 프로젝트 진로독서교육과 관련된 내용을 논의하고 있다. 독서라는 것이 전통적인 관점에서는 정신수양과 인격형성의 한 방면이기도하지만 지식·정보시대에 있어서 독서는 필수적인 정보 해독의 수단도 된다. 따라서 스마트폰과 같은 다양한 매체를 통한 정보 습득도 독서가 될 수 있다. 그러나 초등학생을 교육의 대상으로 하고 있다는 점과 아직도 많은 정보자료가 인쇄매체로 되어 있다는 점, 또한 정보의 질적 측면에 있어 인터넷 자료와 도서자료 간에는 상당한 차이가 존재한다는 점에 비추어 이 책에서는 독서의 대상이 되는 매체로 물리적인 독서자료를 우선하여 선정하였다. 이에 이 책에서 의미하는 독서활동도 인쇄매체의 텍스트(글이나 그림 등)을 읽는 활동에 추점을 두었다. 더불어 참고 정보자원도 가능한 한 학교도서관에서 열람할 수 있는 자원을 중심으로 기술하였다.

3.3 활동 계획하기

'활동 계획하기' 단계에서 교사들은 학생들이 진행 계획을 세우고 계획된 일정에 따라 학습할 수 있도록 돕는다. 또한 과제해결을 위해 어떠한 방법을 활용할 것인지를 선택하게 하여 동아리원들이 주도적으로 프로젝트 학습을 진행할 수 있도록 돕는다. 그리고 이 단계는 동아리에서의 역할을 분담하여 책임감을 심어주기 위한 과정으로도 활용된다.

조력교사와 사서교사는 탐구 방법에 따른 수행 과정과 참고정보자원 목록에 기재되어 있는 도서를 어떻게 활용할지를 조력한다. 프로젝트 계획하기 과정이후부터는 소그룹별로 계획된 일정에 맞추어 프로젝트를 진행하면 된다. 계획하기 활동 사례는 〈그림 1-3〉과 같다.

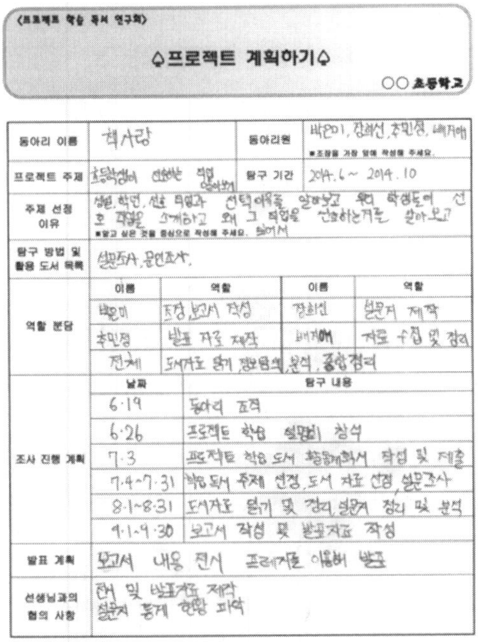

〈그림 1-3〉 활동 계획하기 사례

3.4 조언하기

프로젝트 학습 운영 계획의 업무분담에 따라 운영교사들은 프로섹트 학습 신행 상황을 확인해야 한다. 일반적으로는 조력교사가 자신이 지도하고 있는 동아리의 진행 상황을 확인하면 된다. 그러나 사서교사는 조력교사와는 또 다른 업무를 맡고 있기 때문에 조력교사가 수시로 동아리의 활동을 확인하고 격려한다면 사서교사는 일정을 정해 놓고 소그룹별 진행 상황을 〈그림 1-4〉와 같이 확인한다. 그리고 사서교사는 동아

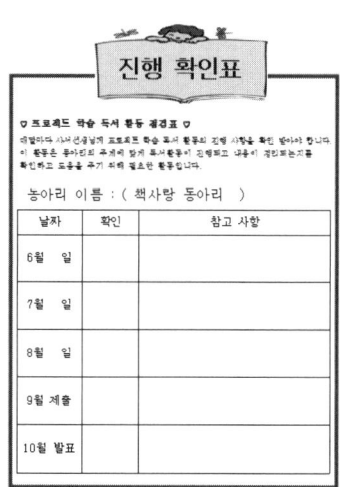

〈그림 1-4〉 진행 확인표

리별 진행상황을 확인하면서 추가적인 정보자료를 세공하거나 보고서나 발표자료가 기준에 맞춰 작성되는지를 확인하고 지도할 수 있다.

3.5 활동하기

이 단계는 과제에 따라 학생들이 실질적으로 독서하고 조사하고 체험하면서 과제를 해결하는 단계이다. 학생들은 사서교사나 조력교사가 안내해준 목록표를 보고 그 중에서 특정한 독서자료들을 읽고 과제해결에 도움이 될 만한 정보를 추출한다. 그리고 이를 분석하고 종합하고 정리하게 된다. 그러나 단순히 책을 읽는 활동만이 프로젝트 학습 활동에 포함되는 것은 아니다. 비록 초등학교 학생이지만 이들은 설문조사를 하기도 하며 인터뷰를 진행하기도 한다. 또한 직접 체험을 통해 다른 이들에게 경험을 전하기도 한다.

다음은 동아리의 CRE-PBL 활동 사례를 통해 동아리가 어떻게 활동하였는지를 살펴보고자 한다. 동아리는 현재 해결해야할 과제를 선정하였고 프로젝트 계획서까지 작성한 상태이다. 동아리의 프로젝트 학습 주제와 탐구 방법, 프로젝트 학습 활동 결과를 요약한 내용은 〈표 1-17〉과 같다.

〈표 1-17〉 CRE-PBL 활동 결과

주 제	○○초 학생들이 희망하는 직업과 선호 이유 알아보기		
동아리원	박○○ 외 3명	조력교사	박○○
탐구 방법	문헌조사, 설문조사		
내용 요약 ○ 주제 선정 이유 ○ 내용(요약 등) ○ 알게 된 사실	초등학생이 희망하는 직업이 무엇이고 왜 그런 직업을 선호하는지를 알고 싶었습니다. 그리고 남학생과 여학생, 학년에 따라서 희망 직업이 다른지도 궁금했습니다. 이에 신가초 4~6학년 124명의 학생에게 설문조사하였고 이를 분석하고 해석하였습니다. 희망 직업 선호도 통계를 보니 성별에 따른 차이가 학년에 따른 차이보다 뚜렷하게 나타났습니다.		

학생들은 군인이나 간호사와 같이 왜 특정 직업을 연상하면 남자나 여자만을 떠올리는지 궁금해 하였다. 특히 학생들은 지금까지 만난 유치원 선생님이 모두 여자였다는 사실을 발견하였다. 학생들은 왜 그럴까라고 고민하였고 직업 선호도가 신체적인 조건과 관련될 것이라는 가정을 하게 된다. 이들은 자신들이 재학하고 있는 초등학교 4-6학년 학생들을 대상으로 성별에 따른 직업선호도를 조사하기로 한다. 이에 동아리는 직업선호도를 통해 학생들이 희망하는 직업이 무엇인지를 조사하고 나서 학년이나 성별에 따라 희망직업에 차이점이 있는지를 확인하고 그에 따른 이유를 독서를 통해서 파악하고자 하였다.

동아리 학생들은 직업 선호도 설문지 제작과 관련한 협의회를 개최하고 설문지를 제작하였다. 그들은 제작된 설문지로 초등학교 3학년 학생들에게 예비 조사를 하는 치밀함까지 보인다. 이후 설문지를 수정하여 최종 설문지를 제작하였다. 동아리원들은 성별과 학년 그리고 희망직업 3개와 희망직업을 선정한 이유를 적을 수 있도록 설문지를 작성하였고 교내 4-6학년 학생들을 대상으로 설문조사를 실시하였다. 직업 선호도 설문지 제작 과정은 〈표 1-18〉과 같다.

〈표 1-18〉 직업 선호도 설문지 제작 과정

초기 설문지	2차 협의한 설문지	완성된 설문지

동아리원들은 역할을 분담하여, 아침 자율활동 시간에 4-6학년 6개 학급(이 학교는 학년별 2개의 학급만 있음)의 교실을 방문하였다. 학급 학생들에게 설문조사를 하는 이유를 설문하고 설문조사에 협조를 받았다(동아리의 요청으로 조력교사가 6개 학급 담임교사에게 미리 양해를 구하였고 설문조사 가능한 일정을 소그룹에 안내하였음). 그리고 그들은 총 124명의 학생이 작성한 설문지를 수거하였다. 설문조사 및 코딩과정은 〈표 1-19〉와 같다.

〈표 1-19〉 설문조사 및 코딩(조사결과 입력) 과정

설문 조사	설문지 작성	코딩

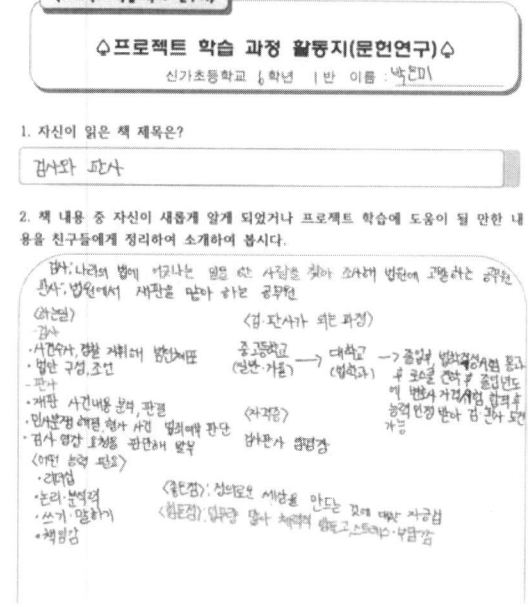

〈그림 1-5〉 문헌연구 활동지

동아리원 4명은 각자 자신들이 수거한 설문조사의 응답 내용을 학교도서관에 있는 컴퓨터를 이용하여 엑셀에 직접 기록하였다. 학교도서관에는 CRE-PBL 활동에 참여하고 있는 사서교사가 근무하는 곳으로, 학생들은 설문자료를 입력하는 것과 관련하여 모르는 것이 있으면 자연스럽게 사서선생님에게 여쭈어 보았다. 사서교사는 엑셀에 값을 입력하는 방법뿐만 아니라 정리하고 분류할 수 있는 방법에 대해서도 지도해 주었다. 학생들은 입력된 응답 내용을 직업별로 분류한다. 문제는 직업에 대한 분류가 잘 되지 않는다는 것이었다. 직업 분류와 관련하여 동아리원들은 총 4차례에 걸쳐 협의하였지만 여전히 분류에 대한 기준을 설정하지 못하였다. 동아리원들은 그동안 쉽게만 생각했던 분류가 매우 어려운 일임을 알고 분류가 사람에 따라 달리 해석될 수 있다는 사실을 깨닫는다. 이후에도 동아리원들은 이와 같은 문제를 해결하기 위해 직업을 분류해놓은 책을 찾아 읽었으며 더불어 직업에 따라 남녀가 구별되어야 하는지를 독서를 통해 확인하고자 하였다. 그리고 동아리원들은 〈그림 1-5〉와 같이 그들의 독서활동 결과를 기록하였다.

사서교사가 제시해준 목록표에는 직업시리즈가 있어서 학생들은 많은 직업을 쉽게 이해할 수 있었다. 그러나 이러한 자료에 특정 직업의 분류까지 제시되어 있지 않았다. 동아리원들은 참고자원 목록표에 기록되어 있는 직업분류를 발견한다. 그러나 그들이 살펴본 직업분류는 직업을 너무 포괄적으로 기록해 놓고 있어서 문제를 해결하는 데 별반 도움이 되지 못하였다. 이윽고 그들은 조력교사에게 도움을 청하였다.

<표 1-20> 성별과 학년에 따른 직업 분류

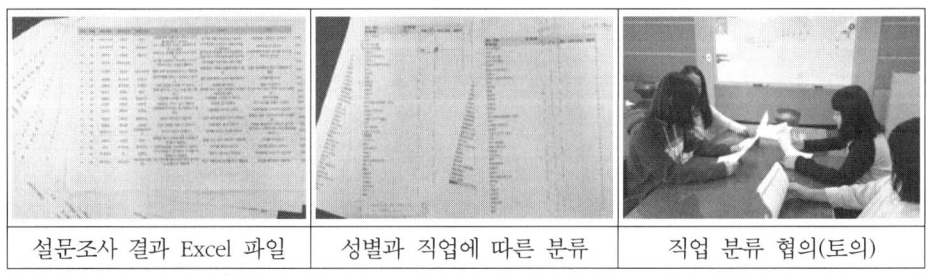

| 설문조사 결과 Excel 파일 | 성별과 직업에 따른 분류 | 직업 분류 협의(토의) |

    동아리원들은 설문조사한 결과를 통해 직업을 단지 몇 개의 군으로 분류하면 될 것으로 예상하였다. 그러나 그들의 예상과는 달리 설문에 응답한 학생들은 매우 다양한 직업을 구체적으로 작성하였다. 동아리원들은 유사한 직업을 그룹으로 묶어야 했다. 그들은 가수나 아카펠라 멤버, 랩퍼 등을 모두 가수로 분류할 것인지, 교사나 선생님, 초등교사, 영어교사를 모두 교사로 분류할 것인지, 또 연예인, 탤런트, 배우, 뮤지컬 배우, 영화배우를 모두 연예인으로 분류할 것인지 등을 고민하고 협의하였다. 처음에 이러한 분류는 매우 쉬운 문제처럼 보였다. 그런데 학원 선생님을 교사에 분류해야 되는지 가수도 연예인임으로 래퍼 등의 가수도 모두 연예인에 포함시켜야 하는지와 같은 문제가 있었다. 그리고 배우나 가수를 모두 연예인으로 한다면 변호사, 판사, 검사를 모두 법조인으로 해야 한다는 의견도 있었다.[5] 이것은 분류의 기준에 대한 문제였으며 해석에 대한 문제이기도 했다. 그러나 동아리원들이 도움을 요청한 조력교사는 직업관련 교수도 아니고 분류학자도 아니다. 이는 조력교사의 학문적 경험을 넘어선 문제였다. 또 조력교사가 이처럼 중요한 문제를 주도적으로 해결하는 것은 조력의 범위를 넘어서는 것이었다. 이에 조력교사는 학생 자신이 생각한 분류의 기준과 그에 따른 결과를 도출할 수 있는 활동지를 만들기로 하고 Excel로 데이터(전체, 학년별 성별, 학년별-성별 데이터)를 출력한 출력물과 활동지를 제시하여 각자 분석하고 분류할 수 있도록 안내하였다. 그리고 활동지를 토대로 서로의 의견을 듣고 개별적으로 분류기준을 설정하라고 지도한다. 이에 동아리원들

---

[5] 변호사, 판사, 검사를 모두 법조인으로 해야 한다는 의견은 이 학생이 읽은 직업 관련 책에 이들이 모두 법조인으로 소개되어 있기 때문으로 보인다.

은 〈표 1-21〉과 같이 통계자료를 분석한 결과를 바탕으로 자기 나름대로의 분류 기준을 정하고 그에 따른 직업 선호도에 대한 순위를 매겼다.

동아리원들은 협의회를 통해 최종적인 분류 방법을 설정하고 분류하였다. 그들의 분류에 따라 제시된 ○○초등학교 학생들의 희망 직업 순위는 〈표 1-22〉와 같다.

〈표 1-21〉 희망 직업 통계 및 분석

〈표 1-22〉 ○○초 희망 직업 순위

순위	직업명	남	여	4학년	5학년	6학년	합
1	요리사	15	19	18	9	7	34
2	운동선수 - 야구, 축구, 탁구 등	32	1	16	12	5	33
3	선생님 - 초등, 중등, 음악, 영어, 역사교사	7	18	7	6	12	25
4	연예인 - 가수, 배우, 탤런트	7	13	6	8	6	20
5	의사 - 안과, 치과, 수의사	12	7	9	4	6	19
6	법조인 - 판사, 검사, 변호사 　　　판사	7 0	9 5	2 0	3 0	11 5	16 5
7	경찰관	12	2	10	1	3	14
8	화가	5	8	5	0	8	13
8	소방관	9	0	9	0	0	9
8	과학자	9	0	6	1	2	9
11	회사원 - 직장인 등	5	4	2	3	4	9
12	제빵사	2	6	2	5	1	8
13	유치원 교사	0	7	3	3	1	7

〈표 1-22〉와 같이 학년과 성별에 따른 희망직업 순위표가 작성되었다. 이제 남은 것은 이 순위표를 보고 해석하는 것이다. 즉 과제를 해결해야 한다. 조력교사는 프로젝트 활동이 시작된 이후로 소그룹 협의회에 단 2번 밖에 참여하지 않았다. 첫 번째는 사서교사가 학교도서관에서 소그룹별로 협의하는 활동사진을 찍어야 한다고 해서 소그룹 학생들과 함께 참고자원목록표의 책을 찾아보고 앞으로의 활동을 조언하기 위한 것이었고 두 번째는 분류와 관련된 협의회였다. 그러나 조력교사는 이번 해석이 프로젝트 학습 과제의 실제적인 답이 되기 때문에 해석을 위한 협의회에 직접 참여하기로 결정하였다. 그리고 이질집단으로 구성된 이 소그룹활동을 생각하였을 때, 순위표를 보고 해석하는 과정에서 기초학습능력이 부족한 6학년 A학생이 협의회 발언에서 소외될 수 있겠다는 판단 또한 참여에 계기가 된다. 조력교사는 분류에 있어서 의견차이가 있었던 것처럼 해석에서도 어떤 차이가 있을 것이라고 생각하고 동아리원들이 순위표를 보고 자신의 의견을 활동지에 작성해 올 것을 요구한다.

해석을 위한 협의회가 개최되었다. 동아리장을 중심으로 동아리원 각자 해석할 수 있는 내용들을 이야기하기 시작한다. 조력교사는 동아리원들마다 해석에 차이가 있다는 점을 발견한다. 또한 조력교사는 순위표를 보고 추가적으로 해석할 수 있는 내용들을 발견한다. 그러나 조력교사는 해석을 위한 협의회에서 학생들이 해석하지 못한 부분은 언급하지 않고 동아리원들을 격려하고 칭찬하는 것으로 자신의 발언을 끝낸다. 조력교사는 학생들이 자신이 해석할 수 있는 내용을 해석하지 못한 것에는 전혀 신경 쓰지 않는다. 조력교사는 학생들이 독서하고 분류하고 분석하고 해석하는 일련의 과정을 돌이켜보며 학생들을 칭찬하고 격려한다. 학생들도 자신이 해석까지 했다는 사실에 만족해한다.

3.6 종합하기

학생들은 자신들이 과제를 선정하고 해결하는 과정을 보고서로 작성해야 하며 발표회에 사용될 자료를 제작해야 했다. 업무분장을 맡고 있는 운영교사와 사서교사가 협의하여 작성한 보고서 양식은 조력교사들을 통해 프로젝트 초기에 학생들에게 안내되었다. 운영교사들은 협의를 통해 prezi를 이용하여 발표하기로 협의하였었고 조력교사들은 prezi 제작법을 2차례에 걸쳐 연수 받았다. 그러나 발표대상 동아리에 초등학교 3-4학년 학생이 포함되어 있었고, 전체적으로 prezi를 경험하지 않은 학생들이 많았기 때문에 발표자료는 prezi나 ppt에서 선택하여 제작하도록 하였다.

담당 운영교사는 학생들 앞에서 ppt와 prezi를 만드는 과정을 친절히 설명하고 안내책자로 만들어 배부하였다. 이렇게 학생들은 발표자료 담당 운영교사를 통해 ppt와 prezi 작성법을 배우는 시간을 가졌다. 학생들은 조력교사에게 물어보고 사서교사에게 도와달라고 요청을 해 보지만 선생님들의 도움은 간접적인 것에 머물

〈표 1-23〉 통계 분석 및 해석

렸다.6) CRE-PBL 과정을 통해 학생들은 어떻게든 자신들 스스로의 힘으로 발표자료를 만들어야 하는지를 알고 있었기 때문에 선생님이 주신 안내 자료와 학교도서관에 비치되어 있는 ppt나 prezi 책을 보아가면서 발표자료를 만든다. 어느덧 동아리원들은 한 팀으로 활동하는 것이 익숙해졌기 때문에 선생님이 말하지 않아도 서로 도와가며 발표자료를 만든다.7)

3.7 표현하기

발표하기는 프로젝트 학습 과제 선정부터 과제 해결의 과정을 말과 발표자료를 이용하여 학교구성원들에게 안내하는 과정이다. 발표하기는 강당에서 1회 진행하는 것으로 계획되어 있었으나 방송 담당 선생님과 사서교사의 의견에 따라 학교방송으로도 개별 프로젝트 학습 과제가 소개되었다.

발표는 강당에서 수업시간 중에 실시되었다. 관련 현수막도 달아 놓고 학교방송과 신문을 통해 홍보 하는 등 발표 분위기를 고조시켰다. CRE-PBL에 참여하는 동아리원이 있는 학급의 학생들은 물론 교장, 교감선생님께서도 참관하셨고 관심있는 선생님과 학급 학생 및 학부모들도 참관하였다.

3.7.1 전시하기

전시는 크게 보고서 전시, 발표자료 출력물 전시, 프로젝트 과정 안내판 전시로 나누어져 있다. 보고서 전시와 발표자료 출력물은 제출된 자료를 전시하는 것이었고 프로젝트 과정 안내판은 학생들이 작성한 보고서를 토대로 우드락 판에 학습과정을 한눈에 이해하기 쉽도록 정리해 놓은 것이었다.

---

6) 동아리원이 발표자료를 완성했다고 제출하면 그때 조력교사가 학생들에게 발표자료를 조언하고 함께 수정하였고 최종적으로 사서교사가 발표자료를 점검 또는 수정하였다.
7) 구글(www.google.com)에서 '학생들이 희망하는 직업과 선호 이유 알아보기 on prezi'라고 입력하면 이 동아리원들이 작성한 prezi 발표자료를 감상할 수 있다. 또한 '진로 on prezi'나 '직업 on prezi'라고 하면 이외의 많은 학생들이 그들의 과제로 제작한 prezi 자료를 확인할 수 있다.

4. 되돌아보기

4.1 평가하기

평가는 긍정적인 피드백을 받기 위한 과정이다. 평가는 자기평가, 자기가 참여한 소그룹의 활동에 대한 평가, 학생평가, 교사평가가 실시되었다. 그리고 평가서는 동아리별로 수합되어 해당 조력교사에게 보내졌다. 조력교사는 이를 수합하고 정리하여 학생들을 칭찬하고 격려하는 데에 활용하였다.

4.2 반성하기

발표와 전시 이후에 동아리원과 조력교사는 동아리 활동을 하면서 느낀 점을 공유하는 시간을 가졌다. 그리고 사서교사는 CRE-PBL에 참여한 모든 동아리들과 개별적인 모임을 갖고 그들의 동아리 활동을 칭찬하고 격려하였다. 이후 조력교사는 평가하기의 내용을 정리하여 다시한번 학생들을 칭찬하고 격려하였다. 그리고 활동을 마감하였다.

아래에 학생과 교사의 소감문 일부를 발췌하였다. 이러한 발췌문을 통해 CRE-PBL 활동이 학생이나 교사 모두에게 자신을 성장시키는 기회가 되었으며 또한 학생과 교사 모두 그들의 활동 결과에 대해 만족하고 있음을 알 수 있다.

4.2.1 학생 소감

> **01** 동아리 활동을 하면서 친구들과 함께 책을 읽고 내용을 정리하는 것이 재미있었다. 힘들어서 하기 싫을 때도 있었지만 그래도 친구들과 함께 하고 나니 뿌듯했다. 아직 어려운 낱말을 잘 몰라서 아쉽기는 하지만 다음에 할 때는 더 잘 할 수 있을 것 같다. 주제를 결정하는 것도 참 어려웠는데 선생님과 포스트잇을 붙이고 마인드맵을 그리면서 하니 어렵지 않게 느껴졌다. 책을 읽고 자료를 정리하는 방

법도 배워서 많은 도움이 되었다. (3학년 ○○○)

02 항상 만화로 된 책을 주로 읽어 왔는데 이번 프로젝트 학습에서는 줄글로 된 책만을 읽고 정보를 수집하고 과제를 해결해가는 과정이 처음에는 낯설고 어려웠다. 그러나 완성해 놓고 보니 매우 보람차고 소중한 시간들이었다.

박○○ 선생님과 방과후에 남아서 함께 고민해보고, 우리가 정한 주제를 해결해가는 과정 모두가 뭔가 새롭고 재밌고 색달랐다. 우리만의 은밀한 비밀과 공통점이 생긴 것도 같아 좋았다. 다음번에도 이런 기회가 있으면 적극적으로 참여하고 싶다. (4학년 ○○○)

03 긴 시간동안 선생님과 함께 프로젝트를 하려고 하니 학원시간 학원숙제 등을 조정하는 것이 어렵고 힘들었다. 하지만 고생한 보람 만 큼은 준비한 기간 동안 나에게 큰 경험으로 남을 것 같다. (4학년 ○○○)

04 인터넷은 많은 정보를 손쉽게 얻을 수 있지만 책에서는 내가 원하는 정보를 찾는데 시간이 걸리고 힘든 점도 있었다. 하지만 책을 읽는 즐거움과 친구들과의 상호작용을 할 수 있어서 의미있는 시간이었다. (6학년 ○○○)

05 처음엔 활동이 힘들었다. 그리고 내가 왜 동아리에 참여하여 프로젝트를 하고 있는지에 대해서도 회의감이 들었다. 왜냐하면 처음에는 내가 프로젝트를 어떻게 해야 하는지 그리고 어떤 내용으로 발표를 해야 하는지 몰랐기 때문이다. 그러나 조사도 하고 관련 책도 읽으면서 점차 내가 무엇을 하고 있는지와 어떤 내용을 발표해야 할지도 알게 되었다. 또, 우리학교 학생들의 희망 직업을 조사하고 분석하는 중에 내가 예상하지 못한 직업들이 순위에 있어서 신기하였다. 이런 것이 프로젝트의 매력일까? (6학년 ○○○)

4.2.2 교사 소감

01 학생들의 발달 과정을 살펴본 바로 CRE-PBL 활동이 무엇보다 '자아효능감'과 '협동심' 형성에 크게 기여했다고 생각합니다. 처음에는 '어렵다', '모르겠다', '못하겠다'라는 말을 많이 하며 시작도 하기 전에 무조건 선생님의 도움을 구하던 학생들이었지만 활동을 하면서 그런 말을 하기 전에 스스로 해보려고 노력하는 모습을 보였습니다. 그리고 책을 읽고 자료를 정리하면서 학생들은 자신들이 만들어낸 결과물에 성취감을 많이 느끼며 조금씩 자신감 있는 모습을 보여 주었습니다. 더 좋은 자료를 찾기 위한 보이지 않는 경쟁도 있었지만 서로 읽을 책을 찾아주며 함께 이야기하는 모습에서 협동심을 엿볼 수 있었습니다.

학업성취도 측면에서 살펴보면 학생들은 CRE-PBL 활동을 통해 글을 읽고 중심 내용을 찾는 활동에 매우 익숙해졌습니다. 3학년 국어과에 '설명하는 글을 읽고 내용 간추리기'가 있는데, 프로젝트 학습 독서를 하면서 많은 내용을 짧게 요약하고 중요한 부분만을 정리하는 연습을 해서인지 1학기 때보다 2학기 때 간추린 글의 내용이 매끄러워지고 중요한 부분을 놓치지 않는 모습을 보여 학업성취도 향상에 기여한 것으로 보입니다.

02 조력교사인 나도 처음에 과제를 통해 해결하고자 하는 내용이 무엇인지 헷갈렸으며 프로젝트 학습 진로독서 활동이 학생들의 진로교육에 도움이 될 것인지에 대해 의구심을 가졌다. 그러니 학생들의 고민과 고충은 더할 나위 없이 컸을 것이다. 이에 나는 동아리원들을 만날 때마다 개별적으로 과제를 통해 무엇을 해결하고자 하는지를 물었다. 그런데 나보다 학생들이 해결해야 할 과제를 보다 분명히 알고 있었다. 사실 나는 학생들과의 대화를 통해서 과제를 해결하기 위해서 무엇을 해야 할지를 알게 되었다. 아마도 학생들의 의견을 반영하여 과제를 선정하였고 또 내가 당시에 너무 쉽게 과제를 선정해서였는지도 모른다. 물론 나의 과제에 대한 고민이 동아리원에게 전달되었고 동아리원들과의 협의를 통해 과제문을 수정하였다. 어찌되었건 과제를 최종적으로 완성한 나는 갑자기 신이 났고 마치 모든 문제를 해결한 것처럼 마음이 편해졌다. 물론 그 뒤로 여러 가지 난관이 있었지만 내게는 과제문을 작성하는 것이 가장 어려웠던 것 같다.

프로젝트 학습과 독서방법을 적용한 진로교육 활동은 단지 진로교육의 내용 일부를 암기식으로 학습하는 차원을 넘어 학생들이 자신의 지식을 스스로 종합적으로 구성하고 있다는 느낌을 받았다. 게다가 목표를 설정하고 함께 해결하는 과정을 겪으며 함께 마무리를 지었다는 유대감과 자신감이 학생들에게는 그 무엇과도 바꿀 수 없는 소중한 경험과 추억으로 남아있을 것으로 생각된다.

03 동아리 학생들은 대체적으로 과제를 해결하기 위해 조력선생님과 사서선생님 등에게 적극적으로 질문하였고 동료학생들과 빈번히 대화하였다. 이는 학생들이 의사소통을 문제를 해결하는데 있어서 중요한 수단으로 인식하고 있고, 문제 해결에 의사소통 능력을 활용하고 있음을 보여주는 것이었다. 또 학생들은 관련된 주제의 도서자료를 보다 많이 찾아보았는데 이는 학생들이 책 속의 지식과 정보에 접근하는 방법을 스스로 학습하고 있는 결과였다.

학생들은 자신이 설정한 과제를 해결하기 위해 지속적으로 고민하고 과제를 해결하기 위한 방법을 찾았다. 이는 타인에 의한 학습이 아니라 학생 자신이 학습에 대한 주도권을 가지고 활동한 것으로 학생들은 자기주도적 학습을 한 것이다. 학생들은 자기주도적 학습 활동의 결과를 만들어 가고 있다는 자부심을 느끼고 있었으며 활동에 따른 결과물을 생산하였을 때는 활동에 대한 만족감이 상당하였다. 즉 학생들은 자기 스스로 문제를 해결했다는 자부심과 결과를 이뤄냈다는 성취감을 통해 자신에 대한 자아존중감과 자기효능감을 높였고 또 다른 학습에 대한 동기를 유발하였다고 생각한다.

다만 학생들은 활동 초기에 과제에 대한 이해가 부족하여 무엇을 어떻게 해야 하는지 몰라 했다. 이에 학생들이 주제와 과제를 이해하고 과정을 설정하는 데 한 달 이상의 시간을 보내야만 했으며 조력교사로서 학생들에게 관련 내용을 자주 설명해야만 했다. 또 동아리원중 한명은 과제 해결에 부담감을 느꼈는지 협의 참석을 주저하였다. 이를 통해 프로젝트 학습 독서를 처음 접하는 학생들은 보다 쉬운 주제를 선정하고 조력교사의 상세한 설명과 과정설계가 필요할 것으로 생각된다.

부 록

프로젝트 학습 진로독서교육활동의 참고 자료

부록 프로젝트 학습 진로독서교육활동의 참고 자료

1 참고 도서 목록

도서명	내용
펼쳐라 꿈꿔라 날아라: 진로·인성도서 목록 자료집 / 서울특별시교육청 정독도서관	• 진로도서 목록(초·중고·교사·학부모용), - 진로와 직업 탐색, 건강한 직업관 • 인성도서 목록(초·중고·교사·학부모용) • 부록(책으로 진로 인식하기, 책 속에서 내 강점 발견하기, 책과 친해지기, 책으로 진로 탐색하기, 국내 진로관련 사이트 등)
초등 교과통합 진로교육 교수·학습지도안 / 교육과학기술부, 한국직업능력개발원	• 교과 통합 진로교육 수업시 활용할 수 있는 교수학습지도안 - 교과 통합 진로교육의 개요 - 초등 교과 통합 진로교육 목표 및 개발 - 초등 교과 통합 진로교육 교수·학습지도안
선생님! 진로상담이 필요해요 / 한국고용정보원	• 청소년들의 진로고민을 자기이해, 직업정보, 학교 및 진학정보, 진로의사결정으로 유형화하고 진로상담을 위한 다양한 상담가이드를 제시함 • 한국직업정보시스템 〉 직업자료실 〉 직업정보서 〉 '자료명'검색
초등진로교육의 방향(21쪽) / 최동선(한국직업능력개발원)	• 진로지도의 의미와 초등학교에서의 지도 방향이 제시되어 있음 • 로그인 필요함 강원도교육과학연구원 〉 교육연구 〉 진로상담 〉 진로교육자료실 〉 20번
관심직업 탐색 및 정보제공 / 한국직업능력개발원	• 사이버 진로 상담 워크숍 동영상의 일부분으로 직업정보를 제시하는 방법, 상담 기법 중 질문을 효과적으로 하는 방법을 다루고 있음 • 다루어진 사례와 슈퍼비전 내용은 첨부파일로 탑재되어 있음 커리어넷 〉 교사연구자 〉 진로교육 교사연수 〉 진로상담 슈퍼비전(1번)

2 참고 사이트 소개

사이트명 (주소)	특징

한국직업
능력개발원
커리어넷
(http://www.career
.go.kr)
	1. 학생 관련 메뉴
	 가. 진로상담(로그인 필요)
	  - 진로 관련 고민에 대한 사이버 상담 가능
	
	 나. 직업·학과정보
	   주니어 직업정보 : 직업에 대한 정보 제공
	   직업정보 : 직업분류, 직업조건, 적성유형별 탐색
	   학과정보 : 전공계열, 졸업 후 취업조건
	   학교정보 : 초·중·고·대, 특수/각종, 대안학교
	   해외 신직업
	   인터뷰 : 직업인, 학과
	   자료실 : 학과자료실, 직업자료실, 연구보고서
	
	 다. 진로동영상 : 진로직업, 진로교육, 학과정보, 기타
	 라. 진로교육자료 : 프로그램, 매뉴얼, 정보, 검사상담, 행사, 기타
	
	 마. 아로주니어(로그인 필요)
	  - 아로주니어(저학년용) : 플래시 자료를 활용하여 게임 형식으로 자신의 흥미를 알아보고 관련 직업을 찾아보는 활동
	  - 아로주니어 플러스(고학년용) : 세상에는 어떤 직업들이(80여개의 초등이 직업사전), 나의 진로 알기(진로 일기 쓰기), 난 커서 어떤 사람이 될까(미래 모습 아바타 만들기), 미래에는 이런 직업(미래의 직업 세계)으로 구성. 학생들이 흥미 있게 참여하도록 플래시로 제시됨
	
	2. 교사 관련 메뉴
	  - 교사들의 진로교육 전문성 신장을 위해 진로정보, 진로교육프로그램, 진로교육관련자료, 진로교육 교사연수, 진로교육연계, 진로교육지표 등을 제시

통계청 한국표준직업분류	통계청에서 제공하는 직업분류의 국가적 표준으로 일의 형태를 국내 직업구조 및 실태에 맞도록 표준화한 정보로 분류 검색을 할 수 있다. 각종 고용관련 통계, 직업정보에 관한 통계작성 시 비교 기준이 되고 있다. 〈https://kssc.kostat.go.kr:8443/ksscNew_web/index.jsp〉

사이트명 (주소)	특징
Job Map	▶ 직업 분류 통계청에서 실시한 『지역별 고용조사』결과를 바탕으로 재구성된 자료로서 228개 산업과 426개 직업별 해당 직업 종사자수, 임금소득, 평균근속년수, 남녀비율, 평균학력, 평균연령 외에도 주요업무, 자격조건, 유사직업명의 노동시장 정보를 직업명, 산업분류별로 검색 ⟨http://work.go.kr/jobMap/jobMapByName.do⟩

서울
진학진로정보센터
(http://www.jinhak.or.kr/)
	1. 진로정보
	  가. 진로직업정보 : 직로, 직업, 자격증 정보 및 동영상(전문가, 진로, 학과)
	  나. 체험학습 : 체험학습장, 진로체험학습프로그램
	  다. 진로교육영상자료 : 직업, 진로 관련 영상자료 대여 안내
	  라. 학교안내 : 서울시내 초·중·고등학교에 대한 안내 및 사이트 링크
	  마. 진로자료실 : 진로관련 발간자료 및 다양한 진로교육자료 제공
	  바. 추천사이트 : 전국의 진로관련 사이트 안내
	2. 진로적성검사 (학생만 이용 가능)
	  가. 성격유형검사
	  나. 직업흥미검사
	  다. 다중지능검사
	  라. 검사결과에 따른 상담
	3. 진학진로상담실(서울특별시 소재 학생 및 학부모를 대상)
	  진로진학 상담교사단을 통해 온라인 상담과 방문상담을 운영

한국고용정보원
워크넷
http://www.work.go.kr/jobMain.do
	▶ 직업진로
	1. 직업심리검사 : 청소년의 자기이해 및 진로탐색 검사, 검사결과, 검사상담
	2. 직업정보검색 : 한국직업전망, 한국직업사전, 신직업, 외국직업
	  직업탐방(눈길끄는 이색작업, 테마별 직업여행, 직업인 인터뷰)
	  한국직업정보시스템(키워드, 조건별 검색, 나의 특성에 맞는 직업 찾기, 분류별 검색)
	3. 직업·진로자료실 : 직업정보서, 연구보고서
	4. 진로상담
	5. 학과정보검색 : 계열별 검색

크레존 (CreZone) http://www.crezone.net	▶ 교사를 위한 창의·인성·독서·체험 교육 1. 창의체험활동 2. 현장체험학습 3. 창의교육(창의·인성교육, 자유학기제 등) 4. 자료실(독서교육, 사제동행 등)

3 활동지 및 안내서

 **주제: 책을 통한 직업인의 직업특성 찾기**

「행복한 청소부」   학년 반 번 성명 :

💿 「행복한 청소부」에서 제시된 청소부는 어떤 직업인지 제시해보자.

💿 「행복한 청소부」에서 제시된 청소부는 어떤 직업 적성, 흥미, 성격 그리고 가치관을 가지고 있어야 하는지 제시해보자.

적 성 :
이 유 :

흥 미 :
이 유 :

성 격 :
이 유 :

가치관 :
이 유 :

💿 「행복한 청소부」에서 제시된 청소부의 직업을 잘 수행하기 위해 필요한 능력은 무엇인지 제시해보자.

💿 청소부 직업은 미래 직업 전망 가능성은 어떻게 될 것인지 제시해 보자.

💿 현재 자신이 '청소부' 라는 직업이 주어지게 된다면 어떻게 할 것이며, '청소부' 직업을 선택했다면 '청소부' 직업을 잘 하기 위해 자신은 무엇을 할 것인지 제시해보자.

(출처: 서울시교육청. 2014. 2014 진로교육 활성화 계획)

책 속의 직업을 찾아라!8)

책제목	치과 의사 드소토 선생님	지은이	윌리엄 스타이그
작성자	( )학년 ( )반 ( )번 이름( )		
표현방법	❖ 책을 읽고, 치과의사와 치위생사가 어떤 일들을 하는지 말해봅시다. ❖ 책을 읽고, 치과의사나 치위생사가 되고 싶은지 생각해 보고, 그렇게 생각한 이유가 무엇인지 말해봅시다.		

◈ 다음의 그림을 잘 보고 질문에 답해 주세요. ◈

〈1쪽과 4쪽의 그림 제시〉

드소토 선생님은 이를 고치는 솜씨가 아주 좋았어요. 그래서 환자들이 줄을 섰지요.

드소토 선생님을 도와주는 조수가 있었어요. 바로 선생님의 부인입니다.

질문1) 드소토 선생님의 직업은 무엇인가요?

질문2) 드소토 선생님의 부인과 같이 치과진료를 보조하고 치아 및 잇몸을 건강하게 유지시키는 일을 하는 분을 무엇이라고 하나요? (치위생사)

〈5쪽과 표지 그림 제시〉

쥐인 드소토 선생님은 고양이나 사나운 동물은 치료하지 않았어요.

질문3) 드소토 선생님이 고양이나 사나운 동물을 치료하지 않은 이유는 무엇인가요?

질문4) 여러분이 치과의사라고 생각하고 답변해 주세요.
여러분이 진료해 준 환자가 진료비를 주지 않거나 진료를 잘 못해줬다고 여러분을 위협하면(무섭게 하면) 여러분은 어떻게 행동하겠습니까? 또, 그때의 마음이 어떨지 말로 표현해 봅시다.

〈6쪽-8쪽 그림과 내용을 정리하여 기술〉

질문5) 드소토 선생님은 왜 자신에게 위험한 여우를 치료해 주기로 했을까요?

질문6) 여러분이 치과의사가 되었을 때, 사이좋지 않은 친구가 환자로 온다면 여러분은 그 친구를 어떻게 치료해 주고 싶은가요?

〈작성 방법 동일〉

질문7) 드소토 선생님은 여우에게 새 이를 만들어 넣고, 또 살아남을 수 있을까요? 각자의 생각을 말해 봅시다.

질문8) 치과의사와 치위생사가 어떤 일을 했나요?

질문9) 치과의사나 치위생사가 되고 싶나요? 그리고 그렇게 생각한 이유가 무엇인지 말해봅시다.

---

8) 저작권 문제로 책의 그림과 내용을 수록하기 어려워 '책 속 직업을 찾아라!' 활동지의 구성 방법만을 알 수 있게 활동지를 재구성하였다.

책 속의 직업을 찾아라!9)

책제목	책 먹는 여우	지은이	프란치스카 비어만
작성자	( )학년 ( )반 ( )번 이름( )		
표현방법	❖ 책을 읽고, 어떤 직업들이 나오며, 어떤 일들을 하는지 알아봅시다. ❖ 책을 읽고, 해보고 싶은 직업을 1개 이상 선택해 보고, 그 이유가 무엇인지 말해 봅시다.		

◆ 다음의 그림을 잘 보고 질문에 답해 주세요. ◆

〈저작권 문제로 그림과 내용을 제외함〉 	여우 아저씨는 책을 좋아했어요. 좋아해도 아주 많이 좋아했어요. 그래서 책을 끝까지 다 읽고 나면, 소금 한 줌 툭툭 후추 조금 툭툭 뿌려 꿀꺽 먹어치웠지요. 집에 있는 책을 다 먹고도 배가 고파서 집에 있는 물건을 (가)에 맡겨두고 책을 사 먹습니다.

질문1) (가)에 들어갈 단어는 무엇입니까?
   (   )

질문2) 여러분이 만일 (가)에 물건을 맡겨야 한다면 어떤 것을 맡기고 싶은가요? 또, 그 이유는 무엇인가요?

〈아래와 같은 그림과 내용 제시 후〉 	배가 고픈 여우 아저씨는 길모퉁이 서점보다 천 배나 많은 책들이 있는 (나)에 들어갑니다. (나)에는 책을 관리하고 도서관을 운영하는 전문적인 일들을 하시는 (다)선생님이 계십니다. 책을 먹던 여우 아저씨는 (다)선생님한테 쫓겨나게 됩니다.

---

9) 저작권 문제로 책의 그림과 내용을 수록하기 어려워 '책 속 직업을 찾아라!' 활동지의 구성 방법만을 알 수 있게 활동지를 재구성하였다.

〈그림과 내용 제시 후〉

질문3) (나)에 들어갈 말은 무엇입니까? (   )

질문4) (다)에 들어갈 알맞은 직업은 무엇입니까?

질문5) 여우 아저씨가 길모퉁이 서점 사람들에게 한 행동으로, 폭행이나 협박으로 남의 책을 빼앗는 도둑을 일컫는 말은 무엇입니까? (   )

질문6) 여러분이 남의 물건을 갖고 싶었거나, 빼앗고 싶은 경험이 있었다면 이야기해 봅시다.

〈그림과 내용 제시 후〉

 나쁜 짓을 한 여우 아저씨는 국민의 생명과 재산 등을 보호하는 (라)에게 체포당합니다.

질문7) 민중의 지팡이라고 불리는 (라)는 어떤 직업인가요?

질문8) 여러분이 (라)의 직업을 하게 된다면 어떤 일을 하고 싶은지 말해 봅시다.

〈그림과 내용 제시 후〉

질문9) (마)에 들어갈 말로, 감옥에서 일하며 죄수를 돌보는 사람을 무엇이라고 하나요?
      (   )

〈그림과 내용 제시 후〉

질문10) 동화책이나 그림책 등에 글을 쓰거나 그림을 그리는 사람을 일컫는 말로, 여우 아저씨의 직업이 되는 이 직업은 무엇인가요?
      (   )

질문11) 이 책에는 어떤 직업들이 나오나요?

질문12) 이 책에는 여러 직업이 나옵니다. 여러분은 어떤 일을 하는 사람이 되고 싶나요? 또 그 이유는 무엇인지 말해봅시다.

♠ 프로젝트 계획하기 ♠

동아리 이름		동아리원	※조장을 가장 앞에 작성해 주세요.
프로젝트 주제		탐구 기간	
주제 선정 이유	※알고 싶은 것을 중심으로 작성해 주세요.		
탐구 방법 및 활용 도서 목록			

역할 분담	이름	역할	이름	역할

조사 진행 계획	날짜	탐구 내용

발표 계획	
선생님과의 협의 사항	

♠ 프로젝트 소주제 선정 과정 활동지 ♠

학년   반   번   이름 : _____

1. 대주제를 생각하면 떠오르는 단어를 자유롭게 떠올려 봅시다.

2. 대주제와 관련하여 내가 알아보고 싶은(궁금한 점)것을 1분 동안 5가지 생각해 봅시다.

   ex. 대주제: 음악
   음악과 관련하여 내가 알아보고 싶은 것들- 오페라, 뮤지컬, 클래식, k-pop, 재즈

3. 위에서 생각해 낸 5가지를 모둠 원들과 상의하여 크게 3-4가지의 범주로 묶어 보세요.

   ex. 오페라+클래식, 뮤지컬+영화ost, k-pop+팝송 등

4. 3-4가지의 범주를 큰 가지로 하여 마인드맵으로 표현해 봅시다.

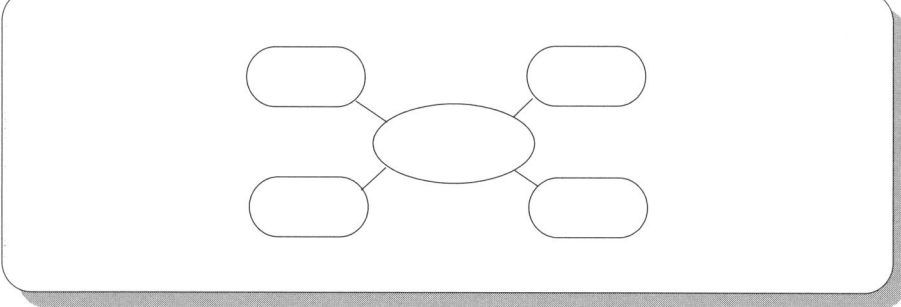

5. 마인드맵을 보고 여러분이 가장 도전해보고 싶은 범주를 선택하시오.

ex. 뮤지컬

6. 4번에서 ○○○을 선택한 이유는 무엇인가요?

ex. 요즘 동방신기의 박유천이 뮤지컬에 출연하는 작품이 있는데, 내가 박유천을 좋아하니 그 작품에 대해 자세히 알아보고 싶다.
ex. 내가 엄마랑 뮤지컬 '캣츠'를 지난 여름 방학 때 보러 갔는데 그 때의 즐거움과 신기함을 잊을 수 없다. 그래서 다른 뮤지컬도 알아보고 싶고, 뮤지컬에 관한 자세한 역사나 내용 등을 조사하고, 직접 찾아서 공부해보고 싶다.

7. 내가 ○○○을 선택한다면 스스로 이것과 관련된 정보를 찾고 공부하는 것이 현실적으로 가능하다고 생각하나요? 그렇다고 답했다면, 그 이유가 무엇인지 써보시오.

ex. 그렇다. 왜냐하면, 내의 흥미를 가장 많이 끌었고 평소에도 정말 알아보고 싶은 것들이기 때문에 적극적으로 참여할 수 있을 것 같다.

ex. ○○○과 관련된 자료를 평소에 많이 본 것 같고, 도서관에 이것과 관련된 책들도 많이 있다는 것을 알기 때문에 조사하고 알아보는 데에는 문제가 없을 것 같다.

♠ 과제 선정하기 활동지 ♠

동아리 이름 : _____

선정된 프로젝트 과제		
과제 선정하기	친구들이 선택한 과제	
	친구들이 선택한 과제	
	친구들이 선택한 과제	
	친구들이 선택한 과제	
	친구들이 선택한 과제	
최종 선택한 과제		
선생님과의 협의 사항		

♡ 진로독서교육 ♡

♠ 프로젝트 학습 과정 활동지(문헌연구) ♠

초등학교   학년   반 이름 : _____

1. 자신이 읽은 책 제목은?

2. 책 내용 중 자신이 새롭게 알게 되었거나 프로젝트 학습에 도움이 될 만한 내용을 친구들에게 정리하여 소개하여 봅시다.

3. 느낀점이나 더 알고 싶은 내용은?

♡ 진로독서교육 ♡

♤프로젝트 학습 자기평가표♤

초등학교   학년   반 이름: _____

- 프로젝트 학습 과정과 발표를 되돌아보며 자신의 활동 내용을 평가해 봅시다.
- 평가 내용을 잘 읽어보고 자신에게 해당되는 평점에 ✔ 표시한 후 소감이나 의견을 쓰세요.

평가내용	평점				
	매우 그렇다	그렇다	보통 이다	그렇지 않다	매우 그렇지 않다
■ 프로젝트 학습에 흥미와 관심을 가졌다.					
■ 동아리에서 맡은 역할을 다른 사람에게 미루지 않고 성실하게 수행했다.					
■ 프로젝트 학습 중 어려운 점은 동아리원과 협동하여 해결하기 위해 노력했다.					
■ 책을 읽고 프로젝트에 필요한 자료를 찾을 수 있었다.					
■ 프로젝트 학습을 하기 전보다 프로젝트 학습 후 독서 활동에 관심과 흥미가 생겼다.					
■ 프로젝트 학습 내용과 결과에 만족한다.					
■ 프로젝트 내용을 효과적으로 전달할 수 있는 발표 자료를 만들었다.					
■ 발표에 인용한 자료는 출처를 밝혀 사용하였다.					
■ 알맞은 목소리와 빠르기로 발표하여 내용을 잘 전달하였다.					
■ 발표 내용에 내 생각과 의견이 포함되어 있다.					
프로젝트 학습 후 소감 및 의견					

> ♡ 진로독서교육 ♡
>
> ♠ 다른 모둠을 평가해요 ♠ (동아리 참여 학생)
> ♡ 프로젝트 학습 독서 동아리의 참여 여부 : (참여 / 미참여)
> ♡초등학교 (   )학년 (   )반 이름 : _____

1. 발표 순번 : (   ), 모둠명 : (   )

2. 평가 내용 : 해당되는 곳에 ✔ 표시한 후 의견을 쓰세요.

평가 영역	평가 기준	평가 척도				
		매우 잘함	잘함	보통	미흡	매우 미흡
		5	4	3	2	1
준비성	• 파워포인트나 프레지를 이용하여 발표를 준비하였는가?					
	• 발표 연습을 열심히 하였는가?					
주제의 적절성	• 서론, 본론, 결론의 내용이 적절한가?					
	• 주제와 발표 내용은 관련성이 있는가?					
발표 내용의 적절성	• 보고서 내용이 잘 드러나게 발표하는가?					
	• 새롭게 알게 된 내용이 잘 드러나게 발표하는가?					
	• 느낀 점이나 더 알고 싶은 내용이 포함되어 있는가?					
태도 및 협동심	• 발표 태도(발음, 목소리 크기, 자세 등)가 바른가?					
	• 모둠원의 역할 분담과 활동이 결과물에 나타났는가?					
	• 모둠원 모두 프로젝트 학습에 참가하였는가?					
총계	개수					
	점수					
	총점	( )점				

3. 다른 모둠의 발표를 듣고 가장 칭찬하고 싶은 점을 적어주세요.

4. 다른 모둠의 발표를 듣고 아쉬운 점이나 좀 더 노력해야 할 점을 적어주세요.

> ♡ 진로독서교육 ♡
>
> ♠ 발표 동아리를 평가해요 ♠(참관 학생)
>
> ♡초등학교 (   )학년 (   )반 이름 : _____

1. 평가기준에 따라 발표 동아리를 평가해 봅시다(해당되는 곳에 ✔ 표시해 주세요).

순번		1	2	3	4	5
동아리명		반짝반짝 동물사랑	맛과 멋이 있는 직업 원정대	가자! 마을 탐험	진로 찾아 책 찾아	행복 직업을 찾아서
주제	대주제	직업	직업	직업	진로	진로
	중주제	동물	여행+음식	마을	선호+성별	나+공동체
준비성	매우 잘함					
	잘함					
	보통					
	미흡					
	매우 미흡					
주제의 적절성	매우 잘함					
	잘함					
	보통					
	미흡					
	매우 미흡					
발표 내용의 적절성	매우 잘함					
	잘함					
	보통					
	미흡					
	매우 미흡					
태도 및 협동심	매우 잘함					
	잘함					
	보통					
	미흡					
	매우 미흡					

2. 발표를 듣고 난 후의 소감이나 발표 동아리에게 하고 싶은 말을 적어주세요.

반짝반짝 동물사랑	맛과 멋이 있는 직업 원정대	가자! 마을 탐험	진로 찾아 책 찾아	행복 직업을 찾아서

〈안내서〉

프로젝트 학습 독서 보고서 작성 요령

　프로젝트 학습 독서 활동을 재미있게 잘하고 있나요? 생각과 같이 진행이 잘되지 않을 때도 있고 동아리원 끼리 대화가 잘되지 않을 때도 있었을 것입니다. 힘들고 어려운 시간도 있었지만 여러분이 알고 싶은 문제를 스스로 찾아 가는 과정에 보람도 느꼈을 것입니다.
　이제 여러분이 프로젝트 학습 독서를 하면서 알게 된 점, 느낀 점 등을 아래의 보고서 형식에 맞추어 작성해 주세요.
　보고서 작성 요령에는 표지, 내용, 느낀 점(반성 및 소감), 참고 문헌 등을 어떻게 작성해야 하는지를 설명하고 있어요. 요령에 따라 형식에 맞추어 보고서를 작성해 봅시다. **빨간색 글씨**는 여러분에게 설명하는 글이에요. 보고서를 제출할 때에는 삭제해서 제출해 주세요.

○보고서 작성 규정○

○ 아래의 보고서 형식을 참고하여 작성한다.
○ 편집용지는 A4로, 용지 여백은 위쪽: 30㎜, 머리말: 15㎜, 왼쪽: 30㎜, 오른쪽: 30㎜, 꼬리말: 15㎜, 아래쪽: 15㎜로 설정한다.
○ 글꼴은 바탕, 글자 크기는 12, 줄 간격은 160으로 한다.
○ 제목 차례는 다음과 같이 작성한다.

Ⅰ. (글자 크기 : 15, 진하게)
 1. (글자 크기 : 13, 진하게, 한 칸 띄어 쓰고 시작)
　가. (글자 크기 : 12, 두 칸 띄어 쓰고 시작)
　　(1) (글자 크기 : 12, 세 칸 띄어 쓰고 시작)

(가) (글자 크기 : 12, 네 칸 띄어 쓰고 시작)
　　　　1) (글자 크기 : 12, 다섯 칸 띄어 쓰고 시작)
　　　　　가) (글자 크기 : 12, 여섯 칸 띄어 쓰고 시작)

○ 보고서는 표지를 제외하고 5쪽 이상 8쪽 이하로 작성한다.
○ 완성된 보고서는 ○월 ○일(○)까지 학교홈페이지 → 독서마당 → 도서관 소식에 탑재한다.

제목

주 제	○ 대화나 연구 따위에서 중심이 되는 문제, 주된 제목 ○ 제목과 같을 수도 있음		
동아리원		조력교사	
탐구 방법	문헌조사, 설문조사 등		
내용 요약 ○ 주제 선정 이유 ○ 내용(요약 등) ○ 알게 된 사실			
느낀 점			
참고 문헌 (자료 수집)	예) 직업과 관련한 도서		

활동 사진

*크기 편집 가능

*활동 사진 가운데 가장 멋진 사진 한 장을 넣어 주세요.

*사진에는 동아리원 전원와 도와주신 선생님의 얼굴이 모두 나와 있어야 됩니다.

동아리 이름

(동아리 이름을 써 주세요.)

Ⅰ. 서론
○ 탐구목적, 주제선정 이유(관심이 간 이유)
○ 궁금한 내용과 알고 싶은 사실
○ 탐구방법, 조사 대상, 조사 기간, 조사 방법

Ⅱ. 본론
1. 순서를 정하고 순서에 따라 체계적으로 쓴다.
2. 간결하고 요점을 분명하게 쓴다.
3. 구체적인 사례를 들되, 가능하면 도표나 사진 등을 곁들여 이해를 돕는다.
4. 6하 원칙에 충실하도록 쓴다.
   - 육하 원칙이란 : 누가, 언제, 어디서, 무엇을, 왜, 어떻게의 항목에 맞춰 글을 쓰는 원칙. 어떤 사실을 요령있게 써야 할 때 이 원칙에 맞춰 쓰면 좋은 글이 될 수 있다.

※ 아래의 내용을 선택적으로 기록한다.
○ 주제와 관련된 내용에 대한 설명한다.
○ 조사 내용에 대한 분석한다.
○ 탐구 방법에 따른 결과를 기록한다.
   (문헌조사 내용, 설문조사 및 관찰 결과, 방문 내용 등)

Ⅲ. 요약 및 결론
○ 서론과 본론의 내용을 요약한다.
○ 본론을 통해 얻은 결과를 정리하여 기술한다.

Ⅳ. 느낀 점 및 평가
※ 아래의 내용을 선택적으로 기록한다.
○ 앞에 기록하지 않았던 그 밖의 내용과 느낀 점을 기록한다.
○ 동아리 구성, 선생님의 조언

○ 책읽기의 즐거움과 어려움
○ 탐구가 끝난 뒤의 소감
○ 동아리 활동의 좋은 점과 아쉬운 점
○ 추가로 궁금한 내용
○ 앞으로의 각오나 다짐

Ⅴ. 참고문헌

○ 단행본(책) → 도감 → 사전 → 신문 → 연감 등 실물자료를 먼저 기록하고 인터넷 자료를 나중에 기록한다.
○ 참고문헌은 대괄호에 순서대로 숫자를 기록하고 다음과 같은 형식에 맞추어 작성한다.

○ 단행본(한 권으로 완결된 책)의 경우
　○ 저자의 성명. 출판년도.『책 제목』. 지역명: 출판사명
　　예) 박주현, 유수정. 2014.『보고서 작성법』. 광주: 독서사랑
○ 신문 및 잡지의 경우
　○ 기사명. 게재 연도.『신문명』. 게재일. 게재 면
　　예) 초등학생들 갈수록 책 안읽어. 2013.『진로신문』. 10월 7일. 제7면
○ 사전 및 백과사전 등 참고도서의 경우 : 단행본과 같이 기록
　　예)『엣센스 국어사전』. 2012. 서울: 민중서림
○ 웹 정보자원의 경우 : 단행본과 같이 기록. 웹자원을 추가로 표기
　○ 자자의 성명. 발행연도. 제목. 〈URL〉 [인용 인용날짜].
　　예) 의양초등학교. 2014.『보고서 작성법』. 〈http://www.shinga.es.kr〉
　　　　[인용 2014. 9. 15].

4 교수·학습 과정안

4.1 직업분류 교수·학습 과정안

4.1.1 단원 및 주제 선정

학년/교과	초등학교 6학년 / 국어
단원/주제	2. 정보와 이해 / 조사한 내용 분류하는 방법 알기

4.1.2 단원 설정의 이유

이 단원은 조사한 내용을 글로 쓰기 위하여 필요한 정보를 찾아 알기 쉽게 정리하고, 조사한 내용을 분류하여 요약하는 글을 쓸 수 있게 하는 데 목적이 있다. 이 단원의 주요 활동은 여러 가지 매체에서 필요한 정보를 수집할 때에 주의할 점을 알고 자신에게 유익한 정보를 효과적으로 찾을 수 있는 방법 알기, 여러 가지 매체에서 찾은 정보들을 알기 쉽게 정리할 수 있도록 분류의 특징을 알고 분류 기준에 따라 분류하기, 분류의 방법으로 요약하기이다. 여러 가지 매체를 활용하여 자신에게 필요한 정보를 찾을 수 있게 도와주며, 분류의 방법을 통하여 정보를 효과적으로 정리하여 요약할 수 있도록 안내한다. 일상생활을 통하여 직접 경험하는 소재를 대상으로 정보를 찾아 정리할 수 있도록 지도하며, 여러 가지 매체를 통하여 수집한 자료들이 유용하게 활용될 수 있게 다양한 표현 방법을 안내하여야 한다.

수많은 정보가 생성되고 소멸하는 정보화 사회에서 정확하고 신뢰성 있는 진로 정보를 탐색하고 해석해서 활용할 수 있는 능력은 매우 중요하다. 대부분의 사람들은 자신이 접한 정보를 통해 진로를 선택하게 된다. 진로 정보는 직업에 관한 정보나 진로발달을 위해 필요한 교육적인 정보나 개인적인 정보도 포함하는 포괄적인 개념으로 사용되고 있다. 요즘은 인터넷의 발달로 진로정보 그 자체가 독특한 진로지도를 제공하는 것으로 간주되기도 한다. 학생들이 자신이 수집한 정보를 분류하는 방법을 알아보는 이 단원의 학습 내용이 진로 정보를 자신의 능력과 상황에 알맞은 정보로 재가공하여 활용할 수 있도록 하는 데 기초가 되는 활동이라고 생각되어 이 단원을 선정하게 되었다.

4.1.3 목표 진술

교과 목표	진로교육 목표	
조사한 내용을 분류하는 방법을 안다.	정확하고 신뢰성 있는 진로정보를 탐색하고 해석한다.	EⅢ2[10]

교과와 진로교육의 통합 목표
정확하고 신뢰성 있는 진로정보를 탐색하여 수집한 내용을 분류하는 방법을 안다.

4.1.4 교수학습 방법, 매체, 자료 선정

가. 교수·학습 방법

본 수업에서는 분류의 특징을 알고 분류하는 방법을 익혀서 여러 가지 분류 기준을 정하고 물건을 분류해보는 활동을 한다. 교과서에 나오는 여러 가지 음식을 분류하는 과정을 재편집하여 자신이 수집한 직업에 관한 정보를 자신의 직업가치관이나 흥미나 적성을 기준으로 분류해보는 활동을 하도록 한다. 진로정보를 수집할 수 있는 인터넷 환경이나 인쇄물이 여의치 않다면 완성된 직업카드를 활용하여 다양한 직업에 관한 정보를 탐색하고 이를 분류해보고 자신의 적성이나 흥미와 연관지어 해석하는 활동도 해볼 수 있다.

나. 교수 매체 및 자료의 선정

본 수업은 조사한 내용을 분류하는 방법을 익히는 활동이다. 여러 가지 음식에 대해 조사한 자료 대신에 여러 가지 직업에 대해 조사한 내용으로 대치하여 활동해 보는 시간이다. 학습을 시작하면서 학생들에게 인기 있는 텔레비전 프로그램의

---

10) 학교급별 진로교육 목표체계 E:초등학교, Ⅲ:대영역-진로탐색, 2:중영역-직업정보의 탐색

화면을 보여주면서 나오는 사람들의 직업을 알아보는 활동으로 수업에 대한 동기를 유발하도록 한다. 교과서에 나오는 여러 가지 음식을 다양한 직업에 대한 조사 자료로 대체하여 활동하도록 한다. 전체적으로 교사가 보여주는 화면을 보고 기준을 정해서 분류해 보는 활동을 한 후에는 개인이 조사한 직업 자료를 모둠별로 모아서 분류하고 탐색하는 활동을 하도록 한다.

4.1.5 매체와 자료 활용 계획

투입 매체	투입 시기	활용 계획
동영상 자료	도입 (동기유발)	텔레비전 프로그램의 다양한 장면을 보여주며 나오는 사람들의 직업을 탐색하도록 한다.
사진 자료	전개 (문제 제시)	다양한 직업인들의 활동하는 사진을 보면서 기준에 따라 분류해 본다.
직업 카드	전개 (문제해결)	다양한 수집 과정을 통하여 여러 가지 직업에 대해 조사한 자료를 카드로 만들어 오도록 하여 모둠 끼리 모아서 분류해보는 활동을 한다.

4.1.6 평가 계획

성취기준	진로정보를 수집하여 직업카드를 만들고 기준을 정하여 분류할 수 있다.			
평가 방법	평가 도구	평가 시기		평가 기준
체크 리스트	학생 활동지	전개	상	정보를 수집하여 만든 직업카드를 기준을 정하여 분류할 수 있다.
			중	분류 기준을 정하는 것이 다소 서툴고 직업에 대한 탐색 활동이 다소 소극적이다.
			하	분류하는 방법을 알지 못하고 직업에 대한 탐색 활동도 소극적이다.

4.1.7 교수·학습 과정안

교 과	국어 (쓰기)	학년	6	진로개발 역량	정확하고 신뢰성 있는 진로정보 탐색·해석·활용
단 원	2. 정보와 이해					
학습주제	조사한 내용 분류하는 방법 알기					
교과 통합 학습목표	정확하고 신뢰성 있는 정보를 탐색해서 수집한 진로정보를 분류하는 방법을 안다.					
교수학습 준비물	드라마 영상 자료, 사진 자료, 직업 카드, 직업에 대해 조사한 내용					

학습 단계	학습 내용	교수·학습활동		시간	자료(◉) 및 유의점(※)
		교사	학생		
문제 인식	동기 유발	◉ '넝쿨당' 드라마 감상 • '넝쿨째 굴러온 당신' 드라마 장면을 편집하여 보여준다. - 드라마에 나오는 사람들의 직업은 무엇인가? ◉ 학습문제 확인	• 의사, 방송국 PD, 제빵사, 연예인 매니저, 병원 코디네이터, 교사 등	5'	◉ 드라마 영상
	학습 문제 파악	정확하고 신뢰성 있는 정보를 탐색해서 수집한 진로정보를 분류하는 방법을 안다.			
문제 해결 방법 찾기	학습 순서 안내	◉ 학습 활동 제시 • 분류 특징과 분류 방법 알기 • 직업 사진 분류하기 • 조사한 진로정보 탐색하고 분류하기			
	분류 방법	◉ 분류 방법 알기 • 분류란 무엇인가? • 분류해서 글을 쓰면 어떤 점이 좋은가요? • 분류는 어떻게 하는 것이 좋을까요?	• 여러 가지 대상을 나누어 설명하는 것입니다. • 분류를 잘하기 위해서는 기준을 정해야 합니다. • 내용을 체계적으로 정리할 수 있고 읽는 이가 이해하기 쉽습니다. • 먼저 분류 기준을 정합니다. • 분류 기준에 따른 항목을 정하고 어울리는 대상을 찾습니다. • 분류한 내용을 한눈에 볼 수 있도록 정리합니다.	5'	

학습단계	학습내용	교수·학습활동		시간	자료(◈) 및 유의점(※)
		교사	학생		
	사진 분류	◉ 직업 사진 분류하기 • 다양한 직업인들이 활동하는 사진을 보여주고 분류해 보도록 한다. • 화면에 보이는 사진에는 어떤 직업이 있나요? • 이 직업을 분류할 수 있는 기준은 무엇이 있을까요?	• 운동선수, 변호사, 은행원, 로봇공학자, 디자이너, 가수, 수의사, 군인, 곤충학자, 영화감독 등 • 내가 선택할 가능성이 높은 것과 그렇지 않은 것. • 한곳에서 일하는 직업과 그렇지 않은 것 등	10′	◈ 사진자료 ※ 교과서의 음식 사진을 직업 사진으로 대체하여 활용한다.
문제 해결	직업 탐색 및 분류	◉ 직업정보 탐색하고 분류하기 • 친구들이 수집한 직업정보 중 오류가 있는지 살펴보자. • 자료를 수집한 장소나 인터넷 사이트에 대한 정보도 서로 나눈다. • 모둠원들이 조사해 온 직업정보를 탐색하고 카드를 작성한다. • 단순하게 좋아하는 직업과 싫어하는 직업으로 분류해 보자. • 여러 가지 기준을 정하여 분류하여 보자.	• 자신이 조사한 내용과 비교하여 보고 틀린 내용은 수정한다. • 학교도서관 : 나의 꿈을 찾아 떠나는 신나는 직업 여행, 미래 세계 직업 대탐험 • 인터넷 사이트 : 커리어넷, 유스워크넷 • 카드 앞면에 친구들이 조사한 직업명을 기록하고 뒷면에는 정보를 기록하여 직업카드를 만든다. • 느낌이 좋거나 선택할 확률이 높은 직업은 좋아함, 그 일이 싫거나 선택할 확률이 매우 낮은 것은 싫어함으로 분류한다. • 실내에서 근무하는 직업과 바깥에서 근무하는 직업 • 다른 사람과 접촉이 많은 직업과 사물이나 동식물을 대하는 직업 등	15′	◈ 조사자료 ※ 교육부에서 각 학교에 배포한 '나의 꿈을 찾아 떠나는 신나는 직업 여행' 책자를 활용하도록 사전에 안내한다. ※ 조사할 시간이 여의치 않으면 시중에서 판매되는 직업카드를 활용할 수도 있다.
일반화	정리	◉ 분류한 내용 정리하기 • 분류한 내용을 알아보기 쉽게 정리하여 보자. ◉ 차시 예고하기	• 표를 만들어서 내용을 정리한다. • 그림이나 사진, 도표 등을 활용한다.	5′	
	차시 예고	• 다음 시간에는 조사한 내용을 요약하는 방법에 대하여 공부하겠습니다.			

4.1.8 학생 활동지

국어 6-1

2. 정보와 이해
교과서(말하기·듣기·쓰기) 28 - 31

6학년   반   번 이름 : _____

※ 분류 기준을 정한 후 조사한 직업을 분류하여 꽃수레 안에 써 넣어 봅시다.

사서, 아나운서, 운동선수, 디자이너, 변호사, 교사, 과학자, 컴퓨터프로그래머, 분장사, 연예인, 매니저, 은행원, 투자전문가, 여행 플래너, 농부, 항공기 조종사, 승무원, 기업가, 외교관, 공무원, 기자, 도선사, 로봇공학자, 간호사, 의사, 사회복지사, 경찰관, 건축가, 제빵사, 프로듀서, 작가, 작곡가, 소방관, 회계사, 영양사, 가수, 컴퓨터기술자, 기록연구사, 학예사, 큐레이터

▶ 기준 :

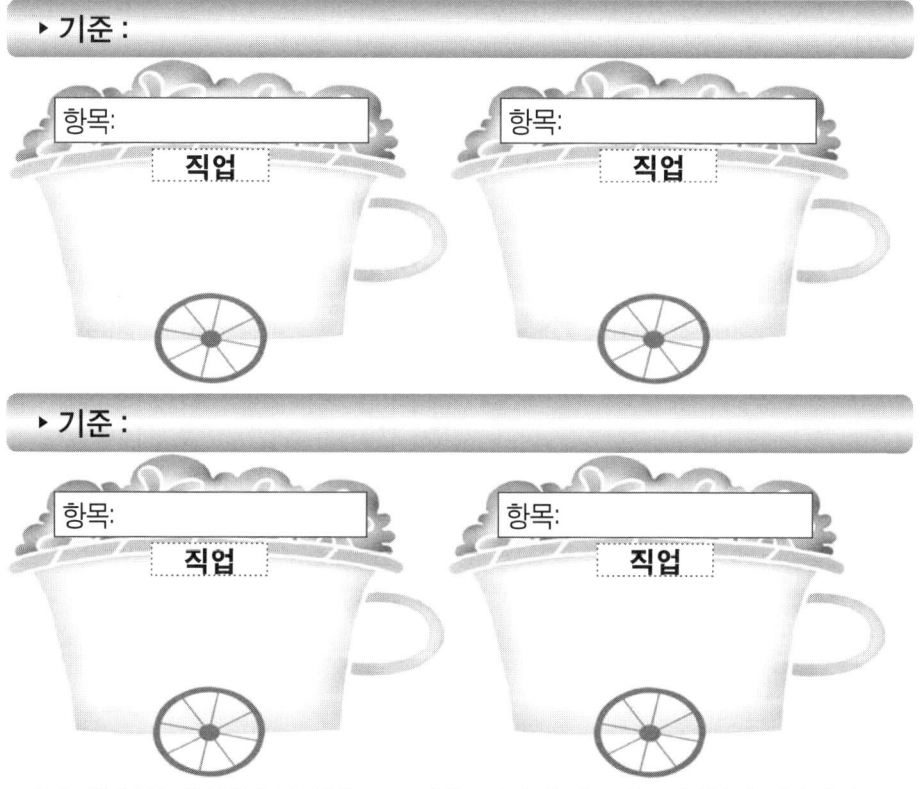

▶ 기준 :

※ 교육과학기술부, 한국직업능력개발원. 2012. 초등 교과 통합 진로교육 교수학습지도안을 수정.

4.2 진로 프로젝트 학습독서 교수·학습 과정안

4.2.1 단원 및 주제 선정

학년/교과	초등학교 4학년 / 미술
단원/주제	6-3 나도 그림책 작가(상상표현) / 진로계획이 담긴 그림책 만들기

4.2.2 단원 설정의 이유

미술교과로서의 이 단원의 목적은 이야기 그림책을 만드는 것이다. 이야기를 평면으로 그리거나 꾸미고 이를 다시 입체적인 책의 모양으로 만드는 평면 표현과 입체 표현이 통합된 수업 형태로 이루어져 있다. 또 표현활동은 모둠별로 입체그림책을 만드는 방법을 탐색하고 이야기가 담긴 입체적인 그림책을 만드는 활동으로 구성되었다.

꿈은 성공을 향해 나아갈 수 있게 한다. 그러나 목표와 계획이 없는 꿈은 소망에 불과하다. 그러므로 꿈을 실현시키기 위해서는 자신의 인생목표를 세우고 이것을 달성하기 위해 시기별로 이루어야 할 목표를 구체적으로 설정하는 것이 필요하다. 이것이 진로계획이다.

전자매체가 발달함에 따라 책보다는 컴퓨터와 같은 영상매체를 더욱 즐겨 접하는 학생들에게 자신들의 진로계획을 그림책 속에 담도록 한다면 자신들이 세운 진로계획을 체계적으로 정리할 수 있는 좋은 계기가 될 수 있음은 물론이고 그림책에 담길 좋은 이야기 소재가 필요한 본래의 미술교과교육이 필요로 하는 바도 효과적으로 만족시킬 수 있을 것이다. 자신의 생애를 인생시기별로 구분하여 달성하고자 하는 목표를 이야기로 꾸미게 하면 학생들은 진로계획에 대하여 기초적인 지식을 자연스럽게 습득할 수 있을 것이다.

4.2.3 목표 진술

교과 목표	진로교육 목표	
입체 책을 만드는 방법을 이해하고 간단한 입체 책을 만든다.	자신의 진로계획을 생애주기별로 세운다.	EIV2[11]

교과와 진로교육의 통합 목표
자신의 진로계획을 생애주기별로 구분하여 세우고, 그 내용이 담긴 입체 그림책을 만든다.

4.2.4 교수학습 방법, 매체, 자료 선정

가. 교수·학습 방법

본 수업은 학생들이 모둠별 협동 활동을 통해 이야기 그림책 제작의 모든 과정에 주도적으로 참여하여 창의적으로 의사를 결정해 나가도록 창의적 문제 해결모형으로 이끌어나간다. 그리고 그림책 제작 프로젝트의 모든 과정에 학생 스스로 각 분야별 주제를 선정해 나감으로써, 흥미와 진로개발의 기회를 가지도록 한다. 또한 의사결정과 문제해결과정에서 타인을 배려하는 태도를 가지도록 하며, 책에 수록될 내용을 충분히 정리하고 분석하여 몇 장면으로 만들지 계획성 있게 진행하도록 지도한다.

나. 교수 매체 및 자료의 선정

학생들이 자신이 만들어야 할 작품의 형태를 알 수 있도록 여러 종류의 그림책을 수업 도입부에 보여준다. 또 교과서에 실린 여러 종류의 그림책과 입체책(팝업북)을 소개하여 학생들이 자세히 살펴보고 만드는 법을 스스로 탐색 할 수 있도록 한다. 인간이 태어나서 성장하며 삶을 영위하고 인생을 마감하는 내용이 담긴 동영상을 통해 학생들이 삶에 대한 진로계획이 필요함도 인식할 수 있도록 유도한다.

---

11) 학교급별 진로교육 목표체계 E: 초등학교, Ⅳ: 대영역 - 진로디자인과 준비, 2: 중영역 - 진로계획과 준비

4.2.5 매체와 자료 활용 계획

투입 매체	투입 시기	활용 계획
그림책	동기유발	그림만 있는 그림책을 준비하여 수업 도입부에 제시한다.
동영상	활동1	인간의 삶의 과정을 그린 동영상을 보면서 그림책의 주제인 진로계획에 관심을 갖게 한다.
입체책	활동2	다양한 입체 책을 소개하여 책을 만드는 방법을 탐색하고 수준에 맞는 만들 수 있는 입체 책을 선택하도록 한다.

4.2.6 평가 계획

성취기준			생애주기별 진로계획을 입체 그림책으로 만들 수 있다.	
평가 방법	평가 도구	평가 시기	평가 기준	
교사 관찰 평가	학생 작품과 학생 활동지	감상	상	생애주기별 진로계획을 입체 그림책에 구체적으로 표현하였다.
			중	생애주기별 진로계획을 입체 그림책에 대체적으로 표현하였다.
			하	생애주기별 진로계획을 입체 그림책에 표현하지 않았다.

4.2.7 교수학습 과정안

교 과	미술	학년	4	진로개발역량	진로계획의 수립·관리·실천
단 원	6-3 나도 그림책 작가				
학습주제	• 진로계획이 담긴 그림책 만들기				
교과 통합 학습목표	• 자신의 진로계획을 생애주기별로 구분하여 세우고, 그 내용이 담긴 입체 그림책을 만든다.				
교수·학습 준비물	• 그림책, 동영상, 도화지, A4색상지, 사인펜, 색연필, 색종이, 그림이나 사진				

학습 단계	학습 내용	교수·학습활동		시간	자료(◆) 및 유의점(※)
		교사	학생		
문제 인식	동기 유발	◉ 그림책 제시 • 이 책은 무슨 책입니까? • 이 책의 특징은 무엇입니까? • 글씨가 없고 그림만 있는 그림책을 읽어본 경험이 있습니까? 그때의 느낌을 발표해 봅시다.	• 그림책입니다. • 글이 없고 그림만 있습니다. • 자유롭게 생각할 수 있어서 재미있었습니다.	5'	◆ '눈사람 아 저씨' 그림책 ◆ 실물화상기
	학습 문제 파악	자신의 진로계획을 생애주기별로 구분하여 세우고, 그 내용이 담긴 입체 그림책을 만들어 봅시다.			
아이 디어 탐색	활동 1	◉ 학습 활동 순서 안내 [활동1] 진로계획 세우기 [활동2] 책을 만드는 방법 [활동3] 그림책 만들기 ◉ 진로계획 세우기 • 지금 여러분에게 짧은 영상을 보여주겠습니다. 이 영상은 사람의 일생을 아주 빠른 속도로 담은 것입니다. • 동영상을 보고 어떤 생각을 했습니까? • 오늘 우리가 만들 그림책의 주제는 '나의 삶'입니다. 내가 앞으로 살아갈 나의 삶을 그림책으로 표현하겠습니다. • 그림책에 들어갈 제목과 내용을 무엇으로 정할 지 모둠별로 의논하여 학생 활동지에 적어봅시다.	• Human Life Cycle을 본다. • 시간이 지나면 어른이 된다고 생각했습니다. • 자라면서 해야 할 일이 있다고 생각했습니다. • 늙어서 죽는 모습을 보니 슬펐습니다. • 나의 출생 • 최선을 다한 학창시절 • 적성에 맞는 직업 갖기 • 행복한 결혼하기	15'	◆ Human Life Cycle 동영상 http://www.youtube.com/watch?v=anB1BgtwCpk&feature=related ※ 죽음도 인생의 한 과정이라는 것을 자연스럽게 받아들이도록 한다.

학습 단계	학습 내용	교수·학습활동 교사	교수·학습활동 학생	시간	자료(◆) 및 유의점(※)
아이디어 정교화 아이디어 적용	활동 2 활동 3	◉ 책을 만드는 방법 • 선생님이 보여주는 여러 가지 입체 책을 살펴보고 모둠에서 만들 수 있는 입체 책의 모양을 한가지 선택합니다. ◉ 그림책 만들기 • 모둠별로 의논이 끝나면 각자의 그림책을 만들어 봅니다. • 그림을 그리기 어려운 사람이나 그림을 빨리 그리지 못하는 사람은 준비한 사진을 일부분 활용하여 그림책을 만들어도 됩니다.	• 멋진 부모 되기 • 나의 꿈 이루기 • 세상을 위한 봉사하기 • 나의 삶 되돌아보기 • 다양한 입체 책을 살펴본다. • 모둠원이 만들 수 있는 수준의 책을 선택한다. • 책을 만드는 방법을 탐구한다. • 모둠원이 새롭게 변형시킬 창의적인 입체 책도 생각한다. • 몇 개의 장면으로 만들지 정한다. • 밑그림을 그린다. • 밑그림에 색칠한다. • 제목을 정한다. • 표지를 그린다.	10' 37'	※ 모둠별로 같은 모양의 책을 선택하여 모둠원끼리 서로 도움을 주며 책을 만들 수 있도록 한다. ◆ 사인펜, 색연필, A4색상지 도화지, 색종이 ※ 관련된 그림을 미리 준비할 수 있도록 과제로 제시한다.
종합 및 재검토	감상하기 형성평가 정리하기	◉ 진로계획 발표하기 • 그림책을 펼쳐가며 자신의 꿈을 모둠원에게 돌아가며 발표합니다. • 그림책은 어떤 순서로 만듭니까? • 오늘 활동을 마치며 '오리날다'를 다 같이 불러보겠습니다.	• 친구의 꿈이 이루어지도록 칭찬해 주고 격려한다. • 주제정하기→그림책 모양정하기→그림을 계획하기→그림책 만들기→표지꾸미기 • 자신의 꿈을 펼쳐보겠다는 다짐을 하는 시간을 갖는다.	10' 3'	※ 행복한 미래의 삶을 꿈꾸도록 지도한다. ◆ 네이버에서 '오리날다' 검색 후 http://cafe.naver.com/segok604/595영상선택

4.2.8 학생 활동지

| 미술 | 진로계획 그림책에 들어갈 내용 |

6학년   반   번 이름 : _____

♣ 나의 진로계획 그림책에 들어갈 장면의 제목을 정합니다.
그리고 그 장면을 그림으로 표현할 내용을 글로 간단히 적어봅시다.

장면	제목	내용
1		
2		
3		
4		
5		
6		
7		
8		

4.2.9 학생 활동지 예시자료

가. 학생 활동지

장면	제목	내용
1	나의 탄생	내가 가족들의 축하를 받으며 태어나는 모습
2	최선을 다한 학창시절	열심히 공부하는 모습
3	적성에 맞는 직업	의사가 되어 치료하는 모습
4	행복한 결혼	결혼식 하는 모습
5	멋진 부모되기	아이들과 행복하게 지내는 모습
6	나의 꿈 실현	동화작가가 되는 모습
7	세상을 위한 봉사	내가 번 돈으로 어려운 사람들위해 기부하기
8	나의 삶 되돌아보기	손주들에게 내 삶을 얘기 하며 행복하기

나. 학생그림

(출처: 교육과학기술부, 한국직업능력개발원. 2012. 초등 교과 통합 진로교육 교수·학습지도안.)

5 초등학교 진로교육 목표 체계도(세부목표/성취지표/성취기준)

전체목표	학생 자신의 진로를 창의적으로 개발하고 지속적으로 발전시켜 성숙한 민주시민으로서 행복한 삶을 살아갈 수 있는 역량을 기른다.		
대영역	중영역	초등학교(E)	
		세부목표 및 성취지표	성취기준(S)
I. 자아 이해와 사회적 역량 개발	1. 자아 이해 및 긍정적 자아 개념 형성	E I 1.1 자신이 소중한 존재임을 안다. E I 1.1.1 자신을 긍정적으로 받아들이는 태도를 갖는다. E I 1.1.2 자신감을 갖고 말하고 행동할 수 있다. E I 1.1.3 가정과 학교 등 주위 환경 속에서 자신이 소중한 존재임을 말할 수 있다. E I 1.2 자신의 장점 및 특성을 존중한다. E I 1.2.1 자신이 잘하는 것과 좋아하는 것을 말할 수 있다. E I 1.2.2 자신이 잘하는 것과 좋아하는 것을 살려서 활동할 수 있다. E I 1.3 자신의 꿈과 비전을 갖는다. E I 1.3.1 자신의 미래 모습을 그려볼 수 있다. E I 1.3.2 이루고 싶은 자신의 꿈을 말할 수 있다.	E.S1 자신이 우리 교실에 꼭 있어야 하는 긍정적인 이유 2가지 이상을 제시할 수 있다. E.S2 자신의 특성(잘하는 것, 좋아하는 것, 성격 등)을 긍정적으로 표현할 수 있다. E.S3 자신의 미래 모습을 1가지 이상의 방법(글, 그림, 만화 등)으로 표현할 수 있다.
	2. 대인 관계 및 의사 소통 역량 개발	E I 2.1 다른 사람과의 관계에서 친밀감과 배려심을 갖는다. E I 2.1.1 주위 사람과 친밀하게 지낼 수 있다. E I 2.1.2 다른 사람 입장을 생각하며 행동할 수 있다. E I 2.1.3 서로 다른 생각, 감정, 문화 등을 이해하려고 노력할 수 있다. E I 2.2 상대방에 맞게 의사소통할 줄 안다. E I 2.2.1 대화할 때 상대방의 말을 잘 들을 수 있다. E I 2.2.2 대화 상대에 맞추어 적절하게 말할 수 있다. E I 2.2.3 상황에 맞추어 자신을 적절하게 표현할 수 있다.	E.S4 축하받고 싶은 자리(생일 등)에 초대하고 싶은 친구를 3명 이상 만들 수 있다. E.S5 다름과 틀림을 나타내는 2가지 경우를 학급생활에서 찾아 제시할 수 있다. E.S6 (교사가 제시하는) 서로 다른 3가지 상황에서 상대의 마음을 읽고 적절하게 공감할 수 있다.
II. 일과 직업세 계의 이해	1. 일과 직업의 이해	E II 1.1 일과 직업의 기능과 중요성을 안다. E II 1.1.1 직업의 역할과 소중함을 일상생활과 관련지어 말할 수 있다. E II 1.1.2 직업을 통해서 자신이 이룰 수 있는 것들을 말할 수 있다. E II 1.2 일과 직업의 다양성을 안다. E II 1.2.1 세상에 있는 여러 일과 직업에 대해 말할 수 있다.	ES7 일과 직업이 필요한 이유를 3가지 이상 말할 수 있다. ES8 저학년 - 20개 이상의 직업을 말할 수 있다. 고학년 - 30개 이상의 직업을 말하고 기준을 세워 분류할 수 있다.

II. 일과 직업세계의 이해	2. 건강한 직업 의식 형성	EⅡ 2.1 맡은 일에 책임이 따름을 안다. EⅡ 2.1.1 가정과 학교에서 시간 약속을 잘 지키는 것이 중요함을 말할 수 있다. EⅡ 2.1.2 각 역할마다 어떠한 책임이 따르는지 말할 수 있다. EⅡ 2.2 맡은 일에 대해 최선을 다하는 태도를 기른다. EⅡ 2.2.1 맡은 일에 최선을 다한 사람들에 대해 말할 수 있다. EⅡ 2.2.2 맡은 일에서 성실하고 최선을 다하는 자세를 기를 수 있다. EⅡ 2.3 일과 직업에 대해 어떤 고정관념이 있는지 안다. EⅡ 2.3.1 모든 일과 직업은 소중하다는 것을 말할 수 있다. EⅡ 2.3.2 일과 직업에 대한 성적, 사회적 편견을 알아볼 수 있다.	E.S9 어려운 여건 하에서도 자신이 맡은 일에서 최선을 다해서 사회에 기여한 직업인들의 사례를 2가지 이상 제시할 수 있다.
Ⅲ. 진로 탐색	1. 교육 기회의 탐색	EⅢ 1.1 자신의 진로에서 학습이 갖는 의미를 안다. EⅢ 1.1.1 현재 학습이 미래의 진로와 어떻게 연결되는지를 말할 수 있다. EⅢ 1.1.2 중학교의 유형과 특성에 대해 알아 볼 수 있다. EⅢ 1.2 바른 학습방법 및 태도를 기른다. EⅢ 1.2.1 학습에 대해서 긍정적이고 적극적인 태도를 가질 수 있다. EⅢ 1.2.2 자신에게 효과적인 학습 방법을 알아보고 실천할 수 있다.	E.S10 학교공부가 앞으로 내가 살아가는 데 어떤 도움을 주는지 구체적인 이유 2가지를 제시할 수 있다.
	2. 직업 정보의 탐색	EⅢ 2.1 주변에서 여러 가지 직업을 알아본다. EⅢ 2.1.1 지역사회를 중심으로 여러 직업을 찾아볼 수 있다. EⅢ 2.2 여러 가지 방법으로 직업 정보를 탐색하고 수집한다. EⅢ 2.2.1 인터넷과 매체(TV, 영화, 책, 신문, 잡지 등)로 여러 직업의 정보를 찾아볼 수 있다. EⅢ 2.2.2 다양한 진로체험 방법으로 직업정보를 찾아볼 수 있다.	E.S11 자신의 관심 있는 직업을 10가지 이상 고르고 다양한 방법으로 정보를 수집하여 직업사전(하는 일, 되는 방법)을 만들 수 있다.
Ⅳ. 진로 디자인과 준비	1. 진로 의사 결정 능력 개발	EⅣ 1.1 다양한 의사결정 방법을 안다. EⅣ 1.1.1 의사결정의 여러 가지 방법에 대해 말할 수 있다. EⅣ 1.2 기초적인 의사결정능력을 기른다. EⅣ 1.2.1 간단한 문제에 대해서 합리적인 의사결정을 내릴 수 있다.	
	2. 진로계 획과 준비	EⅣ 2.1 자신의 미래에 대한 계획 수립의 중요성을 안다. EⅣ 2.1.1 계획을 세워 진행한 일과 그렇지 않은 일의 차이를 말할 수 있다. EⅣ 2.1.2 계획을 세워 목표를 이룬 주변 사례를 통해 계획의 중요성을 말할 수 있다. EⅣ 2.2 자신의 꿈과 비전에 맞는 간단한 진로를 디자인 한다. EⅣ 2.2.1 자신의 꿈을 담아 진로계획을 세울 수 있다. EⅣ 2.2.2 진로계획에 맞는 중학교 진학을 준비할 수 있다.	E.S12 주변이나 매체에서 관심 있는 인물을 찾아 자신의 상황(지역, 신체적 조건, 학업 등)을 반영하여 닮고 싶은 인물로 가공해서 제시할 수 있다.

(출처: 한국직업능력개발원. 2012. 학교 진로교육 목표와 성취기준.)

참고문헌

강명환. 2003. 『초등 실과교육에서 프로젝트 학습이 진로성숙에 미치는 효과』. 석사학위논문, 진주교육대학교 교육대학원 초등실과교육전공.
광주광역시교육청. 2015. 『도란도란 토닥토닥 재미있는 책 읽기』. 광주: 동교육청.
교육과학기술부. 2011. 『초등학교 진로교육 매뉴얼』. 서울: 교육과학기술부.
교육과학기술부, 한국직업능력개발원. 2012. 『교과 통합 진로교육 교수·학습지도안: 초등』. 서울: 동개발원.
박광수. 2008. 『〈직업〉 프로젝트 학습을 통한 초등학생들의 진로 인식변화』. 석사학위논문, 대구교육대학교 교육대학원 유아 및 아동교육전공.
박민정. 2007. 프로젝트 기반 수업을 통한 대학원 학생들의 학습경험에 관한 연구. 『교육과정연구』, 25(3): 265-288.
박혜림. 2012. 『〈진로〉 프로젝트를 통한 초등학교 고학년 학생들의 직업관의 변화』. 석사학위논문, 대구교육대학교 교육대학원 유아 및 아동교육전공.
박희자. 2004, 『진로 프로젝트 학습 프로그램이 초등학교 아동의 진로인식에 미치는 효과』. 석사학위논문, 한국교원대학교 교육대학원 초등교육전공.
서울특별시교육청. 2013. 『진로교육 활성화 계획』. 서울: 동교육청.
서울특별시교육청. 2014. 『진로교육 활성화 계획』. 서울: 동교육청.
유정혼. 2010. 『〈진로〉 프로젝트 학습을 통한 초등학교 고학년 학생들의 진로 인식 형성』. 석사학위논문, 대구교육대학교 교육대학원 초등 유아 및 아동교육 전공.
이귀숙. 2010. 『〈꿈〉 프로젝트를 통한 초등학생들의 직업관 형성』. 석사학위논문, 대구교육대학교 교육대학원 초등 유아 및 아동교육전공.
임종훈, 조주현. 2007. 웹 기반 프로젝트 학습에서 성찰일지 쓰기와 성찰일지에 대한 교사 피드백이 학업 성취도 및 학습 태도에 미치는 효과. 『초등교육학연구』, 14(2): 137-160.
조재윤. 2014. 초등 진로 독서의 현황과 지향. 『독서연구』, 33: 387-418.
지옥정. 1996. 『프로젝트 접근법이 유아의 학습준비도, 사회·정서 발달, 자아개념 및 프로젝트 수행능력에 미치는 효과』. 박사학위논문, 한국교원대학교 대학원.
한국직업능력개발원. 2012. 『학교 진로교육 목표와 성취기준』. 서울: 교육과학기술부.
Katz, L. G. and Chard, S. C. 1989. *Engaging Children's Minds*. NY: Ablex.

Big6 Skills를 활용한 진로독서교육 제2장

제1절 Big6 Skills와 초등학교 진로독서교육

제2절 Big6 Skills를 활용한 진로독서교육 프로그램의 이해

제3절 Big6 Skills를 활용한 진로독서교육 프로그램의 실제

부 록

Big6 Skills를 활용한 진로독서교육

제1절 Big6 Skills와 초등학교 진로교육

2009개정교육과정은 교육과정을 교과와 창의적 체험활동 등 2대 영역으로 구성하고 있다. 창의적 체험활동에서는 학생의 기초생활습관의 형성, 공동체 의식의 함양, 개성과 소질의 발현에 중점을 두고 있다. 창의적 체험활동은 기존의 재량활동과 특별활동을 통합하여 자율활동, 동아리활동, 봉사활동, 진로활동의 4가지 하위영역으로 새롭게 편성한 것으로, 진로교육을 강조하여 하위 영역의 하나로 제시하였다. 교육과정에서 다루고 있는 진로교육을 교과교육 분야와 창의적 체험활동 분야로 나누어 살펴보면 〈그림 2-1〉과 같다.

교과교육 분야에서는 실과와 진로에 해당되는데, 진로의 경우 창의적 체험활동 시간을 활용하여 운영하므로 실과에 대해서 먼저 알아보도록 하겠다. 실과 교과에서는 5학년 1단원 〈나와 가정생활〉 단원과 6학년 6단원 〈나의 진로〉 단원에서 진로에 대하여 다루고 있는데, 긍정적인 자아 개념을 형성하고 일의 중요성을 이해하며 진로탐색과 계획 및 준비를 위한 기초 소양을 배양하는데 그 중점을 둔다(서우석 외 2015). 다음으로 창의적 체험활동 분야에서 제시한 진로활동의 목표, 활동 및 운영방법은 〈표 2-1〉과 같다(김은정 외 2011).

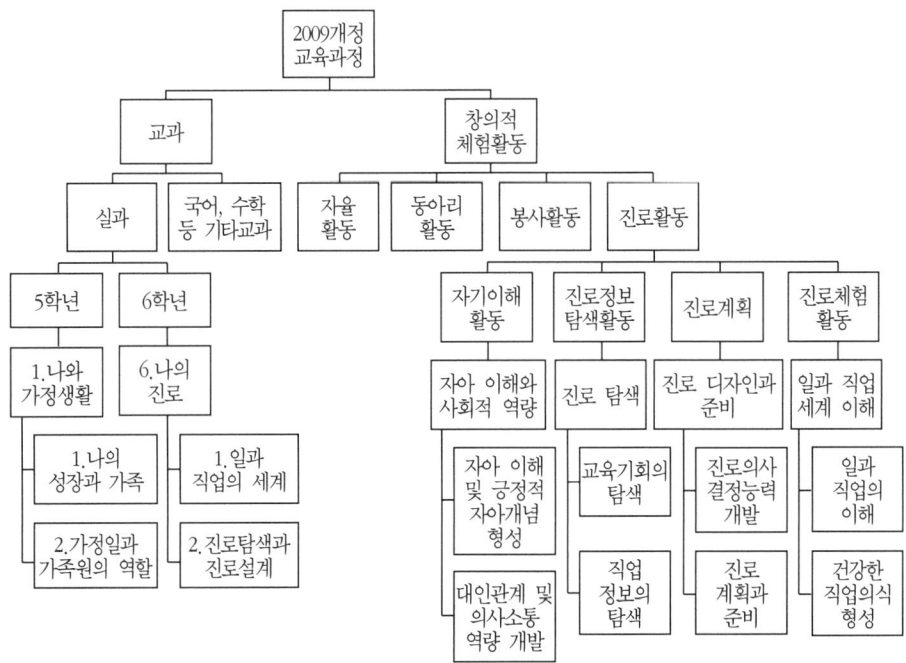

〈그림 2-1〉 교육과정에서 진로교육의 영역과 위계

〈표 2-1〉 창의적 체험활동 분야에서 진로활동의 목표, 활동 및 운영방법

목 표
1. 자신의 특성, 소질과 적성, 능력 등을 이해하고, 이를 바탕으로 자신의 정체성을 확립하고 자신만의 독특한 진로를 탐색한다.
2. 각종 검사, 상담을 통해 진로 정보를 탐색하고 자신의 진로를 계획한다.
3. 진로와 직업 선택의 중요성을 인식하고, 자신의 적성과 소질에 맞는 진로를 탐색 설계한다.
4. 학업과 직업 세계를 이해하는 직업체험활동 기회를 통해 진로를 결정하고 준비한다.

활 동	운영방법
1. 자기 이해 활동	자기 이해 및 심성 계발, 자기 정체성 탐구, 가치관 확립 활동, 각종 진로 검사
2. 진로정보 탐색 활동	학업 정보 탐색, 입시 정보 탐색, 학교 정보 탐색, 학교 방문 등
	직업 정보 탐색, 자격 및 면허제도 탐색, 직장 방문, 직업 훈련, 취업 등
3. 진로 계획 활동	학업 및 직업에 대한 진로 설계, 진로 지도 및 상담 활동 등
4. 진로 체험 활동	학업 및 직업 세계의 이해, 직업 체험 활동 등

(출처: 김은정 외. 학교도서관을 활용한 진로독서 프로그램. [인용 2015. 8. 21].)

이러한 진로교육의 목표 구현을 위하여 초등학교 단계에서 제공되어야 할 직업정보는 〈표 2-2〉와 같이 가능한 한 다양한 직업을 알게 해주는 데에 그 목적이 있다(김은정 외 2011).

〈표 2-2〉 초등학교에서 제공되어야 할 직업정보의 단계

초등학교 단계에서 필요한 직업정보
• 일의 모든 영역에 대한 전반적인 태도를 발전시킨다. 교사는 각기 다른 직업 수행에 관한 정보를 행동이나 언어적 편견으로 제시하지 않도록 조심하여야 한다. • 부모의 직업수행에서부터 지역사회 협조자들에 이르기까지 광범위하고 다양한 직업인에 대하여 아동들에게 인지시켜야 한다. • 아동들에게 직업에 대하여 무수한 질문에 대답할 수 있도록 돕는다.

(출처: 김은정 외. 학교도서관을 활용한 진로독서 프로그램. [인용 2015. 8. 21].)

1. Big6 Skills의 정의

Big6 Skills은 워싱턴대학의 교수인 아이젠버그와 고등학교 사서교사인 버코위츠가 개발한 정보활용교육 모형이다. 정보활용능력은 자신에게 주어진 문제를 해결하기 위해 정보를 활용하여 창출한 새로운 지식을 다른 사람들에게 전달하기까지의 처리과정에서 요구되는 사고능력이다. 정보활용능력을 향상시키는 것을 목적으로 개발된 모형에는 Kuhlthau의 ISP(Information Search Process), Joyce와 Tallman의 I-search, Pappas와 Tepe의 P to K(Pathways to Knowledge), Annette의 New 8Ws 등 여러 가지가 있다. 이 가운데에서 Big6 Skills은 유아에서 성인까지 활용할 수 있고, Super3, Big6, Little12와 같이 변형하여 그 대상에 따라 유아와 초등학교 저학년생, 초등학교 고학년생, 중학생과 고등학생에게 구분하여 적용이 가능하다. 특히 Big6 Skills의 문제해결과정은 〈그림 2-2〉와 같이 Bloom이 제시한 교과학습의 교육목표분류와 유사하여 학교교육에서 적용하기에 용이하다는 장점이 있다(이병기 2012).

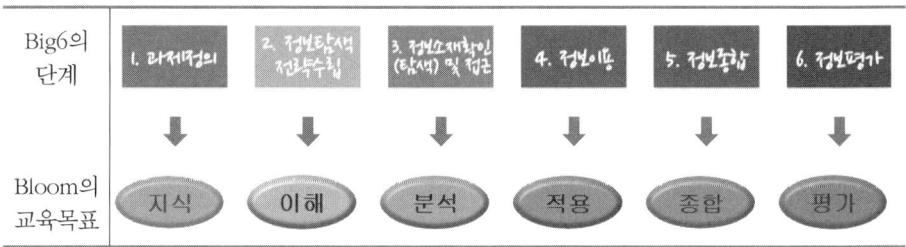

(출처: 경기도사이버도서관. 열려라 도서관 시즌2. [인용 2015. 8. 21].)

〈그림 2-2〉 Big6 Skills의 단계와 Bloom의 교육목표분류학의 관계

2. Big6 Skills와 진로독서교육

정보활용교육 모형인 Big6 Skills를 적용한 진로독서교육은 진로교육의 하위영역 중 진로탐색 영역이 가장 적절하다. 교과분야에서는 실과 5학년의 〈1. 나와 가정생활〉 단원에 비해서 실과 6학년 〈6. 나의 진로〉 단원이 Big6 Skills를 적용하기 적합하다. 그 밖의 교과영역에서는 통합교과와 국어, 도덕, 사회, 수학, 체육, 과학, 미술 등 다양한 전 교과에 걸쳐 진로교육의 하위영역을 위한 활동들을 실시하고 있다. 교과영역에서의 진로교육은 담임교사를 중심으로 교과통합형 진로교육을 실시하여야 하며, 학교 및 학급의 실정에 따라 영역별 차시를 가감하여 운영할 수 있다(아이스크림 원격교육연수원 2011). 창의적 체험활동 분야에서는 "진로와 직업"이라는 교과서가 개발되어 있다. 「초등학교 진로와 직업 교사용지도서」에 의하면 3~4단계의 〈Ⅴ. 직업 체험을 떠나요〉와 〈Ⅵ. 직업탐색 속으로〉 단원에서, 5~6단계의 〈Ⅴ. 학교, 꿈을 이루는 사다리〉 단원, 〈Ⅵ. 체험으로 만나는 직업〉 단원에서 진로탐색 역량을 기르기 위한 활동을 〈표 2-3〉과 제시하고 있다(한국진로교육학회 2015). 이 단원들의 공통적인 목표는 정확하고 신뢰성 있는 정보를 바탕으로 하여, 진로정보를 탐색, 해석, 활용함으로써(한국진로교육학회 2015) 자신의 진로에 적합한 의사결정을 하도록 돕는 것이다.

〈표 2-3〉 초등학교 진로와 직업 교과서 진로탐색 영역의 단원 및 차시 주제

영역	단계	단원명	차시 주제
진로 탐색	3~4단계	Ⅴ. 직업 체험을 떠나요	부모님 직업을 알아보아요.
			2. 직업, 체험 속으로
		Ⅵ. 직업 탐색 속으로	모든 직업은 다 소중해요
			남자 직업, 여자 직업 따로 있나요?
			3. 미래의 직업 대탐험
			4. 현명한 선택
	5~6단계	Ⅴ. 학교, 꿈을 이루는 사다리	학교, 꿈으로 가는 사다리
			2. 학교는 무지갯빛
		Ⅵ. 체험으로 만나는 직업	직업 체험 계획 세우기
			직업 체험 보고서 쓰기
			우리가 만드는 회사

(출처: 한국진로교육학회. (초등학교)진로와 직업 : 교사용 지도서. [인용 2015. 8. 21].)

그러나 교과영역에서 실과 교과서를 살펴보면 여러 가지 정보매체를 활용하여 직업의 종류와 특성에 대하여 조사하는 활동을 하도록 제시하고 있지만 구체적으로 참고하면 좋은 정보원이나 정보를 검색하는 방법, 검색한 정보원을 가려낼 수 있는 기준이나 요약, 정리하는 방법에 대해서는 다루고 있지 않다. 또한 진로와 직업 교과서에서도 직업을 체험한 후 "직업체험 보고서"를 작성하기 위한 직업체험이 가능한 인터넷 정보원을 소개하고 있긴 하지만 인쇄매체나 영상매체 등에 대한 소개는 전혀 제시되지 않았고, 정보를 활용하는 과정에 대해서도 실과 교과서와 마찬가지로 언급되어 있지 않다. 이에 자신의 진로를 Big6 Skills 단계에 맞추어 조사하고 정리할 수 있도록 〈표 2-4〉와 같이 "나의 미래 직업보고서"를 작성하는 진로독서교육 프로그램을 설계하였다.

〈표 2-4〉 Big6 Skills의 단계와 진로독서 프로그램의 과정 비교

Big6의 단계	1.과제정의	2.정보탐색 전략수립	3.정보소재 확인(탐색) 및 접근	4.정보이용	5.정보종합	6.정보평가
	1.1 과제가 무엇인가요?	2.1 모든 가능한 정보원을 찾아봅시다.	3.1 정보원은 어디에 있을까요?	4.1 찾아낸 정보를 검토합니다.	5.1 가려낸 정보를 정리합니다.	6.1 결과물을 스스로 되돌아봅니다.
	1.2 과제를 해결하려면 무엇을 알아야 할까요?	2.2 가장 좋은 정보원을 선택합니다.	3.2 정보원에서 정보를 찾아봅시다.	4.2 적절한 정보원을 가려냅니다.	5.2 결과물을 완성합니다.	6.2 해결과정을 되돌아봅니다.
	⬇	⬇	⬇	⬇	⬇	⬇
나의 미래직업 보고서 작성하기 과정	• 미래직업 보고서 작성하기 • 자신에 대한 이해를 돕기 위한 다양한 검사 실시	• 학교도서관 소장 및 웹 DB를 활용한 진로 관련 자료 검색하기	• 자신이 선정한 직업에 대한 정보원 찾기	• 자신이 원하는 직업에 대한 정확한 정보가 있는 정보원 선정하기	• 전략지를 활용하여 내용 요약 및 정리하기 • 나의 미래 직업 보고서 작성하기	• 자신의 정보 활용 과정 평가하기

제2절 Big6 Skills를 활용한 진로독서교육 프로그램의 이해

1. Big6 Skills를 활용한 진로독서교육 프로그램의 이해

이 진로독서교육 프로그램은 초등학교 4~6학년 참가자들을 대상으로 동아리 활동 시간을 활용하여 블록타임제로 80분간 진행되며, 1학기 5차시, 2학기 5차시로 총 10차시를 운영할 수 있도록 설계하였다. 새 학기가 시작되는 3월에 학교도서관

자원봉사를 위한 동아리 회원을 모집하는 포스터를 부착하여 홍보하였고, 동아리 참가 신청서를 작성한 후 면접을 거쳐 동아리 회원을 선정하였다. 운영을 위한 예산은 이전년도에 도서실 운영 관련 소모품 구입비 예산과 누리미디어의 DBpia, KRpia, BookRail 구독을 위한 예산을 수립하여 사용하였다. 도서실 운영 관련 소모품 구입비에서는 제본기와 제본링, 제본 표지 등을 구입하였고, 웹 데이터베이스 구독비는 다양한 전자 자료의 활용을 위해 누리미디어의 웹 데이터베이스 구독을 신청하였다. 출판을 위한 다양한 색상지와 필기도구는 방학중 운영하는 독서교실에서 사용하던 것을 활용하였다. 프로그램을 운영한 학교도서관의 공간은 〈그림 2-3〉과 같이 모둠학습이 가능한 책상과 의자가 배치되어 있고, 인터넷 연결이 가능한 학생용 컴퓨터가 10대 배치되어 있다. 이 컴퓨터는 네트워크 연결로 복합기를 활용하여 출력할 수 있는 상태이며, 복사도 가능하다. 또한 전자칠판을 활용하여 프리젠테이션 할 수 있는 공간도 마련되어 있다. 그리고 제본기를 활용한 문집 출판활동이 가능하였으며, 다양한 색지와 필기도구, 가위, 풀 등을 구비해 두어 개인 문집을 만드는 활동이 가능하였다.

〈그림 2-3〉 Big6 Skills를 활용한 진로독서교육 프로그램 운영 공간 모습

본 프로그램을 운영하고자 하는 초등학교 교사, 사서교사, 공공도서관 사서들은 〈표 2-5〉와 같이 체크리스트를 확인하여 자신이 운영하고자 하는 진로독서교육 프

로그램 참가자 집단의 특성 및 운영 환경을 분석해야 한다. 왜냐하면 본 프로그램의 참가자들과 프로그램을 운영했던 학교도서관이라는 특수한 환경이 다른 집단과 환경에도 동일하게 적용되기는 어렵기 때문이다. 또한 Big6 Skills를 활용한 진로독서교육 프로그램은 나의 미래직업 보고서 쓰기와 자기소개서 쓰기로 구분하여 운영할 수 있다. 그러나 본 프로그램은 초등학교 4~6학년을 대상으로 설계하기에 나의 미래직업 보고서 쓰기로 제한하였다. 다만 결과물을 완성하는 속도에는 참가자들에 따른 개인차가 있을 수 있기 때문에 폴드 팝업 북(fold pop-up book) 만들기와 리플릿(leaflet) 만들기, 프레젠테이션(presentation)을 위한 파워포인트(powerpoint)나 프레지(prezi) 작성 등 다양한 유형의 결과물을 제시하였다.

〈표 2-5〉 Big6 Skills를 활용한 진로독서교육 프로그램 설계를 위한 체크리스트

Big6 Skills를 활용한 진로독서교육 프로그램 설계를 위한 체크리스트			
① 수요조사 및 학습자 분석	수요 조사 대상	☐ 학 생	
		☐ 학부모	
		☐ 교 사	
		■ 없 음	수요조사 없이 대상 설정하여 프로그램 설계
	학습자의 환경 분석	☐ 사회적 환경	■ 서울과 근접한 곳에 위치한 위성도시 ■ 서울시청, 강남, 인천, 김포, 부천 등으로 통하는 광역버스와 공덕, 서울역으로 연결된 경의선의 행신역, 3호선의 화정역으로 연결되는 교통의 중심지에 위치 ■ 고양시 관내의 150개의 공립학교 가운데 학교도서관 설치는 142개로 95%에 이르며, 정규사서교사 6명, 교육공무직원(사서) 104명 배치(경기도교육청 평생교육과 2014) ■ 학부모들의 교육적 관심이 높아 학교운영에 참여율이 높고, 학교도서관의 프로그램에 대한 요구도 다양
		☐ 문화적 환경	■ 초등학교를 중심으로 아파트 단지와 다세대 주택이 밀집 ■ 11개 초등학교, 5개 중학교와 3개 고등학교가 인근에 위치 ■ 고양시립도서관, 고양시립행신어린이도서관, 햇빛마을 작은 도서관이 도보로 접근 가능한 곳에 위치 ■ 화정도서관, 화정어린이도서관, 아람누리도서관, 마두도서관, 백석도서관, 대화도서관은 대중교통을 이용하여 접근 가능 ■ 백화점, 대형마트 등의 문화센터에서 다양한 강좌 수강 가능 ■ 프로그램을 운영하는 초등학교는 10년간 정규 사서교사가 근무하여 학생들의 독서교육과 정보활용교육이 꾸준히 이루어진 상황임
		☐ 경제적 환경	■ 중소 평형대의 아파트에 초등학생을 둔 맞벌이 부부가 많이 거주 ■ 아파트 밀집지역을 제외한 연립주택, 다가구주택 지역에는 조손가정, 결손가정 등 사회적 배려 대상자들이 거주

① 수요조사 및 학습자 분석	희망하는 프로그램	■ 나의 미래직업 보고서 쓰기 프로그램　□ 자기소개서 쓰기 프로그램 ■ 학생　□ 학부모　□ 교사　　　　□ 학생　□ 학부모　□ 교사			
	대상	□ 초등학생 　□ 초 1　□ 초 2　□ 초 3 　■ 초 4　■ 초5　■ 초 6 □ 중학생(공통) 　□ 중 1　□ 중 2　□ 중 3 □ 고등학생(공통) 　□ 고 1　□ 고 2　□ 고 3 □ 중·고등학생 공통	프로그램 운영을 위한 활용 시간	□ 교과시간 ■ 동아리활동 시간 □ 창의적 체험활동 시간 □ 방과후 시간 □ 토요 방과후 시간 □ 방학중	
	인원	(　20　)명	프로그램 유형	■ 나의 미래직업 보고서 쓰기 프로그램 □ 자기소개서 쓰기 프로그램	
	운영 목적	■ 직업세계를 이해하고 직업에 대한 긍정적인 가치와 태도를 형성한다. ■ 합리적인 진로 의사 결정을 통하여 올바른 진로계획을 수립한다(한국진로교육학회 2015). ■ 정확하고 신뢰성 있는 정보를 바탕으로 하여 진로정보를 탐색, 해석, 활용함으로써 자신의 진로에 적합한 선택을 하도록 돕는다(한국진로교육학회 2015).			
	운영 목표	■ 자신의 특성과 관련된 직업을 조사한다.(지식) ■ 다중지능검사를 통해 자기 자신에 대하여 이해한다.(이해) ■ Big6 Skills의 단계에 맞추어 자신의 문제를 해결할 수 있다.(기능) ■ 자신에 대한 이해와 직업에 대한 이해를 토대로 미래직업 보고서를 작성한다.(기능) ■ 자기주도적인 학습태도를 기를 수 있다.(태도)			
	주관 기관	가람초등학교 학교도서관	운영 기간	2014.3.27.~11.28.	
			운영 시간	(　80　)분　(　10　)회　(　10　)차시	
	수강료	무료			
② 홍보 및 수강생 모집	홍보	■ 기간 : 2014.3.10.~3.14.(5일간) ■ 방법 : □ 가정통신문　□ 홈페이지　□ 팸플릿　□ 이메일　□ SNS ■ 기타(동아리 모집 포스터　　　)			
	수강생 모집	■ 모집인원 : (　20　)명 ■ 참가신청서 작성 여부 ■ 작성함　□ 작성하지 않음			
	신청 요건	• 초등학교 4~6학년 • 학교도서관 봉사활동 동아리 신청자			
③ 프로그램 운영 환경구축	연계 기관	□ 학교(도서관) □ 공공도서관 □ 기타(　　　　) ■ 해당 없음	연계내용	□ 공간 : 해당 없음 □ 자료 : 해당 없음 □ 예산 : 해당 없음 □ 강사 : 해당 없음 □ 체험, 탐방 : 해당 없음 □ 관련프로그램 : 해당 없음	
	물리적 환경	■ 공간 : 2층 또래학습실 ■ 자료 : 진로 관련 자료 　□ 도서자료 : ✓　　　　　　　　　　□ 사전 등 참고자료 : ✓ 　□ 신문·잡지 등 연속간행물 : ✓　　　□ 인터넷 웹DB 등 전자자료 : ✓ ■ 시설 및 설비 　□ 컴퓨터 : ✓　　□ 사물함 :　　□ 프로젝터 : ✓　□ 프린터 : ✓ 　□ 복사기 : ✓　　□ 기타 : 제본기 □ 체험·탐방 등 연계 가능 활동 :			

④ 강사섭외 및 출판계획	강사 섭외	■강사 □내부전문가:　　　　　□외부전문가: ■기타: 학교도서관 사서교사
	출판 계획	■자체 제작　　　　　　　□외주 제작 □홈페이지 탑재　　　　　□인터넷 웹진 제작 □편지보내기　　　　　　□전체 문집 제작　　　■개별문집 제작 □대표작 낭독　　　　　■프리젠테이션 자료 제작(파워포인트, 프레지 등)
	예산 배정	■총액 (2,216,900)원 ■항목 　□환경구축(　　　　)　□홍보비(　　　　)　□강사비(　　　　) 　□필기구 구입 (　　　)　■출판비(536,900)　□협의회비(　　　　) 　□다과비(　　　　)　■자료비(1,680,000) ■조달방법 　■자체 운영비 (536,990)원　□외부 지원금 (　　　　)원 　□수요자 부담 (　　　　)원
	평가 계획	■수강생 □설문　　　　　■면담　　　　　■평가를 위한 체크리스트 ■운영자 ■평가를 위한 체크리스트　　　　　□평가 협의회 운영
⑤ 지도시 유의사항	진로교육	■직업 간에 서로 도움을 주고받으며 사회를 유지하는 모습을 통하여 일과 직업의 중요성을 알고, 자신이 가지고 있는 편견을 극복하여 긍정적인 눈으로 볼 수 있도록 지도한다(한국진로교육학회 2015). ■오늘날 생산 활동의 다양화로 인하여 직업이 세분화되어 가고 있음을 파악하고 더불어 자신의 미래 직업도 변화하는 현대사회에 따라 달라질 수 있음을 인지할 수 있도록 한다(한국진로교육학회 2015).
	정보활용 교육	■Big6 Skills는 선형적 혹은 단계적 과정이 아닌 상황에 따라서 기능간의 분기, 피드백, 점프 등의 과정이 반복적으로 이루어지는 것임을 지도한다(이병기 2012). ■모든 학생이 동일한 방법과 절차에 따라 Big6 Skills 모형을 적용하는 것이 아니라 개인차에 따라서 적용과정이 다르다는 것을 지도한다(이병기 2012). ■Big6 Skills는 학교, 학교도서관, 교사, 사서교사의 상황에 따라서 구체적으로 지도해야할 내용의 범위와 지도해야 할 순서를 재구성할 필요가 있다(이병기 2012). ■Big6 Skills는 정보활용에 있어서 결과만을 강조하거나 정보를 활용하는 기능 중심의 모형이 아니라 정보를 활용하는 과정에 대한 지도를 강조하고 있으며, 3단계, 6단계, 12단계로 점차 세분하여 지도할 수 있다(이병기 2012).

2. Big6 Skills를 활용한 진로독서교육 프로그램의 차시별 운영 계획

본 프로그램에 참여하는 참가자들은 학교도서관 자원봉사를 위해 모집한 동아리 회원으로 한정하였고, 프로그램에 활용한 활동지는 2011년 경기도교육청에서 집필한 『학교도서관을 활용한 진로독서 프로그램』(김은정 외 2011)과 2013년 경기도사이버도서관에서 발간한 『(도서관 정보활용 콘텐츠 주제자료 활동지) 진로』를 활용하였다.

『학교도서관을 활용한 진로독서 프로그램』은 필자가 장학자료로 발간한 것으로 학교교육에서 동아리활동 시간 운영을 위한 프로그램이다. 경기도교육청 통합자료실)북부청사)평생교육과[1])에 접속하면 다운로드 받아 활용할 수 있다. 한편 『(도서관 정보활용 콘텐츠 주제자료 활동지) 진로』[2])는 경기도사이버도서관 정보활용 콘텐츠 개발 사업에 참여해 Big6 Skills 단계를 적용하여 활용할 수 있도록 개발한 것이며, 공공도서관에서 방학기간을 활용한 독서교실 운영을 위해 80분씩 4차시로 설계된 프로그램이다. 경기도사이버도서관 홈페이지의 하위메뉴 가운데 북매직[3])에 접속하면 무료로 활동지를 다운로드 받아 활용할 수 있다.

이 활동지들에 담지 못한 내용은 본 진로독서교육 프로그램을 운영하면서 제작하여 보충하였다. 또한 공공도서관의 독서교실 프로그램에 비하여 충분한 시간이 확보되었기에 최종 결과물의 형태도 다양하게 제시하였다. Big6 Skills를 활용한 진로독서교육 프로그램은 총 10차시로, 각 차시별 주제와 전략은 〈표 2-6〉과 같다.

---

1) http://www.goe.go.kr/edu/bbs_new.do?menuId=290151209145614&bbsMasterId=BBSMSTR_000000030029 [인용 2016. 3. 31].
2) http://info2.library.kr/10/1001.html [인용 2015. 8. 21].
3) http://www.library.kr/bookmagic/edu/open.do [인용 2015. 8. 21].

〈표 2-6〉 Big6 Skills를 활용한 진로독서교육 프로그램 운영 계획

차시	Big6 단계	주 제	자 료	전 략
1	■과제정의	■오리엔테이션 ■과제정의 ■나중시능 알아보기	■다중지능 측정하기	■다중지능 측정 활동지 ■강점 인증서 쓰기 활동지
2	■과제정의	■나의 특성과 관련된 직업 알아보기	■직업흥미유형 알아보기	■직업흥미유형 측정 활동지 ■직업흥미유형과 관련된 직업 알아보기 활동지
3	■정보탐색 전략수립	■정보탐색하기 ■다양한 직업 알아보기	■동화 속 직업 찾기:단행본 ■직업이름 빙고게임: 단행본, 영상자료, 전자자료	■동화 속 직업 찾기 활동지 ■직업이름 빙고게임 활동지
4	■정보탐색 전략수립	■한국십진분류표(KDC) 알아보기 ■정보윤리와 참고문헌 작성법	■한국십진분류표(KDC) 알아보기 ■한국십진분류표(KDC)를 따라가는 직업탐방 ■참고문헌 작성법 알아보기	■한국십진분류표(KDC) 알아 보기 활동지 ■한국십진분류표(KDC)를 따라가는 직업탐방 활동지 ■참고문헌 작성법 활동지
5	■정보소재확인 (탐색) 및 접근	■내가 원하는 직업 조사하기	■조사계획 세우기 ■내가 원하는 직업과 관련된 자료 조사하기	■브레인스토밍, 마인드맵 ■정보탐색하기 활동지 ■나의 꿈 목록 만들기
6	■정보소재확인 (탐색) 및 접근 ■정보이용	■찾아낸 정보 검토하기 ■탐색한 자료의 기록과 관리	■탐색한 자료의 내용확인 ■꼭 참고하고 싶은 자료 선정하기	■건너뛰며 읽기와 훑어 읽기활동지 ■꼭 참고하고 싶은 자료 목록 만들기
7	■정보소재확인 (탐색) 및 접근 ■정보이용	■찾아낸 정보 검토하기 ■탐색한 자료의 기록과 관리 ■정보 정리하기	■탐색한 자료의 내용확인 ■꼭 참고하고 싶은 자료 선정하기 ■중요한 내용 요약하기	■꼭 참고하고 싶은 자료 목록 만들기 ■내용 요약하기 활동지
8	■정보소재확인 (탐색) 및 접근 ■정보이용 ■정보종합	■찾아낸 정보 검토하기 ■탐색한 자료의 기록과 관리 ■정보 정리하기	■탐색한 자료의 내용확인 ■꼭 참고하고 싶은 자료 선정하기 ■중요한 내용 요약하기 ■미래직업 보고서 작성하기	■내용 요약하기 활동지 ■미래직업 보고서 활동지 ■리플릿 작성 활동지 ■폴드팝업북 작성 활동지 ■파워포인트 작성 활동지
9	■정보소재확인 (탐색) 및 접근 ■정보이용 ■정보종합	■탐색한 자료의 기록과 관리 ■정보 정리하기	■중요한 내용 요약하기 ■미래직업 보고서 작성하기 ■폴드팝업북 만들기 ■파워포인트만들기	■내용 요약하기 활동지 ■미래직업 보고서 활동지 ■리플릿 작성 활동지 ■폴드팝업북 작성 활동지 ■파워포인트 작성 활동지
10	■정보종합 ■정보평가	■출판활동하기	■프레젠테이션 ■미래직업 보고서, 파워포인트, 폴드팝업북 전시	■자기평가 활동지 ■별점주기 활동지

1차시에는 Big6 Skills의 과제정의 단계로 프로그램의 운영 방향 안내 및 과제정의 활동을 실시한다. 이때 자유롭게 자신의 관심사를 반영하여 주제를 정할 수 있으나 이 프로그램의 운영 목적에 맞게 자신에게 맞는 직업에 대하여 생각할 수 있도록 안내한다. 자신에게 맞는 직업을 선택하기 위해서는 우선 자기 자신에 대한 충분한 이해가 필요하기에 Howard Gardner의 다중지능 측정 활동지로 자신의 강점을 알아볼 수 있도록 한다.

2차시에도 Big6 Skills의 과제정의 단계로 과제를 해결하기 위해 알아야 할 것에 대하여 생각해본다. 1차시에 측정한 다중지능에 이어 직업흥미유형을 검사한다. 흥미와 적성에 맞는 직업군을 살펴본 후, 다중지능에서 높은 수치를 나타낸 자신의 강점과 비교하여 자신이 해 보고 싶은 직업을 선택할 수 있도록 한다.

3차시에는 Big6 Skills의 정보탐색 전략수립 단계로 학교도서관에서 직업, 진로에 관련된 자료를 검색해 보는 활동이다. 단행본 자료와 동영상 자료, 전자자료에 대하여 검색하는 시간이다. 포털사이트, 신문DB, 전자잡지, 웹 DB 등을 검색하는 방법에 대하여 소개한다. 가능한 한 많은 직업이 있다는 것을 알게 하는 것이 활동목표이므로 참가자들이 서가에서 브라우징하거나, 컴퓨터를 활용하여 자료를 검색하는 등 자유롭게 활동할 수 있도록 한다. 참가자들은 인터넷 접속이 가능한 컴퓨터를 활용하여 다양한 전자자료에 스스로 접근하는 기회를 갖는다. 이때 DBpia와 같은 웹 DB를 활용할 수 있다면 접근하는 정보의 질이 우수하기에 참가자들의 결과물도 우수하게 된다. DBpia의 경우 논문뿐만 아니라 어린이들이 구독 가능한 과학잡지 등도 다운로드가 가능하여 학교교육과정을 지원하는 자료를 많이 얻을 수 있다.

4차시는 3차시에 이어 Big6 Skills의 정보탐색 전략수립 단계의 연속으로 진로 관련 자료에 대해 검색할 수 있도록 지도한다. 한국십진분류(KDC)에 대하여 안내하고, 한국십진분류(KDC)의 주제 분류에 따라 다양한 직업을 탐색하는 기회를 제공한다. 또한 정보를 이용할 때 지켜야 할 정보윤리와 참고문헌 작성법에 대하여 간단하게 지도한다.

5차시에는 Big6 Skills의 정보소재 확인(탐색) 및 접근 단계이다. 4차시까지 프로그램 운영자가 지도한 정보활용 단계에 맞추어 스스로 자신이 원하는 정보를 탐색하고 확인하는 활동을 한다. 이때 자신이 원하는 직업에 대한 브레인스토밍과 마인드맵을 작성하여 보면 정보를 탐색할 검색어를 결정하는데 도움이 된다.

6차시에는 Big6 Skills의 정보소재 확인(탐색) 및 접근 단계의 활동과 정보이용 단계의 활동이 함께 이루어진다. 탐색한 자료의 내용을 훑어 읽기와 건너뛰며 읽기를 활용하여 확인하며 꼭 참고하고 싶은 내용의 자료들을 선정하는 동시에 참고 문헌 목록을 작성한다. 검색에 활용 가능한 컴퓨터의 수가 10대이기는 해도 검색하는데 시간이 소요되므로 20명의 참가자들이 1차시에 소화하기에는 무리가 있다. 또한 방과후에나 가정에서 활동을 계속하기에는 참가자들에게 심리적 부담이 가중될 우려가 있다. 따라서 이 단계의 활동들은 여러 차시에 걸쳐 이루어져야 하며, 최종결과물이 완성되기 전까지 반복하여 이루어질 수 있다.

7차시에는 Big6 Skills의 정보소재 확인(탐색) 및 접근 활동이 계속 진행되면서 중요한 내용을 요약하는 정보이용의 단계의 활동이 동반된다. 이 과정 역시 최종결과물이 완성될 때까지 반복할 수 있다. 그리고 프로그램 운영자는 학교도서관에 부족한 진로 관련 자료가 있으며 주변의 공공도서관을 활용하여 보충할 수 있다. 가장 가까운 곳의 공공도서관에서 이용자 등록을 하면 주변의 공공도서관에 소장된 자료를 빌려 볼 수 있는 상호대차서비스를 이용한다면 학교도서관의 부족한 장서도 충분히 보완할 수 있다. 다만 1인 대출권수 한도를 초과하여 대출하기에는 아직 어려운 점이 있을 수 있다. 최근에는 지역 내의 도서관센터에서 초·중·고등학교를 대상으로 1회 최대 150권의 도서를 30일간 빌려주는 단체대출서비스를 시행하고 있다. 기관 및 단체의 고유번호증과 신청자의 사진 1매와 신분증을 지참하고 지역 내 가까운 도서관에 방문하여 회원가입 신청서를 작성하면 서비스 이용이 가능하다.

8차시부터 9차시에는 Big6 Skills의 정보소재 확인(탐색) 및 접근, 정보이용 단계의 활동이 이어지면서 조사한 내용을 바탕으로 "나의 미래직업 보고서"를 작성한다. 이 때 참가자들의 개인 역량에 따라 최종 결과물 완성에서 속도의 차이가 발생할 수 있다. 따라서 <그림 2-4>와 같이 폴드 팝업 북, 리플릿, 파워포인트 등 다양한 형태의 결과물을 제시하여 먼저 "나의 미래직업 보고서"를 작성한 참가자들이 시간을 허비하는 일이 없도록 한다.

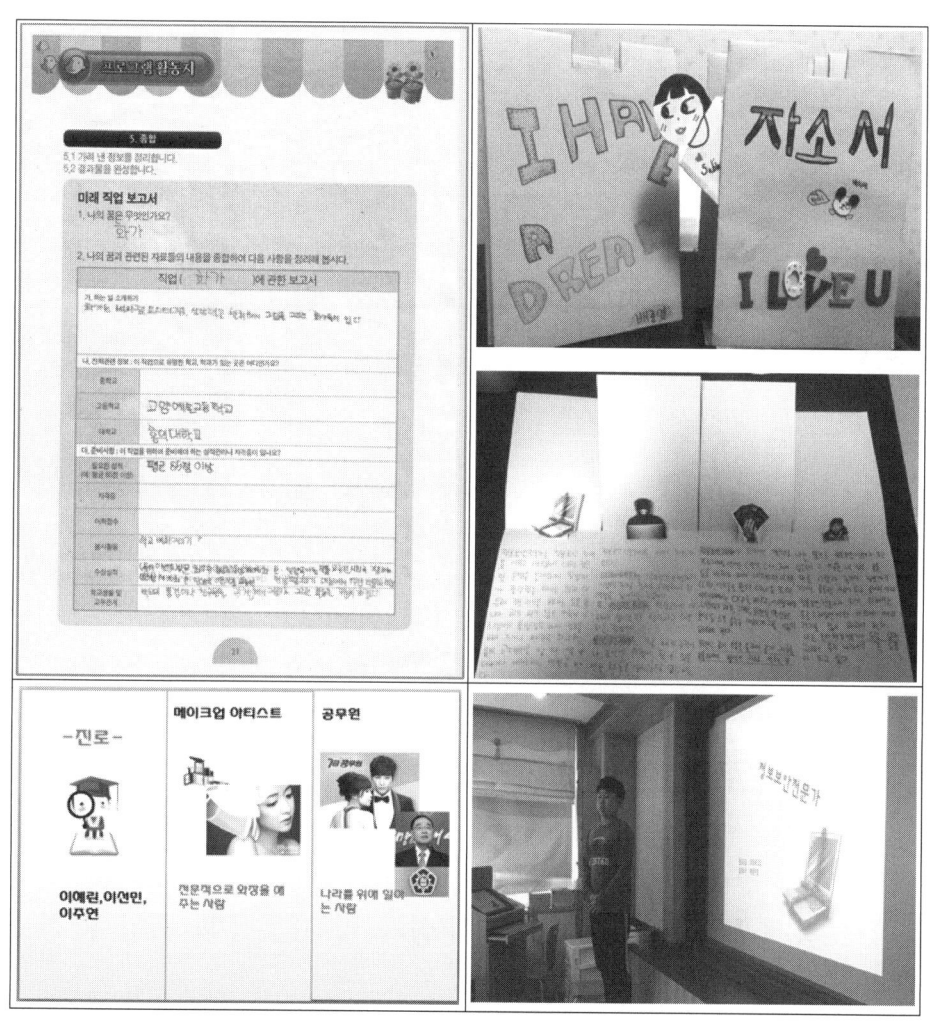

〈그림 2-4〉 다양한 형태의 최종결과물

    10차시에는 Big6 Skills의 정보평가 단계 활동이 실시된다. 앞서 이루어진 모든 정보활용 단계에 대한 평가와 출판하기 활동이 이루어진다. 참가자들은 다양한 유형으로 완성한 자신의 최종결과물에 대하여 발표하는 시간을 갖게 되며, 이후 2주간 별도의 공간을 마련하여 〈그림 2-5〉와 같이 전시하였다. 또한 모든 과정과 결과에 대하여 학생생활 기록부 동아리 활동 영역에 기재하였다.

〈그림 2-5〉 진로독서교육 프로그램 최종결과물의 전시 모습

제3절 Big6 Skills를 활용한 진로독서교육 프로그램의 실제

1. 진로독서교육 프로그램 운영 대상자 및 프로그램 운영 환경

1.1 진로독서교육 프로그램 참가자 선정

진로독서교육 프로그램 참가자는 학교도서관 자원봉사를 위한 동아리 활동으로 3월 10일부터 포스터를 부착하여 모집하였다. 모집기간은 5일이었고 동아리 활동을 원하는 참가자들은 참가 신청서를 작성하여 제출한 후 면접과정을 거쳐야 했다.(〈그림 2-6〉 참조) 동아리 활동을 위한 참가자 선발에서는 되도록 탈락시키는 일 없이 모두 신청을 받아주었다.

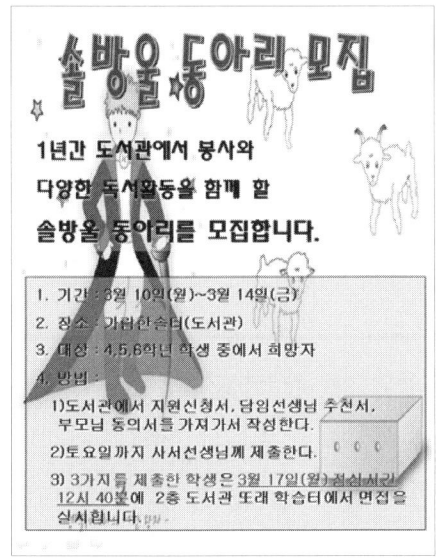 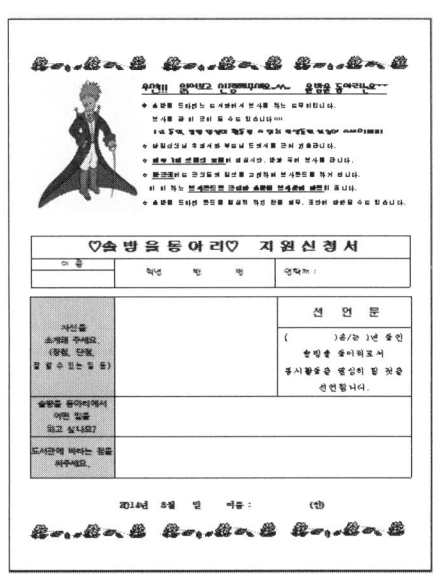

〈그림 2-6〉 동아리 회원 모집을 위한 포스터와 참가 신청서

 3월 17일 면접과정을 거쳐 선발된 동아리 참가자들은 4학년부터 6학년까지 총 21명이었고, 학년별 분포는 4학년 4명, 5학년 10명, 6학년 7명으로 5학년 참가자들이 가장 많았고 〈표 2-7〉과 같다.

〈표 2-7〉 Big6 Skills를 활용한 진로독서 프로그램 참가자 현황

학년	4	5	6
인원(명)	4	10	7

1.2 운영 기간 및 시간

 Big6 Skills를 활용한 진로독서교육 프로그램은 3월부터 11월까지 학교교육과정 중 동아리 활동 운영 계획에 맞추어 진행되었다. 본 진로독서교육 프로그램은 격주 목요일마다 5, 6교시 블록타임제로 실시되었고, 사서교사가 진행한 것으로 80분

씩 10차시로 설계되었다. 단위학교에 따라 40분씩 20차시로 진행할 수 있으며, 방과 후 수업이나 방학기간의 독서교실 등을 활용하여 운영할 수 있게 변형이 가능하다.

1.3 물리적 환경 구축

Big6 Skills를 활용한 진로독서교육 프로그램을 운영하기에 적합한 환경은 학교도서관이다. 학교도서관은 자기주도 학습이 이루어지는 학습의 장으로서의 역할, 큰 의미의 교수 매체로서의 역할, 인쇄자료뿐만 아니라 영상자료, 전자자료 등을 통합적으로 수집 관리하는 미디어센터로서의 역할을 하고 있다. 따라서 체계적으로 진로정보자료를 수집하여 정리하고 제공한다면 진로교육을 위해 설치해야 하는 진로정보센터로서의 역할을 함께 할 수 있다(김은정 외 2011). 여기에 인터넷이 가능한 컴퓨터, 복사, 스캔, 인쇄가 가능한 복합기, 제본기, 다양한 필기구 등을 갖춰놓아 글쓰기 교실로서의 환경을 구축한다면 진로독서교육 프로그램 참가자들이 다양한 방법으로 출판하기 활동을 할 수 있도록 지원할 수 있다. 출판하기는 발표하기, 프레젠테이션 자료 만들기, 보고서 만들기, 홈페이지 만들기, 문집 만들기, 소책자 만들기, 전시하기 등의 다양한 형태로 표현할 수 있다(변우열 외 2014). 따라서 진로독서교육 프로그램을 운영하는 공간은 〈그림 2-7〉과 같이 진로정보센터와 글쓰기 교실의 역할을 함께 하는 공간이어야 한다.

〈그림 2-7〉 Big6 Skills를 활용한 진로독서교육 프로그램 운영 공간의 예

1.4 자료 선정

물리적 환경 구축에서 언급했듯이 진로독서교육 프로그램을 운영하기 위해서 학교도서관은 진로정보센터의 역할을 함께 수반해야 한다. 진로정보센터로서 학교도서관에서 제공해야 할 초등학교 고학년 단계의 직업정보는 〈표 2-8〉과 같다(김은정 외 2011).

〈표 2-8〉 진로정보센터에서 제공해야 할 초등학교 상급단계의 직업정보

초등학교 상급학년 단계에서 필요한 직업정보
■ 수많은 생계유지 방법과 취업할 수 있는 직업의 다양성을 인식시킨다. ■ 직업인(workers)의 상호의존성을 이해시킨다. ■ 개인의 소질뿐 아니라 일정한 능력은 대부분의 직무에 성공적인 수행을 하도록 주어지고 있다는 것을 이해시킨다. ■ 직업선택에 있어서 중요하게 생각되는 정보영역, 즉 일의 성질, 훈련, 직업조건 등과 같은 영역을 이해시킨다. ■ 직업선택과 직무수행에 야기되는 일반적인 문제를 이해시킨다. ■ 장래의 직업선택에 있어서 세심한 연구의 필요성을 이해시킨다.

(출처: 김은정 외. 학교도서관을 활용한 진로독서 프로그램. [인용 2015. 8. 21].)

바람직한 진로정보는 직업의식을 높이고 장래의 진로를 선택하고 결정하는 능력을 증가시키며 생활에 대한 적응과 자기실현을 도모하는 능력을 배양하는데 큰 도움을 준다. 또한 진로에 관한 정보 제공에 그치는 것이 아니라 청소년들이 잘못 알고 있는 정보를 조정해 줄 수 있고 직접 이런 정보를 다루면서 자신이 알고 싶은 것을 찾아볼 수 있게 동기 부여를 할 수 있다(김은정 외 2011). 진로정보 자료는 내용이 방대하고 경비가 필요하기 때문에 한 번에 모두 준비할 수 있는 여건이 되지 못한다. 그러므로 각 급 학교별, 재정 형편에 따라 연중계획을 세워 예산을 편성하고 매년 확충하는 형식을 취해야 할 것이다(김은정 외 2011). 또한 근접하여 위치한 학교도서관이나 공공도서관과 공동수서 및 상호대차를 실시하면 더욱 충실한 진로정보센터로서의 기능을 수행할 수 있을 것이다.

Big6 Skills를 활용한 진로독서교육 프로그램을 진행하기 위해 구축한 진로관련 자료의 목록은 〈부록 1〉과 같다. 앞서 언급했듯이 이 자료들은 한꺼번에 구입된 것이 아니라 필자가 해당 학교에 근무하기 시작한 2010년부터 꾸준히 구축된 장서이다. 이 외에도 참고할 수 있는 자료들은 최근 진로독서에 대한 관심의 증가로 매일 새롭게 출간되고 있다.

2. Big6 Skills를 활용한 진로독서교육 프로그램 사례

이 부분에서는 앞서 제시한 〈표 2-6〉 Big6 Skills를 활용한 진로독서교육 프로그램 운영 계획대로 프로그램을 운영할 수 있도록 활용방법에 대하여 제시하고 그에 따른 활동 사례를 보여주고 있다. Big6 Skills를 활용한 진로독서교육 프로그램의 활용방법은 『학교도서관을 활용한 진로독서 프로그램』과 『(도서관 정보활용 콘텐츠 주제자료 활동지) 열려라 도서관 시즌 2 : 주제별 프로그램』의 활동지 활용방법 부분을 다시 정리하였다(김은정 외 2011; 김은정 외 2013).

2.1 과제정의

2.1.1 다중지능 알아보기

이 활동에서는 하버드 대학의 심리학자 Howard Gardner의 다중지능검사를 통하여 자신의 강점과 약점을 찾아내고자 한다. 8가지 다중지능검사의 특성에 대하여 알아본 후 검사 결과에 따라 강점과 약점을 평가한다.

가. 가드너의 다중지능이론 공부하기

Gardner가 발표한 다중지능이론을 알아보고, 각각의 지능이 가진 특성에 대하여 공부한다. Gardner는 전통적인 지능에 대한 개념을 부정하여 인간의 지능을 8

가지로 구분하였다. 전통적 지능의 관점에서 지능이 높다는 것은 암기력이 좋거나 학습능력이 뛰어난 것으로 아이큐(IQ)를 의미한다. 그러나 다중지능이론에서는 언어, 논리-수학, 공간, 신체운동, 음악, 인간친화, 자기성찰, 자연친화의 8가지 영역으로 구분되며, 우리가 생각하거나 행동할 때에는 여러 가지의 지능이 협력해서 해결한다는 것이다. 또 다중지능 이론에 의하면 다른 지능이 우수하지 못하지만 한 가지 지능만 뛰어날 수도 있다. 이러한 다중지능은 개개인의 활동 방식, 표현 방식, 관심사를 통해 알아낼 수 있다.

Tomas Armstrong은 다중지능이론과 이론의 특성을 고려하여 다중지능의 핵심을 〈표 2-9〉와 같이 정리하였다(Armstrong 2013). Armstrong이 제시한 다중지능의 유형별로 강점을 발달하게 해주는 교수활동과 교수전략과 강점지능에 따른 관련 직업을 정리하면 〈표 2-10〉과 같다(Armstrong 2007; Armstrong 2013).

〈표 2-9〉 다중지능 이론의 핵심

- 모든 개개인은 이 여덟 가지 지능을 모두 가지고 있다.
- 모든 사람은 각각의 지능을 적절한 어떤 수준까지 개발시킬 수 있다.
- 여덟 가지 지능들은 여러 가지 복잡한 방식으로 함께 작용한다.
- 각 지능 영역 내에서도 그 지능을 향상시킬 수 있는 많은 방법들이 있다.

(출처: Tomas Armstrong. 너는 똑똑해 : 성적표에 나오지 않는 아이의 숨은 지능. [인용 2015. 8. 21].)

〈표 2-10〉 다중지능의 유형에 따른 교수활동 및 교수·학습 자료와 관련 직업

지능	핵심성분	교수활동	교수·학습 자료	관련 직업
언어지능	언어의 소리, 구조, 의미와 기능에 대한 민감성	강의, 토론, 낱말게임, 이야기하기, 다 같이 읽기, 일지쓰기 등	책, 연습문제지, 안내서, 낱말게임, 학생연설, 녹음책, 워드프로세서 사용하기, 출판하기	광고 카피라이터, 변호사, 문서보관원, 편집자, 선생님, 기자, 법률가, 박물관 큐레이터, 법무사, 시인, 정치인, 전문 웅변가, 교정교열자, 출판인, 아나운서, 연구원, 시나리오 작가, 연설문 작성자, 번역가, 웹 편집자, 작가, 언어 연구가
논리-수학지능	논리적, 수리적 유형에 대한 민감성과 구분 능력 : 연쇄적 추리를 다루는 능력	퍼즐, 문제풀기, 과학실험, 암산, 수게임, 비판적 사고 등등	수학문제, 코드 만들기, 논리퍼즐과 게임, 컴퓨터 프로그래밍 언어, 주제	회계사, 항공 교통 관제사, 감정사, 우주비행사, 회계 감사인, 은행가, 회계 담당자, 예산분석가, 기후학자, 암호 분석가, 컴퓨터 프로그래머, 데이터 분석가, 경제학자, 전기기사, 기계기사, 토목기사, 화학기술자,

			의 논리-계열적 제시	재정원조 담당자, 외환 트레이더, 법의학자, 정보과학자, 보험 회계사, 보험 설계사, 투자분석가/투자 연구가, 대출 담당자, 수학자, 기상학자, 주택대출 중개인, 의사, 여론 조사원, 집단 생태 분석가, 구매 담당자, 과학선생님, 생물학자, 화학자, 물리학자, 천문학자, 지질학자, 식물학자, 해양학자, 통계학자, 증권 중개인, 기술자, 비디오 게임 디자이너/비디오 게임 프로그래머, 웹 마스터/웹 프로그래머
공간지능 (시공간)	시공적 세계를 정확하게 지각하고, 최초의 지각에 근거해 형태를 바꾸는 능력	시각적 제시, 미술 활동, 상상게임, 마인드맵, 은유, 시각화 등등	표, 그래프, 지도, 사진, 비디오 슬라이드 영화, 시각퍼즐, 미로, 그림, 망원경, 현미경, 색깔, 색칠하기, 그래픽 소프트웨어	광고기획자, 만화가, 건축가, 미술 선생님, 지도 제작자, 동화 삽화가, 카메라맨, 토목 또는 기계 엔지니어, 건설 노동자/건축기사, 다큐멘터리 제작자, 환경설계가(디자인 전시, 상점 전시), 패션/의류 디자이너, 도예가, 보석세공인, 화가, 제도사, 직물 예술가, 조각가, 가구 디자이너, 지리학자, 그래픽 아티스트, 그래픽 디자이너, 잡지 디자이너, 포장 디자이너, 표지판 디자이너, 환경장식가, 발명가, 조경 디자이너, 의학 삽화가, 영화제작자/감독, 영화특수효과 아티스트, 항해사, 사진작가, 사진기사, 조종사, 상품개발자, 산업디자이너, 선원, 측량가, 도시계획가, 웹디자이너, 쇼윈도 장식가
신체운동 지능	자기 몸의 움직임을 통제하고 사물을 능숙하게 다루는 능력	드라마, 춤, 스포츠 촉각활동, 이완훈련 등	블록, 가상현실 소프트웨어, 체육, 신체언어, 수신호, 촉각적 교재와 경험, 신체응답	곡예사, 연기자, 가구 제작자, 목수, 안무가, 서커스 공연가, 건설 노동자, 건설업자, 미용사, 도예가, 유리공예가, 직조공, 댄서, 치과의사, 공장 노동자, 체조 선수, 헤어스타일리스트, 보석세공인, 가죽 세공인, 인명구조원, 마술사, 안마사, 무술가, 정비공, 마임연기자, 음악가, 오케스트라 지휘자, 체육 선생님, 프로 운동선수, 조각가, 스턴트맨, 외과의사, 재단사, 용접공, 목공예인
음악지능	리듬, 음조, 음색을 만들고 평가하는 능력 : 음악적 표현 형식에 대한 평가 능력	상위학습, 랩음악, 노래하기	피아노, 효과음악, 리듬, 노래, 랩, 창, 배경음악, 레코드목록, 음악소프트웨어	클래식 작곡가, 합창단 단원, 지휘자, 디제이, 민족음악 학자, 음향예술가, 악기 제작자, 광고음악 작곡가, 작사가, 편집자, 음악 감독, 영화음악 편집자, 음악도서관 사서, 음반 제작자, 음악 연구가, 음악 선생님, 음악 치료사, 피아노 조율사, 가수, 대중가요 작곡가, 영화 음향효과 편집자, 음향 전문가, 스튜디오 감독, 비디오/영화 사운드 디자이너

인간친화 지능 (대인관계)	타인의 기분, 기질, 동기, 욕망을 구분하고 적절하게 대응하는 능력	협동학습, 또래 가르치기, 공동체 참여, 사회적 모임, 시뮬레이션 등	시뮬레이션, 상호 작용적 소프트웨어, 사회적 모임	행정가, 홍보이사, 인류학자, 중재자, 비즈니스 리더, 자영업자, 코치, 상담 전문가, 범죄학자, 자택 간호 사업자, 인력관리 전문가, 인터뷰 전문가, 법률가, 매니저, 간호사, 사무실 관리자, 후생 관리자, 경찰, 정치인, 여론조사 요원, 정신과 의사, 심리학자, 홍보 전문가, 연설가, 홍보 담당자, 대리점 점장, 소매상, 세일즈맨, 교장선생님, 사회 운동가, 사회복지 관리자, 사회복지사, 사회학자, 대담프로 진행자, 선생님, 치료사, 여행사 직원, 웨이터
자기성찰 지능 (자기이해)	자기 자신의 감정에 충실하고 자신의 정서들을 구분하는 능력 : 자신의 장점과 약점에 대한 인식	개별화 수업, 자율학습, 학습과정선택, 자존감형성 등	학습을 위한 사적인 공간, 흥미 센터	배우, 화가, 목사, 신부님, 코미디언, 공예인, 탐정, 영화제작자/감독, 기업가, 진로상담자, 마사지 치료사, 침술사, 약초치료사, 발명가, 비즈니스/정치/사회 지도자, 연기자, 연주자, 헬스 트레이너, 철학자, 시인, 교수, 정신과 의사, 심리학자, 연구자, 연구 과학자, 사업가, 사회봉사자, 교사, 신학자, 치료사, 시간 관리 조언가, 벤처 투자가, 작가
자연친화 지능	자신이 살아가고 있는 환경 혹은 자연세계에 민감하고 그것을 인식하고 분류하는 데에 탁월한 전문지식, 전문기술과 그에 따른 문제해결 능력	눈 가리고 걷기, 관찰하기, 관찰하여 그리기, 사물명명하기, 확대하여보기 등	표본, 실물자료, 독서 전략지, 가상현실, 동물원, 식물원, 박물관, 보육시설, 환경단체, 수족관, 실험도구, 자동차나 공룡 모형, 우표, 박제	동물조련사, 고고학자, 천문학자, 벌집 관리자, 생물학자, 식물학자, 요리사, 생태학자, 곤충학자, 환경/생태보호운동가, 환경감독, 환경전문 변호사, 환경 과학자, 농부, 어부, 법의학자, 숲/공원 관리인, 사냅터지기, 정원사, 지질학자, 파충류학자, 원예가, 어류학자, 조망 디자이너, 해양 과학자, 기상학자, 등산가, 박물학자, 천연자원 관리사, 숲 안내인, 자연 사진작가, 조류학자, 고생물학자, 물리학적 인류학자, 목장 경영자, 선원, 나무치료 전문가, 수의사, 수의학 조수, 화산학자, 동물원 관리자, 동물학자

(출처: Tomas Armstrong. 너는 똑똑해: 성적표에 나오지 않는 아이의 숨은 지능. [인용 2015. 8. 21].)

나. 다중지능 검사하기

초등학생용 다중지능 검사지를 활용하여 Gardner의 다중지능이론 중 자신이 강한 영역의 지능을 알아본다. 이 검사지는 문용린, 류숙희, 김현진, 김성봉이 중·고생을 모집단으로 개발한 각 지능별 10문항씩 총 80문항의 질문 중에서 초등학생용 다중지능검사 문항을 추출하여 제작한 것으로(김영남 2011), 이수현의 「초등학교

영재아동의 다중지능과 과흥분성의 관계연구」, 김영남의 「초등학생 태권도 수련에 있어 다중지능이론의 적용 가능성」에서 사용되었다. 각 문항마다 8가지 지능 가운데 한 가지에 속하도록 되어 있으며, 음악지능, 신체운동지능, 논리-수학지능, 공간지능, 언어지능, 인간친화지능, 지기성찰지능, 자연친화지능의 8가지에 속하는 다양한 문항들에 대하여 답변을 문제 옆에 표기한다. 이 때 점수를 자신이 느끼는 정도에 따라 1~5점(1=전혀 그렇지 않다. 2=별로 그렇지 않다. 3=보통이다. 4=대체로 그렇다. 5=매우 그렇다)까지 부여할 수 있다. 결정하기 어려운 경우 3은 피하고 2나 4를 선택하도록 한다.

다. 답안지 작성하기 및 100점 점수로 환산하기

문제 옆에 표기해 두었던 점수들을 답안지에 해당번호에 옮겨 적는다. 기록한 점수들을 세로로 합계를 낸 후 환산점수표에서 해당 점수를 찾아 환산점수란에 적는다. 예를 들어 A지능의 세로의 합이 32점인 경우 환산 점수표에서 찾아보면 89.3이 나온다. 반면 B지능의 경우 세로의 합이 19점이고 환산점수표에서 찾아보면 42.9가 나온다. 이는 89.3인 A음악지능과 42.9인 B신체운동지능을 비교하여 보았을 때 해당 검사자는 A음악지능에 더욱 강점을 가지고 있다고 볼 수 있는 것이다. I영역의 9번, 18번, 27번, 36번, 45번 문항은 허위영역으로 이 영역의 점수가 4점 이상이면 검사결과가 무의미한 것으로 조작되었을 가능성이 높다고 본다. I영역에서 점수를 부여할 때 주의할 점은 9번 문항은 5번 '매우 그렇다'를 선택하면 1점, 나머지는 0점으로 처리한다. 18번, 27번, 36번, 45번 문항은 1번 '전혀 그렇지 않다'를 선택하면 1점, 나머지는 0점으로 처리한다.

라. 나의 강점과 약점 알아보기

답안지의 환산 점수들을 비교하여 보면 자신의 강점과 약점을 파악하기가 수월해진다. 만약 검사자의 환산점수가 다음의 〈표 2-11〉과 같다고 가정하자.

〈표 2-11〉 환산점수표의 예시

환산점수	89.3	42.9	60.7	85.7	60.7	50.0	60.7	67.9
지능	A	B	C	D	E	F	G	H

이 검사자의 경우 A음악지능과 D공간지능은 강하지만 B신체운동지능과 F인간친화지능은 부족하다는 것을 알 수 있다.

2.1.2 나의 강점 인증서 쓰기

다중지능검사 결과에 따라 평가한 평가 항목을 총점이 높은 것부터 표에 기록하도록 한다. 8가지 지능이 모두 뛰어나거나 모두 부족한 사람은 없다. 자신의 능력 가운데 가장 뛰어난 강점부터 3가지를 골라 인증서에 써 보도록 한다. 이를 통해서 자신감을 가지고, 앞으로 강점을 키우고 약점을 보완할 수 있도록 다짐할 수 있다.

2.1.3 직업흥미유형 알아보기

가. 흥미와 관련 직업 알아보기

흥미란 어떠한 사물이나 활동에 대하여 나타내는 감정이나 태도, 관심을 뜻한다. 강한 흥미는 즐거움을 주고 게으름을 이기게 해주며, 정신을 집중하는 효과와 어려움을 극복하게 만드는 힘을 주기 때문에 흥미는 노력과 매우 밀접한 관계를 맺고 있다. 흥미를 고려한 직업 선택의 중요성에 대하여 설명하고, 진로심리학자 Hollend의 흥미유형검사를 이용해 직업흥미유형을 검사한 후 그에 관한 특성과 적합한 관련 직업에 대하여 알아본다.

나. 흥미와 직업의 관계 알아보기

흥미와 직업의 관계에 대하여 설명한다. 좋아하는 일을 하면 자신을 더욱 적극적인 사람으로 만들어 더 큰 성공의 기회를 가져오고, 더 큰 힘과 더 많은 생각을 하게 만들어 준다. 또한 더 많은 성취감을 주어 자신의 능력을 인정받을 수 있게 하며, 이는 다시 자신감으로 변환되어 숨겨져 있던 능력을 발휘하게 하는 신비한 힘으로 작용한다. 제시된 질문을 통하여 흥미에 적합한 직업에 대해 생각하게 한다(김은정 외 2011).

다. 나의 직업 흥미 유형 검사하기

Hollend의 흥미유형검사를 활용한다. 6가지의 문항에 대하여 답한 뒤 점수로 자신의 흥미유형과 그에 알맞은 직업에 대해 알아본다. 진로심리학자 Hollend는 각 사람들의 여러 요소와 환경들을 고려하여 과학적이고 체계적으로 접근하고자 했으며, 그 결과 Hollend의 6가지 유형인 RIASEC으로 분류하였다. Hollend의 RAISEC 이론이란 진로선택이나 상담에 있어서 가장 널리 알려진 이론으로, 〈표 2-12〉와 같이 세상을 구성하고 있는 직업 환경을 6가지로 나누고 그런 환경과 상호작용하는 사람의 성격을 현실형(Realistic), 탐구형(Investigative), 예술형(Artistic), 사회형(Social), 진취형(Enterprising), 관습형(Conventional)의 6가지로 표현하고 있다(김은정 외 2011). 이 검사는 개개인의 특징을 자세히 분류하기는 어려워도 사람들의 라이프스타일 유형으로 성격과 진로에 대한 철저한 분석으로 정의한 모델로, 모두가 다르지만 상호 공통적으로 나타나는 특징들을 구분하기 위한 검사 문항들을 정립하여 이를 객관적인 방법으로 정립한 것이다(김은정 외 2011). 본 프로그램에서는 홀랜드 직업흥미유형 검사지는 구글이나 네이버 등의 포털사이트에서 '직업흥미검사'로 검색하여 경기도교육정보연구원 경기진로센터에서 개발한 『2009 진로교육 프로그램』의 간이 검사지를 다운로드 받아 활용하였다(봉성래 외 2009). 또는 워크넷 직업진로검사[4]나 커리어넷 진로심리검사[5]를 활용할 수 있으며, 심리검사 전문사이트

---
4) http://www.work.go.kr

에서 판매하는 검사지를 구입하여 활용할 수도 있다. 검사결과 분석에 도움이 되는 글도 검색이 가능하므로 프로그램 운영자는 미리 참고하면 좋겠다.

〈표 2-12〉 Hollend의 직업흥미유형에 따른 대표적 직업

직업 성격 유형	특 성	관심 분야	대표적 직업
현실형	솔직, 성실, 검소, 물질주의	기계적, 도구 사용	농부, 축산, 엔지니어, 비행사, 운전기사, 정비공
예술형	감상적, 이상적, 직관적, 창의적	언어, 예술	예술가, 디자이너, 무대지휘자
진취형	모험적, 야심적, 지배적, 사교적	조직적, 지배자적, 권력 지향	정치인, 판매원, 사회자, 관리자
사회형	협동적, 사교적, 진실함, 설득적	남을 이해, 조력, 가르침	심리학자, 상담자, 선교사, 교사
관습형	양심적, 윤리적, 실천적, 사무적	자료의 정리, 보관, 조직	은행원, 회계원, 세금업무
탐구형	합리적, 분석적, 정확성, 추상적	학문 분야의 연구	물리학자, 수학자, 생물학자

(출처: 김은정 외. 학교도서관을 활용한 진로독서 프로그램의 실제. [인용 2015. 8. 21].)

2.1.4 직업흥미유형과 관련된 직업 알아보기

현실형, 탐구형, 예술형, 사회형, 진취형, 관습형의 6가지 유형별 특성을 보고 자신의 흥미가 강한 분야를 고른다. 나의 흥미유형에 적합한 관련 직업 중 Best 5를 선정하여 〈그림 2-8〉과 같이 활동지에 기록하도록 한다. 흥미유형의 순위가 높은 것부터 선정하고, 순위가 같은 것은 함께 기록하도록 안내한다. 프로그램 운영자는 높은 순위의 흥미유형에 해당하는 대표적 직업을 가능한 한 많이 제시하여 프로그램 참가자들이 자신이 관심 있는 직업을 선택할 수 있도록 한다.

---

5) http://www.career.go.kr

〈그림 2-8〉 직업흥미유형 알아보기 활동 사례

2.2 정보탐색 전략수립

도서관에서 다루고 있는 도서, 영상, 온라인의 다채로운 자료를 활용하여 직업의 이름을 접하는 기회를 제공한다. 다양한 직업을 한국십진분류표(KDC)의 강목과 연결하는 일이 다소 어렵더라도 동화가 속한 분야를 보고 주류와 강목으로 접근할 수 있도록 돕는다. 이 활동을 실시하기 위해서는 한국십진분류표를 여러 번 살펴보게 되는데 이를 통하여 한국십진분류표의 강목표를 외울 수 있다. 또한 도서관의 자료를 활용하여 과제를 해결함으로써 자연스럽게 정보활용능력이 길러지게 된다(김은정 외 2011).

2.2.1 정보탐색 방법 알아보기

실과 교과서와 진로 교과서의 진로 탐색 활동에서 다루고 있지 않은 영역은 구체적으로 참고하면 좋은 정보원이나 정보를 검색하는 방법, 정보원을 가려내는 기준이나 검색한 자료의 내용을 요약·정리하는 방법이다. 본 진로독서교육 프로그램에서는 학교도서관이나 공공도서관을 활용하는 것을 목적으로 설계되었다. 따라서 프로그램 참가자들이 스스로 정보원을 검색하고 출처를 기록하고, 내용을 요약하며 새롭게 조직하는 활동을 유도하고 있다. 다양한 정보원을 검색하는 방법을 프로그램 참가자들에게 활동지로 제공하고, 프로그램 운영자는 참가자들에게 실제로 검색하는 모습을 제시하여 주어야 한다. 또한 미리 직업, 진로관련 자료의 데이터베이스를 구축하여야 한다. 프로그램 운영자는 〈부록 3〉 진로관련 도서목록의 단행본 자료와 한국고용정보원[6]의 다양한 직업동영상 자료를 활용할 수 있다. 또한 워크넷[7]에서 직업·진로자료실〉직업정보서에 탑재된 다양한 자료를 활용할 수 있다. 특히 매년 발간되는 『한국직업전망』은 국내 주요 대표직업 약 200개의 하는 일, 근무환경, 입직경로, 되는 길 등의 기본정보와 향후 전망 및 요인에 대한 설명

---

6) http://www.jobvideo.or.kr/sub_job01_01.asp [인용 2015. 10. 31].
7) http://www.work.go.kr

을 담고 있다(한국고용정보원 2015). 마지막으로 2011년 경기도교육청에서 발간한 『학교도서관을 활용한 진로독서 프로그램』의 부록 '한국십진분류표(KDC)를 따라가는 직업 탐방'을 참고하면 좋겠다. 이 자료는 경기도교육청 통합자료실〉북부청사〉평생교육과[8])에서 열람 및 다운로드가 가능하다.

2.2.2 다양한 직업 알아보기

학교도서관, 공공도서관, 신문기사, 참고도서, 인터넷 포털사이트 등을 활용하여 "진로", "직업", "꿈"이라는 검색어를 활용하여 진로와 관련된 자료를 가능한 한 많이 찾아 활동지에 기록하도록 한다. 개인 활동을 실시하기에 시간의 제약이 따른다면 모둠별로 영역을 맡도록 하여 조사하도록 한다.

2.2.3 직업 이름 빙고게임하기

우리가 알고 있는 직업은 극히 일부분이다. 국립국어원에서 제시하는 직업의 정의에 의하면 생계를 유지하기 위하여 자신의 적성과 능력에 따라 일정기간 동안 계속 종사하는 일을 일컫는다(국립국어원 2015). 미디어에서 재벌 2세, 회장 또는 사장, 의사, 변호사, 연예인이 가장 많이 등장하는 직업이라고 한다. 이상적인 직업은 자신이 좋아하고 잘 할 수 있는 일인 동시에 다른 사람들에게도 인정받을 수 있으며, 경제적인 면도 충족시킬 수 있어야 한다.

이처럼 가장 많이 접하는 미디어를 통해서도 학생들은 다양한 직업에 대해 알 수 있는 기회가 적다. 따라서 가능한 많은 직업을 알 수 있도록 한다. 자신이 알고 있던 직업들보다도 훨씬 다양한 직업이 있다는 것을 인식할 수 있는 기회를 마련한다. 지금까지 조사하여 기록한 활동을 마친 후 내가 알고 있는 직업은 어떤 것이 있는지 빙고게임을 통해 알아본다. 빙고게임에 나오는 직업은 대부분 비슷한 종류가 많다. 초등학교 진로교육의 목적은 가능한 한 많은 직업이 있음을 알게 하는 것이기에 시

---

8) http://www.goe.go.kr/edu/bbs_new.do?menuId=290151209145614&bbsMasterId=BBSMSTR_000000030029 [인용 2016. 3. 31].

간이 다소 소요되더라도 다양한 직업에 대해 알 수 있는 기회를 제공하도록 한다.

2.2.4 한국십진분류법(KDC)을 따라가는 직업탐방

한국십진분류표(Korean Decimal Classification: KDC)는 우리나라의 공공도서관과 학교도서관에서 주로 사용하는 분류체계이다. 100개의 주류-강목만 외워두어도 자신이 원하는 자료의 위치를 빠르게 파악할 수 있다. 또한 10개의 주류별로 다시 비슷한 성격을 가진 10개의 강목을 묶어 둔 것이므로 지식의 체계를 이해하여 주제에 대한 접근성을 높일 수 있다. 따라서 자신의 적성에 적합한 다양한 주제를 함께 살펴 볼 수 있다(김은정 외 2011).

가. 분류의 뜻 알아보기

전체 인원을 4-5명씩 구성하여 총 5개 모둠으로 나눈다. 다양한 국어사전을 활용하여 "분류"의 개념을 살펴본다. 〈표 2-13〉과 같이 국어사전마다 사용하는 어휘나 설명하고 있는 수준이 다르므로 이들을 비교해 볼 수 있는 시간을 제공한다. 또한 다양한 사전의 의미를 종합하여 하나의 의미로 통합하는 과정이 필요하다. 학생들이 사전에 사용된 공통된 어휘를 활용하여 스스로 의미를 정리할 수 있도록 한다(김은정 외 2011).

〈표 2-13〉 국어사전별 "분류"의 뜻

모둠	사 전 명	설 명 내 용
1모둠	연세초등국어사전	여럿 중에서 같은 성질을 가진 것끼리 갈라놓는 것
2모둠	보리국어사전	여럿을 갈래에 따라서 나누는 것
3모둠	민중에센스국어사전	1. 종류에 따라서 분리함. 2. 구분을 완전하고 철저하게 하여 사물 또는 그 인식을 정돈하여 체계를 세움
4모둠	초중속뜻학습사전	1. 나누어 놓은 무리. 2. 사물을 공통되는 성질에 따라 종류별로 가름.
5모둠	연세한국어사전	사물을 공통되는 성질에 따라 종류별로 가르는 것

나. 십진법의 뜻 알아보기

같은 방법으로 십진, 십진법의 의미를 찾아본다. 우리 생활 속에서 사용하고 있는 10, 100, 1000은 십진법에 의한 수를 세는 방법이다. 이외에도 〈표 2-14〉와 같이 시간에서 사용하는 60진법, 컴퓨터의 퍼지이론의 기본 원리인 2진법 등의 방법이 사용되고 있다는 사실 등을 설명한다(장지경 2007). 한국십진분류표는 10, 100, 1000으로 전개되는 십진법을 활용하여 지식 체계를 1부터 9까지의 영역으로 크게 구분하고, 9개 영역 중 어디에도 속하지 않거나, 모든 주제를 포함하고 있는 포괄적인 주제는 0에 배정하도록 규칙을 정한 것이다(김은정 외 2011).

〈표 2-14〉 다양한 기수법에 대한 설명

십진법 (十進法)	자리가 하나씩 올라감에 따라 자리의 값을 10배씩 커지게 수를 나타내는 방법
이진법 (二進法)	자리가 하나씩 올라감에 따라 자리의 값을 2배씩 커지게 수를 나타내는 방법
육십진법 (六十進法)	수를 나타내는 방법의 하나로 60씩 한 묶음으로 하여 자리를 올려가는 방법, 옛날 바빌로니아에서 사용된 기수법이며, 현재에도 60초를 1분, 60분을 1시간으로 하는 시간 단위와 각도의 단위 등에 사용된다.

(출처: 두산백과. 기수법. [인용 2015. 8. 19].)

다. 한국십진분류표의 주류 - 강목 알아보기

〈그림 2-9〉의 「열려라 도서관 시즌2」의 '자료분류와 검색'을 활용하여 KDC의 주류 - 강목을 알아본다.

 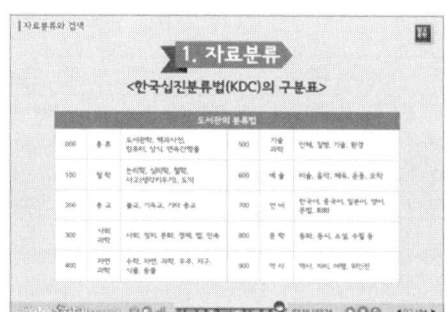

(출처: 김은정. 열려라 도서관 시즌2 : 자료분류. [인용 2015. 10. 31].)

〈그림 2-9〉「열려라 도서관 시즌2」 자료분류 부분

이 사이트[9])는 경기도사이버도서관에서 공공도서관의 정보활용교육을 위하여 개발한 콘텐츠로 경기도의 초등학교 사서교사와 공공도서관 사서들이 참여해 개발하였다(신정아 2013). 한국십진분류표 제6판을 기준으로 분류의 개념과 주제에 따라 류-강-목의 순서로 분류하는 과정을 설명하고 있다. 이후 '한국십진분류표 알아보기' 활동지에 〈표 2-15〉와 같이 학교도서관에서 자료를 정리할 때 사용하는 띠라벨을 활용하여 KDC의 주류에 대해 알아본다. 실제로 사용되는 띠라벨의 색상과 주류를 확인하며 활동지에 붙여보며 〈표 2-16〉의 KDC 주류와 주요 강목을 외우도록 한다(한국도서관협회 2013). 일정 시간을 두고 외우도록 한 뒤에는 모둠끼리 외우기 시합을 하도록 하거나 모둠 대표끼리 대항을 하도록 한 후 최종으로 승리하는 팀에게 상품을 주기도 한다(김은정 외 2011).

〈표 2-15〉 띠라벨의 예시

000 총류	100 철학	200 종교	300 사회과학	400 자연과학
500 기술과학	600 예술	700 언어	800 문학	900 역사

---

9) http://info2.library.kr/03/0301.html [인용 2015. 10. 21].

〈표 2-16〉 한국십진분류표 제6판의 주요 강목표

000 총류	100 철학	200 종교	300 사회과학	400 자연과학
010 도서학, 서지학	110 형이상학	210 비교종교	310 통계자료	410 수학
020 문헌정보학	120 인식론, 인과론, 인간학	220 불교	320 경제학	420 물리학
030 백과사전	130 철학의 체계	230 기독교	330 사회학, 사회문제	430 화학
040 강연집, 수필집, 연설문집	140 경 학	240 도교	340 정치학	440 천문학
050 일반 연속간행물	150 동양철학, 동양사상	250 천도교	350 행정학	450 지학
060 일반 학회, 단체, 협회, 기관, 연구기관	160 서양철학	260 [미사용]	360 법률, 법학	460 광물학
070 신문, 저널리즘	170 논리학	270 힌두교, 브라만교	370 교육학	470 생명과학(생물학)
080 일반 전집, 총서	180 심리학	280 이슬람교(회교)	380 풍습, 예절, 민속학	480 식물학
090 향토자료	190 윤리학, 도덕철학	290 기타 제종교	390 국방, 군사학	490 동물학
500 기술과학	600 예술	700 언어	800 문학	900 역사
510 의 학	610 [미사용]	710 한국어	810 한국문학	910 아시아
520 농업, 농학	620 조각, 조형미술	720 중국어	820 중국문학	920 유럽
530 공학, 공업일반, 토목공학, 환경공학	630 공예	730 일본어 및 기타 아시아 제어	830 일본문학 및 기타 아시아 제문학	930 아프리카
540 건축, 건축학	640 서예	740 영 어	840 영미문학	940 북아메리카
550 기계공학	650 회화, 도화, 디자인	750 독일어	850 독일문학	950 남아메리카(남미)
560 전기공학, 통신공학, 전자공학	660 사진예술	760 프랑스어	860 프랑스문학	960 오세아니아, 양극지방 [전 오세아니아]
570 화학공학	670 음악	770 스페인어 및 포르투갈어	870 스페인어 및 포르투갈 문학	[970] 공기호
580 제 조 업	680 공연예술, 매체예술	780 이탈리아어	880 이탈리아문학	980 지리
590 생활과학	690 오락, 스포츠	790 기타 제어	890 기타 제문학	990 전기

(출처: 한국도서관협회. 한국십진분류법, 제6판. [인용 2015. 8. 21].)

라. KDC를 따라 떠나는 직업탐방

000 총류부터 900 역사까지 10개의 강목과 관련하여 미리 선정해 놓은 도서들의 목록인 "KDC(한국십진분류법)을 따라 떠나는 직업 탐방"을 소개한다. 이 도서들은 경기도의 사서교사들이 각 주류별로 나누어 관련된 직업들을 선정한 후 그에 알맞은 책을 골라 놓은 것이다. 예를 들면 000 총류 안에서 찾을 수 있는 직업은 〈표 2-17〉과 같다.

만약 학교도서관이나 공공도서관에서 예산의 문제로 다양한 진로관련 자료의 확보가 어려운 경우라면 태동출판사에서 출간한 『(직업동화) 내 꿈은』을 추천한다. 이 전집은 Hollend의 RIASEC 적성 이론에 맞추어 구성된 적성편, 미래 유망 직업에 대해 소개하는 직업편, 아이들이 꼭 갖추어야 할 7가지 인성을 다루고 있는

〈표 2-17〉 000총류에 포함된 직업들의 예

주류	강목 및 요목	관련 직업
000 총류	004 프로그래밍	웹 전문가
		웹 디자이너
		정보검색가
010 도서학, 서지학	010 도서학, 서지학	서지학자
	012.47 장정 및 의장	북 아티스트
020 문헌정보학	025 도서관봉사 및 활동	정보검색가
	026 일반도서관	사서
	027 학교 및 대학도서관	사서교사
030 백과사전		
040 강연집, 수필집, 연설문집		
050 일반 연속간행물		
060 일반 학회, 단체, 협회, 기관	069 박물관학	학예사
		큐레이터
070 신문, 저널리즘	070 신문, 저널리즘	신문기자
		방송기자
		저널리스트
		미디어평론가
		앵커
080 일반 전집, 총서		
090 향토자료		

인성편으로 구성되어 있다. 또한 단순하게 직업을 소개하는 수준에 그치지 않고, 해당 직업에서 필요로 하는 적성 및 능력, 취득해야할 자격증까지도 상세하게 설명하고 있으므로 다양한 직업을 소개하는 동시에 스스로 자신의 적성에 대해 고민하는 기회를 제공할 수 있다. 짧은 시간에도 읽을 수 있는 분량이어서 활동에 이용하기에 더욱 좋다. 이와 더불어 〈표 2-18〉과 같이 한국십진분류표의 강목을 비교하게 하는 활동을 통하여 지식의 분류체계를 이해하고, 자신이 관심을 가진 주제와 인접 분야의 주제를 탐색하는 시간을 갖는다(김은정 외 2011).

〈표 2-18〉『(직업동화) 내 꿈은』 제목에 나타난 직업과 KDC 강목 비교

제 목	KDC 강목
행복한 요리사가 될 거야 - 요리	590
사랑의 웨딩플래너 - 가정	590
우리는 옷이 좋아 - 패션	590
아빠가 키운 파프리카 - 농사	520
우리 가족은 건축가 - 건축	540
모터쇼 스타 방글이 - 자동차	550
우리 문화를 지켜요 - 역사	910
국제 변호사를 소개합니다 - 법률	360
CEO를 꿈꾸는 신입사원 - 경영	320
좋은 나라 앞장서서 만들어요 - 정치	340
숲속 나라 부자친구들 - 금융	320
나무가 좋아, 꽃이 좋아 - 식물	480
동물 친구들 우리가 돌볼래요 - 동물	490
의사선생님 고맙습니다 - 의사	510
궁금해요, 생명공학 - 생명공학	470
꿈을 싣고 비행을 떠나요 - 항공	550
기차 타고, 배 타고 - 철도, 선박	550
도시를 만드는 마술사도시	530
에너지 척척박사 현태양 - 에너지	530
남극에서 온 편지 - 해양지질	450
미래에서 온 친구 땡땡 - 전자정보통신	560
태풍이 몰려온대요! - 기상관측	450
2020년, 우주탐험 - 우주	440
로봇 토토를 고쳐주세요 - 로봇	560

제 목	KDC 강목
흔들흔들 오케스트라 - 음악	670
아이 러브 발레 - 무용	680
레디, 액션! 영화촬영 현장에 갔어요 - 영화	680
아름답고 멋진 미술가 친구들 - 미술	650
작가가 되고 싶어요 - 문학 출판	010
배불뚝이 화백님과 똥뚱이 - 만화	650
디디씨네는 디자이너 - 디자인	650
엄마아빠는 방송중 - 방송	320
빠롱 빠롱 오태평 - 연예	680
담이가 만난 정통 장인들 - 전통장인	630
기발씨의 재미난 광고 이야기 - 광고	320
우리는 지구촌 가족 - 국제봉사	330
동물세계의 평화일꾼 - 국제기구	330
지구를 지켜줘 그린맨 - 환경운동	530
아픈 마음을 치료해요 - 심리치료	180
엄마의 꿈 나의 꿈 - 사회복지	330
우리 반 엉뚱 하하선생님 - 교육	370
출동, 김순경 - 경찰	350
여러분을 지켜 드릴게요 - 안전	330
행복한 홈런포 - 스포츠	690
룰루랄라 건강가족 - 건강레저	690
이모와 함께 세계여행 - 관광	690
지훈이는 게임 왕 - 게임	690

그래도 만약 예산이 없어서 진로 관련 자료의 확보가 어렵다면 경기도교육청에서 발간한 『(학교도서관을 활용한) 진로독서 프로그램』의 부록으로 제시된 "KDC(한국십진분류법)을 따라 떠나는 직업 탐방"을 다운로드 받아 활용할 수 있다. 여기에 소개된 자료들은 직업에 대하여 소개하고 있는 자료, 직업을 갖기 위하여 준비해야 하는 것들을 담은 자료, 진학정보 및 관련 사이트 등의 내용을 담은 자료뿐만 아니라 해당 직업을 갖고 활약하고 있는 주인공을 다룬 자료까지 방대하게 다루고 있다. 그러므로 진로에 대한 교육을 시작하는 4~6학년 학생들에게 유익한 자료를 제공할 수 있다. 한편 주제에 따라서 두 가지 혹은 세 가지로 분류될 수 있음도 알려준다. 주류표에서 더욱 세분화된 강목표 및 요목표를 활용하여 1000개의 주제에 대하여 살펴볼 수 있다. 총서 형태의 직업동화의 경우 한정된 분야의 주제에 대하여 소개하고 있다. 그러나 "KDC(한국십진분류법)을 따라 떠나는 직업 탐방"의 경우에는 1000개의 요목표에 맞추어 두루 소개하는 자료들을 통하여 더욱 자세하게 구분하여 적확한 진로독서를 가능하게 한다. 또는 한국고용정보원에서 매년 발간하는 『한국직업전망』을 출력하여 제본해 비치해 둔다면 다양한 직업에 대하여 알 수 있는 기회를 제공해야 하는 초등학교 진로교육을 지원하기에는 무리가 없을 것이다.

마. 나의 강점에 속하는 직업군의 한국십진분류표 강목표 알아보기

앞서 검사결과를 토대로 작성한 '나의 강점 인증서'의 지능들이 속한 주제 분야를 살펴보도록 한다. 예를 들어 A음악지능이 강한 지능이라고 한다면 음악지능에 속하는 직업군은 음악가, 연주자, 작곡가, 지휘자, 음악치료사, 음악평론가, 피아노조율사, DJ, 가수, 댄서, 음악교사, 음반제작자, 영화음악작곡가, 반주자, 음악공연연출자 등이 포함된다. 이 직업군에 속하는 직업들의 한국십진분류표의 강목표를 살펴보면 〈표 2-19〉와 같이 대부분 670 음악에 속하지만 510 의학(음악치료), 370 교육(음악교사) 등에 속하기도 한다.

〈표 2-19〉 음악지능에 속하는 직업군과 한국십진분류표의 비교

직업군	한국십진분류표 강목표	직업군	한국십진분류표 강목표
음악가	670 음악	음악치료사	670 음악, 510 의학
연주자	670 음악	음악평론가	670 음악
작곡가	670 음악	피아노 조율사	670 음악
지휘자	670 음악	DJ	670 음악
가수	670 음악	댄서	670 음악, 680 무용
음악교사	670 음악, 370 교육	음반제작자	670 음악
영화음악 작곡가	670 음악, 680 영화	반주자	670 음악

바. 정보윤리와 참고문헌 작성법

1) 정보윤리

초등학교 교육과정에서는 인터넷을 이용하는 예절과 다른 사람의 저작물을 마음대로 가져다 쓰는 것은 저작권법을 어기는 행위라는 수준의 정보윤리 교육을 실시하고 있다. 다른 사람의 저작권을 지켜주기 위해서는 출처를 분명히 밝히거나 허락을 받아야 한다는 것을 알려주고, 컴퓨터 소프트웨어나 프로그램의 경우에는 반드시 정품을 사용해야 함을 지도한다. 정보윤리에 대한 교육을 위해서는 〈그림 2-10〉 경기도사이버도서관의 「열려라 도서관 시즌2」의 '정보윤리'[10] 부분을 활용할 수 있다(김은정 2013).

(출처: 김은정. 열려라 도서관 시즌2 : 정보윤리. [인용 2015. 10. 31].)

〈그림 2-10〉 「열려라 도서관 시즌2」 정보윤리 부분

10) http://info2.library.kr/09/0901.html [인용 2015. 10. 31].

2) 참고문헌 작성법

참고문헌이란 과제를 해결하고자 할 때 실제로 참고한 자료나 더 읽어볼 만한 자료가 담긴 자료를 모두 포함한다. 참고문헌을 배열할 때에는 국내자료, 영문자료 순으로 기록하되, 저자이름을 가나다순으로 배열하여야 하며, 영문 자료는 알파벳 순으로 정리한다. 참고문헌의 저자, 서명 등을 기록하는 양식은 정확하고 올바른 정보를 교류하기 위해 통일하여 사용하고 있다. 본 진로독서교육 그램에서는 다양한 방식 중 APA 매뉴얼에 따라 참고문헌을 작성하는 방법을 제시한다.

2.3 정보소재확인(탐색) 및 접근

2.3.1 조사계획 세우기

가. 브레인스토밍

브레인스토밍은 주어진 주제에 대하여 가능한 한 많이 관련된 아이디어를 제시하는 방법이다. 참가자들은 이전까지 활동했던 다양한 프로그램을 통해 확인한 다양한 직업들 가운데 자신이 관심 있는 한 가지 직업을 선정하여 가능한 한 많은 아이디어를 기록한다. 이 때 브레인스토밍을 위한 그래픽 조직자를 활용하거나 〈그림 2-11〉과 같이 포스트잇을 활용하면 차후에 개념화나 분류가 용이하며, 관련된 내용을 묶어서 마인드맵을 작성하는 데에도 도움이 된다.

〈그림 2-11〉 브레인스토밍 활동의 예시

나. 마인드맵

마인드맵은 브레인스토밍으로 연상해 낸 많은 아이디어들을 일정한 기준으로 분류하는 활동을 요구한다. 〈그림 2-12〉와 같이 자신이 선정한 직업에 대해 떠올린 무질서한 내용들을 하는 일, 과정, 필요한 자격증 등의 일정한 기준으로 묶어서 정리한다. 이 활동은 차후에 작성될 나의 미래직업 보고서의 내용이 될 수도 있고, 폴드 팝업 북의 페이지 구성을 결정하기도 하며, 프레젠테이션을 위한 파워포인트에 담길 내용을 선정하는데 사용된다.

〈그림 2-12〉 마인드맵 활동을 위해 포스트잇을 분류해 놓은 모습

브레인스토밍과 마인드맵 작성법은 경기도사이버도서관의 「열려라 도서관 시즌2」의 '브레인스토밍과 마인드맵' 부분[11]을 활용하여 지도할 수 있다(이미아 2013). 마인드맵은 중심이미지와 주가지, 부가지, 세부가지로 구성되며, 연관된 가지 사이에서는 같은 색을 유지하여야 한다. 핵심어와 그에 대한 설명을 가지 위에 적어야 한다. 〈그림 2-13〉은 진로독서 프로그램에 참가한 학생이 진로에 대하여 작성한 마인드맵 사례이다.

---

11) http://info2.library.kr/07/0701.html [인용 2015. 10. 31].

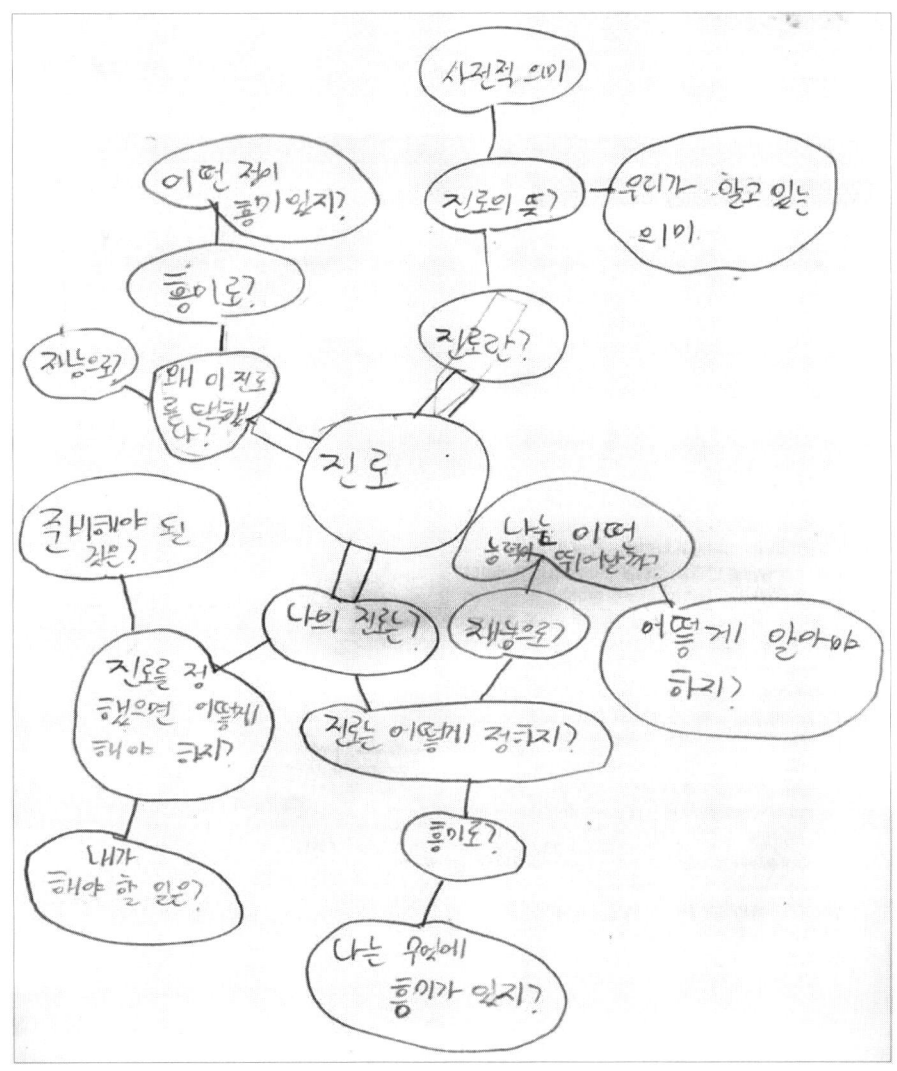

〈그림 2-13〉 마인드맵의 예

2.3.2 나의 꿈 목록 만들기

다양한 직업에 대한 자료를 검색해 본 후에는 자신이 관심 있는 직업을 정하여 관련자료 목록을 만들어 보도록 한다. 프로그램 운영자는 프로그램 참가자들이 자신의 필요에 알맞은 자료를 얻을 수 있도록 돕는다. 본 진로독서교육 그램을 운영하는데 활용한 자료에는 『직업동화 내 꿈은』, 『(학교도서관을 활용한) 진로독서 프로그램』의 부록 "KDC(한국십진분류법)을 따라 떠나는 직업 탐방" 등이 있다. "KDC(한국십진분류법)을 따라 떠나는 직업 탐방"의 경우 2011년의 시점을 기준으로 작성된 목록이다. 앞으로 진로에 관련된 자료는 계속 증가될 것이고, 현재 있던 자료는 절판되는 등 많은 변동이 예상된다. 따라서 자료의 증감에 따른 변화를 반영하여 자신의 꿈에 대한 자신만의 목록을 만들 수 있도록 한다. 그리고 자신이 접근 가능한 주변 지역의 도서관의 홈페이지를 이용해 보는 기회를 제공함으로써 한국십진분류표(KDC)가 널리 활용되고 있음을 확인하는 경험을 제공한다. 〈부록 3〉의 진로관련 도서목록에는 2015년 3월 기준으로 조사된 진로관련 도서를 포함하고 있으므로 보완하여 활용할 수 있겠다.

'나의 꿈 목록 만들기' 활동은 다른 사람이 만들어 놓은 자료만 활용하기보다 자신의 필요와 목적에 맞는 자료의 활용능력을 기를 수 있다. 이러한 능력은 자기주도 학습의 바탕이 될 뿐만 아니라 자기관리의 바탕이 되는 능력이다. 자신의 꿈을 이루기 위하여 스스로 필요한 정보를 찾아 자료를 읽고, 분석하여 기록하는 활동은 모든 학습에 기본이 되는 능력이며, 그 직업이 요구하는 자격조건, 성적 등을 유지하기 위하여 스스로 자신의 시간이나 학습 환경 등을 관리하는 능력이 길러지기 때문이다. 또한 자신이 속한 지역사회의 도서관의 홈페이지를 활용하는 경험을 제공하여 학교도서관 이외의 정보센터를 이용할 수 있도록 자연스럽게 연계되는 계기를 마련한다. 이를 통하여 학교도서관에서 사용하고 있는 한국십진분류표가 우리 동네에 위치한 도서관뿐만 아니라 우리나라를 대표하는 국립도서관에서도 사용되고 있으며, 학교도서관 이외의 도서관에서도 학교도서관에서와 같은 방법으로 자료를 찾을 수 있음을 시사한다.

내가 원하는 직업을 정한 후 학교도서관 홈페이지, 지역별 도서관센터 홈페이지에서 온라인 검색을 한 후 〈그림 2-14〉와 같이 검색한 결과의 자료들의 제목, 지은이, 청구기호를 기록하여 정리하도록 한다. 이때 프로그램 운영을 맡은 교사는 참가자들이 선택한 직업에 대하여 미리 적합한 자료에 대한 정보길잡이(패스파인더)를 구축해 놓아야 한다. 또한 도서관별 홈페이지를 미리 검색용 컴퓨터에 즐겨 찾기로 등록해 놓고, 자료검색 메뉴의 위치 등을 설명해 주어 설계된 대로 수업이 진행되도록 유도한다. 자료 검색이 미숙하거나 컴퓨터 자판을 입력하는 일이 어려운 학생들의 경우에는 능숙한 학생이 도와 줄 수 있도록 모둠으로 구성하거나 짝을 이루어 진행하도록 해야 한다.

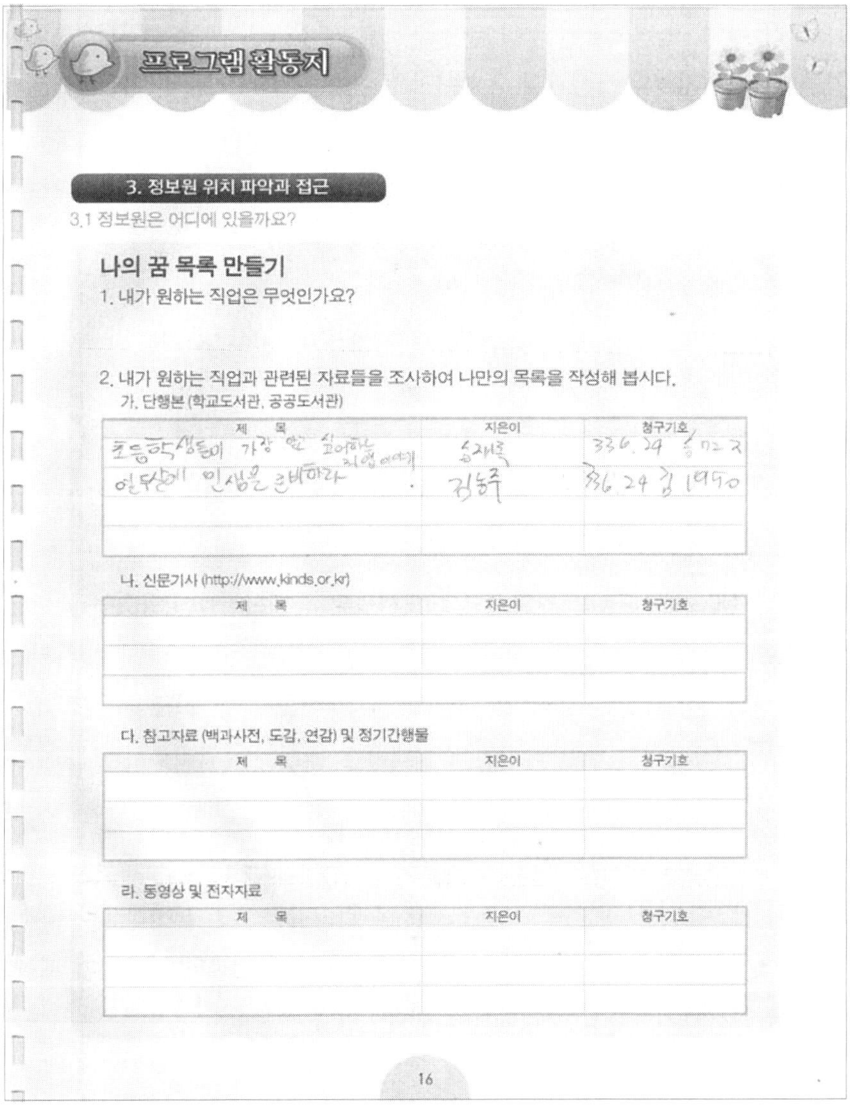

프로그램 활동지

3. 정보원 위치 파악과 접근

3.1 정보원은 어디에 있을까요?

나의 꿈 목록 만들기

1. 내가 원하는 직업은 무엇인가요?

2. 내가 원하는 직업과 관련된 자료들을 조사하여 나만의 목록을 작성해 봅시다.

가. 단행본 (학교도서관, 공공도서관)

제 목	지은이	청구기호
초등학생들이 가장 알고 싶어하는 직업 이야기	송재록	336.24 송72ㅈ
열두살에 인생을 준비하라	김농주	336.24 김195ㅇ

나. 신문기사 (http://www.kinds.or.kr)

제 목	지은이	청구기호

다. 참고자료 (백과사전, 도감, 연감) 및 정기간행물

제 목	지은이	청구기호

라. 동영상 및 전자자료

제 목	지은이	청구기호

16

〈그림 2-14〉 나의 꿈 목록 만들기 활동 사례

2.4 정보이용

2.4.1 건너뛰며 읽기와 훑어 읽기

탐색 및 접근 활동을 통하여 선정된 진로 관련 자료에서 "나의 미래직업 보고서"의 항목에 해당하는 자료들을 발췌하고 기록하기 위해서는 선정 자료의 내용 파악 과정이 필요하다. 그러나 검색한 자료가 내가 찾고자 하는 내용을 포함하고 있는지를 판단할 때에는 자료 전체를 읽을 필요가 없다. 이때 활용할 수 있는 독서 전략이 건너뛰며 읽기와 훑어 읽기이다(전보라 2011).

건너뛰며 읽기는 텍스트의 핵심주제 혹은 아이디어를 신속하게 파악하기 위해서 필요 없는 정보는 건너뛰고 대충 읽는 독서전략이다. 건너뛰며 읽기는 일반적인 독서보다 3~4배 정도로 빠르게 읽는다. 어떤 주제에 대한 예비조사 혹은 사전 검토를 위해서는 건너뛰며 읽기가 적합하며, 보통 제한된 시간에 많은 자료를 읽어야 할 때 적용한다. 건너뛰며 읽기의 전략은 다음의 〈표 2-20〉과 같다. 이러한 기법은 완전한 분석이나 해석보다는 특정 정보를 찾는데 매우 유익하다. 특히 특정 날짜, 이름(명칭), 장소, 사건 등을 찾는데 유익하다(이병기 2012).

〈표 2-20〉 건너뛰며 읽기의 전략

- 문단별로 핵심 문장을 찾아가면서 읽기
- 제목, 장, 절의 제목을 따라가면서 읽기
- 요약 및 기타 조직자를 따라가면서 읽기
- 제목, 부제목, 장절의 제목, 삽화를 따라가면서 읽기
- 각 문단의 첫 번째 문장 읽기
- 그래프, 테이블, 차트 등을 살펴보기

(출처: 이병기. 정보활용교육론. [인용 2015. 8. 15].)

훑어 읽기는 특정 단어나 어구를 찾아가면서 눈동자를 페이지에서 신속하게 이동하는 독서전략으로 유사한 핵심 아이디어와 단어를 찾는 방법이다. 일단 자료를 한 번 훑어 읽고, 해답을 찾을 때까지 다시 뒤로 가서 훑어 읽기는 반복한다. 훑어

읽기의 전략은 〈표 2-21〉과 같다. 이러한 기법은 전화번호부, 사전을 이용할 때와 같이 특정질문에 대한 해답을 찾는데 유익하다(이병기 2012).

〈표 2-21〉 훑어 읽기의 전략

■ 텍스트에 포함된 번호 체제, 문자, 단계(첫째, 둘째 등)의 조직자 살펴보기 ■ 본문과 다른 고딕체, 이탤릭체, 글자크기, 색상 등 검토하기

(출처: 이병기. 정보활용교육론. [인용 2015. 8. 15].)

2.4.2 꼭 참고하고 싶은 자료목록 만들기

참가자들이 탐색하여 얻은 자료들 가운데에는 "나의 미래직업 보고서"를 작성하는데 필요한 항목을 채울 수 있는 적확한 내용의 자료들도 있지만 그렇지 않은 경우도 있다. 자신이 원하는 검색어를 넣어 자료를 검색하는 것이 자료의 소재파악(탐색) 과정이라면 그 자료들을 실제 서가로 찾아가거나 전자 자료에 대한 접속 등의 과정이 접근의 과정이다. 이 때 목차, 색인, 머리말 등을 활용하여 자료의 적합 여부를 판단할 수 있다. 이 활동에서는 정보탐색 전략수립 단계와 자료의 소재파악(탐색) 및 접근, 정보이용의 단계가 혼합되어 일어나며 순환과정을 거쳐 반복될 수도 있고 순서가 변경될 수도 있다. 이때 독서진로 프로그램 운영자는 참가자들이 적합한 정보원에 접근하지 못할 경우를 대비하여 구축한 정보길잡이(패스파인더)를 활용하여 과제를 해결하는데 필요한 정보원을 제시해 줄 수 있어야 한다.

2.4.3 내용 요약하기

참가자 자신이 선정한 자료들을 활용하여 흥미, 적성, 성격, 가치관, 신체적 조건, 현실 여건 등에 대한 내용을 기록한다. 또한 정보를 종합해 본 소감에 대하여도 간단하게 작성하도록 한다.

2.4.4 정보 정리하기

탐색한 자료를 평가하여 과제 해결에 적합한 것으로 결정했다고 하더라도 많은 자료를 한꺼번에 열람할 수는 없다(전보라 2011). 따라서 다음에 다시 자료를 활용할 수 있도록 APA 매뉴얼에 따른 참고문헌 작성법에 맞추어 체계적으로 기록하고 관리해야 한다.

2.5 정보종합

2.5.1 나의 미래직업 보고서

참가자들은 자신의 꿈과 관련된 자료들의 내용을 종합하여 "미래 직업 보고서"를 작성한다. 초등학교 4학년에서 중학생까지의 학생들은 독서를 위한 학습(learning to read), 학습을 위한 독서(reading to learn)가 가능하고, 정보 찾기에 대해서 생각하며, 요점과 부수적인 아이디어를 결정할 수 있으며, 논쟁을 분석할 수 있는 능력이 형성되는 시기이다(Stripling, Hughes-Hassell 2003; 송기호 외 2005). 이 시기에 해당하는 진로독서교육 프로그램 참가자들에게는 달성해야 할 목표를 제시할 때 되도록 확인이 가능할 수 있도록 구체적으로, 성취가 가능하게 구분하여 단계적으로 제시해야 한다. 〈그림 2-15〉와 같이 "미래 직업 보고서"의 항목으로 제시된 하는 일 소개하기, 해당 직업으로 유명한 학교, 학과가 있는 학교, 해당 직업을 위하여 준비해야 하는 성적관리나 자격증, 봉사활동이나 학교생활 및 교우관계에 대해서까지도 자세하게 기술할 수 있도록 지도한다.

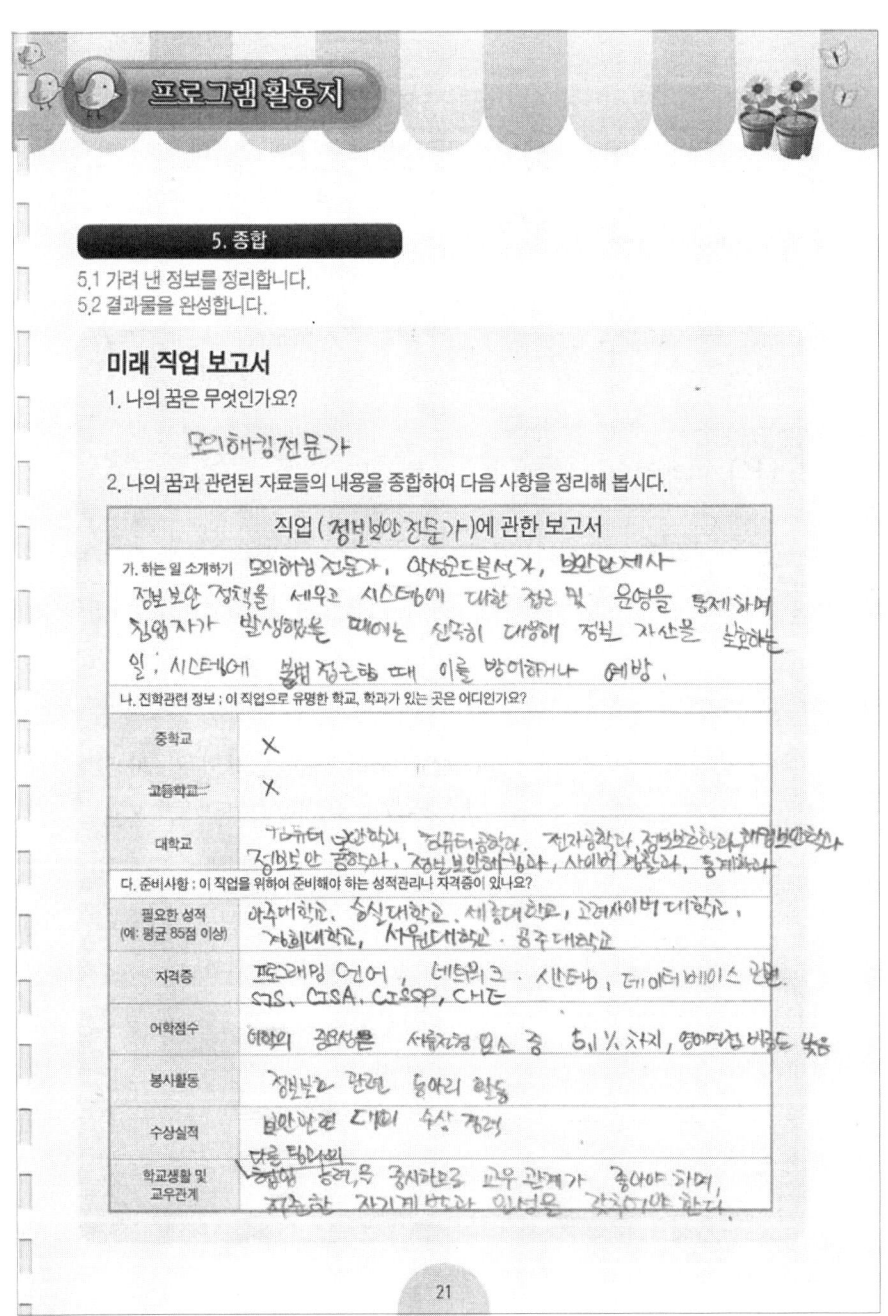

〈그림 2-15〉 미래 직업 보고서의 예시

2.5.2 폴드 팝업 북(Fold Pop-up book) 만들기

본 프로그램에서는 다른 참가자들에 비하여 최종 결과물을 먼저 완성한 경우를 대비하여 다양한 유형의 출판하기 활동을 제시하였다. 팝업 북은 북 아트(book art)의 한 표현수단으로, 종이를 밀거나 당겨서 튀어나오게(pop-up)하는 플랩 북(Flap book)과 접어서 튀어나오게 하는 병풍모양의 폴드 북(Fold book)이 있다. 〈그림 2-16〉과 같이 4절 머메이드지를 활용한 폴드 팝업 북을 제작하여 "미래 직업 보고서"에 기술하는 항목들을 이용하여 표지 2면을 제외하고 폴드 팝업 북의 4면에서 6면을 꾸미도록 한다.

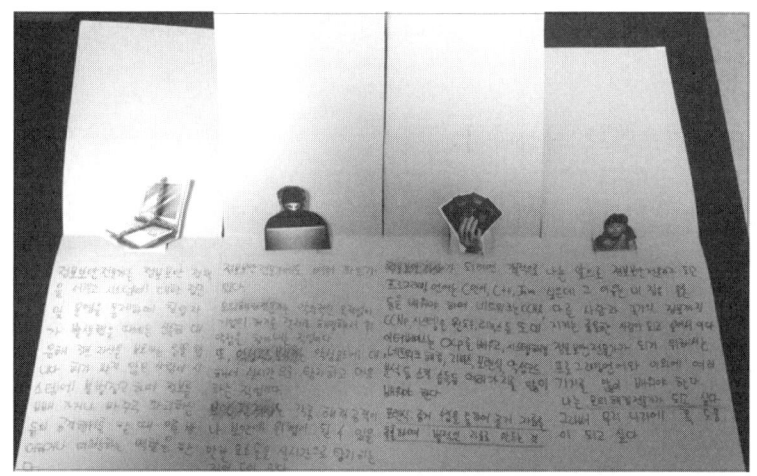

〈그림 2-16〉 폴드 팝업 북의 예시

2.5.3 리플릿(leaflet) 만들기

리플릿은 설명이나, 광고, 선전 따위의 내용을 담은 종이쪽이나 얇은 책자로 팸플릿보다 더 간략한 것을 이른다(국립국어원 2015). 대체적으로 16절지 정도의 크기이다. 리플릿의 내용은 포스터에 삽입하기 어려운 잡다한 문구를 삽입한다든지 또는 포스터에 들어 있는 문구를 삭제하여 간략히 할 수도 있다(레저산업진흥연구소 2015). 2단이나 3단으로 접어서 간략하게 제작할 수 있기에 초등학생들의 출판하기 활동에 적합하다. 편집을 위해서 한글, 워드 등의 워드프로세서나 파워포인트와 같은 프로그램을 활용할 수 있다. 〈그림 2-17〉은 참가자들이 만든 리플릿의 예이다.

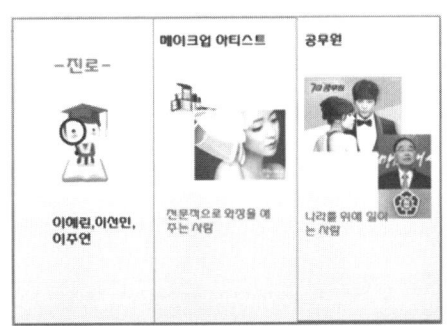 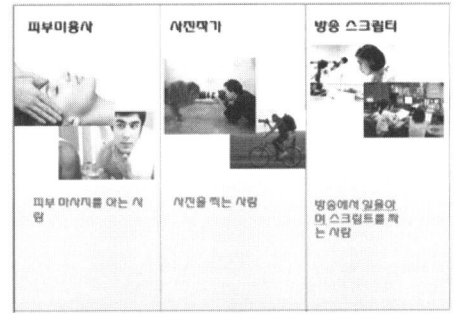

〈그림 2-17〉 3단 리플릿의 앞면과 뒷면 예시

2.5.4 파워포인트 작성하기

초등학교 5학년 실과 6단원 생활과 정보는 정보기기와 사이버 공간과 멀티미디어 자료 만들기와 이용의 두 소단원으로 이루어져 있다. 이 가운데 멀티미디어 자료 만들기와 이용에서는 소프트웨어를 이용하여 창의적인 발표 자료 만들기와 멀티미디어 자료를 만들고 활용하기를 성취기준으로 제시하고 있다. 이처럼 초등학교 고학년 수준에서도 이미 프레젠테이션을 위해 파워포인트나 프레지 등의 저작도구를 활용할 수 있음을 알 수 있다.

진로독서교육 프로그램 참가자의 대상이 초등학교 4학년부터 6학년까지인 것을 감안하여 4학년 학생들에게는 "미래 직업 보고서"나 폴드 팝업 북 등을 만들도록 안내하고, 저작도구를 활용한 리플릿이나 프레젠테이션 자료의 제작은 5~6학년 학생들에게 안내하는 것이 발달단계에 알맞을 것이다. 〈그림 2-18〉은 참가자가 직접 제작한 파워포인트의 슬라이드이다. 이러한 최종결과물을 위해서 진로독서 프로그램의 운영자는 〈그림 2-19〉와 같이 파워포인트 제작에 대한 첨삭지도를 제공해야 한다.

제2장 ‖ Big6 Skills를 활용한 진로독서교육 157

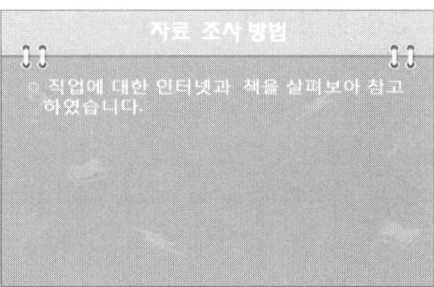
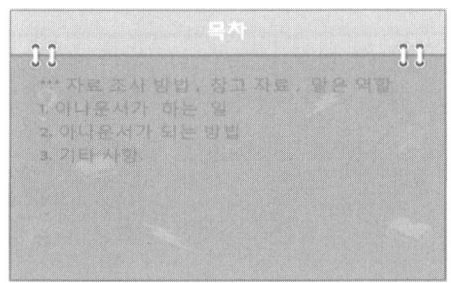
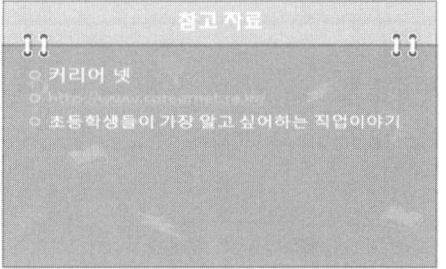

〈그림 2-18〉 파워포인트로 작성한 진로독서 프로그램 최종 결과물의 예시

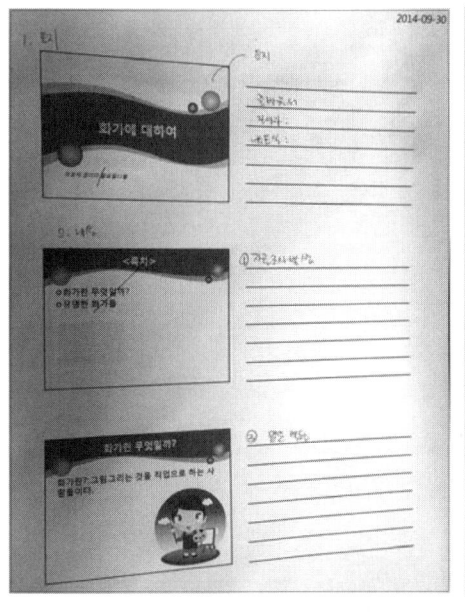
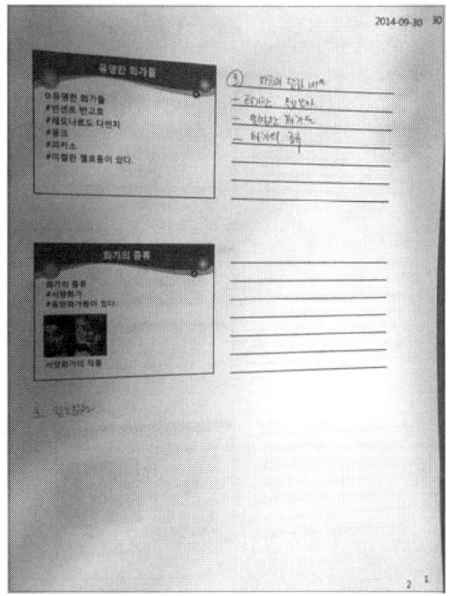

〈그림 2-19〉 파워포인트 작성에 대한 첨삭 지도 예시

2.6 정보평가

2.6.1 자기평가 활동

모든 교육적 활동에는 평가활동이 수반되어야 한다. 평가활동을 통하여 다음에 이루어지는 교육에 대한 정보를 제공하고, 보완하거나 수정할 사항의 점검도 이루어지게 된다. 진로독서교육 프로그램에서 평가는 결과와 과정 모두에 대한 평가를 실시하며, 스스로 정한 직업에 대한 최종 결과물에 대한 만족도에 중점을 둔다. 또한 수업시간에 참여한 정도, 다양한 매체의 활용 여부, 참고문헌의 출처 제시 등 Big6 Skills의 각 단계에 초점을 맞추어 정보활용능력의 향상을 기대한다.

2.6.2 별점주기 활동

자기평가에 이어 실시하는 상호평가에서는 자신을 제외하고 함께 모둠활동을 실시한 모둠원들에게 별점의 형식으로 평가를 실시한다. 이때에도 검색자료의 적합성 여부, 정보의 요약정리, 제시된 결과물에 대한 이해도, 수업시간 참여도, 참고자료의 출처 제시 등 정보활용 단계의 중요한 활동에 대하여 평가할 수 있도록 한다. 진로독서 프로그램의 운영자는 모둠원 끼리의 평가를 전체 참가자들에게 확대하여 적용할 수 있고, 〈그림 2-20〉과 같이 별점을 그려주는 형식 대신 스티커를 활용하여 최종 결과물에 붙여주는 방법도 좋다.

2.6.3 학생생활 기록부 동아리활동 영역 기재하기

지금까지 운영한 진로독서교육 프로그램은 동아리 활동 시간을 위하여 설계된 프로그램이다. 동아리 활동은 다양하고 건전한 집단 활동에 자발적으로 참여하여 개성과 소질을 계발·신장하고, 공동체 의식과 자율적인 태도를 기름으로써 민주시민으로의 기본적인 자질을 향상시키는 데 그 목적이 있다. 시간을 활용하는 경우 사서교사가 맡고 있는 비담임의 어려움이 자연스럽게 해결된다. 또한 순수하게

〈그림 2-20〉 별점주기 평가의 예시

봉사하는 도서실 도우미 학생들을 동아리활동으로 조직하여 동아리활동의 운영 목적을 충족시키는 동시에, 지도교사로서 학생들을 위한 의미 있는 시간을 마련할 수 있다(김은정 외 2011). 따라서 프로그램 운영자는 참가자들의 자기평가, 상호평가 이외에도 〈표 2-22〉와 같이 교사로서의 평가를 실시해야 한다.

〈표 2-22〉 1학기 동아리 활동 평가의 예시

참가자1	자신이 조사할 주제 "진로"를 선정하여 브레인스토밍과 마인드맵으로 조사 계획을 잘 세웠으며, 다양한 자료를 활용하는 능력을 키웠음. 조사하는 과정에서 얻은 자료들을 잘 관리하고 조사한 자료의 내용을 잘 정리함. 자신이 정한 봉사시간을 가장 잘 지킴.
참가자2	자신이 조사할 주제 "진로"를 선정하여 브레인스토밍과 마인드맵으로 조사 계획을 잘 세웠으며, 다양한 자료를 활용하는 능력을 키웠음. 조사한 자료의 내용을 잘 정리하고, 참고문헌을 잘 기록함. 자신이 정한 봉사시간을 잘 지키고 친구들을 위해 즐겁게 봉사함.
참가자3	자신이 조사할 주제 "진로"를 선정하여 조사 계획을 세우고, 조사한 자료의 내용을 정리함. 자신이 정한 봉사시간을 지키지 못함.

부 록

부록 1 활동지
부록 2 Big6 skills를 활용한 진로독서 프로그램 운영을
위한 진로관련 자료 목록
부록 3 진로관련 도서목록

부록 1 활동지

1 과제정의

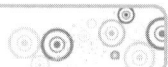

1.1 과제가 무엇인가요?

Gardner의 다중지능검사와 Hollend의 흥미적성검사를 통해 나를 이해하고, 이를 바탕으로 자신의 특성과 관련된 직업 가운데 한 가지를 선택하여 조사해 봅시다.

 나의 미래직업 보고서 작성하기

1.2 과제를 해결하려면 무엇을 알아야 할까요?

 나의 강점과 흥미적성 유형을 파악해야 합니다.

1.2.1 나는 어떤 능력이 뛰어날까?

가. 다중지능 측정하기

 각 문항을 읽고 해당 번호에 V표로 표시하세요.

번호	질 문	전혀 그렇지 않다	별로 그렇지 않다	보통 이다	대체로 그렇다	매우 그렇다
		1	2	3	4	5
1	나는 숨쉬기, 빠르기, 셈여림, 감정을 잘 살려서 노래 부른다.					
2	나는 무용이나 운동을 배우려고 노력하고 있다.					
3	나는 다른 과목보다는 수학이나 과학을 더 잘한다.					
4	나는 길을 잘 찾는다.					
5	나는 또래 친구들이 모르는 낱말의 뜻을 잘 안다.					

6	나는 어떤 친구가 도움이 필요한 친구인지 잘 알아채는 것 같다.					
7	나는 내가 피로한지, 기분이 좋은지, 나쁜지를 금방 안다.					
8	내가 제일 좋아하는 TV프로그램은 자연에 관한 다큐멘터리이다.					
9	나는 무슨 일이든지 잘한다.					
10	나는 악보에 나오는 각종 기호들의 뜻을 잘 알고 있다.					
11	나는 몸놀림이나 손놀림이 민첩하다.					
12	나는 논리 정연하고 토론을 잘한다.					
13	나는 만들기나 그림을 그리는 것을 좋아한다.					
14	나는 다른 친구가 쓴 글속에서 틀리게 쓰인 말이나 잘못된 문장을 잘 찾아낸다.					
15	나는 친구들 사이의 싸움을 잘 해결하고 화해시켜 주는 사람이다.					
16	나는 나 혼자만의 시간이 꼭 필요하다.					
17	나는 수의사, 원예사, 일기 예보자 등 자연과 관련된 직업을 갖고 싶다.					
18	나는 때때로 건방지게 구는 친구와 싸우고 싶다.					
19	나는 누가 연주를 잘하는지, 못하는지 또는 노래를 잘하는지, 못하는지 알 수 있다.					
20	나는 운동을 잘한다는 말을 자주 듣는다.					
21	나는 어떤 일의 원인이나 이유를 밝히는 것이 재미있다.					
22	나는 어떤 것이든 한두 번만 보고 비슷하게 그릴 수 있다.					
23	나는 글을 잘 쓴다고 칭찬받는다.					
24	나는 친구들의 고민거리를 들어주거나 도와주는 것을 좋아한다.					
25	나는 위인전을 읽고 배울 점을 찾는 것을 좋아한다.					
26	나는 다른 어떤 곳보다 동물원이나 식물원 가기를 좋아한다.					
27	나는 절대로 거짓말하지 않는다.					
28	나는 악기를 쉽게 배운다.					
29	나는 십자수, 조각, 조립과 같이 섬세한 손놀림이 필요한 활동을 잘 할 수 있다.					
30	나는 음식점이나 가게에서 거스름돈 계산을 잘한다.					
31	나는 고장 난 기계나 물건을 잘 고친다.					
32	나는 커서 동시나 동화작가, 아나운서가 될 소질이 있는 것 같다.					
33	나는 친구든, 선생님이든, 형제든 누구하고도 잘 지낸다.					
34	나는 집이나 학교에서 내가 해야 할 역할이 무엇인지 안다.					

35	나는 탐험을 좋아한다.					
36	나는 어려움에 있는 모든 사람을 돕는다.					
37	나는 집에서 항상 음악을 즐겨 듣는다.					
38	나는 개그맨, 탤런트, 가족이나 주변 사람들의 행동을 잘 흉내 낼 수 있다.					
39	나는 선생님 말씀에 따라 과학실험을 잘한다.					
40	나는 공부할 때 그림을 그리거나 개념지도(마인드맵)를 그려가며 외운다.					
41	나는 국어시간이나 글쓰기 시간을 좋아한다.					
42	나는 친구와 싸웠을 때 어떻게든 다시 화해하려고 노력한다.					
43	나는 어떤 일에 실패했을 때 다음에는 그런 일이 생기지 않도록 깊이 생각한다.					
44	나는 혼자서 곤충기록이나 식물기록 일지를 만든 적이 있다.					
45	나는 놀이나 게임에서 이기고 싶다.					
46	나는 어떤 음악을 들으면 그 곡의 빠르기나 음의 높낮이를 알 수 있다.					
47	나는 롤러블레이드, 자전거 등 몸을 많이 움직이는 놀이를 좋아한다.					
48	나는 다른 사람의 말 속에서 틀린 점이나 말이 맞지 않는 것을 잘 찾아낸다.					
49	나는 내 방이나 내 물건을 재미있고 예쁘게 꾸민다.					
50	나는 책이나 글을 읽으면 빨리 이해한다.					
51	나는 다른 사람들로부터 다정하고 친절하다는 소리를 듣는다.					
52	나는 하루를 돌아보며 앞으로의 생활을 계획하는 일을 좋아한다.					
53	나는 집에서 양파나 꽃 기르기, 곤충 기르기, 애완견 기르기 등 무엇인가를 기른다.					
54	나는 방과후 활동으로 노래 배우기, 피아노 같은 악기 배우기 등을 하고 있다.					
55	나는 어떤 운동이라도 몇 번만 해보면 잘 할 수 있다.					
56	나는 어떤 것을 그냥 외우기보다는 이유를 따지면서 외우는 것이 더 좋다.					
57	다른 사람들은 내게 그림을 그리거나 만들기를 잘한다고 말한다.					
58	나는 말을 잘한다는 소리를 듣는다.					
59	나는 친구들 사이에서 인기가 많다.					
60	나는 평소에 나의 능력이나 재능을 키우기 위해 노력한다.					
61	나는 날씨, 기후, 음식의 맛을 다른 사람보다 잘 안다.					

나. 다중지능 측정 답안지 해석하기

본 다중지능 발견 설문은 독립된 8개의 영역으로 구성된 인간의 지능을 신속하게 확인할 수 있는 자기평가 도구입니다. 다양한 지능의 조합으로 수많은 재능의 발현이 이루어질 수 있습니다. 여러분의 지능을 찾아보기 바랍니다.

 설문 문항을 읽고 해당하는 번호의 점수를 아래의 표에 적어주세요.

 표의 세로 항목별로 합계를 계산한 후 환산점수표에서 해당 점수를 찾아 적어주세요.

지능	A	B	C	D	E	F	G	H	I
	1	2	3	4	5	6	7	8	9
	10	11	12	13	14	15	16	17	18
	19	20	21	22	23	24	25	26	27
	28	29	30	31	32	33	34	35	36
	37	38	39	40	41	42	43	44	45
	46	47	48	49	50	51	52	53	
	54	55	56	57	58	59	60	61	
세로합계									
환산점수									
지능									

 환산점수표

	7(0.0)	8(3.6)	9(7.1)	10(10.7)
11(14.3)	12(17.9)	13(21.4)	14(25.0)	15(28.6)
16(32.1)	17(35.7)	18(39.3)	19(42.9)	20(46.4)
21(50.0)	22(53.6)	23(57.1)	24(60.7)	25(64.3)
26(67.9)	27(71.4)	28(75.0)	29(78.6)	30(82.1)
31(85.7)	32(89.3)	33(92.9)	34(96.4)	35(100)

다. 나의 강점과 약점 알아보기

다중지능은 Howard Gardner(1993)가 제안한 지능으로 사회 속에 직면해 있는 문제를 해결하는 지적 능력이나 풍부한 환경과 자연스러운 상황에서 그 문화권이 가지는 가치를 두고 있는 산물을 창소 하는 능력입니다. 모든 개개인은 8개의 지능을 가지고 있고, 적절한 여건(좋은 교육환경, 좋은 교육내용 및 과정, 자신감)만 주어진다면 각각의 지능을 적절한 수준까지 계발시킬 수 있다고 하였습니다. 다음은 지능 A부터 H까지가 나타내는 8개의 지능에 대한 설명입니다.

내가 가장 강한 지능은 어떤 지능인가요? 3가지를 적어 주세요.

순위	강점의 종류	총점

◉ A 음악지능

특 징	잘하는 일	직업군
1. 소리 패턴에 민감하다. 2. 자주 노래를 흥얼거린다. 3. 리듬에 따라 박자를 맞추거나 몸을 흔든다. 4. 소리들을 쉽게 구별한다. 5. 음에 대한 감각이 좋다. 6. 박자 변화에 따라 운동 패턴을 조절한다. 7. 음조와 소리 패턴을 기억한다. 9. 음악적 경험을 추구하고 즐긴다.	노래, 연주, 작곡, 오페라, 교향곡 사운드 트랙 등	음악가(성악가, 연주가, 작곡가, 지휘자 등), 음악치료사, 음향기술자, 음악 평론가, 피아노 조율사, DJ, 가수, 댄서, 음악교사, 음반제작자, 영화음악작곡가, 반주자, 음악공연 연출자

⦿ B 신체운동지능

특 징	잘하는 일	직업군
1. 신체의 좋은 균형 감각을 갖고 있다. 2. 손과 눈의 협동관계가 좋다. 3. 리듬 감각이 있다. 4. 어떤 문제를 직접 몸으로 접해 보고 해결하려는 경향이 있다. 5. 우아한 움직임을 연출할 줄 안다. 6. 제스처를 통해 전달하는데 능숙하다. 7. 상대방의 신체언어를 잘 읽어낸다. 8. 공, 바늘 따위의 도구와 물체를 다루고 조절하는데 빨리, 쉽게 적응한다.	운동, 게임, 조각 연극, 몸짓, 표현, 신체훈련, 연기, 춤, 재주부리기, 보석세공, 목재가공	안무가, 무용가, 엔지니어, 운동선수, 스포츠 해설가, 체육학자, 외과 의사, 공학자, 물리치료사, 레크리에이션 지도자, 배우, 무용교사, 체육교사, 보석세공인, 군인, 스포츠에이전트, 경락마사지사, 발레리나, 산악인, 치어리더, 체육관 관장, 경찰, 경호원, 뮤지컬배우, 조각가, 도예가, 사회체육지도자, 건축가, 정비 기술자, 카레이서, 파일럿 등

⦿ C 논리수학지능

특 징	잘하는 일	직업군
1. 다양한 퍼즐 게임을 즐긴다. 2. 수를 가지고 논다. 3. 사물의 작용과 운동 원리에 관심이 많다. 4. 규칙에 바탕을 둔 활동 성향을 가진다. 5. '만일~라면'이라는 식의 논리에 관심이 있다. 6. 사물을 모으고 분류하는 것을 좋아한다. 7. 분석적으로 문제에 접근한다.	컴퓨터 프로그램, 수학적 증거, 흐름도, 대차대조표, 퍼즐풀이, 의학진단, 발명, 스케줄, 논리적 명제 등	엔지니어, 수학자, 물리학자, 과학자, 은행원, 컴퓨터프로그래머, 구매 대리인, 생활설계사, 공인회계사, 회계감시원, 회사원(경리, 회계업무), 탐정, 의사, 수학교사, 과학교사, 법조인, 정보기관원 등

⦿ D 공간지능

특 징	잘하는 일	직업군
1. 그림 그리기를 좋아한다. 2. 시각적인 세부 묘사에 뛰어나다. 3. 사물을 분해하기를 좋아한다. 4. 무엇인가 세우기를 좋아한다. 5. 퍼즐 놀이를 즐긴다. 6. 기계적으로 숙달되어 있다. 7. 이미지로 장소를 기억한다. 8. 지도 해석에 뛰어나다. 9. 낙서를 좋아한다.	그림, 줄긋기, 조각, 지도, 도형, 만화, 계획, 콜라주, 모형, 건물, 미로, 엔진, 벽화, 영화, 비디오, 사진 등	조각가, 항해사, 디자이너(인테리어, 게임, 헤어, 웹, 무대, 컴퓨터그래픽 등의 분야), 엔지니어, 화가, 건축가, 설계사, 사진사, 파일럿, 코디네이터, 애니메이터, 공예사, 미술교사, 탐험가, 택시운전사, 화장품관련직업, 동화작가, 요리사, 외과의사, 치과의사, 큐레이터, 서예가, 일러스트레이터 등

⦿ E 언어지능

특 징	잘하는 일	직업군
1. 질문, 특히 '왜?'라고 묻는 유형의 질문을 자주 한다. 2. 말하기를 즐긴다. 3. 좋은 어휘력을 가지고 있다. 4. 두 가지 이상의 외국어를 구사하기도 한다. 5. 새로운 언어를 쉽게 배운다. 6. 단어게임, 말장난, 시낭송, 말로 다른 사람 웃기는 일 등을 즐긴다. 7. 책 등을 읽는 것을 즐긴다. 8. 다양한 종류의 글쓰기를 좋아한다. 9. 언어의 기능을 잘 이해한다.	소설, 연설, 신화(전설), 시, 안내서, 잡지, 주장, 농담, 글자 맞추기, 각본, 계약서, 논픽션, 이야기, 신문, 연극, 논쟁, 재담 등	작가, 사서, 방송인, 기자, 언어학자, 연설가, 변호사, 영업사원, 정치가, 설교자, 학원강사, 외교관, 성우, 번역가, 통역사, 문학평론가, 방송 프로듀서, 판매원, 개그맨, 경영자, 아나운서, 시인, 리포터 등

⦿ F 인간친화지능

특 징	잘하는 일	직업군
1. 다른 사람에 대한 감정 이입이 뛰어나다. 2. 또래들 사이에서 인기가 높다 3. 또래나 나이가 더 많은 사람이나 똑같이 잘 사귄다. 4. 리더십을 보여준다. 5. 다른 사람과 협동하여 일하는데 능숙하다. 6. 중개인이나 카운슬러 역할을 자주 한다.	집단 작업, 연극, 대화, 운동, 클럽, 단체행동, 단체지도, 합의결정 등	사회학자, 학교교장, 성치가, 종교지도자, 사회운동가, 웨딩 플래너, 사회단체위원, 기업경영자, 호텔경영자, 정신과의사, 카운슬러, 법조인, 배우, 이벤트사업가, 외교관, 호텔리어, 방송프로듀서, 간호사, 사회복지사, 교사, 개인사업가(상업, 중소기업), 회사원(인사관련), 영업사원, 개그맨, 유치원이나 어린이집교사, 경찰관, 비서, 가정방문 학습지 교사, 승무원, 판매원, 선교사, 상담원, 마케팅 조사원, 컨설턴트, 펀드매니저, 교육 사업가, 관광가이드 등

⦿ G 자기성찰지능

특 징	잘하는 일	직업군
1. 특정한 활동에 대한 좋고 싫음이 분명하여 그것을 잘 표현한다. 2. 감정 전달이 뛰어나다. 3. 스스로 강점과 약점을 명확히 인식한다. 4. 자신의 노력을 확인한다. 5. 적절한 목표를 설정한다. 6. 야심을 가지고 일한다.	시, 일기, 예술작업, 자기반성, 목표, 자서전, 가족사, 종교 활동 등	신학자, 심리학자, 작가, 발명가, 정신분석학자, 성직자, 작곡가, 기업가, 예술인, 심리치료사, 심령술사, 역수인, 자기인식훈련프로그램 지도자 등

⦿ H 자연친화지능

특 징	잘하는 일	직업군
1. 새, 꽃, 나무 등 동식물에 관심이 많다. 2. 동식물의 습성과 생리에 깊은 관심을 보인다. 3. 인공적인 환경보다 자연적인 환경을 선호하는 편이다. 4. 자연물의 관찰에 상당한 시간을 할애한다. 5. 곤충, 파충류 등에 대한 혐오감이 상대적으로 덜하다. 6. 화분 등의 관리에 남다른 열정이 있다.	조개껍질이나 꽃잎 등의 두드러진 개인적 컬렉션, 자연사진, 곤충이나 애완견, 가축에 대한 관찰 메모, 동식물 스케치 등	유전공학자, 식물학자, 생물학자, 수의사, 농화학자, 조리자, 조류학자, 천문학자, 고고학자, 한의사, 의사, 약사, 환경운동가, 농장운영자, 동물조련사, 요리평론가, 식물도감제작자, 원예가, 약초연구가, 화원경영자, 생물교사, 생물공학자, 지구과학교사, 동물원 관련 직종 등

라. 강점 인증서 쓰기

 여러분은 다른 사람들에 비하여 아래의 능력이 아주 뛰어납니다.

이 능력을 인증하는 인증서를 작성해 보세요.

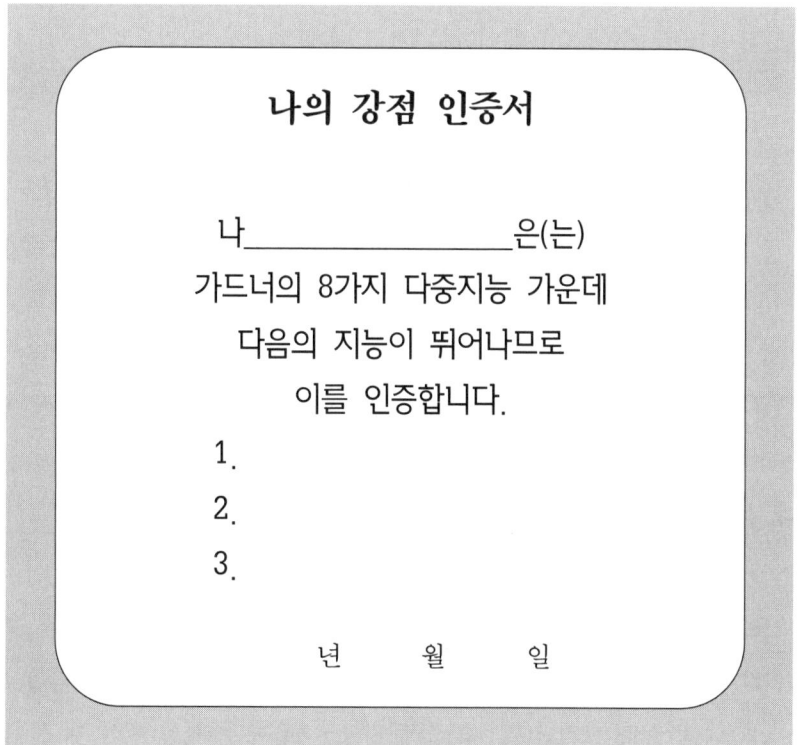

1.2.2 직업흥미유형 알아보기

흥미란 재미가 있어서 마음이 쏠리는 것, 마음을 쏠리게 하는 재미, 어떠한 사물에 대한 특별한 관심을 뜻합니다. 흥미는 목표를 달성하는 것이 즐겁게 느껴지도록 도와주고, 걱정을 잊게 해줍니다. 그리고 온 정신을 집중할 수 있게 해주고, 어떤 어려움도 극복하게 만들지요.

가. 흥미와 직업의 관계 알아보기

나에게 알맞은 직업은 어떻게 선택할 수 있을까요? 직업을 고를 때 최선의 방법은 자신이 중요하게 여기는 흥미를 찾는 것입니다. 자신이 가장 좋아하는 일을 하면 일하는 과정이 즐거워지고, 이 일이 바로 즐거움의 원천이라고 생각할 수 있기 때문이지요. 다음 질문에 답해 보세요.

- 많은 나라를 여행하고 싶어 하는 사람에게 적합한 직업은?
  ① 교수   ② 선생님   ③ 택시운전사   ④ 관광가이드   ⑤ 변호사

- 맛있는 음식을 먹고 싶어 하는 사람에게 적합한 직업이 아닌 것은?
  ① 소믈리에 ② 호텔리어 ③ 바리스타 ④ 주방장 ⑤ 인테리어 디자이너

- 많은 연구를 하고 싶은 사람에게 적합한 직업은?
  ① 작곡가   ② 건축기사   ③ 판매원   ④ 과학자   ⑤ 변호사

나. 나의 직업 흥미유형 검사하기

다음 활동은 홀랜드의 흥미유형 검사입니다. 홀랜드는 진로심리학자로 개인의 행동양식이나 인성 유형이 직업 선택과 발달에 중요한 영향을 미친다는 이론을 발표했습니다. 그는 개인의 행동은 인성과 환경의 상호작용의 결과이며, 직업 선택은 이러한 인성이 밖으로 드러난 것이라고 했지요. 다음에 제시된 여섯 개 문항에 응

답한 뒤, 그 점수로 자신의 흥미 유형과 진로를 알아보아요. 각각의 분야에 대해서 어느 정도 좋아하고 잘 하는지 해당되는 칸에 표시하세요.

① =전혀 그렇지 않다 ② =별로 그렇지 않다 ③ =대체로 그렇다 ④ =매우 그렇다

◉ 유형 1

좋아한다	유형 1	잘 한다
①②③④	자동차와 관련된 일	①②③④
①②③④	운동 등 몸을 움직이는 일	①②③④
①②③④	동물을 돌보는 일	①②③④
①②③④	모형을 조립하거나 만드는 일	①②③④
①②③④	컴퓨터와 기계를 다루는 일	①②③④
①②③④	실외에서 일하는 것	①②③④
	점수 합계	

◉ 유형 2

좋아한다	유형 2	잘 한다
①②③④	퍼즐 맞추기	①②③④
①②③④	실험하기	①②③④
①②③④	과학과 관련된 연구하는 일	①②③④
①②③④	수학 문제 푸는 일	①②③④
①②③④	관찰, 발견하는 일	①②③④
①②③④	문제, 상황을 분석하는 일	①②③④
	점수 합계	

◉ 유형 3

좋아한다	유형 3	잘 한다
①②③④	독립적으로 일하는 것	①②③④
①②③④	예술, 음악에 대한 책 읽기	①②③④
①②③④	창조적으로 일하기	①②③④
①②③④	그림 그리기	①②③④
①②③④	악기 연주, 노래하는 일	①②③④
①②③④	글 창작하기	①②③④
	점수 합계	

◉ 유형 4

좋아한다	유형 4	잘 한다
①②③④	사람들을 교육하는 것	①②③④
①②③④	타인의 문제해결 돕는 것	①②③④
①②③④	팀을 만들어 함께 일하는 것	①②③④
①②③④	사람을 편안, 즐겁게 해주는 것	①②③④
①②③④	사람들을 돕는 일	①②③④
①②③④	사람들을 위로하기	①②③④
	점수 합계	

◉ 유형 5

좋아한다	유형 5	잘 한다
①②③④	자신의 목표를 세우는 것	①②③④
①②③④	설득하거나 영향을 주는 것	①②③④
①②③④	물건 파는 일	①②③④
①②③④	새로운 책임을 맡는 것	①②③④
①②③④	연설하기	①②③④
①②③④	시도사가 되는 것	①②③④
	점수 합계	

◉ 유형 6

좋아한다	유형 6	잘 한다
①②③④	파일을 작성, 타이핑하는 일	①②③④
①②③④	서류, 사무실 정리하는 것	①②③④
①②③④	하루 생활을 계획하기	①②③④
①②③④	명확한 지시사항이 있는 일	①②③④
①②③④	숫자나 차트를 이용하는 일	①②③④
①②③④	사무실 안에서 일하는 것	①②③④
	점수 합계	

 6가지 유형 알아보기

구분	유형 1	유형 2	유형 3	유형 4	유형 5	유형 6
유형	현실형 (R유형)	탐구형 (I유형)	예술형 (A)유형	사회형 (S유형)	진취형 (E유형)	관습형 (C유형)

 6개의 문항별로 합계를 낸 뒤, 아래의 표에 기록해 봅시다.

	1순위 유형	2순위 유형
좋아한다(흥미)		
잘 한다(적성)		

제2장 ‖ Big6 Skills를 활용한 진로독서교육

 직업 흥미 유형의 특성과 관련된 직업에 대하여 알아봅시다.

	현실형(R)	탐구형(I)	예술형(A)	사회형(S)	기업형(E)	관습형(C)
인성특징	남성적, 솔직, 성실, 검소, 자구력, 신체적으로 건강, 소박, 말이 적으며, 고집, 단순	탐구심이 많고, 논리적, 분석적, 합리적, 정확, 지적 호기심이 많으며, 비판적, 내성적, 수줍음을 잘 타며, 신중	상상력이 풍부, 감수성이 강하며, 자유분방, 개방적. 감정풍부, 독창적, 개성이 강하고, 협동적이지 않다.	사람들을 좋아하며, 어울리기 좋아하고, 친절, 이해심이 많으며, 남을 잘 도와주고, 봉사적, 감정적, 이상주의적	지배적, 통솔력, 지도력, 말을 잘하고, 설득적, 경쟁적, 야심적, 외향적, 낙관적, 열성적	정확, 빈틈 없고, 조심성이 있으며, 세밀, 계획성이 있으며, 변화를 좋아하지 않으며, 완고, 책임감
직업활동선호	분명, 질서정연, 체계적인 대상연장·기계·동물들의 조작을 주로 하는 활동 내지 신체적 기술들을 좋아하고, 교육적·치료적 활동은 좋아하지 않는다.	관찰적, 상징적, 체계적이며, 물리적·생물학적·문화적 현상의 창조적인 탐구를 수반하는 활동들에 흥미를 보이지만, 사회적이고 반복적인 활동에는 관심이 부족한 면이 있다.	예술적 창조와 표현, 변화와 다양성을 좋아하고, 틀에 박힌 것을 싫어한다. 모호하고 자유롭고, 상징적인 활동들을 좋아하지만 명쾌하고, 체계적이고 구조화된 활동에는 흥미가 없다.	타인의 문제를 듣고 이해하고 도와주고 치료해 주고, 봉사하는 활동들에 흥미를 보이지만 기계, 도구, 물질과 함께 하는 명쾌하고, 질서정연하고, 체계적인 활동에는 흥미가 없다.	조직의 목적과 경제적 이익을 얻기 위해 타인을 선도, 계획, 통제, 관리하는 일과 그 결과로 얻어지는 위신, 인정, 권위를 얻는 활동들을 좋아하지만 관찰적, 상징적, 체계적 활동에는 흥미가 없다.	정해진 원칙과 계획에 따라 자료를 기록, 정리, 조직하는 일을 좋아하고 사무적, 계산적 능력을 발휘하는 활동을 좋아한다. 창의적, 자율적, 모험적, 비체계적 활동에는 흥미가 없다.
적성유능감	기계적·운동적인 능력은 있으나 대인관계 능력은 부족 수공, 농업, 전기, 기술적 능력은 높으나 교육적 능력은 부족	학구적·지적 자부심을 가지고 있으며, 수학적과학적 능력은 높으나 지도력이나 설득력은 부족 연구능력이 높음	미술작품악적 능력은 있으나 사무적 기술은 부족 상징적·자유적·비체계적 능력은 있으나 체계적순서적 능력은 부족	사회적·교육적 지도력과 대인관계 능력은 있으나 기계적과학적 능력은 부족 기계적체계적 능력이 부족	적극적이고, 사회적이고, 지도력과 언어의 능력은 있으나 과학적인 능력은 부족 대인간, 설득인인 능력은 있으나 체계적 능력은 부족	사무적이며, 계산적인 능력은 있지만 예술적, 상상적 능력은 부족 체계적, 정확성은 있으나 탐구독창적 능력 부족
가치	특기, 기술, 기능, 전문성, 유능성, 생산성	탐구, 지식, 학문, 지혜, 합리성	예술, 창의성, 재능, 변화, 자유, 개성	사랑, 평등, 헌신, 공익, 용서, 봉사	권력, 야망, 명예, 모험, 자유, 보상	능률, 체계, 안전, 안정
생의목표	기계나 장치의 발견 및 기술사, 전문인, 뛰어난 운동선수	사물이나 현상의 발견 및 과학에 대한 이론적 기여	예술계의 유명인, 독창적인 작품 활동	타인들을 도우고 희생, 존경받는 스승, 치료전문가	사회의 영향력 있는 지도자, 금융과 상업분야의 전문가	금융과 회계의 전문가, 사무행정 전문가
대표직업	기술자, 자동기계 및 항공기 조종사, 정비사, 농부. 엔지니어, 전가기계기사, 운동선수	과학자, 생물학자, 화학자, 물리학자, 인류학자, 지질학자, 의료기술자, 의사	예술가, 작곡가, 음악가, 무대감독, 작가, 배우, 소설가, 미술가, 무용가, 디자이너	사회복지사, 교육자, 간호사, 유치원교사, 종교지도자, 상담가, 임상치료가, 언어치료사	기업경영인, 정치가, 판사, 영업사원, 상품구매인, 보험회사원, 판매원, 관리자, 연출가	공인회계사, 경제분석가, 은행원, 세무사, 경리사원, 감사원, 안전관리사, 사서, 법무사

다. 나의 흥미와 직업

 나의 흥미와 직업 Best 5

나의 흥미를 점수가 높은 흥미부터 3가지를 적어 봅시다.

그리고 그 흥미 유형에 속한 직업 중 가장 해보고 싶은 것을 5가지만 골라 아래에 적어 봅시다.

나의 흥미에 맞는 직업 Best 5	
1.	나의 흥미 1
2.	
	나의 흥미 2
3.	
4.	나의 흥미 3
5.	

 나의 흥미에 맞는 직업 탐색하기

위에 적은 Best 5중에서 3가지를 골라 어떤 일을 하는지 적어 봅시다.

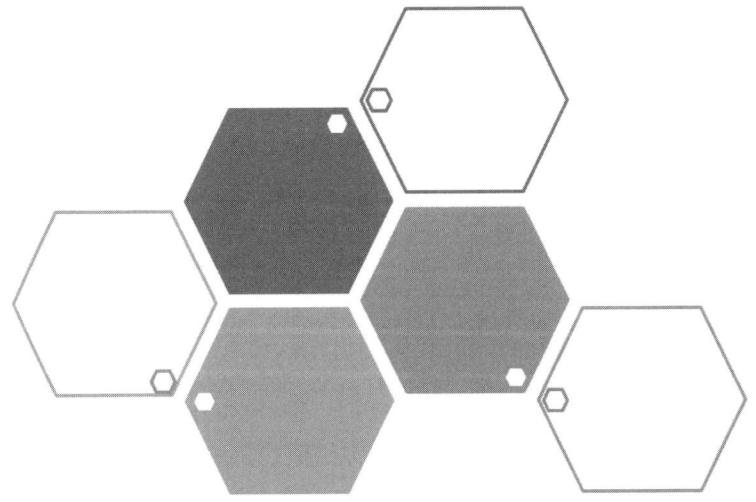

2 정보탐색 전략수립

2.1 모든 가능한 정보원을 찾아봅시다.

자신이 원하는 정보를 수집하기 위해서는 다양한 정보원을 활용해야 합니다. 학교도서관, 공공도서관, 인터넷 포털사이트, 신문기사 검색사이트, 잡지기사 검색사이트 등에서 자신에게 필요한 정보를 스스로 찾아보기 위해서는 활용방법에 대해 알아두어야 합니다.

가. 정보탐색 방법 및 유용한 정보원 익히기

1) 학교도서관 자료 검색하기 : 독서교육종합지원시스템 홈페이지

학교도서관에 소장되어 있는 단행본, 백과사전, 사전 검색 가능. 독서교육종합지원시스템 홈페이지에 접속하여 도서검색〉 우리학교도서관에서 학교이름을 검색하여 해당학교 선택 후 검색창에 키워드, 책제목, 지은이 등을 검색어로 사용하여 자료를 검색한다. 우리 학교 이름을 꼭 확인하고 검색한다.

2) 공공도서관 자료 검색하기 : 도서관센터 홈페이지

학교에서 가장 가까운 공공도서관에서 회원으로 가입하면 단행본, 비도서자료 이용이 가능하며, 상호대출서비스를 활용하면 지역 내 공공도서관에서 소장하고 있는 자료를 가장 가까운 곳의 공공도서관에서 대출·반납서비스를 제공받을 수 있다.

3) 국립중앙도서관 자료 검색하기(http://www.nl.go.kr/ask/)

국가대표 도서관으로서 국가의 모든 지식정보자원을 수집, 정리, 보존하며 이를 국민들이 이용할 수 있게 제공하는 것이 목적이다. 사서에게 물어보세요.) 참고정보원을 활용하면 미리 선정되어 있는 주제별 자료를 이용할 수 있다.

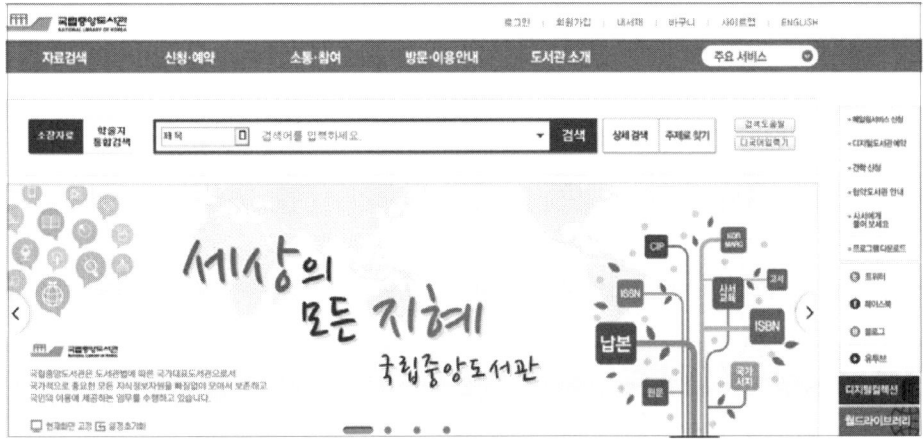

4) 신문기사 검색하기(http://www.kinds.or.kr)

미디어 가온 사이트(카인즈)는 한국언론연구원이 구축한 언론 전문종합 데이터베이스로 전국종합 일간신문, 경제신문, TV뉴스, 시사 잡지의 통합검색이 가능하다.

5) 정기간행물(잡지) 검색하기 : babzo

babzo(http://babzo.com/babzo/zboard.php?id=magazine)는 국내외에서 발행되는 주요 일간지, 주간지, 월간지의 내용을 무료로 열람할 수 있는 사이트로, 시사, 연예, 생활, 자동차, 요리 등 다양한 주제를 접할 수 있다. 이 사이트는 위에 제시된 인터넷 전체주소를 입력해야 접속이 가능하다.

6) 참고자료

참고도서 코너의 백과사전, 사전, 도감, 연감, 편람 등의 참고서적과 누구나 자유롭게 글을 쓸 수 있는 사용자 참여의 온라인 백과사전인 위키피디아(https://ko.wikipedia.org/) 등을 활용할 수 있다.

7) 동영상 자료 및 전자자료

글로벌 검색이 가능한 검색엔진. 번역기능이 있어 해외의 전문적 자료 수집이 가능한 구글(https://www.google.co.kr/), 석사, 박사 학위논문, 학술논문, 연구보고서, 특허, KS표준, 통계, 인용정보 검색 및 리포트, 서식 정보 등 유료, 무료의 정보를 제공하는 네이버 전문자료(http://academic.naver.com/), 네이버에서 서비스하고 있는 각종 정보를 일일이 모아놓는 콘텐츠 서비스로 주로 날마다 문화, 생활, 과학, 인물 등 각 분야의 전문가가 사용하는 네이버 캐스트(http://navercast.naver.com/), 동영상 전문 커뮤니티로 음악, 유머, 엽기 등 분야별 영상을 수록하고 있는 유튜브(https://www.youtube.com/) 등이 있다.

8) DBpia 자료(http://www.dbpia.co.kr/)

누리미디어가 교보문고와 함께 제공하는 학술정보 데이터베이스로, 학위논문, 학술지 논문, 전문잡지, 연구보고 자료의 이용이 가능하다. 자료의 갱신과 추가가 계속되고 있으며, 기관회원으로 가입하고 있다면 교내에서는 별도의 인증 없이 접속하면 이용이 가능하다.

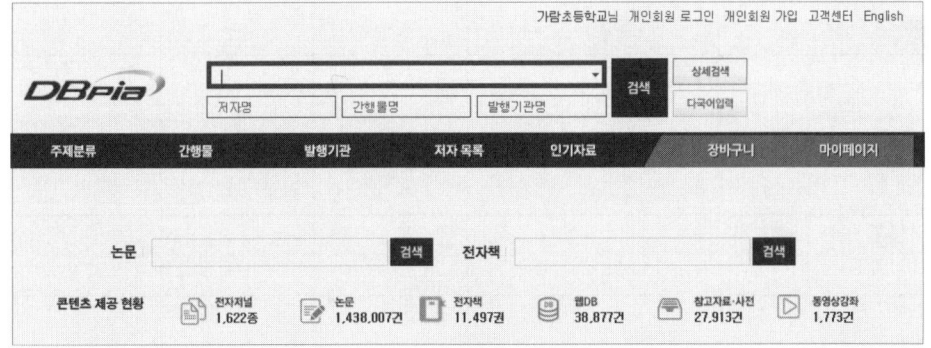

나. 모든 정보원 찾아보기

✏️ 우리 학교도서관에서 "직업", "진로", "꿈"과 관련된 자료를 검색하고 제목, 지은이, 출판사, 청구기호를 기록해 봅시다.

제목	지은이	출판사	청구기호

✏️ 우리 동네 공공도서관에서 "직업", "진로", "꿈"과 관련된 자료를 검색하고 제목, 지은이, 출판사, 청구기호를 기록해 봅시다.

제목	지은이	출판사	청구기호

국립중앙도서관에서 "직업", "진로", "꿈"과 관련된 자료를 검색하고 제목, 지은이, 출판사, 청구기호를 기록해 봅시다.

제목	지은이	출판사	청구기호

다. 직업이름 빙고 게임

지금까지 학교도서관, 공공도서관, 국립중앙도서관에서 "직업", "진로", "꿈"에 대한 자료를 검색해 보았습니다. 다양한 직업이 있다는 것을 발견했나요? 스스로 발견한 직업이름으로 빙고 게임을 해 봅시다.

2.2 가장 좋은 정보원을 선택합니다.

가. 진로, 직업, 꿈과 관련된 자료 가운데에서 우리가 찾고자 하는 정보(하는 일, 진학관련 정보, 준비과정, 필요조건 등)이 잘 나타나 있는 자료만 골라서 다음의 목록을 작성해 봅시다.

제목	지은이	출판사	청구기호

나. 한국십진분류표(KDC)를 따라가는 직업 탐방

1) 한국십진분류표(Korean Decimal Classification) 알아보기

✏️ 분류의 뜻을 국어사전에서 찾아봅시다.

사전제목:
분류:

✏️ 다음 빈 칸에 제시된 기준에 맞게 분류해 봅시다.

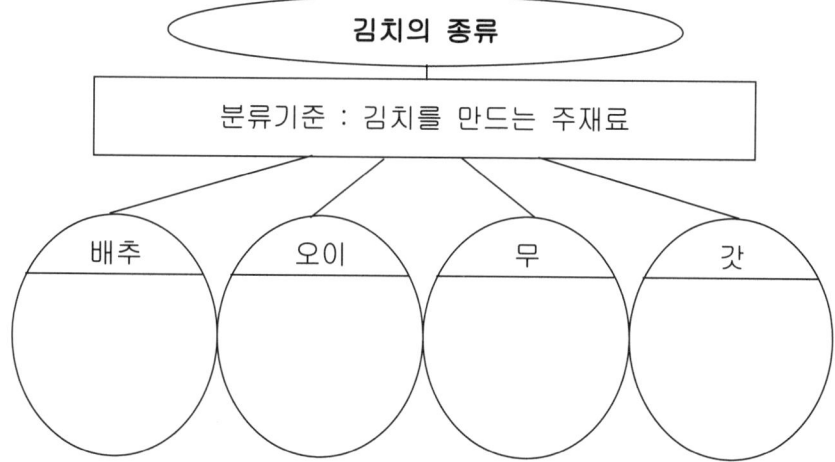

✏️ 십진법의 뜻을 국어사전에서 찾아봅시다.

사전제목:
십진법:

십진분류표는 도서의 분류에 흔히 쓰이는 분류 체계들의 통칭이며, 듀이십진분류표(DDC), 국제십진분류표(UDC), 한국십진분류표(KDC), 일본십진분류표(NDC)를 포함합니다. 한국십진분류표(韓國十進分類表,KDC)는 한국도서관협회에서 듀이십진분류표의 주류를 바탕으로 일본십진분류표(NDC)의 용어를 가져다 한국 실정에 맞게 변형한 자료의 분류표입니다.

한국십진분류표의 주제 100개 알아보기

주어진 띠라벨을 10개의 주제(주류)에 알맞게 붙여보세요. 그 다음 10개의 주제(주류) 아래에 있는 10개의 주제(강목)들을 적어봅시다.

000 총류	100 철학	200 종교	300 사회과학	400 자연과학

500 기술과학	600 예술	700 언어	800 문학	900 역사

2) 나의 강점 지능이 속한 주제 분야 알아보기

'나의 강점 인증서'에서 내가 가장 강한 지능은 무엇이었나요? 내가 강한 지능에는 어떤 직업들이 있었나요? 그 직업들은 어떤 주제 분야에 속하는지 아래의 표에 정리하여 봅시다.

나의 강한 지능	지능에 적합한 직업	KDC 주제분야

다. 정보윤리와 참고문헌 작성법

1) 정보윤리

✏️ 다음 그림을 보고 저작권법을 잘 지킨 것이면 ○, 어긴 것이면 ×를 표시해 봅시다.

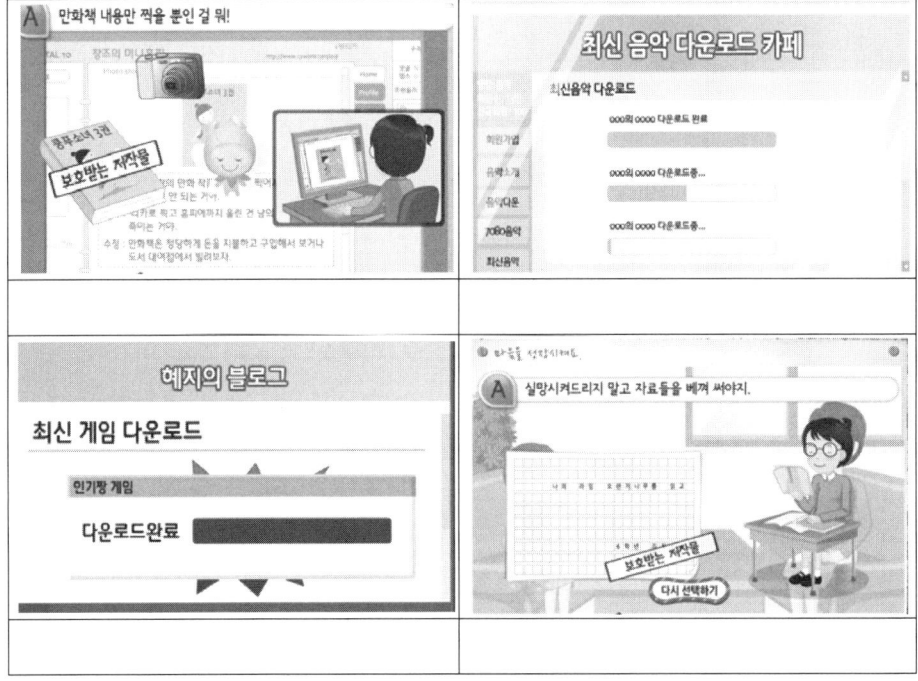

✏️ 저작권법을 어기지 않으려면 출처를 분명히 밝히거나 허락을 받아야 합니다. 그리고 소프트웨어나 프로그램은 정품을 사용해야 합니다.

2) 참고문헌 작성법

● 참고문헌의 뜻 : 참고문헌이란 여러분이 과제를 해결하고자 할 때 실제로 참고한 자료나 더 읽어볼 만한 자료가 담긴 자료를 모두 포함합니다. 참고문헌을 배열할 때에는 국내자료, 영문자료 순으로 기록하되, 저자이름을 가나다순으로 배열하여야 하지요. 영문 자료는 알파벳순으로 정리합니다.

● 참고문헌 작성 방법 : 참고문헌의 저자, 서명 등을 기록하는 양식은 정확하고 올바른 정보를 교류하기 위해 통일하여 사용하고 있습니다. 다양한 방식 중 APA매뉴얼에 따라 참고문헌을 작성한 예를 살펴봅시다.

가) 단행본 기술형식

저자성명. (출판년도). 서명(판차). 발행지: 발행처.

예 1) 오명숙. (2007). 구석구석 우리 옛집. 서울: 문학동네.
예 2) 루시 모드 몽고메리. (2002). 빨간머리앤(김경미 역). 서울: 시공주니어.
예 3) 최정현, 촤하예린. (2005). 반쪽이와 하예린 런던에 가다. 서울: 한겨레아이들

나) 정기간행물 기술형식

■ 인쇄물 정기간행물일 경우

저자성명. (출판년도). 기사명. 「정기간행물명」. 권번호(호번호), 페이지번호

예) 구완회. (2013). 조선후기 역사의 무대, 동궐. 「생각쟁이」. 180호(11월호), pp.77-81.

■ web DB에서 검색된 정기간행물일 경우

저자성명. (출판년도). 기사명. 정기간행물명. 검색일자. 데이터베이스명.

예) 한명기. (2012). 임진왜란 직전 동아시아정세, 한일관계사연구. 2013년11월19일. DBpia.

다) 학위논문 기술 형식

저자성명. (출판년도). 논문명. 학위종류. 발행처, 발행지.

예) 기종수. (1992). 1930년대 한국리얼리즘론 연구. 박사학위논문. 연세대학교대학원, 서울.

라) 신문기사 기술 형식

저자명. (출판년월일). 기사명. 신문명. 검색일자. 사이트 주소

예) 목정민. (2011.09.15). 백두대간서 동식물 1369종 발견. 경향신문. 2011년 9월 19일.
  검색. http://www.kinds.co.kr/

☞두 줄 이상일 경우 두 번째 줄부터 저자명의 끝에 맞추어 들여쓰기(3글자)

마) 참고도서 기술 형식

■ 인쇄물 참고도서

대표 저자명이 주어질 경우

예) 김은정. (1991). 이두. 한국민족문화대백과사전 (vol.10, pp.34). 서울 :
  한국정신문화연구원.

대표 저자명이 주어지지 않을 경우

예) 이두. (1991). 한국민족문화대백과사전 (vol.10, p.34). 서울 : 한국정신문화연구원.

■ 온라인 참고도서

대표 서명. (n.d). 참고도서명. 검색일. URL

예) 페미니즘. (n.d). 브리태니카. 백과사전. 2010년 11월 8일 검색.
  http://www.britannica.com

☞URL은 전체가 아닌 home이나 index root까지만 기록

바) 통계정보 기술 형식

저자성명. (통계기준일). 통계 제목. 검색일자. 검색 데이터베이스명

예) 교육과학부. (2009년 5월 12일). 2009년 4년제 대학교 평균 등록금 상위 10.
  2009년
   대학등록금현황정보공시 분석결과. 2009년 5월 14일 검색. 데이터플러스
    데이터베이스

3 정보소재확인(탐색) 및 접근

3.1 정보원은 어디에 있을까요?

3.1.1 조사계획 세우기

가. 브레인스토밍

✎ 다중지능검사 결과에서 알게 된 나의 강점과 흥미검사 결과에서 알게 된 나의 흥미유형을 참고하여 내가 알아보고 싶은 직업을 정하여 봅시다.

✎ 내가 원하는 직업에 대하여 떠오르는 것을 모두 적어 봅시다.

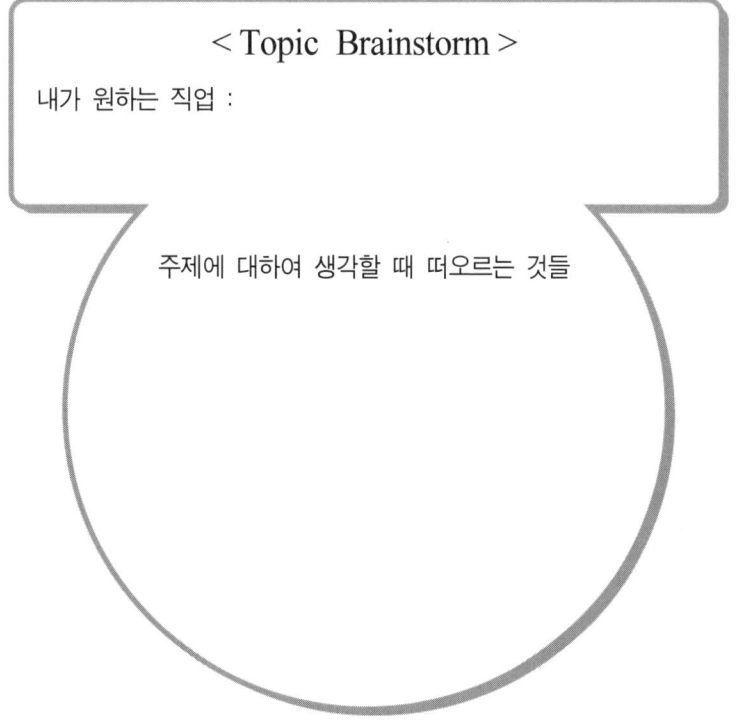

나. 마인드맵 그리기

 브레인스토밍에서 떠오른 생각들을 적절한 기준으로 분류하여 마인드맵으로 나타내 봅시다.

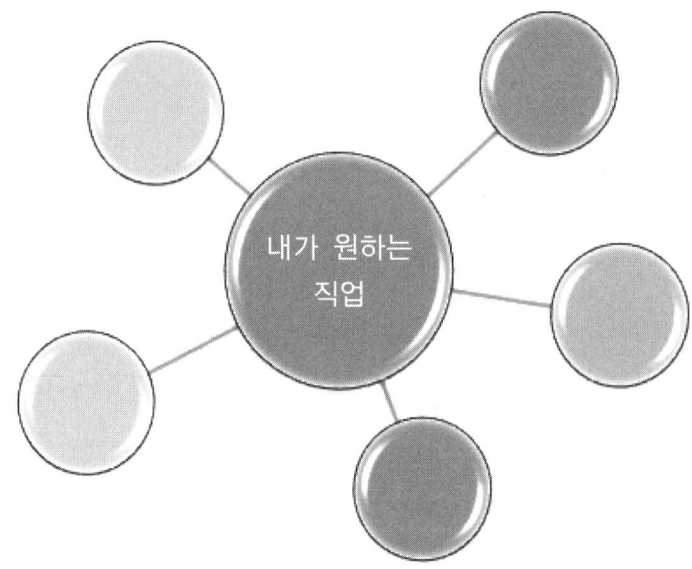

3.1.2 나의 꿈 목록 만들기

가. 단행본 자료 찾기

학교도서관, 공공도서관에서 내가 원하는 직업과 관련된 자료를 찾아봅시다.

제목	지은이	출판사	청구기호

나. 신문기사 찾기

미디어 가온(http://www.kinds.or.kr/)에서 내가 원하는 직업과 관련한 신문기사를 찾아 아래의 표에 기록해 봅시다.

제목	글쓴이	신문사	발행일	기사 게재면

다. 참고자료 찾기

백과사전, 국어사전, 도감, 연감 등의 참고도서와 위키피디아(https://ko.wikipedia.org/)를 활용하여 내가 원하는 직업에 대하여 검색해 아래의 표에 기록해 봅시다.

제목	글쓴이	출판사	게재면	발행일

라. 정기간행물 기사 찾기

babzo 매거진(http://babzo.com/babzo/zboard.php?id=magazine)을 활용하여 내가 원하는 직업에 대하여 검색해 아래의 표에 기록해 봅시다.

제목	글쓴이	출판사	게재면	발행일

마. 동영상 및 전자자료 찾기

구글(https://www.google.co.kr/), 네이버 전문정보, 네이버 캐스트, 유튜브(https://www.youtube.com/) 등의 사이트를 활용하여 내가 원하는 직업과 관련한 자료를 검색하고 아래의 표에 기록해 봅시다.

제목	글쓴이	URL주소	검색일

바. DBpia 논문 및 학술지 찾기

디비피아(http://www.dbpia.co.kr/)에서 내가 원하는 직업과 관련한 자료를 검색하고 아래의 표에 기록해 봅시다.

제목	글쓴이	URL주소	검색일

4 정보이용

4.1 찾아낸 정보를 검토합니다.

가. 독서 자료의 유형, 독서의 상황에 따른 독서전략

자신이 선택한 자료가 내가 찾고자하는 내용을 포함하고 있는지를 판단할 때에는 자료 전체를 읽을 필요가 없습니다. 이 때 활용할 수 있는 건너뛰며 읽기(skimming), 훑어 읽기(scanning) 독서전략에 대해 알아보고, 신속하게 정보를 찾아봅시다.

1) 독서 자료의 다양성 : 객관적 정보를 전달하는 자료, 설득 주장을 위한 자료, 감정이나 느낌을 전달하는 자료
2) 독서의 상황에 따른 독서방법
   가) 여가를 위한 독서
   나) 정보획득을 위한 독서
   다) 과제완성을 위한 독서

Tip ☞건너뛰며 읽기(skimming): 어떤 주제에 대한 예비조사, 사전검토
    ☞훑어 읽기(scanning): 특정사실이나 단어를 중심으로 정보를 찾을 때

나. 건너뛰며 읽기

1) 건너뛰며 읽기(skimming)란?: 텍스트의 핵심 주제 혹은 아이디어를 신속하게 파악하기 위해 필요 없는 정보는 건너뛰고 대충 읽는 독서전략
2) 건너뛰며 읽기는 일반적인 도서보다 3-4배 정도로 빠르게 읽는다.
3) 언제 적용하나?
   가) 제한된 시간에 많은 자료 읽어야 할 때
   나) 연구과제에 적합한 자료를 찾을 때
   다) 특정 날짜, 이름(명칭), 장소, 사건 등을 찾을 때

라) 책을 자세히 읽을 것인가, 대충 읽을 것인가를 결정할 때
4) 건너뛰며 읽기의 전략
  가) 문단별로 핵심 문장 찾아가며 읽기, 첫 번째 문장 읽기
  나) 제목, 장, 절의 제목 따라가며 읽기
  다) 그래프, 테이블, 차트 등을 살펴보기

 연습하기

아래의 독서 자료를 건너뛰며 읽기전략을 이용하여 읽고, 제시한 독서 자료의 핵심 아이디어를 찾아봅시다.	
문학의 갈래를 나누는 기준?	
문학의 갈래의 구분?	

문학의 갈래

문학에는 그 형태에 따라 여러 갈래가 있다.

첫째, 문학에는 운율을 가진 시가 있다. 시를 읽어 보면, 다른 글에서 찾지 어려운 운율을 느끼게 된다. 그 운율은 규칙적인 것도 있고, 자유로운 것도 있다. 시란 시인의 사상과 감정을 운율이 있는 언어로 압축해서 나타낸 문학이다.

둘째, 산문으로 꾸며진 소설이 있다. 소설에는 인물이 나오고, 시간과 장소가 있고, 사건이 있고, 작가의 사상과 감정이 나타나 있다. 소설은 작가가 그의 사상에 따라 상상해 낸 이야기를 산문으로 나타낸 문학이다.

셋째, 무대 위에서 공연할 것을 목적으로 쓰인 희곡이 있다. 희곡도 소설처럼 작가가 상상해 낸 이야기지만, 소설처럼 서술하지 않고 인물의 대사와 지시문만으로 이야기를 엮어 나간다.

> 넷째, 살아가면서 느끼고 생각한 것을 산문 형태로 쓴 수필이 있다. 수필은 시, 소설, 희곡과 같은 일정한 형식을 필요로 하지 않으며, 설명문, 논설문, 연설문, 편지처럼 실용적인 목적도 필요로 하지 않는다. 수필은 지은이가 보고 듣고 생각하고 느낀 것을 자유롭게 개성 있게 쓴 글이다.
>
> - 박경숙, 현주, 임두순, 박효정. 우등생이 되기 위한 글읽기. 5 : 정교화 학습 전략(2), 서울: 한국교육개발원. 1991. p.36.

다. 훑어 읽기

1) 훑어 읽기(scanning)란?: 특정 단어와 어구를 찾아가며 전체 텍스트를 가로질러 시선을 빨리 옮기면서 읽는 것.
2) 언제 적용하나? 핵심 아이디어와 단어를 찾을 때
3) 훑어 읽기의 전략
   가) 일단 자료를 한번 훑어 읽고, 해답 찾을 때까지 다시 뒤로 가서 훑어 읽기를 반복한다.
   나) 텍스트에 포함된 번호 체제, 단계(첫째, 둘째 등)의 조직자를 살펴본다.
   다) 본문과 다른 고딕체, 이탤릭체, 글자크기, 색상을 검토한다.

연습하기

아래의 독서 자료를 훑어 읽기 전략을 이용하여 읽고, 제시한 문제의 해답을 찾아봅시다.

눈과 카메라의 차이점은?	
눈과 카메라의 유사한 점은?	
눈의 부위에 해당하는 카메라 부분의 비교	

눈과 카메라의 비교

눈에서 수정체는 카메라의 렌즈와 같은 역할을 한다. 카메라에서는 렌즈의 두께가 변하지 않고 렌즈와 필름 사이의 거리를 조절하여 초점을 맞추지만, 눈에서는 수정체와 망막 사이의 거리는 일정하고 수정체의 두께를 조절하여 상이 망막에 정확히 맺힐 수 있게 한다. 눈꺼풀은 카메라의 셔터에 해당된다. 망막은 사진기의 필름에 해당된다. 이러한 점에서 눈과 카메라는 유사한 점이 많다.

- 박경숙, 현주, 임두순, 박효정. 우등생이 되기 위한 글읽기. 5 : 정교화 학습 전략(2), 서울: 한국교육개발원. 1991. p.154.

4.2 적절한 정보원을 가려냅니다.

"나의 꿈 목록"에 기록된 자료 가운데에서 훑어 읽기 전략과 건너뛰며 읽기 전략을 활용하여 내가 원하는 직업에 대하여 알아보고 싶었던 내용이 있는 자료만 선택하여 "꼭 참고하고 싶은 자료 목록"을 만들어 봅시다.

가. 단행본 자료

제목	지은이	출판사	청구기호

나. 신문기사

제목	글쓴이	신문사	발행일	기사 게재면

다. 참고자료 및 정기간행물

제목	글쓴이	출판사	게재면	발행일

라. 동영상 및 전자자료

제목	글쓴이	URL주소	검색일

5 정보종합

5.1 가려낸 정보를 정리합니다.

구분	내용	기록된 면(p.)
필요한 능력		
흥미 적성		
성격		
가치관		
신체적 조건		
대학 학과		
준비 과정		
하는 일		

5.2 결과물을 완성합니다.

미래 직업 보고서

1. 나의 꿈은 무엇인가요?

2. 나의 꿈과 관련된 자료들의 내용을 종합하여 다음 사항을 정리해 봅시다.

나의 직업 ( )에 관한 보고서	
가. 하는 일 소개하기	

나. 진학관련 정보 ; 이 직업으로 유명한 학교, 학과가 있는 곳은 어디인가요?

중학교	
고등학교	
대학교	

다. 준비사항 ; 이 직업을 위하여 준비해야 하는 성적관리나 자격증이 있나요?

다중지능	
흥미	
필요한 성적	(예: 평균 85점 이상)
자격증	
어학점수	
봉사활동	
수상실적	
학교생활 및 교우관계	

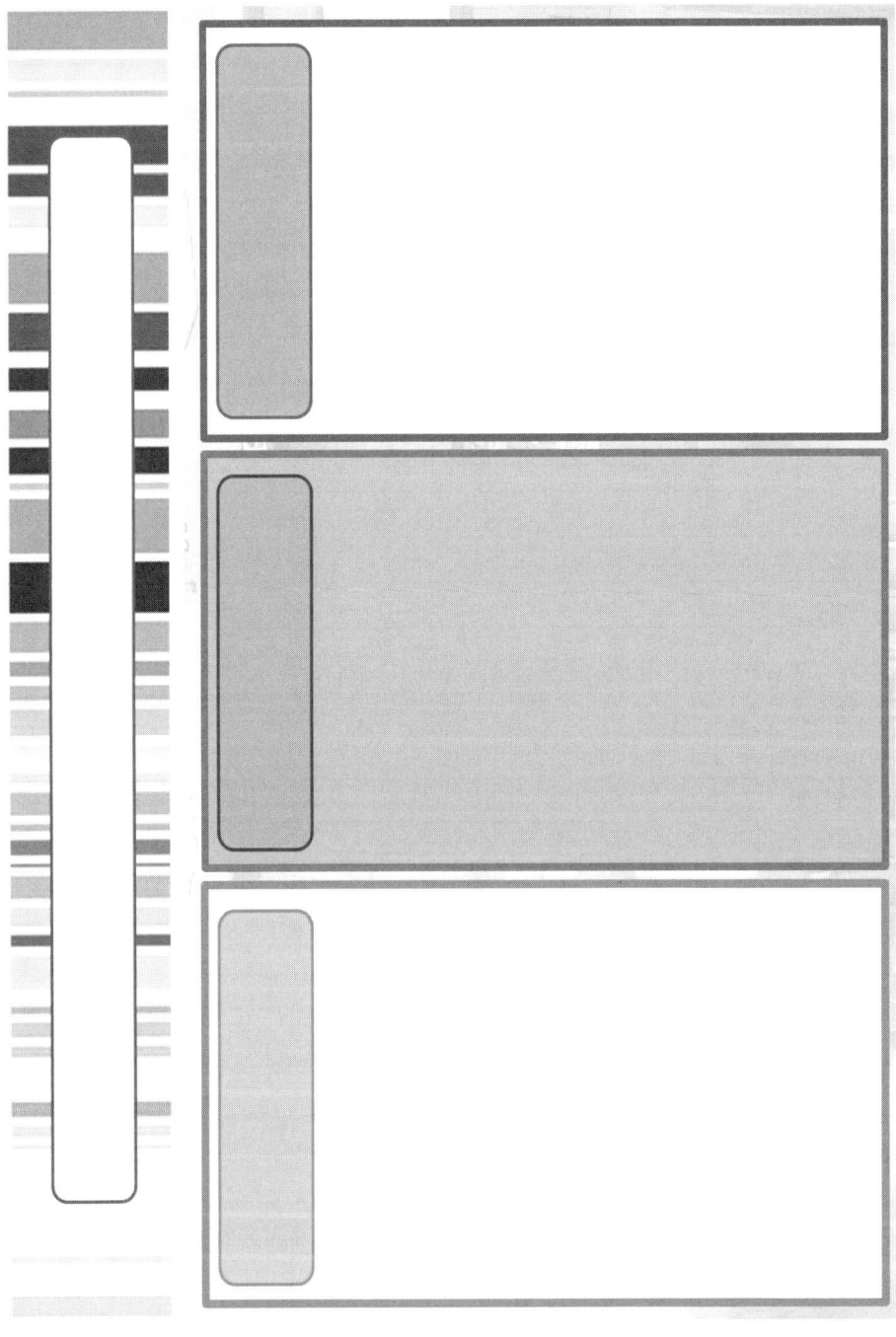

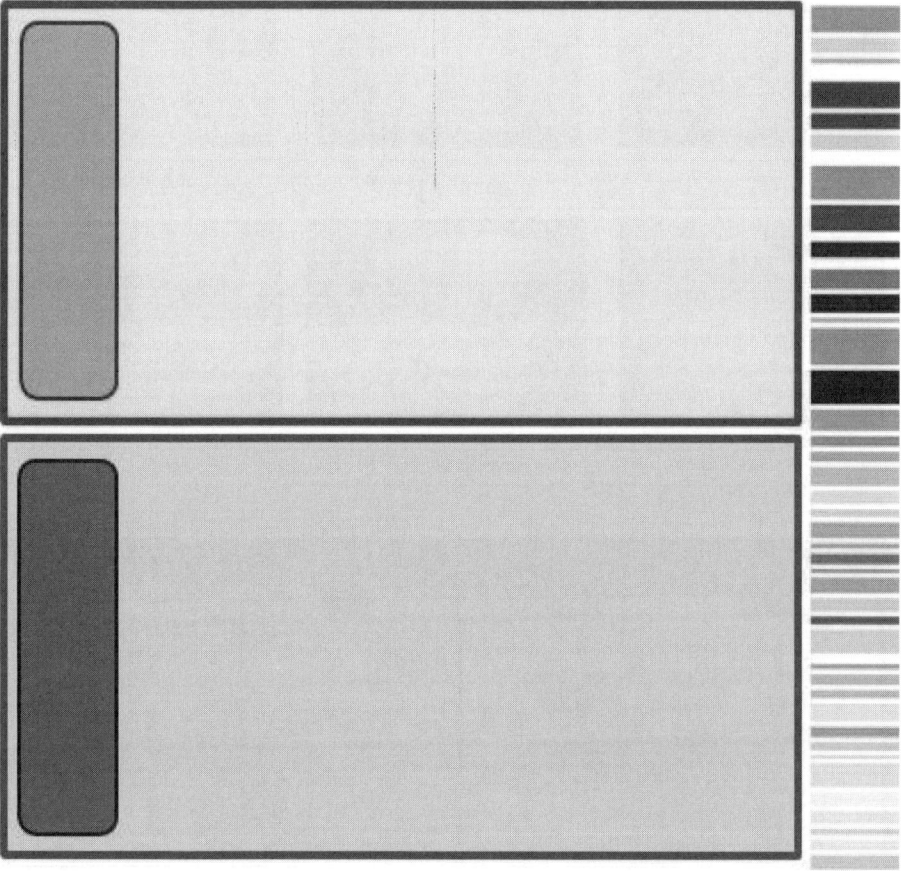

폴더 팝업 북 만들기

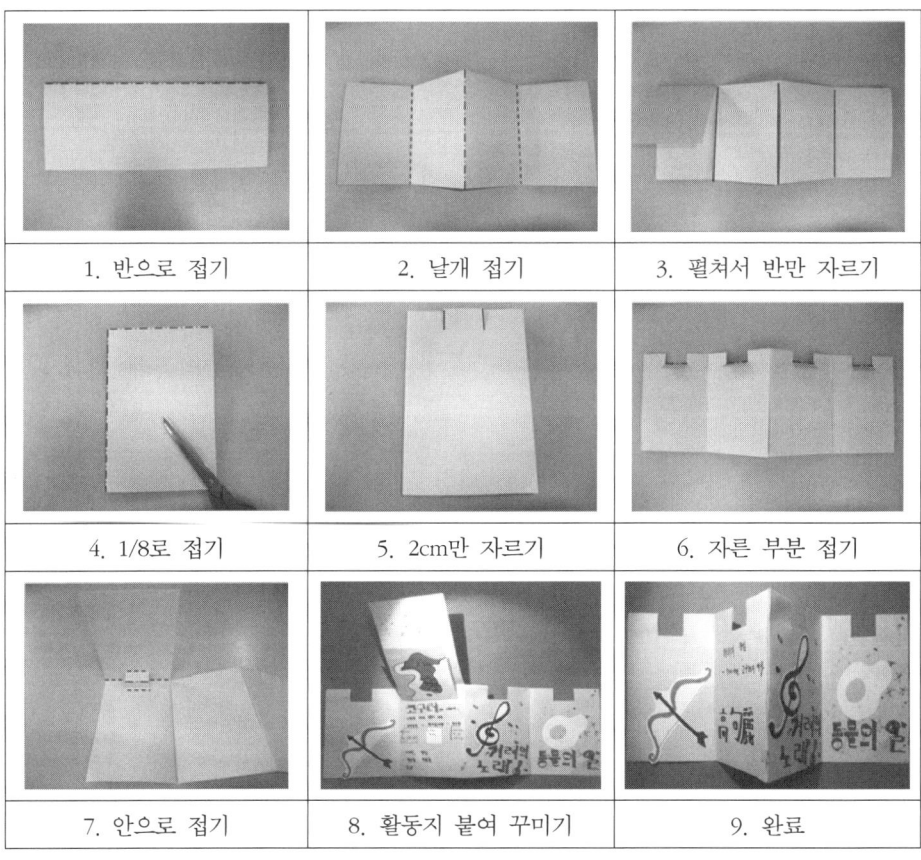

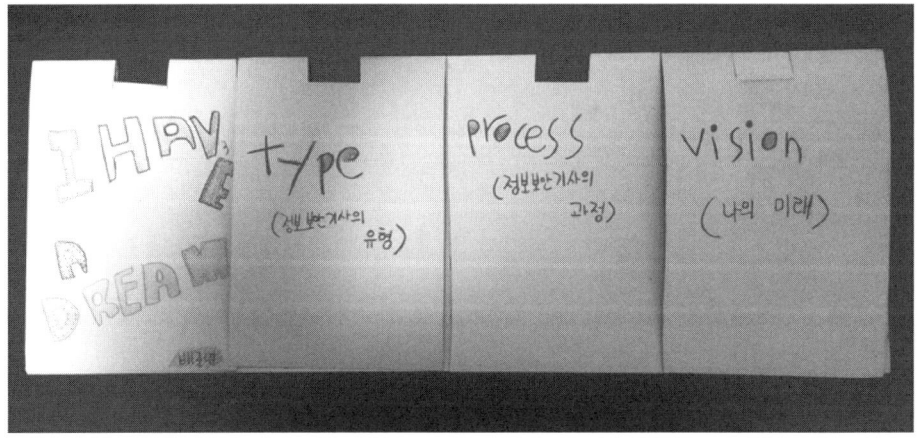

파워포인트로 프레젠테이션 준비하기

1. 표지; 제목, 작성자, 발표일
2. 내용
   가. 자료조사 방법: 단행본/인터넷/논문/잡지/인터뷰/통계 등등
   나. 모둠 구성원별 역할: 자료조사/문서작성/편집/사진촬영 등등
      (혼자 한 경우 모두 기록)
   다. 내가 원하는 직업에 대하여 조사한 내용
3. 참고문헌: APA 매뉴얼 기준
4. 작성 후 선생님에게 이메일로 전송하여 수정사항 확인 후 발표

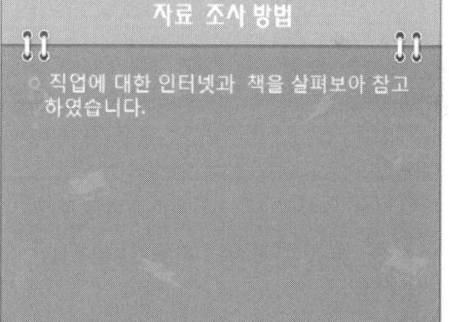
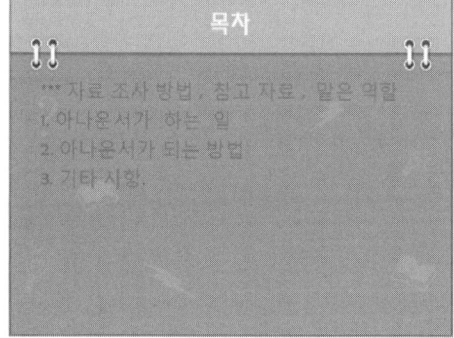
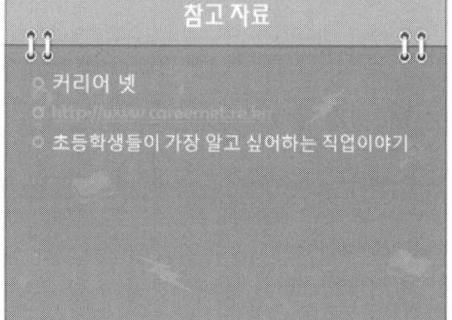

6 정보평가

6.1 결과물을 스스로 돌아봅니다.

<u>스스로 평가해요.</u>

1. 내가 만든 <u>결과물에 만족</u>하나요? ☆☆☆☆☆
2. 수업 시간에 <u>적극적으로 참여</u>했나요? ☆☆☆☆☆
3. <u>다양한 매체를 활용</u>했나요?

단행본	☆☆☆☆☆
참고도서	☆☆☆☆☆
동영상	☆☆☆☆☆
인터넷	☆☆☆☆☆
신문기사	☆☆☆☆☆
정기간행물	☆☆☆☆☆

4. <u>출처를 잘 제시</u>했나요?

저자	제목	출판사	출판년도	쪽수 및 URL
☆☆☆☆☆	☆☆☆☆☆	☆☆☆☆☆	☆☆☆☆☆	☆☆☆☆☆

6.2 해결과정을 되돌아봅니다.

친구가 평가해요.	친구1	친구2	친구3	친구4	친구5
필요한 정보가 담긴 자료를 잘 검색했나요?	☆☆☆☆☆	☆☆☆☆☆	☆☆☆☆☆	☆☆☆☆☆	☆☆☆☆☆
보고서를 작성하기 위해 찾은 정보를 잘 요약했나요?	☆☆☆☆☆	☆☆☆☆☆	☆☆☆☆☆	☆☆☆☆☆	☆☆☆☆☆
소개하는 사람에 대하여 잘 이해할 수 있었나요?	☆☆☆☆☆	☆☆☆☆☆	☆☆☆☆☆	☆☆☆☆☆	☆☆☆☆☆
원하는 직업에 대하여 잘 설명했나요?	☆☆☆☆☆	☆☆☆☆☆	☆☆☆☆☆	☆☆☆☆☆	☆☆☆☆☆
수업 시간에 적극적으로 참여했나요?	☆☆☆☆☆	☆☆☆☆☆	☆☆☆☆☆	☆☆☆☆☆	☆☆☆☆☆
참고한 자료의 출처를 잘 기록했나요?	☆☆☆☆☆	☆☆☆☆☆	☆☆☆☆☆	☆☆☆☆☆	☆☆☆☆☆

부록 2 Big6 skills를 활용한 진로독서 프로그램 운영을 위한 진로관련 자료 목록

제 목	지은이	출판사	출판년도
나는 커서 무엇이 될까? 시리즈 1~11	최윤희 외 지음	다산교육	2002
내 꿈을 이루는 아이 남의 꿈을 좇는 아이	데일 카네기 글	청솔출판사	2003
너는꿈을어떻게이룰래?.1:목표가없는사람은성공할수없어	리앙즈웬 지음; 이종순 옮김	한언	2006
너는꿈을어떻게이룰래?.11:성공의법칙	리앙즈웬 지음; 리선애 옮김	한언	2007
너는꿈을어떻게이룰래?.12:인생계획세우기	리앙즈웬 지음; 권혜영 옮김	한언	2007
너는꿈을어떻게이룰래?.13:긍정생각	리앙즈웬 지음; 이선애 옮김	한언	2010
너는꿈을어떻게이룰래?.14:논리생각	리앙즈웬 지음; 이선애 옮김	한언	2010
너는꿈을어떻게이룰래?.15:생각의도구	리앙즈웬 지음; 이선애 옮김	한언	2010
너는꿈을어떻게이룰래?.16:성공습관	리앙즈웬 지음; 이선애 옮김	한언	2010
너는꿈을어떻게이룰래?.6:한계돌파사고	리앙즈웬 지음; 이종순 옮김	한언	2006
너는꿈을어떻게이룰래?.7:다각도사고	리앙즈완 지음; 이종순 옮김	한언	2006
너는꿈을어떻게이룰래?.8:시스템사고	리앙즈완 지음; 이종순 옮김	한언	2006
너는꿈을어떻게이룰래?.9	리앙즈웬 지음; 권혜영 옮김	한언	2007
(나의 첫 직업사전) 나도 이런 일 해볼래요.	페터 힐만;이나 호프만 글	해와나무	2004
(나의 첫 직업사전) 나도 이런 일 해볼래요.	페터 힐만;이나 호프만 글	해와나무	2004
(나의 꿈을 찾아 떠나는)신나는 직업여행	교육인적자원부; 한국직업능력개발원	교육인적자원부; 한국직업능력개발원	2007
알쏭달쏭 직업이야기 51	김한준 지음	북21 을파소	2004
직업의 세계	라루스출판사 지음; 김이정 옮김	길벗어린이	2004
너는꿈을어떻게이룰래?.11:올바른가치관세우기	리앙즈웬 지음; 리선애 옮김	한언	2007
너는꿈을어떻게이룰래?.2:어려운문제를해결해야훌륭해지는거야	리앙즈완 지음; 이종순 옮김	한언	2006
너는꿈을어떻게이룰래?.3:시간을잘활용하면성공할수있어	리앙즈완 지음; 이종순 옮김	한언	2006
너는꿈을어떻게이룰래?.4:돈쓰는법을알아야행복해지는거야	리앙즈완 지음; 이종순 옮김	한언	2006
너는꿈을어떻게이룰래?.5:창의사고	리앙즈웬 지음; 이종순 옮김	한언	2006
(초등학생들이 가장 알고 싶어하는)직업 이야기	송재록 지음; 픽처뱅크 그림	홍진P&M	2008
직업옆에 직업 옆에 직업	파트리시아 올 ; 프론토	미세기	2009
(한 권으로 보는)그림 직업 백과	조은주; 유수정	진선아이(진선출판사)	2009
10살에 떠나는 미래 직업 대탐험	한상근	중앙books	2007
13살 내 꿈을 잡아라	한선정;유경화	조선북스	2009

제 목	지은이	출판사	출판년도
10살에 꼭 만나야 할 100명의 직업인	한선정 글;이동철 만화; AZA 스튜디오 사진	조선북스	2008
(나의 꿈을 찾아 떠나는) 신나는 직업여행	교육인적자원부; 한국직업능력개발원	교육인적자원부; 한국직업능력개발원	2007
알쏭달쏭 직업이야기 51	김한준 지음	북21 을파소	2004
(초등학생들이 가장 알고 싶어 하는) 직업 이야기	송재록 지음; 픽처뱅크 그림	홍진P&M	2008
10살에 꼭 만나야 할 100명의 직업인	한선정 글; 이동철 만화	조선북스	2008
(나의 첫 직업사전) 나도 이런 일 해 볼래요	페터 힐만; 아나 호프만 글	해와나무	2004
나는 커서 무엇이 될까:재미있는 예술가의 세계.9	고규연 지음	다산교육	2003
나는 커서 무엇이 될까:재미있는 외교관의 세계.7	김민재 지음	다산교육	2003
나는 커서 무엇이 될까:재미있는 방송연예인의 세계.5	변현정 지음	다산교육	2003
나는 커서 무엇이 될까:재미있는 교육자의 세계.8	양석환 지음	다산교육	2003
나는 커서 무엇이 될까?	양석환	다산교육	1993
나는 커서 무엇이 될까:재미있는 정치가의 세계.10	양윤선 지음	다산교육	2003
나는 커서 무엇이 될까:재미있는 법률가의 세계.3	양혜정 지음	다산교육	2003
(꿈을 입히는) 패션 디자이너	유다정 글; 정혜선 그림	주니어랜덤	2009
나는 커서 무엇이 될까:재미있는 과학자의 세계.2	이미숙 지음	다산교육	1993
나는 커서 무엇이 될까:재미있는 운동선수의 세계.4	장성준 지음	다산교육	2003
나는 커서 무엇이 될까?:재미있는 의사의 세계.1	최윤희 글	다산교육	2002
나는 커서 무엇이 될까:재미있는 컴퓨터의 세계.6	표시정 지음	다산교육	2003
나는 커서 무엇이 될까?:재미있는 경영인의 세계.11	황정란 글	다산교육	1999
옛날엔 이런 직업이 있었대요	우리누리	어린이중앙	2002
(맛을 지휘하는)요리사	유영소 글;김선진 그림	주니어랜덤	2009
나는 꿈꾸는 발레리나	수잔나 데이비슨; 케이티 데이즌 글	큰나	2008
내 꿈은 환경 지킴이	홍윤희 지음	두산동아	2004
그래, 멋진 직업을 찾고 말 테야!	로이스 로우리 지음	산하	1992
세계를 무대로 내 꿈을 연주하고 싶어요	김창 글	파란자전거	2000
내 꿈은요 문학가예요	편집부 편	파란나라	1995
(직업동화)내꿈은.1:(뚝딱뚝딱) 재주 많은 재동이	김성호 글; 최선옥 그림	태동출판사	2008
(직업동화)내꿈은.11:우리 가족은 건축가	김희연 글; 김은주 그림	태동출판사	2008
(직업동화)내꿈은.12:모터쇼 스타 방글이	달토끼 글; 버들 그림	태동출판사	2008
(직업동화)내꿈은.13:우리 문화를 지켜요	임형진 글; 윤상설 그림	태동출판사	2008
(직업동화)내꿈은.2:아름답고 멋있는 아름이	김하늬 글; 김혜은 그림	태동출판사	2008
(직업동화)내꿈은.20:의사선생님, 고맙습니다	보린 글; 권희주 그림	태동출판사	2008
(직업동화)내꿈은.31:흔들흔들 오케스트라	윤영선 글; 이정원 그림	태동출판사	2008
(직업동화)내꿈은.34:작가가되고싶어요	이미지 글; 김은선 그림	태동출판사	2008
(직업동화)내꿈은.36:배불뚝이 화백님과 똥똥이	전호성 글; 전소라 그림	태동출판사	2008
(직업동화)내꿈은.37:디디씨는 디자이너!	서필선 글 그림	태동출판사	2008

제 목	지은이	출판사	출판년도
(직업동화)내꿈은.38:엄마 아빠는 방송중	태미라 글; 장정윤 그림	태동출판사	2008
(직업동화)내꿈은.39:빼롱빼롱! 오태평	정진 글; 에스더 그림	태동출판사	2008
(직업동화)내꿈은.40:담이가 만난 전통장인들	최수복 글; 조명자 그림	태동출판사	2008
(직업동화)내꿈은.41:기발씨의 재미난 광고 이야기	곽영미 글; 이병희 그림	태동출판사	2008
(직업동화)내꿈은.42:우리는 지구촌가족	곽영미 글; 이병희 그림	태동출판사	2008
(직업동화)내꿈은.43:세계의평화일꾼	곽영미 글; 민지나 그림	태동출판사	2008
(직업동화)내꿈은.44:지구를 지켜줘, 그린맨!	곽영미 글; 민지나 그림	태동출판사	2008
(직업동화)내꿈은.46:엄마의 꿈, 나의 꿈	최수복 글; 정다분 그림	태동출판사	2008
(직업동화)내꿈은.47:우리 반 엉뚱 하하 선생님	최수복 글; 정다분 그림	태동출판사	2008
(직업동화)내꿈은.49:여러분을 지켜드릴게요	강이경 글; 권희주 그림	태동출판사	2008
(직업동화)내꿈은.50:행복한 홈런포	달토끼 글; 김이조 그림	태동출판사	2008
(직업동화)내꿈은.51:룰루랄라 건강가족	정진 글; 유미 그림	태동출판사	2008
(직업동화)내꿈은.52:이모와 함께 세계여행	서필선 글; 권희주 그림	태동출판사	2008
(직업동화)내꿈은.53:지훈이는 게임왕	달토끼 글; 조용현 그림	태동출판사	2008
(직업동화)내꿈은.56:힘 더하기, 힘 곱하기	김하늬 글; 김경진 그림	태동출판사	2008
(직업동화)내꿈은.57:신나는 세상 만들기	임정진 글; 이선화 그림	태동출판사	2008
(직업동화)내꿈은.58:한 번에 한 가지씩	김하늬 글; 이진숙 그림	태동출판사	2008
(직업동화)내꿈은.10:아빠가 키운 파프리카	양혜원 글; 김나연 그림	태동출판사	2008
(직업동화)내꿈은.14:국제변호사를 소개합니다	김성호 글; 손다혜 그림	태동출판사	2008
(직업동화)내꿈은.15:CEO를 꿈꾸는 신입사원	홍ку두 글; 서선정 그림	태동출판사	2008
(직업동화)내꿈은.16:좋은 나라 앞장서서 만들어요	양혜원 글; 강민희 그림	태동출판사	2008
(직업동화)내꿈은.17:숲속나라부자친구들	김성호 글; 이병희 그림	태동출판사	2008
(직업동화)내꿈은.18:동물친구들, 우리가 돌볼래요	함지슬 글; 정은영 그림	태동출판사	2008
(직업동화)내꿈은.21:궁금해요, 생명공학	구성국 글; 이민정 그림	태동출판사	2008
(직업동화)내꿈은.22:꿈을 싣고 비행을 떠나요!	서필선 글; 오숙정 그림	태동출판사	2008
(직업동화)내꿈은.23:기차타고, 배타고	유다정 글; 김혜진 그림	태동출판사	2008
(직업동화)내꿈은.24:도시를 만드는 마술사	김희연 글; 지연준 그림	태동출판사	2008
(직업동화)내꿈은.25:에너지 척척박사 한태양	유다정 글; 김국화 그림	태동출판사	2008
(직업동화)내꿈은.26:남극에서 온 편지	이혼 글; 오상민 그림	태동출판사	2008
(직업동화)내꿈은.27:미래에서 온 친구 땡땡	곽민수 글; 신포도 그림	태동출판사	2008
(직업동화)내꿈은.28:태풍이 몰려 온대요!	박영란 글; 김도훈 그림	태동출판사	2008
(직업동화)내꿈은.29:2020 우주탐험시대	달토끼 글; 안혜성 그림	태동출판사	2008
(직업동화)내꿈은.3:물음표가 많은 궁금이	김하늬 글; 최선옥 그림	태동출판사	2008
(직업동화)내꿈은.30:로봇 토토을 고쳐 주세요	보린 글; 송윤정 그림	태동출판사	2008
(직업동화)내꿈은.33:레디, 액션! 영화촬영장에 갔어요	서필선 글; 송혜원 그림	태동출판사	2008
(직업동화)내꿈은.4:마음이 따뜻하고 싹싹한 방글이	최수복 글; 김혜은 그림	태동출판사	2008
(직업동화)내꿈은.5:싹싹한 힘찬이	장희정 글; 최선옥 그림	태동출판사	2008
(직업동화)내꿈은.59:행복한 내 친구, 긍정	임정진 글; 주순교 그림	태동출판사	2008
(직업동화)내꿈은.6:바른생활 대장 성실이	김하늬 글; 김혜은 그림	태동출판사	2008
(직업동화)내꿈은.60:멋진 반장이 될래요	구교열 글; 양은아 그림	태동출판사	2008
(직업동화)내꿈은.61:알고 싶은 직업의 세계	이선교; 이미지; 서필선; 김미미; 구교열	태동출판사	2008
(직업동화)내꿈은.7:행복한 요리사가 될 거야!	김하늬 글; 김혜은 그림	태동출판사	2008
(직업동화)내꿈은.8:사랑의 웨딩플래너	김하늬 글; 김혜은 그림	태동출판사	2008
(직업동화)내꿈은.9:우리는 옷이 좋아	보린 글; 김민영 그림	태동출판사	2008

부록 3 진로관련 도서목록

이 목록은 부천 중흥초등학교 사서교사 송현주 선생님이 작성한 것입니다.

2015년 3월 기준

순서	도서명	지은이	출판사	출판일
1	만화로 보는 직업의 세계 1편	와이즈멘토 글/진선규 그림	동아일보사	2005년 10월
2	만화로 보는 직업의 세계 2편	와이즈멘토 글/진선규 그림	동아일보사	2006년 05월
3	만화로 보는 직업의 세계 3편	와이즈 멘토 저/이주한,연두 그림	동아일보사	2006년 07월
4	만화로 보는 직업의 세계 4편	와이즈 멘토 저/이주한,연두 그림	동아일보사	2006년 11월
5	작가가 되고 싶어!	앤드루 클레먼츠 저/정현정 옮김/남궁선하 그림 / 앤드루 클레먼츠 글	사계절	2006년 11월
6	둥글둥글 지구촌 종교 이야기	크리스티네 슐츠라이스 저/베르너 티키 퀴스텐마허 그림/임미오 역 / 크리스티네 슐츠라이스 글	풀빛	2007년 02월
7	만화로 보는 직업의 세계 5편	와이즈 멘토 저/이주한,연두 그림	동아일보사	2007년 03월
8	수학자도 사람이다! 1	루타 라이머,윌버트 라이머 공저/김소정 역	꼬마이실	2007년 03월
9	수학자도 사람이다! 2	루타 라이머,윌버트 라이머 공저/김소정 역	꼬마이실	2007년 03월
10	꿈을 굽는 파티쉐 김영모	김영모 저/조장호 그림 / 김영모 저/조장호 그림	뜨인돌어린이	2007년 04월
11	어린이를 위한 가난하다고 꿈조차 가난할 수는 없다 1	김현근 원작/김은영 저/강우리 그림	사회평론	2007년 04월
12	도서관을 구한 사서	마크 앨런 스태머티 저/강은슬 역	미래아이(미래M&B)	2007년 05월
13	선생님이 되고 싶어	펠리시티 브룩스 글/조 리치필드 그림/이시영 역	문학동네어린이	2007년 07월
14	소방관이 되고 싶어	펠리시티 브룩스 글/조 리치필드 그림/이시영 역	문학동네어린이	2007년 07월
15	수의사가 되고 싶어	펠리시티 브룩스 글/조 리치필드 그림/이시영 역	문학동네어린이	2007년 07월
16	어린이를 위한 가난하다고 꿈조차 가난할 수는 없다 2	김현근 원작/김은영 저/강우리 그림	사회평론	2007년 07월
17	요리사가 되고 싶어	펠리시티 브룩스,키이스 뉴웰 글/조 리치필드 그림/이시영 역	문학동네어린이	2007년 07월
18	의사가 되고 싶어	펠리시티 브룩스 글/조 리치필드 그림/이시영 역	문학동네어린이	2007년 07월
19	어린이를 위한 시크릿	윤태익,김현태 글/한재홍 일러스트/강성남 만화 / 김현태 글/윤태익 글/한재홍 그림/강성남 그림	살림어린이	2007년 12월
20	둥글둥글 지구촌 문화 이야기	크리스티네 슐츠라이스 글/안나 침머 그림/이옥용 역 / 크리스티네 슐츠라이스 글	풀빛	2008년 01월
21	존 아저씨의 꿈의 목록	존 고다드 저/임경현 역/이종옥 그림 / 존 고다드 저/이종옥 그림/임경현 역	글담어린이	2008년 03월
22	어린이를 위한 경청	조신영,박현찬 원작/정진 글/김지혁 그림 / 조신영 원저/박현찬 원저	위즈덤하우스	2008년 04월
23	어린이를 위한 꿈꾸는 다락방	이지성 저/송진욱 그림 / 이지성 저	국일아이	2008년 05월
24	우주 비행사	김선희 글/조수경 그림 / 조수경 그림	주니어RHK	2008년 05월
25	어린이를 위한 좋은 습관	한창욱 글/추덕영 그림 / 한창욱 글/추덕영 그림	위즈덤하우스	2008년 06월
26	마리 퀴리	캐런 윌리스 글/닉 워드 그림/이다희 역	비룡소	2008년 07월
27	안네 프랑크	해리엇 캐스터 글/헬렌 오언 그림/유시주 역	비룡소	2008년 07월
28	어린이 마시멜로 이야기	호아킴 데 포사다 원작/주경희 편/이동승 그림 / 호아킴 데 포사다 원저/주경희 편	한국경제신문사 (한경비피)	2008년 07월

순서	도서명	지은이	출판사	출판일
29	최무선	김종렬 글/이경석 그림 / 김종렬 저/이경석 그림	비룡소	2008년 07월
30	나운규	남찬숙 글/유승하 그림 / 유승하 그림/남찬숙 저	비룡소	2008년 08월
31	10살에 꼭 만나야 할 100명의 직업인	한선정 글/이동철 그림/AZA 스튜디오 사진 / 한선정 저/이동철 그림	조선북스	2008년 09월
32	남극에서 온 편지	한정기 글/유기훈 그림	비룡소	2008년 09월
33	김홍도	유타루 글/김홍모 그림 / 김홍모 그림	비룡소	2008년 10월
34	윈스턴 처칠	해리엇 캐스터 글/린 윌리 그림/맹주열 역	비룡소	2008년 10월
35	유일한	임사라 글/김홍모,임소희 그림 / 김홍모 그림/임사라 저/임소희 그림	비룡소	2008년 10월
36	토머스 에디슨	캐런 월리스 글/피터 켄트 그림/이다희 역	비룡소	2008년 10월
37	강감찬	한정기 글/이홍기 그림 / 한정기 글	비룡소	2008년 12월
38	마하트마 간디	에마 피시엘 글/리처드 모건 그림/정영목 역 / 정영목 역/에마 피시엘 저	비룡소	2008년 12월
39	방정환	유타루 글/이경석 그림 / 유타루 저/이경석 그림	비룡소	2008년 12월
40	김구	김종렬 글/이경석 그림 / 이경석 그림	비룡소	2009년 01월
41	세종 대왕	김선희 글/한지선 그림 / 김선희 저/한지선 그림	비룡소	2009년 01월
42	소중한 생명을 다루는 의사	김남일 글/안희건 그림 / 김남일 저/안희건 그림	주니어RHK	2009년 01월
43	클레오파트라	해리엇 캐스터 글/리처드 모건 그림/장석봉 역	비룡소	2009년 01월
44	헨리 포드	피터 켄트 글,그림/이원경 역	비룡소	2009년 01월
45	나에게 하는 약속	신진희 글/윤문영 그림 / 윤문영 그림	예림당	2009년 02월
46	둥글둥글 지구촌 인권 이야기	신재일 글/유남영 그림 / 신재일 글/유남영 그림	풀빛	2009년 03월
47	장보고	이옥수 글/원혜진 그림 / 이옥수 글	비룡소	2009년 03월
48	꿈을 입히는 패션 디자이너	유다정 글/정혜선 그림	주니어RHK	2009년 04월
49	나는 멋진 로봇친구가 좋다	이인식 저 / 이인식 저	고즈윈	2009년 04월
50	어린이를 위한 시크릿 프랭클린 스쿨	전미옥,이유형 글/김민선 일러스트/강성남 만화	살림어린이	2009년 04월
51	직업 옆에 직업 옆에 직업	파트리시아 올 글/프론토,세바스티엥 무랭,세바스티엥 텔레시,로뱅 그림/권지현 역/감나라 감수 / 권지현 역/감나라 감수	미세기	2009년 04월
52	모차르트	해리엇 캐스터 글/피터 켄트 그림/이민아 역	비룡소	2009년 05월
53	선덕 여왕	남찬숙 글/한지선 그림 / 한지선 그림/남찬숙 저	비룡소	2009년 05월
54	시간에 쫓기는 아이, 시간을 창조하는 아이	유성은 글/나일영 그림 / 나일영 그림	해냄주니어	2009년 05월
55	헬렌 켈러	해리엇 캐스터 글/닉 워드 그림/김경미 역	비룡소	2009년 05월
56	게으른 게 좋아	양혜원 글/이영림 그림	스콜라	2009년 06월
57	선덕여왕	김은희 글/김은경,Top Space 그림 / 김은희 글	북스(VOOXS)	2009년 06월
58	신사임당	이옥수 글/변영미 그림 / 이옥수 저/변영미 그림	비룡소	2009년 06월
59	행복을 연출하는 방송 피디 PD	노지영 저/김미규 그림	주니어RHK	2009년 06월
60	13살, 내 꿈을 잡아라 - 적성편	한선정 글/유경화 그림/주명규 사진	조선북스	2009년 07월
61	13살, 내 일을 잡아라 - 학과편	한선정 글/이동철 그림/주명규 사진 / 한선정 저/이동철 저	조선북스	2009년 07월
62	김정호	김선희 글/서영아 그림 / 김선희 저	비룡소	2009년 08월
63	둥글둥글 지구촌 경제 이야기	석혜원 글/유남영 그림 / 석혜원 글/유남영 그림	풀빛	2009년 08월
64	한 권으로 보는 그림 직업 백과	조은주,유수정 글/마정원 그림/이찬 감수 / 조은주 글/유수정 글/마정원 그림/이찬 감수	진선아이	2009년 08월
65	나이팅게일	에마 피시엘 글/피터 켄트 그림/이민아 역 / 에마 피시엘 글	비룡소	2009년 09월

순서	도서명	지은이	출판사	출판일
66	로버트 스콧	에마 피시엘 글/데이브 맥타가트 그림/맹주열 역 / 에마 피시엘 글	비룡소	2009년 09월
67	김만덕	공지희 글/장차현실 그림 / 장차현실 그림 / 공지희 저	비룡소	2009년 10월
68	안중근	남찬숙 글/곽성화 그림 / 남찬숙 저	비룡소	2009년 10월
69	너도 리더가 되고 싶니?	고수유 글/이일선 그림 / 고수유 저/이일선 그림	거인	2009년 11월
70	대화가 즐거워!	김민화 글/안상정 그림 / 김민화 글/안상정 그림	해와나무	2009년 11월
71	법으로 희망을 심는 변호사	노지영 글/송향란 그림	주니어RHK	2009년 11월
72	둥글둥글 지구촌 문화유산 이야기	한미경 글/유남영 그림 / 한미경 글/유남영 그림	풀빛	2009년 12월
73	무대 위의 별 뮤지컬 배우	서지원 저/김효진 그림 / 서지원 저	주니어RHK	2009년 12월
74	세계를 향한 슈팅 축구선수	오주영 글/송효정 그림 / 오주영 글	주니어RHK	2009년 12월
75	방송 기자, 앵커	김유리 저/이명애 그림 / 이명애 그림	주니어RHK	2010년 01월
76	열두 가지 감정, 행복 일기	임성관 저/강은옥 그림	책속물고기	2010년 01월
77	자신만의 직업 여행	최옥임 글/김민정 외 그림	아이즐북스	2010년 01월
78	김수환 추기경	김윤정 글/허구 그림 / 허구 그림	청어람미디어	2010년 02월
79	백남준	공지희 글/김수박 그림 / 공지희 글/김수박 그림	비룡소	2010년 02월
80	비행기 조종사	오주영 글/문구선 그림 / 문구선 그림	주니어RHK	2010년 02월
81	셰익스피어	에마 피시엘 글 / 마틴 렘프리 그림 / 에마 피시엘 글	비룡소	2010년 02월
82	안데르센	에마 피시엘 글 / 닉 워드 그림/김경미 역 / 에마 피시엘 글	비룡소	2010년 02월
83	유관순	유은실 글 / 곽성화 그림	비룡소	2010년 02월
84	파스퇴르	캐런 월리스 글/레슬리 뷔시커 그림/장석봉 역 / 레슬리 뷔시커 그림	비룡소	2010년 03월
85	딩동딩동 편지 왔어요	정소영 글,그림	사계절	2010년 04월
86	짜장면 더 주세요!	이혜란 글,그림 / 이혜란 저	사계절	2010년 04월
87	고정욱 선생님이 들려주는 김수환 추기경	고정욱 글/서선정 그림 / 고정욱 글	상수리	2010년 05월
88	꿈을 이룬 99명의 꼴찌 이야기	이지성 저 / 이지성 저	국일아이	2010년 05월
89	10살에 떠나는 미래 세계 직업 대탐험	한상근 글/최상규 그림 / 최상규 그림/한상근 글	주니어중앙	2010년 06월
90	둥글둥글 지구촌 돈 이야기	석혜원 글/유남영 그림 / 석혜원 글/유남영 그림	풀빛	2010년 06월
91	루이 브라유	테사 포터 글/헬레나 오웬 그림/이다희 역	비룡소	2010년 06월
92	카이사르	에마 피시엘 글/레슬리 뷔시커 그림/이민아 역 / 에마 피시엘 글/레슬리 뷔시커 그림	비룡소	2010년 06월
93	미래의 과학자와 수학자가 알아야 할 10가지 1	에드워드 자카로 글/잭 버그 그림/김소정 역	꼬마이실	2010년 07월
94	미래의 과학자와 수학자가 알아야 할 10가지 2	에드워드 자카로 글/잭 버그 그림/김소정 역	꼬마이실	2010년 07월
95	법정스님의 아름다운 무소유	곽영미 글/최주아 그림/윤청광 감수 / 곽영미 글/최주아 그림	스코프	2010년 07월
96	채널고정! 시끌벅적 PD 삼총사가 떴다!	태미라 글/정은영 그림 / 태미라 글/정은영 그림	한겨레아이들	2010년 07월
97	평화를 꿈꾸는 곳 유엔으로 가자	유엔과 국제활동 정보센터 글/김효진 그림 / 김효진 그림	한겨레아이들	2010년 07월
98	성격과 기질로 알아보는 어린이 직업 백과	글공작소 저/오양환 감수 / 글공작소 글	아름다운사람들	2010년 08월
99	알렉산더 벨	에마 피시엘 글/레슬리 뷔시커 그림/이원경 역 / 이원경 역/에마 피시엘 저/레슬리 뷔시커 저	비룡소	2010년 08월
100	둥글둥글 지구촌 국제구호 이야기	이수한 글/유남영 그림 / 유남영 그림/이수한 글	풀빛	2010년 09월

제2장 ‖ Big6 Skills를 활용한 진로독서교육

순서	도서명	지은이	출판사	출판일
101	윤봉길	김선희 글/김홍모,임소희 그림 / 김홍모 그림/김선희 글/임소희 글	비룡소	2010년 09월
102	정약용	김은미 글/홍선주 그림 / 홍선주 그림	비룡소	2010년 09월
103	제임스 와트	니컬라 백스터 글/마틴 렘프리 그림/장석봉 역 / 장석봉 역	비룡소	2010년 09월
104	[태동출판사] 직업동화 내 꿈은 [전65권]	태동출판사 / 정진 외	태동출판사(전집)	2010년 10월
105	어린이를 위한 대화 발표의 기술	김은성 콘텐츠 /서지원 글 / 서현 그림 / 서지원 글 / 서현 그림	위즈덤하우스	2010년 10월
106	12살, 꿈은 이루어진다	류현아 글/최상규 사진 / 류현아 글	조선북스	2010년 12월
107	둥글둥글 지구촌 음식 이야기	김선희 글/유남영 그림 / 김선희 글/유남영 그림	풀빛	2010년 12월
108	라이트 형제	김종렬 글/안희건 그림 / 김종렬 글/안희건 그림	비룡소	2010년 12월
109	마틴 루서 킹	베르나 윌킨스 글/린 윌리 그림/유시주 역	비룡소	2010년 12월
110	병원에서 일해보기	아리스토 글,그림	아르볼	2010년 12월
111	사회의 리더가 되는 후회 없는 성공 습관	김현태 글/송진욱 그림	은하수 (은하수미디어)	2010년 12월
112	장영실	유타루 글/이경석 그림 / 유타루 저/이경석 그림	비룡소	2010년 12월
113	허준	유타루 글/이흥기 그림	비룡소	2010년 12월
114	박에스더	이은정 글/곽성화 그림	비룡소	2011년 03월
115	법원에서 일해보기	아리스토 글,그림	아르볼	2011년 03월
116	우리 신부님, 쫄리 신부님	이채윤 글/김윤정 그림 / 이채윤 글/김윤정 그림	스코프	2011년 03월
117	국제무대에서 꿈을 펼치고 싶어요	서지원,나혜원 글/하민석 그림/이랑 감수 / 서지원 글/하민석 그림 / 나혜원 글	뜨인돌어린이	2011년 04월
118	둥글둥글 지구촌 환경 이야기	장성익 글/유남영 그림 / 유남영 그림/장성익 글	풀빛	2011년 04월
119	주몽	김종렬 글/김홍모 그림	비룡소	2011년 04월
120	광개토 대왕	김종렬 글/탁영호 그림	비룡소	2011년 05월
121	미래탐험 꿈발전소 방송국	김승렬 글/배광선 그림 / 김승렬 글/배광선 그림	국일아이	2011년 05월
122	미래탐험 꿈발전소 법원	김승렬 글/배광선 그림 / 김승렬 글/배광선 그림	국일아이	2011년 05월
123	박지성, 11살의 꿈 세계를 향한 도전	이채윤 글/허한우 그림	스코프	2011년 05월
124	박찬호의 끝나지 않은 도전	임진국 글/허한우 그림	스코프	2011년 05월
125	출동 119! 우리가 간다	김종민 글,그림 / 김종민 저	사계절	2011년 05월
126	미래탐험 꿈발전소 공항	신승희 글/정종석 그림	국일아이	2011년 06월
127	박병선 박사가 찾아낸 외규장각 도서의 귀환	조은재 글/김윤정 그림 / 조은재 글	스코프	2011년 06월
128	박지원	김종광 글/백보현 그림	비룡소	2011년 06월
129	내일의 나를 부탁해	송영선 저 / 송영선 저	다산에듀	2011년 07월
130	덜컹덜컹 기계는 어떻게 움직일까?	콘레드 메이슨 글/콜린 킹 그림/이연주 역	시공주니어	2011년 07월
131	미래탐험 꿈발전소 병원	배경희 글/문인호 그림	국일아이	2011년 07월
132	미래탐험 꿈발전소 태릉선수촌	박선희 글/동방광석 그림	국일아이	2011년 07월
133	뮤지컬 배우가 될테야	이유미 글/이영훈 그림/구정연 감수	여원미디어	2011년 08월
134	미래탐험 꿈발전소 연예기획사	백명희,신승희 글/조은실 그림	국일아이	2011년 08월
135	방송인이 될테야	오세경 글/오승만 그림/황용호 감수	여원미디어	2011년 08월
136	아홉살 인생 멘토	최수복 글/조재석 그림 / 최수복 글	북멘토	2011년 08월
137	파티시에가 될테야	박선희 글/최직인 그림/이만우 감수	여원미디어	2011년 08월
138	패션 디자이너가 될테야	김현숙 글/조신애 그림/이경아 감수	여원미디어	2011년 08월
139	환경 전문가가 될테야	서보현 글/송혜선 그림/이재효 감수	여원미디어	2011년 08월
140	둥글둥글 지구촌 축제 이야기	정인수 글/유남영 그림 / 정인수 글/유남영 그림	풀빛	2011년 09월

순서	도서명	지은이	출판사	출판일
141	미래탐험 꿈발전소 나사 (NASA)	Team 신화 글그림	국일아이	2011년 09월
142	허난설헌	김은미 글/유승하 그림	비룡소	2011년 09월
143	미래탐험 꿈발전소 경찰서	배경희 글/정종석 그림	국일아이	2011년 10월
144	미래탐험 꿈발전소 국회	신승희 글/문인호 그림	국일아이	2011년 10월
145	미래탐험 꿈발전소 그린피스	박성진 글/안중걸 그림	국일아이	2011년 10월
146	미래탐험 꿈발전소 자동차회사	박연아 글/안중걸 그림	국일아이	2011년 10월
147	미래탐험 꿈발전소 여행사	배경희 글/문인호 그림	국일아이	2011년 11월
148	스티브 잡스가 살아서 자동차를 만들었다면	황연희 글/허한우 그림	스코프	2011년 11월
149	어린이를 위한 감정 조절의 기술	방미진 글/한수진 그림/이보연 콘텐츠 / 방미진 글/한수진 그림	위즈덤하우스	2011년 11월
150	초등학생을 위한 진로지도 프로그램	강혜영 저	학지사	2011년 11월
151	미래탐험 꿈발전소 건축설계사무소	Team.신화 글,그림	국일아이	2011년 12월
152	미래탐험 꿈발전소 박물관	박연아 글/이중원 그림	국일아이	2011년 12월
153	어린이 꿈발전소 금융회사	김원식 글/최병국 그림	국일아이	2011년 12월
154	열 살에 꿈꾸면 좋을 것들	김태광 글/이주희 그림	나무생각	2011년 12월
155	창의력 소년 송승환, 세상을 난타하다	송승환 글/양민숙 그림	스코프	2011년 12월
156	행운의 고물토끼	조우석,김민기,신선웅 글 / 조우석 글/김민기 글/신선웅 글/한호진 그림	한언	2011년 12월
157	공자 아저씨네 빵가게	김선희 글/강경수 그림/황희경 감수 / 황희경 감수/김선희 글/강경수 그림	주니어김영사	2012년 01월
158	공자 아저씨네 빵가게	김선희 글/강경수 그림/황희경 감수 / 황희경 감수/김선희 글/강경수 그림	주니어김영사	2012년 01월
159	나는 우리 마을 주치의!	정소영 글,그림	사계절	2012년 01월
160	내가 만든 옷 어때?	곰곰 글/선현경 그림	사계절	2012년 01월
161	미래탐험 꿈발전소 신문사	김원식 글/박경권 그림	국일아이	2012년 01월
162	미래탐험 꿈발전소 영화사	Team.신화 글,그림	국일아이	2012년 01월
163	영차영차 그물을 올려라	백남호 글,그림	사계절	2012년 01월
164	둥글둥글 지구촌 식물 이야기	김영아 글/유남영 그림	풀빛	2012년 02월
165	미래탐험 꿈발전소 게임회사	박연아 글/문평윤 그림	국일아이	2012년 02월
166	미래탐험 꿈발전소 국립과학수사연구원	박연아 글/문평윤 그림	국일아이	2012년 02월
167	미래탐험 꿈발전소 국립과학수사연구원	박연아 글/문평윤 그림	국일아이	2012년 02월
168	미래탐험 꿈발전소 의류 회사	김원식 글/해밀 그림	국일아이	2012년 02월
169	링컨	이명랑 글/오승민 그림 / 이명랑 글/오승민 그림	비룡소	2012년 03월
170	마더 테레사 아줌마네 동물병원	김하은 글/권송이 그림 / 김하은 글/권송이 그림	주니어김영사	2012년 03월
171	이호왕	이영서 글/김홍모 그림 / 김홍모 그림/이영서 글	비룡소	2012년 03월
172	정주영	남경완 글/임소희 그림 / 남경완 글/임소희 그림	비룡소	2012년 03월
173	노아네 목장은 맨날 바빠	조혜린 글,그림	사계절	2012년 04월
174	메리 1세	김은희 글/루루지 그림	북스(VOOXS)	2012년 04월
175	이승엽, 꿈을 향해 홈런을 날리다	임진국 글/허한우 그림/이승엽 감수 / 임진국 저	스코프	2012년 04월
176	메시, 축구 역사를 새로 쓰는 작은 거인	황연희 글/이정헌 그림 / 황연희 글	스코프	2012년 05월
177	아멜리아 에어하트	조경숙 글/원혜진 그림	비룡소	2012년 05월
178	얘들아, 학교 가자	강승숙 글/신민재 그림	사계절	2012년 05월
179	꿈 프로젝트, 지금부터 시작이야	정성현 글/이정우 그림	꿈터	2012년 06월
180	어린이를 위한 바보 빅터	호아킴 데 포사다,레이먼드 조 원저/전지은 글/원유미 그림 / 호아킴 데 포사다 저/전지은 글/원유미 그림/레이먼드 조 저	한국경제신문사 (한경비피)	2012년 06월

순서	도서명	지은이	출판사	출판일
181	나는 농부란다	이윤엽 글, 그림	사계절	2012년 07월
182	맥을 짚어 볼까요?	전진경 글,그림 / 전진경 글	사계절	2012년 07월
183	미래탐험 꿈발전소 기상청	신화 글, 그림	국일아이	2012년 07월
184	미래탐험 꿈발전소 리조트 호텔	김원식 글/박경원 그림	국일아이	2012년 07월
185	소크라테스 아저씨네 축구단	김하은 글/유준재 그림/조광제 감수 / 김하언 저/유준재 그림	주니어김영사	2012년 07월
186	최은희	김혜연 글/한지선 그림	비룡소	2012년 07월
187	미래탐험 꿈발전소 소방서	손종근 글, 그림	국일아이	2012년 08월
188	미래탐험 꿈발전소 시청	안광현 글/그림	국일아이	2012년 08월
189	미래탐험 꿈발전소 유엔 UN	김승렬 글/김정진 그림	국일아이	2012년 08월
190	미래탐험 꿈발전소 테마파크	정범수 글, 그림	국일아이	2012년 08월
191	박영석, 세계의 지붕이 된 산사나이	이영준 글/허한우,임하라 그림	스코프	2012년 08월
192	십대들을 위한 인성교과서 태도	줄리 데이비 글,그림/박선영 역 / 줄리 데이비 저/박선영 역	아름다운사람들	2012년 08월
193	어린이를 위한 총각네 야채가게	주경희 글/정세라 그림/이영석 감수	쌤앤파커스	2012년 08월
194	열 살의 꿈이 미래를 결정한다	김태광 글/박밀레 그림 / 김태광 저	상서각	2012년 08월
195	출동! 마을은 내가 지킨다	임정은 글/최미란 그림 / 임정은 저/최미란 그림	사계절	2012년 08월
196	행복 직업 찾아요	서지원,임영빈 글/김중석 그림	열다	2012년 08월
197	미래탐험 꿈발전소 대덕연구개발특구	김원식 글/정범수 그림	국일아이	2012년 09월
198	주시경	이은정 글/김혜리 그림	비룡소	2012년 09월
199	마법천자문 직업원정대 1 직업탐색	김난영 글/작은나무 그림	아울북	2012년 10월
200	뭘 해도 괜찮아	이남석 저 / 이남석 저	사계절	2012년 10월
201	미래탐험 꿈발전소 광고 회사	Team.신화 글, 그림	국일아이	2012년 10월
202	미래탐험 꿈발전소 출판사	Team.신화 글, 그림	국일아이	2012년 10월
203	미래탐험 꿈발전소 포털 사이트	Team.신화 글, 그림	국일아이	2012년 10월
204	아홉살 진로 멘토	최수복 글/배현정 그림/허은영 진로정보 / 최수복 글	북멘토	2012년 10월
205	이랬다 저랬다, 내 마음이 왜 이러지?	메리 C. 라마아 글/이창우 그림/김아영 역	라이온북스	2012년 10월
206	청소년을 위한 꿈꾸는 다락방	이지성, 오정택 공저 / 이지성 저	국일미디어	2012년 10월
207	피카소 아저씨네 과일가게	신영란 글/김성희 그림/김신 감수 / 신영란 글	주니어김영사	2012년 10월
208	피카소 아저씨네 과일가게	신영란 글/김성희 그림/김신 감수 / 신영란 글	주니어김영사	2012년 10월
209	글로벌 리더로 키워 주는 인성 100대 일화	박현철 글/김형준 그림 / 박현철 글	삼성출판사	2012년 11월
210	마법천자문 직업원정대 2 적성진단	김난영 글/작은나무 그림	아울북	2012년 11월
211	버락 오바마, 불가능을 가능으로 바꾼 1%의 용기와 희망	이채윤 글 / 이정헌 그림	스코프	2012년 11월
212	노무현, 바보 대통령의 삶과 꿈	이채윤 글 / 오주연 그림 / 이채윤 글	스코프	2012년 12월
213	마법천자문 직업원정대 3 진로설계	김난영 글 / 작은나무 그림	아울북	2012년 12월
214	코믹 꿈꾸는 다락방 1 공부편	Team.신화 글,그림 / 이지성 원작 / 오정택 감수 / 이지성 원저	국일아이	2012년 12월
215	톨스토이 할아버지네 헌책방	권안 글/김효진 그림/조미경 도움글	주니어김영사	2012년 12월
216	오늘 넌 최고의 고양이	후지노 메구미 글/아이노야 유키 그림/김지연 역	책속물고기	2013년 01월
217	코믹 꿈꾸는 다락방 2 친구편	Team.신화 글,그림/이지성 원작/오정택 감수 / 이지성 원저	국일아이	2013년 01월
218	고위공무원·문화재보존가	와이즈멘토 글/윤회동 그림 / 와이즈멘토 저	주니어김영사	2013년 03월
219	꿈을 향해 뛰어라 1-6 세트	박지성 글/전세훈 그림 / 박지성 원저	주니어RHK	2013년 03월
220	이태영	공지희 글/민은정 그림 / 공지희 저	비룡소	2013년 03월

순서	도서명	지은이	출판사	출판일
221	진로독서 가이드북 초등 고학년	전국독서새물결모임 저	고래가숨쉬는도서관	2013년 03월
222	진로독서 가이드북 초등 저학년	전국독서새물결모임 저	고래가숨쉬는도서관	2013년 03월
223	초등 교사 · 상담 심리 전문가	와이즈멘토 글/코코아치즈 그림 / 와이즈멘토 저	주니어김영사	2013년 03월
224	펀드 매니저 · 아나운서	와이즈멘토 글/김상인 그림 / 와이즈멘토 저	주니어김영사	2013년 03월
225	항공기 조종사 · 항공기 승무원	와이즈멘토 글/바지혜 그림 / 와이즈멘토 저	주니어김영사	2013년 03월
226	호텔리어 · 의사	와이즈멘토 글/문다미 그림 / 와이즈멘토 저	주니어김영사	2013년 03월
227	검사와 판사 · 금융 공학자	와이즈멘토 글/홍종모 그림	주니어김영사	2013년 04월
228	금융 컨설턴트 · 기업 인사 담당자	와이즈멘토 글/윤유리 그림	주니어김영사	2013년 04월
229	머천다이저 · 로봇 공학 기술자	와이즈멘토 글/노키드 그림	주니어김영사	2013년 04월
230	무대는 언제나 두근두근	소윤경 글, 그림 / 소윤경 저	사계절	2013년 04월
231	변호사 · 경영 컨설턴트	와이즈멘토 글/윤유리 그림	주니어김영사	2013년 04월
232	북북서로 진로를	조월례,경민대학교 독서교육연구소 공저	나무늘보	2013년 04월
233	연예인 · 스타일리스트	와이즈멘토 글/시에스타 그림	주니어김영사	2013년 04월
234	건축가 · 애널리스트	와이즈멘토 글/강진 그림	주니어김영사	2013년 05월
235	광고 AE · 의상 디자이너	와이즈멘토 글/옥지현 그림	주니어김영사	2013년 05월
236	교수 · 헤드헌터	와이즈멘토 글/이호석 그림	주니어김영사	2013년 05월
237	나는 커서 어떤 일을 할까?	양지안 글/강경수 그림 / 양지안 저/강경수 그림	스콜라	2013년 05월
238	나무야 새야 함께 살자	강문정 글/이광익 그림 / 이광익 그림	사계절	2013년 05월
239	순분 씨네 채소 가게	징지혜 글, 그림	사계절	2013년 05월
240	어린이를 위한 미래 직업 100	최정원,정미선 글/정지혜 그림	이케이북	2013년 05월
241	요리사 · 쇼핑호스트	와이즈멘토 글/문다미 그림	주니어김영사	2013년 05월
242	유치원 교사 · 특수 교사	와이즈멘토 글/채영 그림	주니어김영사	2013년 05월
243	이순신	김종렬 글/백보현 그림	비룡소	2013년 05월
244	내 꿈을 열어 주는 진로 독서	임성미 저 / 임성미 저	꿈결	2013년 06월
245	네 꿈은 뭐니?	백은영 글/고현열 그림	이지북	2013년 06월
246	방송PD · IT컨설턴트	와이즈멘토 글	주니어김영사	2013년 06월
247	사진 작가 · 방송 작가	와이즈멘토 글	주니어김영사	2013년 06월
248	사회복지사 · PR매니저	와이즈멘토 글	주니어김영사	2013년 06월
249	운동선수 · 사회체육지도사	와이즈멘토 글	주니어김영사	2013년 06월
250	중등교사 · CRM전문가	와이즈멘토 글	주니어김영사	2013년 06월
251	내 잘못 아니야	최형미 글/김지현 그림 / 최형미 글	스콜라	2013년 07월
252	둥글둥글 지구촌 수도 이야기	박신식 글/유남영 그림	풀빛	2013년 07월
253	비서 · 관세사	와이즈멘토 글/황은혜 그림 / 와이즈멘토 저	주니어김영사	2013년 07월
254	시각 디자이너 · 도시 계획가	와이즈멘토 글/지미란 그림	주니어김영사	2013년 07월
255	아홉살 공부 멘토	김진섭 글/이욱재 그림	북멘토	2013년 07월
256	애니메이터 · 영양사	와이즈멘토 글/최승협 그림 / 와이즈멘토 저	주니어김영사	2013년 07월
257	외교관 · 국회의원	와이즈멘토 글/지미란 그림 / 와이즈멘토 저	주니어김영사	2013년 07월
258	치과의사 · 조향사	와이즈멘토 글/김은빈 그림 / 와이즈멘토 저	주니어김영사	2013년 07월
259	간호사 · 레크리에이션 전문가	와이즈멘토 글/최승협 그림 / 와이즈멘토 글	주니어김영사	2013년 08월
260	게임 기획자 · 회계사	와이즈멘토 글	주니어김영사	2013년 08월
261	경찰 공무원 · 브랜드 매니저	와이즈멘토 글/손은경 그림 / 와이즈멘토 글	주니어김영사	2013년 08월
262	공기업 종사자 · 외환 딜러	와이즈멘토 글	주니어김영사	2013년 08월
263	공연 기술자 · 항공 교통 관제사	와이즈멘토 글	주니어김영사	2013년 08월
264	국민의 소리를 들어요!	이혜란 글, 그림	사계절	2013년 08월
265	기상 캐스터 · 신소재 공학 연구원	와이즈멘토 글/이동희 그림 / 와이즈멘토 글	주니어김영사	2013년 08월

순서	도서명	지은이	출판사	출판일
266	기자 · 컴퓨터 프로그래머	와이즈멘토 글	주니어김영사	2013년 08월
267	나는 커서 뭐가 될까?	황시원 글/이유나 그림/김나라 감수	아울북	2013년 08월
268	메이크업 아티스트 · 벤처 캐피털리스트	와이즈멘토 글	주니어김영사	2013년 08월
269	법의학자 · 군인	와이즈멘토 글/김준연 그림 / 와이즈멘토 글	주니어김영사	2013년 08월
270	생명과학 연구원 · 시스템 엔지니어	와이즈멘토 글/이동희 그림 / 와이즈멘토 글	주니어김영사	2013년 08월
271	소방 공무원 · 컴퓨터 보안 전문가	와이즈멘토 글/이동희 그림 / 와이즈멘토 글	주니어김영사	2013년 08월
272	수의사 · 작곡가	와이즈멘토 글	주니어김영사	2013년 08월
273	스포츠 에이전트 · 출판 기획 전문가	와이즈멘토 글	주니어김영사	2013년 08월
274	약사 · 한의사	와이즈멘토 글/문다미 그림 / 와이즈멘토 글	주니어김영사	2013년 08월
275	여행 상품 기획가 · 기상 천문 연구원	와이즈멘토 글	주니어김영사	2013년 08월
276	영화 제작자 · 모바일 콘텐츠 개발자	와이즈멘토 글/이동희 그림 / 와이즈멘토 글	주니어김영사	2013년 08월
277	파티시에 · 변리사	와이즈멘토 글	주니어김영사	2013년 08월
278	플로리스트 · 환경공학 기술자	와이즈멘토 글	주니어김영사	2013년 08월
279	GIS전문가 · 제품디자이너	와이즈멘토 글 / 와이즈멘토 글	주니어김영사	2013년 08월
280	나는 그림 그리기가 좋아	유다정, 윤아해,보린 글/김호민 그림	다산어린이	2013년 09월
281	나는 동물이 좋아	유다정, 윤아해,보린 글/이갑규 그림	다산어린이	2013년 09월
282	나는 말하기가 좋아	유다정, 윤아해, 보린 글 / 유명희 그림 / 유명희 그림	다산어린이	2013년 09월
283	나는 자동차가 좋아	유다정,윤아해,보린 글/이갑규 그림	다산어린이	2013년 09월
284	나는 축구가 좋아	유다정,윤아해,보린 글/이갑규 그림	다산어린이	2013년 09월
285	내일의 너를 믿어 봐	송영선,김용원 공저 / 송영선 저	탐	2013년 09월
286	도서관 사서 · 통역사와 번역가	와이즈멘토 글 / 와이즈멘토 글	주니어김영사	2013년 09월
287	둥글둥글 지구촌 건축 이야기	김상태 글/김석 그림	풀빛	2013년 09월
288	마법천자문 직업원정대 4 직업체험	김난영 글/작은나무 그림	아울북	2013년 09월
289	물리치료사 · 감정평가사	와이즈멘토 글 / 와이즈멘토 글	주니어김영사	2013년 09월
290	버스 왔어요!	신옥희 글/이승현 그림	사계절	2013년 09월
291	십대를 위한 진로 콘서트	권순이,오흥빈,은혜정 공저/이정민 그림 / 권순이 저/오흥빈 저/은혜정 저/이정민 그림	꿈결	2013년 09월
292	오드리 헵번	이은정 글/정진희 그림	비룡소	2013년 09월
293	의공학자 · 컨벤션 기획자	와이즈멘토 글 / 와이즈멘토 글	주니어김영사	2013년 09월
294	인간공학 전문가 · 인테리어 디자이너	와이즈멘토 글 / 와이즈멘토 글	주니어김영사	2013년 09월
295	진로 직업 365	학교도서관저널 도서추천위원회 편	학교도서관저널	2013년 09월
296	책 만드는 이야기, 들어 볼래?	곰곰 글/전진경 그림	사계절	2013년 09월
297	친구의 마음을 얻는 법 51	전지은 글/김미현 그림	을파소(21세기북스)	2013년 09월
298	카피라이터 · 인공위성 개발원	와이즈멘토 글 / 와이즈멘토 글	주니어김영사	2013년 09월
299	큐레이터 · 손해사정사	와이즈멘토 글 / 와이즈멘토 글	주니어김영사	2013년 09월
300	아리스토텔레스 아저씨네 약국	박현숙 글 / 윤지회 그림 / 조광제 감수 / 박현숙 저 / 윤지회 그림	주니어김영사	2013년 10월
301	정약용 아저씨의 책 읽는 밥상	김선희 글 / 박해남 그림 / 곽우성 감수	주니어김영사	2013년 10월
302	커다란 일을 하고 싶어요	실비 니만 글/잉그리드 고돈 그림/이주영 역 / 이주영 역/실비 니만 글/잉그리드 고돈 그림	책속물고기	2013년 10월
303	WANT 내가 꿈꾸는 직업	권태훈,현수민,하태민 공저	메가북스	2013년 11월
304	나의 직업 간호사	동천기획연구실 저	동천출판	2013년 11월
305	나의 직업 경찰관	동천기획연구실 저	동천출판	2013년 11월
306	나의 직업 만화가	동천기획연구실 저	동천출판	2013년 11월

순서	도서명	지은이	출판사	출판일
307	나의 직업 사회복지사	동천기획연구실 저	동천출판	2013년 11월
308	나의 직업 선생님	동천기획연구실 저	동천출판	2013년 11월
309	마법천자문 직업원정대 5 직업의식	김난영 글/작은나무 그림	아울북	2013년 11월
310	셰익스피어 아저씨네 문구점	신영란 글/주성희 그림/김한솔 감수	주니어김영사	2013년 11월
311	교육자를 위한 초등학교와 진로교육	안이환 저	서현사	2013년 12월
312	나의 직업 공무원	동천기획연구실 저	동천출판	2013년 12월
313	나의 직업 법조인	동천기획연구실 저	동천출판	2013년 12월
314	나의 직업 의사	동천기획연구실 저	동천출판	2013년 12월
315	여기는 취재 현장!	신옥희 글/차재옥 그림	사계절	2013년 12월
316	나의 직업 미용사	동천기획연구실 저	동천출판	2014년 01월
317	나의 직업 의료기사	동천기획연구실 저	동천출판	2014년 01월
318	마법천자문 직업원정대 6 직업세계	김난영 글/작은나무 그림	아울북	2014년 01월
319	나의 직업 건축사	청소년행복연구실 저	동천출판	2014년 02월
320	나의 직업 언론인	청소년행복연구실 저	동천출판	2014년 02월
321	나의 직업 연예인	청소년행복연구실 저	동천출판	2014년 02월
322	13세부터 시작하는 자존감 UP 자기소개서	차오름 글/이윤선 그림	주니어김영사	2014년 03월
323	나의 직업 세무사	청소년행복연구실 저	동천출판	2014년 03월
324	나의 직업 수의사	청소년행복연구실 저	동천출판	2014년 03월
325	나의 직업 스포츠인	청소년행복연구실 저	동천출판	2014년 03월
326	나의 직업 약사	청소년행복연구실 저	동천출판	2014년 03월
327	나의 직업 요리사	청소년행복연구실 저	동천출판	2014년 03월
328	나의 직업 은행원	청소년행복연구실 저	동천출판	2014년 03월
329	나의 직업 패션디자이너	청소년행복연구실 저	동천출판	2014년 03월
330	둥글둥글 지구촌 시장 이야기	석혜원 글/김석 그림	풀빛	2014년 03월
331	우주 최고 만화가가 되겠어!	김홍모 글그림 / 김홍모 글그림	사계절	2014년 03월
332	제인구달	유은실 글/서영아 그림 / 유은실 글/서영아 그림	비룡소	2014년 03월
333	친구	레이먼드 조 원작/전지은 저/안경희 그림	한국경제신문사 (한경비피)	2014년 04월
334	가브리엘 샤넬	김선희 글/민은정 그림 / 김선희 글	비룡소	2014년 05월
335	괜찮아, 선생님이 기다릴게	김영란 글그림	사계절	2014년 05월
336	나의 직업 군인	청소년행복연구실 저	동천출판	2014년 05월
337	나의 직업 외교관	청소년행복연구실 저	동천출판	2014년 05월
338	나의 직업 자동차 정비사	청소년행복연구실 저	동천출판	2014년 05월
339	나의 직업 제과제빵떡사	청소년행복연구실 저	동천출판	2014년 05월
340	나의 직업 항공기 조종사	청소년행복연구실 저	동천출판	2014년 05월
341	장난인데 뭘 그래?	제니스 레비 글/신시아 B. 데커 그림/정회성 역	주니어김영사	2014년 05월
342	나의 직업 노무사	청소년행복연구실 편	동천출판	2014년 06월
343	나의 직업 보육 유치원교사	청소년행복연구실 편	동천출판	2014년 06월
344	나의 직업 소방관	청소년행복연구실 편	동천출판	2014년 06월
345	나의 직업 애견미용사	청소년행복연구실 편	동천출판	2014년 06월
346	나의 직업 정치가	청소년행복연구실 편	동천출판	2014년 06월
347	내꿈을 현실로 만드는 진로로드맵	고봉익,윤정은 공저	웅진윙스	2014년 06월
348	칸트 아저씨네 연극반	예영 글 / 김효진 그림 / 심옥숙 감수	주니어김영사	2014년 06월
349	10대, 우리들의 별을 만나다	이랑, 권혁준 공저	드림리치	2014년 07월
350	꿈 RNA	안영국 저	창비	2014년 07월

순서	도서명	지은이	출판사	출판일
351	둥글둥글 지구촌 관혼상제 이야기	정인수 글 / 윤유리 그림	풀빛	2014년 07월
352	생각의 시작, 어린이를 위한 감정수업	유재화 글	자유로운상상	2014년 08월
353	나의 직업 군인 공군	청소년행복연구실 편	동천출판	2014년 09월
354	장 앙리 파브르	유타루 글 / 하민석 그림	비룡소	2014년 09월
355	헤겔 아저씨네 희망복지관	함영연 글 / 강경수 그림 / 심옥숙 감수	주니어김영사	2014년 09월
356	EBS 어린이 지식ⓒ 5 꿈과 진로 편	EBS 지식채널e 제작팀 글 / 민재회 그림	지식채널	2014년 10월
357	스피치 교실	엄상현, 장수정 글 / 김현원 그림	고래가숨쉬는도서관	2014년 10월
358	어, 습관을 바꾸니 공부가 재미있네?	홍인영 글 / 시은경 그림	상서각	2014년 10월
359	어린이를 위한 진로 오디세이 1 흥미	팝팝진로맵연구소 기획 / 양아연 그림	팝팝북	2014년 10월
360	어린이를 위한 진로 오디세이 2 꿈	팝팝진로맵연구소 기획 / 양아연 그림	팝팝북	2014년 10월
361	어린이를 위한 진로 오디세이 3 적성	팝팝진로맵연구소 기획 / 양아연 그림	팝팝북	2014년 10월
362	정조 대왕	김종렬 글 / 민은정 그림 / 김종렬 글	비룡소	2014년 10월
363	EBS 어린이 지식ⓒ 1~5권 세트	EBS 지식채널e 제작팀 글/민재회 그림	지식채널	2014년 11월
364	닉 아저씨처럼 꿈을 가져	닉 부이치치 글 / 최종훈 역	두란노키즈	2014년 11월
365	닉 아저씨처럼 할 수 있어	닉 부이치치 글 / 최종훈 역	두란노키즈	2014년 11월
366	우리들의 따뜻한 경쟁	신현수 글 / 민소원 그림 / 신현수 글	열다	2014년 11월
367	나폴레옹 보나파르트	남찬숙 글 / 남궁선하 그림 / 남찬숙 글 / 남궁선하 그림	비룡소	2014년 12월
368	내가 리더야!	루앙 알뱅 글 / 안 몽텔 그림 / 예빈 역	주니어김영사	2014년 12월
369	둥글둥글 지구촌 학교 이야기	안선모 글 / 김석 그림 / 안선모 글/김석 그림	풀빛	2014년 12월
370	이종욱	이은정 글 / 우지현 그림	비룡소	2014년 12월
371	어린이 첫 직업 백과	이자벨 푸제르 글 / 알랭 부아예 외 그림 / 김성희 역	예림아이	2015년 01월
372	어린이를 위한 이기는 대화	이서정 글 / 이서정 글	머니플러스	2015년 01월
373	유망 직업 백과	김상호 저	노란우산	2015년 01월
374	친구를 사귀고 싶어	이현주 글 / 천필연 그림	리틀씨앤톡	2015년 01월
375	기쁨	채인선 글 / 조은영 그림 / 채인선 글 / 조은영 그림	한권의책	2015년 02월
376	열세 살에 마음 부자가 된 키라	보도 섀퍼 글/원유미 그림/유영미 역	올파소(21세기북스)	2015년 02월
377	화	채인선 글/황유리 그림 / 채인선 글/황유리 그림	한권의책	2015년 02월
378	꼬마 손자병법	문경민 글 / 민은정 그림	비룡소	2015년 03월
379	두려움	채인선 글/민은정 그림 / 채인선 글	한권의책	2015년 03월
380	슬픔	채인선 글/정은희 그림 / 채인선 글/정은희 그림	한권의책	2015년 03월
381	외로움	채인선 글/이혜란 그림 / 채인선 글/이혜란 그림	한권의책	2015년 03월

참고문헌

경기도교육청 평생교육과. 2014, 2015학년도 사서교사 정원배정 및 인사지침(안). 의정부: 경기도교육청 평생교육과.
국립국어원. 2015. 『표준어국어대사전』. 〈http://www.korean.go.kr〉 [인용 2015. 8. 19].
김영남. 2011. 『초등학생 태권도 수련에 있어 다중지능이론의 적용 가능성』. 석사학위논문, 용인대학교 태권도대학원 태권도산업경영학과.
김은정 외. 2011. 『학교도서관을 활용한 진로독서 프로그램』. 의정부: 경기도교육청북부청사.
경기도사이버도서관. 2013. 『(도서관 정보활용 콘텐츠 주제자료 활동지) 열려라 도서관 시즌 2 : 주제별 프로그램』. 수원: 경기도사이버도서관. 〈http://info2.library.kr〉 [인용 2015. 10. 31].
두산백과. 2015. 『두산백과』. 〈http://terms.naver.com/list.nhn?cid=409642&categoryId=40942〉 [인용 2015. 8. 19].
레저산업진흥연구소. 2015. 『호텔용어사전』. 서울: 백산출판사. 〈http://terms.naver.com/list.nhn?cid=42109&categoryId=42109〉 [인용 2015. 8. 19].
박경숙 외. 1991. 『우등생이 되기 위한 글일기 5: 정교화학습전략(2)』. 서울: 한국교육개발원.
변우열 외. 2014. 『도서관 청소년 글쓰기 프로그램 모형 개발 연구』. 서울: 국립어린이청소년도서관.
봉성래 외. 2009. 『2009 진로교육 프로그램』. 수원: 경기도교육정보연구원.
서우석 외. 2015. 『초등학교 실과 6 지도서』. 서울: 동아출판사.
송기호 외. 2005. 『독서를 통한 정보활용능력 가이드 개발: 초등학생용』. 서울: 국민독서문화진흥회.
아이스크림 원격교육연수원. 2015. 『차근차근 진로교육: 26차시 교과 통합 진로교육의 실제 - 1,2학년』. 서울: 아이스크림 원격교육연수원.
이병기. 2012. 『정보활용교육론』. 개정판. 서울: 조은글터.
장지경. 2007. 『Basic 중학생을 위한 수학공식 활용사전』. 서울: 신원문화사.
전보라. 2011. 『Individual research class : 5~6차시 탐색한 자료의 기록과 관리』. 서울: 경기여고.
한국고용정보원. 2015 『한국직업전망』. [인용 2015. 10. 31].
한국도서관협회. 2013. 『한국십진분류법』. 제6판. 서울: 한국도서관협회.

한국진로교육학회. 2015. 『(초등학교) 진로와 직업 : 교사용 지도서』. 서울: 미래엔.
Tomas Armstrong. 2007. 『다중지능과 교육』. 전윤식, 강윤심 공역, 재판. 서울: 중앙적성.
Tomas Armstrong. 2013. 『너는 똑똑해 : 성적표에 나오지 않는 아이의 숨은 지능』. 김정수 옮김. 서울: 미래의 창.

진로독서포트폴리오와 진로독서교육 제3장

제1절 진로교육과 진로독서교육

제2절 진로독서포트폴리오의 이해

제3절 진로독서프로그램의 실제

부 록

제3장 진로독서포트폴리오와 진로독서교육

제1절 진로교육과 진로독서교육

1. 진로교육의 의미

진로교육은 앞으로 나아갈 길에 대해 생각하고 준비할 수 있도록 지도해주는 과정을 말한다. 많은 학생들이 성적에 맞추거나 부모님의 권유로 대학을 진학하다보니 학과에 적응하지 못하고 전과하거나 재수를 하는 경우들이 생겨났다. 또한 졸업을 하고서도 본인이 무엇을 하고 싶은지 적성이 무엇인지 모르고 전공과 상관없는 직업에 종사하는 경우가 많다. 이러한 문제들을 해결하기 위해서 적성과 흥미 등 다양한 기준을 고려하여 미래를 설계할 수 있도록 체계화된 진로교육이 시도되고 있다. 또한 학생들의 진로교육의 중요성이 부각되면서 각 학교에 진로상담교사가 배치되고 중학교에 자유학기제가 도입되면서 다양한 형식의 진로교육이 실시되고 있다.

진로교육의 목적은 자아 이해와 발견, 다양한 일과 직업세계 대한 이해, 일과 직업에 대한 가치관 및 태도 육성, 진로선택의 폭을 넓혀주고자 하는 것이다. 또한 학생들이 앞으로 어떻게 살아가야 하는가를 고민하고 그에 따라 학생들이 원하는 방향을 설정하고 경험할 수 있도록 하는 것이다. 즉, 진로지도를 통하여 학생들의 적성과 흥미를 발견해 진로와 관련된 최적의 선택을 할 수 있도록 지도하고 미래를 설계하는데 필요한 방향을 제시해주는 것이다.

청소년기 진로교육은 학생들이 시대적 변화를 정확하게 인식하고 보조를 맞출 수 있도록 진로지도가 이루어져야 하며 체계적이고 의도적인 진로교육이 실시되어야 한다.

중학교에서의 진로탐색은 구체적으로 직업을 선택하기보다 직업에 관련된 정보를 수집하고 분석하는 능력, 소질과 적성, 흥미 등에 대하여 광범위하게 생각해 보고 객관적으로 평가할 수 있는 능력에 초점을 두고 지도하여야 한다. 그리고 중학교 학생들은 진로성숙도에 많은 개인차를 보이고 있어 발달과정에 맞는 지도 프로그램을 제공해야 한다.

고등학교에서는 스스로 진로를 선택하고, 개척해 나가기 위해 자신을 객관적으로 평가하고 그에 맞는 직업을 선택할 수 있도록 객관적인 정보를 통해 합리적인 결정을 할 수 있도록 지도할 필요가 있다. 또한 장기적인 안목을 가지고 장래를 설계할 수 있도록 지도해야 한다.

진로교육의 단계는 진로인식단계, 진로탐색단계, 진로준비단계, 진로유지 및 개선단계로 나뉜다. 청소년기에는 진로탐색 및 진로준비단계를 적용하도록 되어있으나 청소년에게도 진로인식에 대한 재교육은 필요함으로 초등단계에서 고등단계에 이르기까지 폭넓게 지도할 필요가 있다.

〈표 3-1〉 진로교육의 단계[1]

발달단계	시기	과제
진로인식 단계	초등학교	• 일의 세계 인식 • 일의 세계에 대한 건전한 가치관의 기초형성 • 자기인식 • 다양한 직업군과 이에 의한 사회의 발전 등에 대한 인식의 기회제공
진로탐색 단계	중학교	• 진로의 탐색 • 잠정적 진로계획 • 직업에 대한 경제적, 종교적, 취미, 오락적 의의 및 지역사회와 가족에 대한 이해
진로준비 단계	고등학교	• 진학 또는 취업에 필요한 지식, 기능 습득 • 직업의 가치관 정립 • 구체적인 진로계획
진로유지 개선 단계	대학교/성인	• 직업 직장 탐색 • 전문가 능력 개발 • 직업의 성숙, 승진, 전환, 정년을 위한 학습과 훈련

---

1) 장석민 외(1997). 산업인력개발정책에 부응한 학교 진로교육 실천방안 연구. 한국진로교육학회.

진로를 결정할 때는 취미, 흥미, 적성 등의 파악을 통하여 자기이해가 선행되어야 하며 그에 따라 합리적인 의사결정을 통해 진로 및 직업을 선택하여야 한다. 그리고 다양한 자료를 활용하여 직업세계에 대한 최신정보를 수집하고 주변사람이나 부모님과 충분한 대화를 통해 최종결정을 내리도록 한다. 물론 많은 학생들이 진로를 결정하는데 있어서 부모의 영향을 받을 수밖에 없지만 부모가 원하는 대로 강요하는 대로 선택하는 것이 아니라 진로선택에 있어서 최종결정은 반드시 본인이 내려야 한다는 것을 인식할 수 있도록 지도해야 한다.

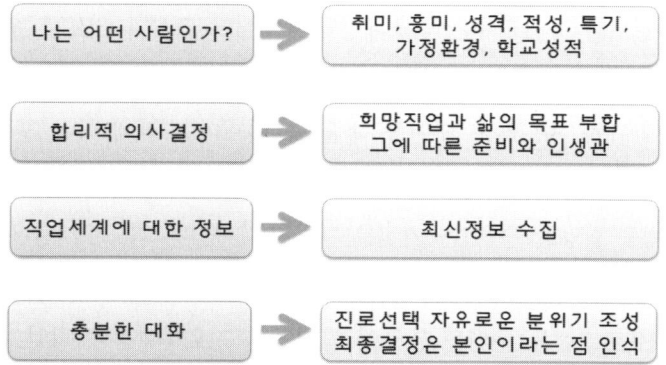

진로독서지도는 창의적 체험활동 시간이나 방과후 활동시간 또는 자유학기제를 실시하는 학년을 대상으로 동아리를 운영될 수 있다. 특히 창의적 체험활동은 정규 수업시간이기 때문에 교사가 따로 교육과정 운영 시간을 마련하지 않아도 학생들을 대상으로 정기적이고 체계적인 진로교육을 실시할 수 있다.

창의적 체험시간에는 다음과 같은 활동이 편성되어 있으며, 진로독서활동과 접목하여 운영할 수 있다.

자율활동	진로와 직업에 관련된 다양한 활동, 직업체험, 탐색 등
동아리활동	진로독서동아리, 진로탐색동아리, 독서동아리
봉사활동	직업별 봉사활동(또래상담, 도서부, 방송부 등)
진로활동	자율독서, 진로독서, 직업별 체험활동

2. 진로독서교육의 필요성

우리는 교과서에 나온 함축된 지식만으로는 충족할 수 없는 다양한 지식과 정보들을 독서를 통해서 폭넓고 깊게 이해할 수 있다. 마찬가지로 진로와 관련된 모든 것을 경험하고 습득할 수 없으므로 관련된 자료읽기를 통하여 배경지식과 간접경험을 늘려야 한다. 또, 독서를 바탕으로 미래를 준비하고 살아가는데 필요한 지식을 넓혀야 한다.

이러한 진로와 독서교육은 범교과영역, 즉 어느 교사나 지도할 수 있는 영역으로 다양한 방법을 활용하여 교육이 이루어질 수 있다. 각 교과별, 교사별로 관련 전문 분야에 대해 지도하고 조언을 해줄 수 있으며 교과에 따른 분야별 독서교육을 진행할 수 있다. 특히 사서교사는 학교도서관을 활용하여 다양한 방법으로 진로개발 능력을 함양할 수 있는 기회를 제공할 수 있다. 학교도서관은 도서자료, 영상자료, 전자자료 등 다양한 매체의 자료를 가지고 있는 자료센터로서 다양한 자료를 활용한 프로그램을 운영을 통하여 학생들의 진로정체감과 직업 가치관을 키우고 적성과 흥미에 따른 직업탐색에 도움을 줄 수 있다.

이를 통하여 학생들은 진로독서교육을 통해 자신의 흥미와 적성에 따른 직업을 탐색하고 결정하는데 도움이 되고 선택한 직업에 대한 심도 있고 폭넓은 자료를 통해 준비를 할 수 있다.

학생들은 자신에게 필요한 자료가 무엇인지, 진로에 따라서 어떤 책을 읽어야 하는지 잘 모르기 때문에 자료전문가인 사서교사가 진로에 따른 독서 자료를 권장해주고 개별 독서포트폴리오를 지도할 수 있다. 학생들이 많은 책을 읽는 것보다는 수많은 책속에서 미래의 목표에 따라 그리고 자신의 목적에 따라서 책을 선별하여 읽도록 해야 한다. 따라서 사서교사는 독서상담을 통해 진로에 맞는 도서를 권장해주고, 진로상담을 통해 관련 자료를 서비스함으로써 학생들의 포트폴리오 작성에 도움을 줄 수 있다. 또한 입학사정관제 도입에 따라 독서에 대한 기록이 필요하고, 자기소개서에도 독서에 대한 부분이 기재됨으로 사서교사는 도서관의 대출반납이력을 출력하여 학생의 독서활동을 파악하고 학생들이 도서관의 독서행사에 참여했던 것을 토대로 독서활동기록을 해줄 수 있다. 또한, 학생들이 감명 깊게 읽었거나 삶과 진로에 영향을 준책에 대해서 독서활동기록을 기재하는 부분에서도 도움을 줘야 한다. 그리고 수업에서는 학생들의 흥미, 학년, 수업환경에 따라 진로독서 프로그램 내용을 구성하여 정기적이고 체계적으로 지도하도록 한다.

진로독서활동은 지도하는 사람에 따라 다양한 방법과 형식으로 진행할 수 있다. 학교도서관에서 실시할 수 있는 진로독서교육활동의 예시는 다음과 같다.

- 다양한 읽기 자료와 진로교육활동을 연계한 프로그램 운영
- 협력수업, 프로젝트 수업을 통한 진로독서프로그램 운영
- 직업과 연계된 도서자료 구비, 목록제공 및 별도 비치
- 희망직업 관련 자료 서비스 및 추천활동
- 진로독서 관련자료 홍보 및 게시
- 진로 관련 논문쓰기 및 보고서쓰기
- 진로독서 관련동아리 운영 및 활동기록
- 독서활동 기록 지도
- 진로독서관련 대회 운영 ex) 롤모델 발표대회
- 진로독서포트폴리오 구성지도
- 진로관련 다양한 교외 프로그램 홍보
- 독서 및 진로독서 상담 실시
- 창의적 체험활동, 자유학기제 동아리활동 시간을 활용한 진로독서교육 실시
- 아침독서시간을 활용한 진로독서활동지 배부 운영

〈학교도서관 진로독서교육 활동 예시〉

3. 진로독서지도

진로독서교육을 실시하기 위해서는 다양한 책에 대한 정보와 내용을 숙지하고 있어야 한다. 따라서 진로독서교육을 지도하기 위해서는 다양한 주제 분야의 책을 읽고 수업에 적용하며 학생들에게 추천할 수 있도록 책을 많이 읽어야 한다. 도서의 장점은 어떤 주제와 내용으로 수업을 하든지 관련된 자료가 있고 이를 활용하는 방법은 무궁무진하다는 것이다. 학생들의 이해를 돕고 수업에서 적절히 활동할 만한 자료들이 학교도서관에 많이 소장되어 있다. 이를 적극적으로 활용하여 다양한 자료를 제작하고 학생들을 지도함으로써 진로교육의 이바지를 해야 한다.

3.1 독서목적

적성과 흥미에 따른 직업을 선택한 후 그와 관련된 도서들을 선정하여 꾸준히 읽도록 하는 과정이 필요하다. 독서란 개인의 취향과 흥미에 따라서 재미와 효과가 다르기 때문에 누구나 다 읽어야 하는 필독도서보다는 자신의 흥미와 미래를 준비하기 위한 도서를 선별하여 읽는 기획독서가 필요한 시대이다. 정치에 관심이 있고 지도자가 되길 원하는 학생이라면 정치학, 지도자의 길, 관련된 유명인사 등에 관련된 도서를 읽어야 하는 것이다. 학생들은 기획독서를 통해서 롤모델을 만들고 직업에 대한 지식과 정

- 직업별 도서목록 안내
- 과목별 도서목록 안내
- 주제별 도서목록 안내
- 분류번호별 직업 안내
- 직업별 유명인사 안내
- 희망직업에 따른 독서상담과 관련자료 안내
- 직업관련 뉴스기사 제공

〈자료선택을 위한 안내자료 예시〉

보를 쌓으며 상위학교 진학에 도움을 주고 미래를 준비할 수 있다. 즉, 프로그램 운영자는 학생들이 관심 있는 분야 혹은 자기의 목표와 관련된 주제를 정하고 주제와 연관된 책을 꾸준히 읽는 전략적인 독서활동을 통해 진로를 결정하고, 그에 맞는 책을 찾아 읽는 자기주도적인 독서활동을 하도록 해야 한다. 프로그램 운영자는 읽을 책을 선정할 때에는 진로와 독서상담을 통해 다양한 책을 선정하여 안내하고, 자신의 상황과 특성에 맞게 책을 고를 수 있도록 지도한다.

3.2 독서방법

학업과 다양한 사유로 인해 모든 학생이 같은 책을 읽어오는 활동이 어렵기 때문에 선정도서의 일부 내용을 발췌한 후 활동지로 나눠주고 심화독서로 이끌어주는 방식으로 지도한다. 발췌독서는 필요한 내용만 발췌하여 읽음으로써 짧은 시간에 독서의 효과를 최대한 많이 얻을 수 있는 방법으로, 책을 끝까지 꼼꼼히 읽는 것이 아니라 제목, 목차 등을 먼저 읽고 자신에게 필요한 내용인지 여부를 파악하는 것이다. 학생들을 지도할 때 수업에 적용할 수 있는 내용을 발췌하여 함께 읽고 생각하고 토론할 수 있는 시간을 갖도록 하고 발췌한 도서에 대한 서지사항을 안내하여 흥미가 있는 학생들이 읽을 수 있도록 권장한다. 진로가 정해지고 독서력이 읽는 학생들을 대상으로 소논문쓰기 및 보고서쓰기 활동을 통해 관련분야의 전문자료를 읽을 수 있도록 지도한다. 롤모델에 관하여 지도하기 위한 발췌도서의 예시는 다음과 같다.

1. 김태광. 2008. "꿈꾸는 너에게 불가능은 없다." 굿인포메이션,
   : 성공한 사람들에게서 배워라, 존경하는 인물을 찾아라.
2. 박성철. 2007. "중학생 인생수업." 추수밭 : 94-98
   (위대한 인물을 인생의 스승으로 모시기).
3. 임영복. 2013. "꿈 스케치." 국일미디어 : 182-187(꿈의 모델을 만나라).

〈롤모델 수업활동을 위한 발췌도서 예시〉

프로그램 운영자는 진로가 확립된 학생에게 관련된 분야에 대한 책을 분석하며 읽기와 통독 및 정독을 통해서 정보와 지식을 심화시킬 수 있도록 지도한다. 또한 학생들이 지속적으로 진로에 대한 책을 읽을 수 있도록 계속적으로 안내 자료를 작성하여 배부하도록 한다.

3.3 독서제재

읽기자료의 기본제재는 인쇄자료이다. 학교도서관의 다양한 주제분야의 도서 자료를 활용하여 진로독서 프로그램을 운영하고 지도할 필요가 있다. 프로그램 운영자는 학생들의 흥미유발을 위하여 진로관련 도서뿐 아니라 직업과 관련된 뉴스 기사, 동영상 등 다양한 자료를 활용하여 지도하여야 한다. 학교도서관의 다양한 매체를 통하여 학생들의 독서수준에 따라서 적절한 자료를 활용하도록 한다.

제2절 진로독서포트폴리오의 이해

1. 독서포트폴리오의 의미

포트폴리오란 자신의 실력을 보여줄 수 있는 작품이나 관련 내용 등을 집약한 자료 수집철 또는 작품집을 말한다. 자신의 이력이나 경력 또는 실력 등을 알아볼 수 있도록 과거에 만든 작품이나 관련 내용 등을 모아 놓은 자료철 또는 자료 묶음, 작품집으로, 실기와 관련된 경력증명서로 정의된다. 자신의 실력을 남에게 보여주기 위한 자료철이 포트폴리오이기 때문에 자신의 독창성과 능력을 한눈에 알아볼 수 있도록 간단명료하게 만드는 것이 좋다.

학생들의 다양한 학교 활동에서 독서와 관련된 활동이 중요시되고 그에 따라

생활기록부에 독서이력을 작성하도록 되어 있다. 상위학교에서는 얼마나 다양한 활동에 참여했는가와 독서활동을 얼마나 꾸준히 했는가를 평가하고 있다. 따라서 독서포트폴리오 구성을 통하여 자신의 독서활동 이력을 보여줄 수 있어야 한다. 독서활동에 대한 평가는 학생들이 어떠한 책을 읽고 독서를 통해 무엇을 얻었으며 자신의 삶이나 생각에 어떠한 변화를 가지게 되었는지를 평가하고자 하는 것이다. 즉, 독서포트폴리오를 통해 지원자가 어떤 책을 읽고, 그 책에서 무엇을 배웠는지를 파악하고, 또 어떤 잠재력을 갖고 있는지 평가한다. 또한 자신의 목표와 관련하여 얼마나 자기 주도적으로 공부를 했는지 확인하는 자료로 쓰인다. 비단 진학을 위해서만 아니라 독서인으로서, 자기계발을 위해 독서이력을 계속적으로 관리한다면 개인의 사회생활 및 삶에 좋은 영향을 미칠 것이다. 학생들은 독서를 통한 간접 경험을 늘림으로써 자신의 꿈을 발견하고, 소질과 특성에 맞는 미래 공부 분야, 직업 등을 찾을 수 있다.

독서활동에 대한 평가에는 아래와 같은 내용들이 들어가며 평가내용이 모두 진로와 연결되어 있다고 볼 수 있다.

  1) 독서를 통하여 자신이 어떤 생각을 하게 되었는가?
  2) 독서를 통하여 자신의 꿈을 찾고 진로를 탐색했는가?
  3) 독서를 통해 인생의 롤모델을 발견하고 닮기 위해 노력했는가?
  4) 독서활동이 삶의 목표, 가치, 미래에 어떠한 영향을 미쳤는가?

위와 같은 질문은 다양한 분야의 책을 읽는 것도 중요하지만 미래에 꿈꾸는 직업, 진학하고자 하는 전공 관련 도서를 전략적으로 읽어나가야 됨을 깨닫게 해준다. 또한 학교현장에서 진로독서교육이 필요하고 중요하다는 것을 보여주는 것이라 할 수 있다.

2. 독서포트폴리오 작성요령

우리는 독서기록장이라고 하면, 책의 줄거리와 느낀 점 등을 기록한 것을 일반적으로 생각한다. 하지만 요구되는 독서포트폴리오는 "주도적인 독서 활동" 즉, 독서를 통하여 자신이 어떤 생각을 했는지, 책을 통하여 자신의 꿈을 찾고 진로를 탐색 했는가, 책을 통해서 인생의 모델을 발견하고 이를 닮기 위해서 노력 했는가 등이다. 이와 같은 독서포트폴리오를 작성하기 위해서는 다음과 같은 형식을 고려할 필요가 있다.

1) 도서선정

책의 목록을 설정할 때는 자신의 목표와 진로에 관련된 책을 고르는 것이 좋다.

2) 서지사항과 감상쓰기

형식에 맞추어 글을 쓰는 것도 중요하지만, 지나치게 형식에 얽매이면 독서에 대한 흥미를 반감시키게 된다. 따라서 프로그램 운영자는 읽은 책 모두를 형식에 맞추어 쓸 필요는 없으며, 간단한 서지사항과 감상을 적도록 지도한다. 또한 인상 깊었거나 영향을 받은 책에 대해서는 자세히 기술하여 자기소개서 및 독서활동기록에 참고할 수 있도록 한다.

3) 삶과 연결 지어 느낌쓰기

독서활동을 평가할 때 제대로 읽었는지, 어떤 느낌을 받았는지 구체적으로 평가한다. 따라서 독서 포트폴리오를 작성 할 때는 삶이나 경험에 비추어 느낌을 진솔하게 써 나가는 것이 중요하다.

4) 읽은 책을 가지고 많은 사람과 대화하기

같은 책을 읽어도 사람마다 다른 느낌과 의견을 가질 수 있으므로 다양한 사람들과 함께 이야기해보는 시간을 갖도록 지도한다. 이러한 활동을 통해 학생들은 사고의 폭을 넓힐 수 있으며 심층면접이나 돌발질문에 당황하지 않고 대답할 수 있는 자신감을 기를 수 있다.

독서포트폴리오는 미래를 준비하기 위한 노력의 과정을 기록한 것이므로, 다양한 방법으로 표현하도록 지도한다. 책을 읽고 난 후 독서감상문을 작성할 때 들어가야 할 내용은 다음과 같다.

1. 책을 읽은 날짜	꾸준한 독서활동 보여줌
2. 서명(책이름), 저자명, 출판사	정확히 기재 필요
3. 책의 주제 분야	진로관련 분야 선정
4. 책을 읽게 된 동기	추천도서, 희망직업연관
5. 가장 인상 깊은 구절이나 장면과 이유	한줄 감상쓰기 활용
6. 읽고 난 후 느낀 점	전체의 60~70% 비중
7. 책을 읽기 전과 읽은 후의 나의 변화	삶과 연결 지어 기록

3. 진로독서포트폴리오의 의미

진로독서란 진로에 따른 관련도서를 읽는 것을 말한다. 관련도서를 읽고서 독서활동에 대한 기록들을 묶어 놓은 것을 진로독서포트폴리오라고 할 수 있다. 예전에는 대부분의 학교에서 필독도서목록을 정해놓고 학생들에게 읽도록 권장하였지만 모든 학생들이 꼭 읽어야 할 필독도서란 없으며 학생 개개인이 필요 및 흥미에 따라서 읽어야 할 책들이 저마다 다를 필요가 있다. 진로독서의 의미를 함축하자면, 미국도서관협회에서 말한 '가장 적절한 책을 가장 적절한 사람에게 가장 적절한 때에 읽어야 한다.'는 말을 들 수 있다. 학생들이 진로에 따라서 필요한 책을 읽히도록 하는 기획독서를 해야 한다는 것이다. 진로에 따라 독서의 목적이 달라질 수 있기 때문이다. 프로그램 운영자는 학생들이 독서 감상문을 작성할 때 아무 책이나 읽고서 감상문을 적는 것이 아니라 진로와 관련된 도서를 선정하여 읽게 된 동기 및 변화를 기술하도록 지도한다. 학생들은 독서를 통해 실제로 경험하지 못한 내용을 간접 경험함으로써 꿈을 발견하고, 소질과 특성에 맞는 공부와 직업을 찾을 수 있다. 또한 꿈과 관련된 독서를 통해, 진로를 개척하고 그에 따라 필요한 지식과 정보를 습득할 수 있다. 자가가 꿈인 학생은 다양한 작품 속의 인물을 분석하고 다른 작가들의 표현방법 등을 배우기 위해서 독서를 하고, 정치가가 꿈인 학생은 다양한 나라와 사람들의 문화를 이해하고 정치에 대한 배경지식을 쌓으며, 그를 통하여 정치활동의 목표와 방향을 잡기 위해서 독서를 해야 한다. 즉, 자신이 나아가고자 하는 방향에 따라 꼭 읽어야 할 책이 있다는 것이다. 이것이 진로독서 포트폴리오를 구성해야 하는 이유이며 그 필요성을 정리하면 다음과 같다.

> 간접경험을 넓혀 진로를 개척할 수 있다.

> 자기주도적 학습의 모습을 보여줄 수 있다.

> 커리어 포트폴리오를 대신할 수 있다

미래사회는 자기주도적 학습능력을 가지고 지속적인 자기계발을 할 수 있는 인재가 요구된다. 우리가 필요로 하는 대부분의 정보는 간단하게 스마트폰을 이용하여 포털사이트에서 검색하면 모두 나오기 때문에 지식을 많이 알고 있는 사람보다는 지식을 응용하여 새로운 지식을 창출할 수 있는 인재이다. 그러기 위해서 창의적인 사고를 할 수 있는 다양한 활동이 이루어져야 하며, 창의적인 사고는 다양한 경험과 지식을 바탕으로 하여 폭넓어진다. 따라서 독서를 통하여 지식을 넓혀야 하며 특히 진로독서를 통하여 직업과 관련된 분야의 지식을 넓혀서 남다른 경쟁력을 확보하도록 지도해야 한다. 진로독서를 실천하기 위해서는 자기이해를 통한 목표설정을 하고 목표와 관련된 도서를 선정한 후 그에 대한 독서활동이 이루어질 수 있도록 한다. 흥미 및 진로분야 도서를 통해 독서 동기를 유발시키고 독서생활화를 유도할 수 있으며, 미래 준비를 하는데 도움을 줄 수 있다. 또한 정독을 하기

보다는 필요한 부분만 골라서 읽는 발췌독서를 통해 관련분야를 폭넓게 많이 읽히는 것이 중요하다.

전반적으로 진로에 따른 포트폴리오 내용을 정리해보는 시간을 갖고 어떤 활동을 해야 하는지, 무엇이 필요한지, 어떤 것을 읽어야 하는지, 어떤 준비를 해야 하는지 폭넓게 생각해보도록 지도한다. 프로그램 운영자는 각각의 개성에 따라, 진로에 따라서, 활동에 따라서 형식에 구애받지 않고 작성하도록 지도한다.

진로독서포트폴리오를 지도하기 위해서는 다양한 시간과 방법을 활용하여 운영할 수 있다. 창의적 체험활동, 진로시간, 동아리활동시간, 자율동아리, 방과후 활동 등 다양한 형태로 진행될 수 있다. 자유학기제가 도입되면서 교육과정 속에서 다양한 동아리활동이 가능해짐에 따라 프로그램 운영자는 진로독서활동을 체계적이고 지속적으로 교육할 수 있다. 또한 학교도서관 행사와 연계하여 지속적인 독서활동이 이루어지도록 하고 그에 따른 포트폴리오를 구성할 수 있도록 진로독서교육 프로그램을 운영할 수 있다.

진로독서관련 동아리활동
· 소논문동아리
· 진로독서동아리
· 진로상담동아리
· 서평동아리
· 인문고전토론동아리
· 기타 독서관련 동아리

〈진로독서관련 동아리 예시〉

학교도서관과 연계된 진로독서프로그램을 아래와 같은 다양한 방식으로 운영할 수 있다.

· 책의 날, 독서의 달, 독서주간 행사와 연계
· 진로독서대회 운영
· 방학진로독서캠프 운영
· 롤모델 발표대회 운영
· 책 속 직업찾기 대회
· 진로탐색보고서 쓰기 대회
· 정보활용교육 프로그램 연계

〈학교도서관을 활용한 진로독서 프로그램 예시〉

4. 진로독서포트폴리오 구성 내용

포트폴리오에 들어갈 내용은 봉사활동, 체험활동, 독서활동, 창의적인 활동 등으로 진정성이 있어야 한다. 즉, 목표를 실현시키기 위한 과정이어야 한다. 진로나 학습에 대한 목표를 세우고, 구체적인 계획에 따라 활동하고 그 기록을 담아내야 한다는 것이다. 개별 독서활동, 교내 독서활동을 꾸준히 기록하고 자료를 모아서 포트폴리오를 구성하도록 한다. 자기이해활동부터 진로 준비를 위한 독서활동까지 모든 단계에 독서활동을 꾸준히 지속적으로 모을 수 있도록 지도한다. 학생들은 이것으로 자기주도적으로 목표를 향해 꾸준히 독서활동을 했다는 것을 보여줄 수 있다.

독서활동에는 자기이해 및 목표설정, 자아존중감 향상 등을 위한 교양독서 활동과 진로탐색, 선택, 준비를 위한 진로독서활동으로 나눌 수 있다.

교양독서활동	진로독서활동
- 자기이해활동	- 진로선택동기 : 영향을 준 도서
- 비전과 목표설정	- 진로관련 뉴스기사 스크랩
- 자아존중감 형성	- 진로관련 롤모델
- 삶과 일의 세계 이해	- 진로관련 도서읽기

〈독서활동의 분류〉

4.1 진로교육단계에 따른 진로독서 단계

진로독서활동을 통해 작성했던 자료들을 모아서 묶으면 진로독서포트폴리오를 만들 수 있다. 또한, 독서교육종합지원시스템을 이용하여 독서활동을 입력하고 독서 이력철을 출력하여 활용할 수 있다. 진로독서포트폴리오 내용 구성을 위한 다양한 진로독서활동의 예시는 다음과 같다.

〈표 3-2〉 진로교육단계에 따른 진로독서단계

진로교육단계	진로독서단계	활동주제 (예시)
자기이해	독서를 통한 자기이해	비전과 진로 목표설정 흥미와 직업 라이프스타일과 진로 적성검사와 나 자기이해 자기소개서
일과 직업의 세계이해	독서를 통한 진로이해	일과 삶 일의 가치 직업선택의 기준 안정적인 삶 직업의 세계의 변화 사회적 역할과 책임
진로탐색	독서를 통한 진로탐색	직업탐색활동 직업탐색보고서 직업가계도 유망직종 vs 유명직종 이색직업과 신생직업
진로디자인과 계획	진로에 따른 독서활동	독서감상문 쓰기 직업관련뉴스 읽기 직업관련 논문쓰기 나의 롤모델 진로독서목록 작성 직업관련 심화독서

4.2 주제별 진로독서교육

학교도서관의 다양한 주제 분야별 독서교육을 통해서 다양한 직업의 세계를 모색하고 편향된 독서습관을 고칠 수 있으며, 교과독서 및 서술형평가에도 도움을 줄 수 있다. 이를 위한 활동으로 프로그램 운영자는 각 학생들의 진로분야에 따라, 좋아하는 교과목에 따라 독서활동을 할 수 있도록 주제별 독서활동지를 배부할 수 있다.

〈표 3-3〉 주제별 관련교과

주제	관련교과	주제	관련교과
000 총류	전교과, 정보	500 기술과학	기술가정
100 철학	도덕, 사회	600 예술	음악, 미술, 체육
200 종교	도덕, 사회	700 언어	국어, 외국어
300 사회과학	사회	800 문학	국어
400 순수과학	수학, 과학	900 역사	역사, 사회

프로그램 운영자는 주제별 독서교육을 통하여 진로설정을 하는데 도움을 줄 수 있으며, 독서흥미 유발을 통해 도서관 이용을 유도하여 독서율을 높일 수 있다. 또한, 주제별 혹은 교과별 독서를 통해 흥미분야에 대한 관심을 높이고 그에 따라 진로설정을 할 수 있도록 유도할 수 있다. 학생들은 다양한 분야의 배경 지식을 쌓아 학업에 도움이 되면, 새로운 분야에 흥미를 가질 수 있다.

〈표 3-4〉 교과별 직업군

교과	직업군
국어	작가, 출판관련직업, 아나운서, 언어학자, 어문학교사, 한문교사
영어	영어교사, 번역가, 통역사, 국제회의통역사, 다문화 언어지도사
사회	사회교사, 정치가, 법률가, 대통령, 국회의원, 교육학자, 통계학자, 경제학자, 사회학자, 행정학자, 특수교사, 군인, 은행원, 소방관, 경찰
과학	과학교사, 발명가, 물리학자, 천문학자, 화학자, 고고학자, 식물학자, 곤충학자, 지질학자, 광물학자, 보석감정사, 동물학자, 호텔리어
수학	수학교사, 수학자
음악	음악가, 연주가, 반주자, 음악치료사, 성악가, 음향감독, 가수, 국악인
미술	큐레이터, 화가, 조각가, 일러스트, 디자이너, 건축가, 공예가, 미술치료사, 몽타주제작전문가, 메티컬 일러스트레이터
체육	스포츠매니저, 운동선수, 생활체육사, 체육교사, 무용가, 발레리나
기가	미용사, 요리사, 패션디자이너, 스몰리에, 제과제빵, 조리사, 메이크업
도덕	철학가, 종교인, 심리학자, 종교학자, 윤리학자, 도덕교사, 철학연구원

주제별 독서교육은 협력수업을 통하여 교과교사와 함께 사서교사가 교과별 독서와 그에 따른 진로에 대해 조사해보는 시간을 가져볼 수 있다. 흥미가 있거나 잘 하는 과목을 선택하고 그에 따른 직업을 조사함으로써 직업 세계의 이해에 도움을 줄 수 있다. 각 교과별로 진로독서 협력수업을 해본다면 다양한 직업을 알게 되는 기회가 되고 각 분야에 대한 도서를 읽는 기회를 가질 수 있다. 기말고사 후 교육과정을 마쳤을 때 협력수업을 원활히 진행할 수 있으며, 학생들은 학업에 부담이 없이 자유롭게 활동할 수 있다.

협력수업의 내용에 대한 예시는 다음과 같다.

대상	2학년	교과	수학	차시	2차시
학습유형	개별학습		지도교사	수학교사 · 사서교사	
학습목표	· 수학 관련 도서읽기를 통해 수학흥미를 높일 수 있다. · 수학 관련 내용을 조사하여 정리할 수 있다. · 관련 직업 조사를 통해 직업의 세계를 이해할 수 있다.				
활동과제	· 수학의 역사 소개하기 · 재미있는 수학이야기 · 새로운 수학공식 소개하기 · 재미있는 수학 퀴즈 만들기 · 수학과 관련된 직업 조사하기 · 수학자 조사하기 · 수학도서 소개하기				

〈협력수업 활동프로그램 예시〉

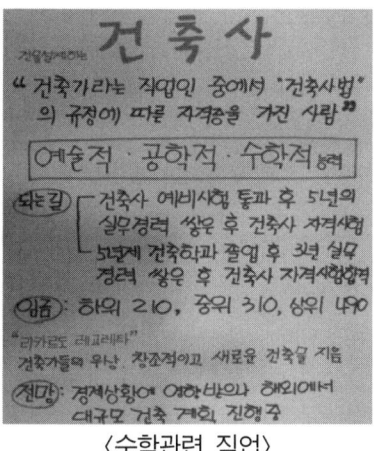

〈수학관련 직업〉

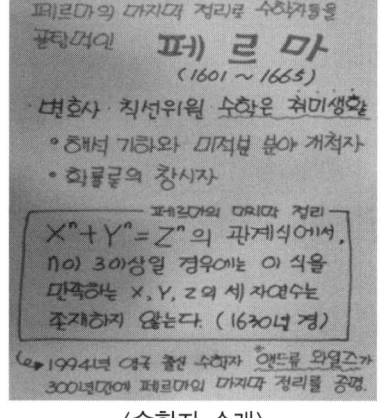

〈수학자 소개〉

4.3 진로독서활동 프로그램 운영

진로교육의 중요성이나 진로선택의 필요성이 강조되면서 몇 년 전부터 진로관련도서나 직업 소개 도서들이 많이 출판되고 있다. 학교도서관 사서교사는 관련도서를 구비하고 진로수업이나 관련활동을 위한 프로그램이나 행사를 기획하고 진행할 수 있으며 학생들의 진로에 따라 도서를 추천해줄 수 있으며 관련활동을 지원하기 위해 진로독서목록 등을 작성하여 배부할 수 있다. 학생들은 진로관련도서에서 발췌한 직업관련 정보를 배부하고 활동지를 작성하여 다양한 직업의 세계를 이해하고 직업 관련 정보를 얻을 수 있다. 따라서 프로그램 운영자는 학생들이 진로관련도서를 활용하여 진로를 설정하고 탐색할 수 있도록 다양한 프로그램이나 활동을 실시하도록 한다. 아래의 표는 아침 자기주도 학습 시간을 활용한 진로관련도서 읽기와 그에 따른 활동의 예시이다. 이 활동을 통하여 학생들은 진로의 이해부터 직업 정보 그리고 직업에 대한 폭넓은 사고를 할 수 있다.

〈표 3-5〉 진로지도를 위한 도서목록과 활동예시

순번	활동내용	활용도서
1	노동시장의 불확실성	(하버드 박사의)경제학 블로그
2	소명이란 무엇인가	숨겨진 나, 발견하기
3	정신노동과 육체노동	(사회선생님이 들려주는)경제이야기
4	바다와 관련된 직업	직업으로 꿈꾸는 바다
5	스포츠 관련 직업	직업옆에 직업옆에 직업
6	가르침의 즐거움 그리고 보람	영원한 1순위 사범대 교육대
7	세상을 창조하는 건축가	테크놀로지의 세계 3
8	기상학 관련 직업	날씨를 마음대로, 기상조절
9	방송국 사람들	채널고정! 시끌벅적 PD 삼총사가 떴다.
10	직업선택의 기준	아프니까 청춘이다
11	디자이너의 세계	디자이너가 말하는 디자이너
12	내 인생의 멘토	14살 인생 멘토

13	일이 그 사람이 되다	나는 무슨 일하며 살아야 할까?
14	나만의 좌우명을 갖고 인생을 멋지게 살자	10대에 꼭 해야 할 32가지
15	나만의 키워드를 찾아라	진학보다 진로를 먼저 생각하는 10대 미래지도
16	노동은 노예나 하는 일이라고?	청소년을 위한 경제의 역사

아래의 활동지는 학생들이 삶에서 일이 가지는 의미에 대해 생각해보고 나아가 기대수명이 늘어남에 따라 안정적인 직업을 영위하는 방법에는 어떤 것들이 있는지 알아보는 내용을 담고 있다.

〈활동지 예시〉

일이 그 사람이 되다
모두가 일을 해야 시대가 오면서 일은 더 이상 천한 것이 아닌 게 됩니다. 오히려 일을 자랑스러워가게끔 사회가 만들어요. 유럽에서는 '대처(thatcher : 이엉장이), 카펜터(carpenter: 목수), 위버(weaver : 베 짜는 사람), 쿡(cook : 요리사), 테일러(tailer : 양복장이), 스미스(smith : 대장장이), 골드스미스(goldsmith : 금세공장이)' 등 직업을 가리키는 말이 이름의 성이 돼요. 직업이 바로 '나'예요. 일을 계속해야 하니 일에 대한 시각을 바꾼 거죠. 이제 사람들은 '일이 중요한 거야. 인간은 일을 하면서 보람을 느끼는 거야.'하고 생각합니다. 사실 일에는 그런 측면이 있죠? 내가 아무 것도 안 하면 하루 종일 무엇을 하겠어요?
그러니까 "어이, 김서방"이 아니라, "어이 농사꾼", "어이, 대장장이", "어이, 주방장" 이렇게 된 거예요. 12~13세기부터 유럽에서는 이처럼 일을 부정적으로 생각하는 시각에서 긍정적으로 생각하는 시각으로 바뀌어요. 나중에 산업화가 완전히 정착되면서 우리는 이렇게 배워요. "인내는 쓰다. 그러나
그러니 오늘을 참고 견뎌라." 이게 바로 우리가

〈출처: 이철수. 20011. "나는 무슨 일하며 살아야할까?" 철수와영희〉

1. 삶에 있어서 일이란 어떤 의미를 가지는지 생각해보자.

_____

_____

2. 인간의 수명은 늘어나 노년에도 일을 해야 하는 시대가 오고 있는데 이제 안정적인 직업은 없다고 한다. 우리가 노년까지 계속적으로 원하는 직업에 종사하기 위한 방법은 무엇이 있을까 생각해보자.

_____

_____

_____

아래의 활동지는 건축가가 되고 싶거나 건축에 관심이 있는 학생들에게 선축의 의미와 건축기술, 건축가를 소개해주고 미래의 건축기술을 예상해보고 유명한 건축가를 조사해보는 활동으로 이루어져 있다.

세상을 창조하는 건축가

초고층 빌딩 속에 숨은 비밀

현재 세계에서 가장 높은 빌딩은 두바이의 부르즈 칼리파이다. 무려 162층 828미터에 달한다. 하지만 이 기록도 언제 깨질지 모른다. 세계 곳곳에서 초고층 빌딩이 건설 중이기 때문이다. 몇 년 후에는 한국에서도 초고층 빌딩을 볼 수 있을지도 모른다. 과연 초고층 건물은 어떤 비밀이 있기에 그런 높이를 유지할 수 있는 것일까?

초고층 건물의 기둥을 만들 때 일반 콘크리트로 기둥을 올리면 기둥의 부피가 엄청나게 늘어나게 되고 건물의 무게를 견디지 못해 콘크리트가 파괴될 것이다.

하지만 내부 조직이 치밀한 초강도 콘크리트를 이용하면 얇은 기둥으로도 무게를 감당할 수 있다. 그런데 콘크리트 강도가 올라갈수록 점성이 강해지기 때문에 꼭대기까지 도달하기 전에 굳어 버리는 문제가 생길 수 있다. 이런 문제를 해결하기 위해 콘크리트에 특수 분말제를 넣어 점성을 떨어뜨리고 있다.

(출처: 미래를준비하는기술교사모임. 2010. "테크놀로지의 세계 3." 렘덤하우스코리아)

건축가를 꿈꾸고 있다면 요즘 새롭게 대두되고 있는 제로-에너지 빌딩이나 IT기술을 접목한 건축기술에 대해 조사해보고, 미래에는 어떤 건축기술이 생겨날지 생각해보자.

_____

_____

_____

1970년대 세계에서 가장 높은 건물 다섯 개 중 네 개가 한 사람의 시공 공법으로 설계되었다. 그 공법을 개발한 사람은 20세기 후반 최고의 건축 설계자로 알려져 있는 파즐라 칸이다. 건축가로서의 파즐라 칸에 대해 조사해보자.

_____
_____
_____

아래의 활동지는 기상학에 대한 관심과 흥미를 높이기 위해 기상에 대한 내용과 관련 대학 및 직업을 소개해주고 그에 따른 활동 내용을 담고 있다.

날씨를 마음대로, 기상조절

왜 기상조절 기술이 필요할까?

비를 내리고 안개를 없애는 일이 도대체 우리에게 얼마나 중요한 일이 된 걸까? 우선 수자원에 대해서 생각해보자. 오늘날 세계는 산업 발전과 경제 규모의 지속적 확대에 따라 물 수요가 급격히 증가했다. 안정이며 지속적인 물 공급은 이미 전세계적인 화두다. 단순히 식수나 농업용수에 한정된 이야기가 아니다. 공업, 생활용수의 소비 또한 급격히 증가하고 있다. 일반적인 수자원 확보 대책으로는 댐 건설, 지하수 개발, 해수 담수화 등의 방법이 있으나 비용이 많이 들고 이에 따라 발생하는 환경문제를 안고 있다. 인공강우의 경우는 이러한 논란에서 비켜서서 환경 문제를 최소화하며 비교적 적은 비용으로 수자원 확보를 가능케 하는 방안이 될 수 있다.

(출처: 기상조절연구그룹. 2009. "날씨를 마음대로, 기상조절." 김영사)

대학 및 학과

- 서울대 - 대기환경과학과   · 연세대 - 대기과학과   · 경북대 - 천문대기과학과
- 부산대 - 대기환경과학과   · 부경대 - 환경대기과학과
- 강릉대 - 대기환경과학과   · 공주대 - 대기환경과학과

관련직업 및 기관

- 기상청 국립기상연구소, 대관령 구름물리선도관측센터 등
- 기상청공무원(9급), 기상변화전문가, 기상기사, 기상연구원 등

▶ 예전부터 날씨는 인간의 삶에 커다란 영향을 주었다. 기상기술이 발달하지 않았던 시대에는 기우제를 지냈다. 요즘 전 세계가 기상을 조절하는데 많은 힘을 쏟고 상업적으로도 이용되고 있다. 기상학에 관심을 가져보고 관련 직업을 조사해보자.

_____

_____

4.4 직업별 진로독서교육

직업별 독서포트폴리오 구성이나 내용에 차이가 있기 때문에 개인별, 진로별 독서포트폴리오를 상담을 통해 지도해 줄 수 있다. 학생들이 진로독서포트폴리오를 완성하기 위해서는 직업에 따라 다양한 형식으로 구성되며 그에 따라 읽어야 할 책이나 독서방향 등이 달라지기 때문에 프로그램 운영자는 개별 진로독서상담을 통해서 도서소개 및 독서활동 지도를 해주도록 한다. 독서포트폴리오에 들어갈 내용의 예시는 다음과 같다.

〈포트폴리오에 들어갈 내용〉

1. 포트폴리오 노트에 제목붙이기
2. 준비해야 할 것들 체크리스트 만들기 또는 마인드맵 그리기
3. 희망직업에 대한 비전/포부 쓰기
4. 능력과 흥미를 직업과 연결하여 생각해보기
5. 다른 사람보다 희망직업에서 성공할 수 있는 이유 설명하기(장점)
6. 관련도서를 읽고 소감문 쓰기
7. 준비를 하는 과정에서 느끼는 감정을 솔직하게 기록하기
8. 필요한 지식과 기술 조사하여 적어보기
9. 해당직업인으로서 가져야 할 자세와 어떤 사람이 되고 싶은지 쓰기
10. 직업관련 기사나 뉴스를 보고 느낀 점 쓰기

> 11. 전시관, 견학프로그램을 체험하고 견학일지 쓰기
> 12. 관련학과를 조사하여 정리해보기
> 13. 존경할만한 인물을 정하고 그 인물에 본받을 점을 기술해보기
> 14. 관련분야 인물과 소통하고 기록을 정리해보기
> 15. 관련분야 사람을 만날 기회를 갖고 인터뷰해보기
> 16. 직업인으로서의 삶은 어떨지 생각해보기
> 17. 직업에 관련된 대회(글짓기, 참여프로그램)에 참가해보기
> 18. 적성검사지 붙이고 자신의 진로에 대한 글쓰기
> 19. 학교의 봉사활동, 체험활동도 관련분야와 인생, 직업과 연결시키기
> 20. 기타 창의적인 활동

직업에 따라 학생들에게 필요한 도서자료와 활동은 차이가 있기 때문에 프로그램 운영자는 관련 직업에 대한 정보와 준비사항에 따라서 다양한 방식으로 포트폴리오를 구성할 수 있도록 지도해야 한다.

정치가가 꿈인 학생의 독서포트폴리오를 구성하기 위해서는 정치학 관련 도서만 읽는 것이 아니라 다양한 인문고전, 주제별 읽기를 통해서 배경지식과 사고의 폭을 넓혀야 한다. 다음은 정치가가 꿈인 학생이 읽어야 할 책과 활동에 대한 예시를 소개하고자 한다. 프로그램 운영자는 이 예시를 활용하여 직업별로 독서포트폴리오 구성전략을 다양하게 모색하고 지도해 줄 수 있다.

가. 뉴스기사 읽기 : 국내 현안문제/정책에 대해서 관심 갖기

정치인들은 국민을 대변하는 사람이기 때문에 국민이 가지고 있는 여러 어려움에 대해 늘 생각하고 고민해야 한다. 각 나라마다 다양한 사고와 직업, 의식을 가지고 있는 사람들이 국민이라는 공동체로 살아가고 있는 만큼 다양한 사회문제가 발생할 수밖에 없다. 사람들은 투표를 할 때 자신이 관심을 가지고 있는 분야에 공약을 내세우는 사람을 뽑기 때문에 다양한 계층의 관심사를 아는 것이 가장 중요하다. 따라서 다양한 분야에 대한 책읽기를 통해 폭넓은 배경지식을 쌓을 필요가

있다. 또한 관심이 있는 분야를 몇 개 선정하여 관련분야에 대해 뉴스와 기사를 읽고 정리하고 그 문제에 대해 해결 방법에 대해서 생각해보고 정리하도록 지도해야 한다. 학교생활이나 일상생활에서 제도적인 문제점을 찾아서 자료 조사를 통한 해결방안이 무엇인지 생각해보는 활동을 해보도록 지도한다.

> 한국 사회에서 결혼율, 출생율, 이혼율 모두 급격히 오르는 데에는 다문화가정이 뒤에 자리 잡고 있다. 우리 사회에서 다문화 가족은 81만8천명에 달하지만 이혼 또는 별거한 가구가 전체 6.4%를 차지하고 있고, 결혼 초기 이혼하는 비율도 37.8%로 높은 편인데다 결혼생활 지속기간도 5.4년에 불과하다. 다문화 가정은 가정폭력과 학대로 이혼한 가정이 많아지면서, 단절된 삶을 살아가고 위자료 없이 경제적 어려움이 커지고 있다. 더욱이 다문화 가정의 자녀와 엄마가 단절되면서 가족관계까지 붕괴되는 문제점이 발견되고 있다는 것이다. (이하생략)

(출처: sbs cnbc "다문화 한부모 가족의 친정엄마가 되어주세요." 2015. 11. 10. 검색일자 김종윤, 2015. 11. 21. http://sbscnbc.sbs.co.kr)

다문화 가정의 문제점을 기술하고 그에 따른 해결방안을 써 보자.

_____

_____

학생들이 가족과 함께 일정한 시간을 정하여 사회문제에 대한 기사를 같이 읽고서 토론해보는 시간을 가져보면 좋다. 유명한 케네디 집안은 항상 저녁식사시간에 신문기사 하나를 정해놓고서 토론을 벌였고 만약 그 기사를 읽지 않으면 밥을 주지 않았다고 한다. 프로그램 운영자는 학생들을 위한 토론동아리를 만들어 책이나 신문기사를 읽고 주제를 선정하여 토론하는 활동을 하도록 지도한다. 또한 학생들이 신문기사를 붙이고 토론하고 좋은 방안이 나온 것을 정리하도록 지도한다. 토론을 잘 하기 위해서는 관련주제에 따른 철저한 논거를 제시하기 위해 자료조사는 필수적이다. 따라서 프로그램 운영자는 관련도서를 읽을 수 있도록 목록과 도서를 제공하도록 한다.

정치가가 꿈인 학생들은 토론을 위한 기초도 잘 다져놓아야 하므로 토론활동을 통해 토론법을 숙지할 수 있도록 지도한다.

감정에 치우치지 말고 침착하게 논리적으로 주장을 펼친다.

1. 토론의 기본은 듣기와 말하기다
2. 먼저 제대로 듣는 법부터 익혀라
3. 효과적인 말하기는 철저한 준비를 필요로 한다

토론이라는 것 자체는 자신의 의견만 말하는 장이 아니다. 남의 의견도 자신과 틀렸다고 해도 잘 듣는 것이 무엇보다 중요하다. 따라서 토론에서 가장 중요한 것은 경청하는 자세이다. 또한 지식이 필요한건 자신의 의견에 대한 설득력을 더 해주기 때문이다. 따라서 토론을 위해서는 철저한 준비가 필요하다. 해당 주제에 대한 자료조사 및 메모는 필수적이다.

〈토론활동 예시〉

착한 사마리아인의 법(Good Samaritan Law) 또는 선한 사마리아인의 법은 위험에 처한 사람을 구조하는 과정에서 자신이 위험에 빠지지 않는 상황인데도 불구하고, 구조 불이행(Failure-to-Rescue)을 저지른 사람을 처벌하는 법이다. 구조거부죄 또는 불구조죄라고도 한다. 어떤 사람이 어려움에 당했을 때 구조할 수 있었음에도 즉, 그 사람을 구조하게 됐을 때 자신에게 특별한 해가 없음에도 불구하고 구조하지 않는 경우 윤리적 또는 법적으로 처벌하는 법이다. 법 자체의 내용은 나름 좋은 내용이지만 개인의 양심과 도덕을 법적으로 제한한다는 점에서 찬반양론이 꽤 심하게 부딪히고 있다.

착한 사마리아인의 법 우리나라 적용이 바람직한가?

_____
_____
_____

나. 진로관련도서 다독하기

미국의 의회도서관에서는 국회가 열리면 국회도서관은 24시간 개방하며 이 기간 동안 미국 국회의원 1인당 약 1,000건의 자료를 요청한다고 한다. 이러한 사례는 그만큼 미국의 국회의원들이 책을 많이 읽는다는 것을 보여준다. 정치인이라면 정치, 경제, 사회, 문화, 철학 등 다양한 분야의 책을 읽고 상식과 많은 지식과 교양을 쌓아야 한다. 따라서 프로그램 운영자는 진로관련 도서를 다독하고 읽은 부분에 대한 정치가로서의 견해, 해결방안, 소감 등을 적어보도록 지도한다.

〈표 3-6〉 정치가로서 읽으면 좋은 책들

순번	서명	저자명	출판사
1	역사에서 리더를 만나다	유필화	흐름
2	설대 포기하지 않겠다	제프리 베스트	21세기북스
3	링컨처럼 서서 처칠처럼 말하라	제임스 C. 흄스	시아
4	칭기스칸, 잠든 유럽을 깨우다	잭 웨더포드	사계절
5	참여하는 시민 즐거운 정치	이남석	책세상
6	청소년을 위한 정치 이야기	도리스 류뢰더-쾨프	다른우리
7	청소년을 위한 이야기 정치학	페르난도 사바테르	웅진지식하우스
8	목민심서	정약용	창비
9	고전은 나의 힘 : 사회읽기	박현희	창비
10	청소년, 정치의 주인이 되어 볼까	이효건	사계절
11	교과서를 만든 세계사 인물들	우경운	글담
12	리더의 자격	석산	북오션
13	군주론	마키아벨리	타임기획
14	세상에 대하여 우리가 더 잘 알아야 할 교양시리즈		내인생의 책
15	대중매체 읽고 쓰고 생각하기	송재희	세종서적
16	다른 게 나쁜 건 아니잖아요	SBS 스페셜제작팀	꿈결
17	왜 세계의 절반은 굶주리는가	장 지글러	갈라파고스
18	교과서를 만든 철학자들	이수석	글담

다. 사회관련 분야 읽기

정치인은 생각이 다른 사람, 비난하는 사람들에게 포용력을 가질 필요가 있다. 그러기 위해서는 생각이 다르든 같든 많은 사람들과 의사소통을 해보고 그들이 가지고 있는 관심사, 사회문제에 대해서 토론을 하는 자세가 필요하다. 또한, 정치인은 말을 잘 해야 되기 때문에 말하는 기술도 익히고 상대방의 생각을 읽을 줄도 알아야 한다. 이를 위한 가장 좋은 방법은 의사소통 즉, 토론을 많이 해보는 것이다. 프로그램 운영자는 다양한 사회분야 관련도서, 뉴스기사를 읽고 토론을 해본 후 토론 주제를 쓰고 토론한 것을 묶어두도록 지도하도록 한다.

아래의 예시는 세계적 문제의 하나인 기아에 대한 내용을 담은 책을 발췌하여 국제적인 문제를 어떻게 해결할 수 있는가를 생각해 볼 수 있도록 한 활동지이다. 프로그램 운영자는 다양한 사회과학분야 읽기를 통해 사회문제를 이해하고 해결해 보는 시간을 가질 수 있도록 지도하도록 한다.

〈사회과학 분야 읽기 활동 예시〉

> 혹시 남아시아나 아프리카, 페루, 브라질 등의 대도시 주변에 쌓여 있는 쓰레기 더미를 사진으로라도 본 적이 있니? 도시의 부자들이 내다 버린 쓰레기 더미들 말이야. 날이 밝으면 굶주린 사람들이 그 위로 몰려가 날카로운 곡괭이로 쓰레기를 뒤진단다. 고기 조각이나 동물의 시체, 빵조각, 반쯤 썩은 채소, 말라비틀어진 과일 등을 발견하면 가지고 다니는 비닐봉지에 담아. 이렇게 구한 먹을거리를 빈민가에 사는 가족들에게 가지고 가는 거야. 그들은 이런 식으로 하루하루를 연명하고 있단다. 하지만 그런 것들이 곧 그들의 몸을 공격하지. 무엇보다도 기생충이 주범이야.
> 아빠가 연구실에 붙여놓은 사진 기억나니? 누더기 차림에 슬픈 눈을 한 맨발의 두 사내아이가 쓰레기 더미 앞에 쪼그리고 있는 사진 말이야. 촬영지는 필리핀 수도 마닐라의 한 쓰레기장이지. 어디선가 연기가 모락모락 피어오르는 이런 쓰레기 산을 현지에서는 '스모그 파운틴'이라 부른단다.

(출처: 장 지글러. 2013. "왜 세계의 절반은 굶주리는가?" 갈라파고스)

120억의 인구가 먹고도 남을 만큼의 식량이 생산되고 있는데 왜 하루에 10만 명이, 5초에 한명의 어린이가 굶주림으로 죽어가고 있는 것일까? 세계의 기아 문제의 원인과 구호를 위한 국제사회의 노력에는 어떤 것들이 있는지 기술해보자.

라. 위인전 읽기

캐네디, 대처, 처칠, 세종대왕, 정조 등 유명한 정치인은 많다. 본받을 만한 정치인을 한명 선택하여 본받을 점, 롤모델을 삼고자 하는 이유, 닮기 위한 노력 등에 대해서 적어보도록 지도한다. 정치는 정치학과 나온 사람들만 하는 것이 아니기 때문에 꼭 롤모델을 정치인에서 찾지 않아도 되며 정치가로서 가져야 할 자세를 가르쳐 줄만 한 사람이면 된다. 프로그램 운영자는 롤모델을 선정하고 관련도서를 읽은 후 롤모델을 소개하는 활동을 하고 닮기 위한 노력을 적어보도록 지도한다.

〈위인전 읽기 활동 예시〉

> 영국에 윌슨 수상이 있습니다. 그는 어린 시절 수상 관저가 있는 다우닝 근처에서 살았습니다. 소년 윌슨의 꿈은 훗날 영국 수상이 되는 것이었습니다. 그래서 그는 아침마다 수상 관저가 있는 곳까지 달려가 이렇게 외쳤습니다.
> "앞으로 나는 40년 뒤에 꼭 이 집의 주인이 될 꺼야!"
> 그는 자신의 꿈을 이루기 위해 역대 영국 수상들의 삶을 연구하면서 그들처럼 살기 위해 노력했습니다. 이런 노력으로 인해 소년 윌슨은 마침내 영국 수상이 될 수 있었습니다.

(출처: 김태광. 2008. "꿈꾸는 너에게 불가능은 없다." 굿인포메이션)

자신의 롤(role)모델을 선정하고 선정한 이유와 닮기 위해 어떤 노력을 기울여야 하는지 써보자.

마. 인문고전도서 읽기

집에 가훈이 있듯이 정치가도 좌우명이 한 두 개쯤 있으면 어려움에 봉착했을 때 좌우명을 되새기고 바람직한 인생의 길을 선택할 수 있다. 프로그램 운영자는 정치가로서 어떤 자세를 가지고 임할 것인지를 다양한 도서를 읽고 참고하여 구체적으로 기술해 보도록 지도한다. 또, 리더의 자격과 역할에 대한 도서를 읽고 후배 정치인에게도 국민들에게도 존경받을 만한 정치인이 되기 위해서 어떤 노력을 할 것인지 적어보도록 지도한다. 이를 위해서 다양한 인문고전읽기를 실시하고 삶에 대한 자세, 직업에 대한 태도 등을 일깨울 수 있도록 지도한다.

〈인문고전 읽기 활동 예시〉

1. 목민관을 백성의 부모에 비유하여 마치 자기 자식을 대하듯 백성을 사랑해야 한다. 이를 위해 가장 중요한 것이 백성들을 제대로 먹여 살리는 문제인데, 목민관이 부정부패를 저지르지 않는다면 백성들이 편하게 살 수 있다고 보았다. 그래서 목민관이야말로 가장 청렴해야 한다고 생각했다. 청렴하기 위해서는 검소하고 절약해야 하며, 공과 사를 구별하는 자세가 있어야 한다고 보았다.
2. 목민관은 국가 업무를 처리하는 자리에 있으므로 공정해야 하며, 그 과정에서 준법정신과 합리성을 가져야 한다고 강조한다. 목민관은 기본적으로 국법에 따라 모든 업무를 처리해야 하며, 더불어 각 고을의 관례를 존중하여 업무를 처리한다면 무리가 없을 것으로 보았다. 그러나 다산은 법에 지나치게 얽매인 사람은 아니었다. 고지식하고 완고한 자세에 대해 우려하면서, 상황에 따라 백성들의 처지를 고려하여 융통성 있게 적용해야 한다는 사실도 잊지 않고 강조한다.

(출처: 정약용. 목민심서)

리더로서 가져야 할 자세 3가지를 쓰고, 그 이유를 적어보자.

_____

_____

_____

[활동참고자료]

- 박현희 외. 2014. "고전은 나의 힘 : 사회읽기." 창비. : 169-177(군주론)
  : 187~193(통치론)
- 정야용. 2005. "목민심서." 창비.
- 니콜로 마키아벨리. 2006. "군주론" 타임기획.
- 장 자크 루소, 2006. "사회계약론" 타임기획.
- 존 로크. 2006. "통치론" 타임기획.
- 플라톤. 2014. "국가" 숲.
- 연세대학교인문학연구원. 2014. "10대에게 권하는 인문학" 글담.
- 정창우 외. 2014. "질문하는 십대, 대답하는 인문학." 풀빛.

바. 소논문쓰기

다양한 생각을 가진 사람들을 하나의 목표를 향해 나가도록 지도하는 일에는 많은 어려움이 있다. 따라서 많은 국가에서 사회를 통합시키기 위해 노력했던 과정을 조사하여 분석하는 시간을 가져보면 정치가로서의 필요한 기술과 자세를 배울 수 있다. 프로그램 운영자는 민주주의 역사가 오래된 나라들의 정치에 대해서 배울 점을 조사해보고 어떻게 나라를 이끌어 가는지 들여다보고 또 우리나라와 비교하고 우리나라 특성에 맞게 적용하는 시간을 마련한다. 또는 각 나라를 대표하는 정치인을 비교하여 리더십의 차이를 비교해보는 시간을 가져본다. 관심이 있는 주제 분야에 대한 논문주제를 설정하고 관련 자료를 탐색하고 분석하여 논문을 작성해보도록 지도한다. 프로그램 운영자는 학생마다 진로에 따른 논문주제가 다르기 때문에 개별지도를 통해서 관련자료 탐색방법, 목차설정, 논문쓰기 과정을 정기적으로 지도해주어야 한다.

〈정치가로서 설정할 수 있는 논문주제 예시〉
- 다른 나라 정치 조사하고 우리나라 정치와 비교하기
- 유명정치인의 리더십 분석하기
- 다양한 사회문제 중 하나를 선택하여 조사하고 해결방안 적기

```
논문제목 :

목차
Ⅰ. 서론
   1.
   2.
   3.
Ⅱ. 본론
   1.
   2.
   3.
Ⅲ. 결론


논문주제 선정이유 :
논문작성 소감쓰기
```

[활동참고자료]

- 디비피아 http://www.dbpia.co.kr
- 각 분야 학술지 : 국립중앙도서관 학술지통합검색 http://www.nl.go.kr/

사. 기타 실용서 읽기

선거철이 되면 많은 후보자들이 연설을 하고, 방송 프로그램에 나와 토론을 벌인다. 힘 있는 목소리, 자신 있는 목소리, 또랑또랑 논리적인 말투, 때에 따라 적당한 어조의 변화, 적당한 위트 등이 자신의 소신을 전달하는데 중요한 역할을 한다. 또한 언어뿐만 아니라 비언어적 요소도 선거에 많은 영향을 미친다. 따라서 프로그램 운영자는 관련된 도서를 읽고 언어습관이나 태도를 분석해보는 시간을 가져보도록 지도한다.

〈실용도서 예시〉

처칠을 싫어하는 사람들이 처칠이 뚱뚱하고 대머리라는 점을 들어 그의 외모를 공격하자 처칠이 말했다.
"금방 태어난 아기들은 전부 저처럼 생겼습니다." (중간생략)
하지만 처칠은 유머감각을 타고 났던 것이 아니다. 각자가 자신의 인생을 즐기는 데에만 관심이 있었던 처칠의 부모가 남을 즐겁게 하는 재능이 있는 사람들은 아니었으니 집안 분위기가 화기애애했던 것도 아니다.
학창시절에도 처칠은 재미있는 말과 행동으로 반 친구들을 웃기고 주목받는 학생이 아니라 늘 조용히 구석에서 혼자 지내는 외톨이였다. 그처럼 처칠의 뛰어난 유머는 타고 났거나, 남에게서 배운 것이 아니라, 철저한 준비와 노력으로 만들어진 것이다. 처칠의 유머와 연설은 자연스럽고 즉흥적인 것처럼 보이지만, 사실은 사전에 철저히 준비하고 반복한 연습의 결과로 이루어진 것이다. 그는 기적을 만들어 낼 수도 있는 웃음의 힘을 믿었고, 가장 고통스러운 순간에도 웃음을 피어나게 하는 유머의 능력을 믿었다.

(출처: 김형진. 2006. "벼랑 끝에서 만나는 처칠." 기파랑: 199-200)

나의 소통 지수 알아보기

스스로의 나의 소통지수를 파악하는 것으로 상대방을 만나는 상황을 머릿속으로 그려보며 테스트해 보자.

나의 소통 지수		체크 리스트				
원칙	내용	1	2	3	4	5
공감의 원칙	1. 다른 사람을 만날 때 차이를 인정하는가?					
	2. 상대방에 대해 알고자 노력하는가?					
	3. 상대방의 감정과 생각을 이해하고자 노력하는가?					
경청의 원칙	4. 자기 이야기를 잘 하는가?					
	5. 말하기보다는 상대방의 이야기를 듣는가? (양)					
	6. 상대방의 이야기를 진지하고 깊게 듣는가? (질)					
통합의 원칙	7. 약속 장소에 나갈 때 의상과 외모에 신경 쓰는가?					
	8. 대화하면서 제스처를 사용하는가?					
	9. 대화하면서 눈 맞춤을 하는가?					
	10. 부드러운 억양으로 말하는가?					
	11. 맞장구와 많은 이야기를 할 수 있는가?					

(출처: 김은성. 2009. "오바마처럼 연설하고 오프라처럼 대화하라." 위즈덤하우스)

[활동참고자료]

- 박경철. 2014. "청소년을 위한 자기혁명." 위더스북 : 167~172(말의 가치를 높이는 법).
- 고성국. 2012. "키워드로 읽는 중학사회 교과서." 탐: 108~111(평화속에서 이견이 소용돌이치는 시대, 소통하여 공론에 이르다).
- 샘 혼. 2015. "적을 만들지 않는 대화법." 갈매나무.
- 김은성. 2009. "오바마처럼 연설하고 오프라처럼 대화하라." 위즈덤하우스.

아. 매체읽기

도서뿐만 아니라 다양한 매체 읽기를 통해서 직업 선택 동기, 앞으로 나아가야 할 방향, 목표 등을 설정하는데 도움을 줄 수 있다. 진로독서지도를 책뿐만 아니라 매체를 잘 활용하는 청소년을 위해 동기유발 차원에서 다양한 매체를 활용할 필요가 있다. 특히 교재로도 많이 사용되는 〈EBS 지식채널 e〉를 활용하면 짧은 시간을 활용하여 프로그램을 운영할 수 있다. 프로그램 운영자는 각 학생들의 진로분야에 따라 다양한 주제의 동영상과 활동지를 제시해주도록 한다.

〈표 3-7〉 EBS 지식채널 e 목록과 활동주제 예시

순번	활동주제	지식채널 e
1	마키아 벨리 군주론	이름값
2	난민에 대한 이해와 정책	북극의 난민
3	환경오염과 그 대책	완전범죄
4	세계의 문제, 양극화	그들의 식탁
5	동물보호와 동물권	동물의 눈을 가진 여자
6	범죄자에 대한 시각과 재사회화	Game Not Over
7	독도 영유권 분쟁	청산되지 않은 과거
8	마땅히 해야 하는 일	누가 영웅이 되는가
9	다문화에 대한 태도와 인식	Where are you from?
10	정보이용에 대한 태도	지식도둑

[활동참고자료]

EBS 지식채널 e http://home.ebs.co.kr/jisike/index

제3절 진로독서프로그램의 실제

학생들을 위한 진로독서교육을 위해서는 자기이해를 통해 목표와 흥미를 파악한 후 관련된 직업을 탐색하며 그를 통해 준비해야 할 것들을 분석해야 한다. 따라서 자기이해를 위한 독서, 진로탐색을 위한 독서, 직업탐색을 위한 독서, 미래준비와 삶을 위한 독서가 이루어져야 한다. 즉, 독서활동 평가내용에서 나타나듯이 진로독서활동에는 자기이해를 통한 사고확립, 독서를 통한 진로탐색, 롤모델 형성, 삶의 목표와 미래 준비를 위한 독서가 포함되어야 한다.

〈진로단계별 도서자료 예시〉

자기이해활동 - 인문고전, 자기계발서, 문학, 철학 등
일의 이해 - 경제학, 자기계발, 진로관련도서, 문학, 철학 등
진로탐색 - 진로관련도서, 직업관련도서
진로계획 및 유지 - 인물이야기, 주제별도서, 뉴스기사, 논문

진로독서교육의 실제를 통해서 다양한 읽기 자료를 예시로 들고 관련된 활동을 제시하고자 한다. 프로그램 운영자는 제시된 프로그램을 활용하여 학생의 독서수준 및 진로성숙도에 따라서 난이도를 조절하여 지도하면 좋을 것이다. 또한, 이 책에서 제시한 자료 및 활동 이외에도 무궁무진하게 다양한 진로독서활동을 개별 역량에 따라 펼칠 수 있다. 특히 자유학기제가 도입이 되면서 동아리활동으로 다양한 진로독서교육 프로그램을 운영한다면 학생들의 진로선택 및 미래준비에 많은 도움을 줄 수 있을 것이다.

1. 차시별 프로그램의 이해

차시별 프로그램을 참고하여 아래와 같이 다양한 방식과 내용으로 진로독서교육을 실시할 수 있다.

〈표 3-8〉 차시별 활동프로그램 예시

차시	단계	활동프로그램(예시)
1	독서를 통한 자기이해	비전 그리고 진로 : 비전을 통한 진로설계
2		목표설정 : 인생 로드맵 설정
3		흥미와 직업 : 흥미에 따른 직업 선택의 의미
4		라이프스타일과 진로 : 생활패턴과 직업 상관관계
5		적성검사와 나 : 적성과 진로
6		자기이해 : 자기이해, 자아존중감, 자아정체성 확립
7		자기소개서 : 독서활동
8	독서를 통한 진로이해	일과 삶 : 삶에서 일이 가지는 의미
9		일의 가치 : 정신노동과 육체노동, 직업의 귀천
10		직업선택기준 : 고려사항
11		안정적인 삶 : 안정적인 일과 진로
12		직업세계의 변화 : 사라진 직업, 미래직업
13		사회적 역할과 책임 : 직업윤리의식
14	독서를 통한 직업탐색	직업탐색 활동
15		직업탐색보고서
16		직업가계도
17		유망직종 vs 유명직종
18		이색직업과 신생직업
19	진로에 따른 독서활동	진로탐색보고서
20		직업관련뉴스 읽기
21		직업관련 논문쓰기
22		나의 롤모델
23		진로독서목록 작성
24		독서감상문쓰기

2. 독서를 통한 자기이해

진로를 탐색하고 결정하는데 있어서 가장 우선시되어야 하는 것은 자기이해이다. 자신이 무엇을 좋아하는지, 어떤 것에 흥미를 느끼는지, 무엇을 잘할 수 있는지를 생각하고 고민하는 시간을 가져야 한다. 나폴레옹, 링컨의 사례처럼 하고 싶은 것과 잘 할 수 있는 것은 다를 수 있고 자신에게 더 잘 맞는 일이 있다.

나폴레옹은 수필가로 실패했으며,
셰익스피어는 양모사업가로 실패했으며,
링컨은 상점 경영인으로 실패했다.

하지만 그들 중에 어느 누구도 포기하지 않았다.
그들은 다른 분야로 옮겨가서
자신에게 맞는 일을 찾아서 노력했으며,
결과는 우리가 알고 있는 그대로다.

(이미지출처: 네이버캐스트(http://navercast.naver.com/))

따라서 프로그램 운영자는 자아이해의 시간을 갖고, 자신이 잘 할 수 있는 분야를 선택해보는 프로그램을 운영하여 자기이해를 통한 진로탐색이 이루어질 수 있도록 해야 한다. 학생들이 자신의 인생 목표, 삶의 비전, 하고 싶은 일, 흥미와 적성, 성격 등을 잘 파악한 후 일과 직업의 세계 이해를 지도한다. 또한 학교에서 실시하는 적성과 진로검사를 활용하여 자신의 장점과 적성을 파악하고 그에 따라 추천되는 직업을 조사해보는 활동을 지도할 수 있다. 학교에서 실시하는 적성검사 이외에도 다양한 검사지가 있으므로 활용하여 자신을 이해하고 파악해보도록 지도한다.

2.1 비전 그리고 진로

어떤 삶을 살아갈 것인가를 생각해보는 것은 매우 중요한 일이다. 우리나라 학생들에게 꿈이 무엇이냐고 물으면 공무원, 의사, 교사 등 직업을 말한다. 직업은 삶의 목표를 실천하기 위한 도구이자 수단이지 그것 자체가 목표가 되어서는 안 된다. 학생들은 자신이 꿈꾸는 이상적인 삶의 목표와 비전을 설계하고 그를 위한 진로를 어떻게 정할 것인가를 깊게 생각해 볼 시간을 가져봐야 한다. 예를 들어 슈바이처의 인생 목표는 어려운 사람을 도와가며 살아가는 것이었다. 이를 실천하기 위해 자신이 잘 할 수 있는 의사와 선교사를 택해 아프리카에서 목표를 실천하며 평생을 살았다. 이와 같이 삶의 비전을 설정하고 이를 실현시키기 위해 진로를 결정하고 준비해나가도록 하는 것은 내적 동기를 유발하는 중요한 활동이다. 학생들은 비전설정을 통해서 진로성숙도를 높이고 삶과 진로에 대해서 생각해보는 시간을 가질 수 있다. 따라서 프로그램 운영자는 삶의 목표를 설정하는데 도움이 되는 도서를 선정하고 비전과 직업을 선정해보는 활동을 지도할 필요가 있다.

아래의 활동은 인생의 비전을 설정하기 위한 다양한 질문과 그에 따른 활동지 예시이다.

[학습목표]
· 인생의 비전을 설정할 수 있다.
· 삶의 가치를 설정하고 그에 따른 직업을 선택할 수 있다.
· 인생에 대해 깊이 생각해보고 어떻게 살아야하는가를 생각해 볼 수 있다.

[활동내용]
· 어떤 사람이 되고 싶은가?
· 어떤 사람이 가장 잘 살고 있다고 생각하는가?
· 미래의 나의 묘비명에는 어떤 글을 쓰고 싶은가?
· 어떤 사람으로 기억되고 싶은가?

· 사람들이 직업을 갖는 이유는 무엇인가?
· 나에게 직업이 필요한 이유는 무엇인가?

[활동예시]

슈바이처
- 비전 : 어려운 사람들을 도우며 살아가는 것
- 직업 : 의사, 선교사
- 인생 : 의사가 되어 아프리카에서 어려운 사람들을 도우며 살았다.

◉ 나의 삶의 비전

◉ 나의 비전을 실천하기 위한 도구 = 희망직업

[활동참고자료]

· 김동조. 2007. "숨겨진 나, 발견하기." 소야(소명의식).
· 잭 캔필드. 2008. "영혼을 위한 닭고기 수프 2." 푸른숲: 50~53(가슴이 원하는 삶).
· 박성철. 2007. "중학생 인생수업." 추수밭: 82~85(묘비명으로 미리 읽는 내 삶의 기록).
· 희망네트워크. 2013. "삐뚤빼뚤 생각해도 괜찮아." 동녘: 28~30(꿈, 나에게 소중한 가치를 향한 한 걸음).

2.2 목표설정

미래를 준비하기 위해서는 연령별로 이루어야 할 다양한 목표나 준비사항을 적어보는 것이 좋다. 이를 위해서 〈내 인생의 보물지도 만들기〉 프로그램을 통해 목표를 실천하는 동기를 부여하고 목표의식을 더욱 뚜렷하게 할 수 있도록 지도할 수 있다. 10대부터 80대까지 하고 싶은 것, 갖고 싶은 것, 가보고 싶은 곳, 먹고 싶은 것 등 다양한 목표 설정에 관련된 도움이 되는 도서를 선정하여 읽고 인생설계를 해보는 시간을 가져보도록 지도한다.

[활동내용]
· 내 인생의 보물지도 만들기

꿈을 이뤄 낸 사나이

존 고다드는 15세 때 자신만의 꿈의 목록 127개를 적고, 이 중 111개의 꿈을 이루었다. 꿈은 500여 개로 늘어났고 존 고다드는 세계에서 가장 유명한 탐험가가 되었다. 꿈을 기록하면 목표가 되고, 목표가 확실해지면 이를 이루기 위한 의지와 의욕이 생긴다. 이것이 꿈의 목록이 필요한 이유이며 꿈을 현실로 만드는 첫걸음이 된다.
(출처: 존 고다드. 2011. "존 아저씨의 꿈의 목록." 서울: 글담어린이)

· 자신이 하고 싶은 것, 갖고 싶은 것, 가고 싶은 것들을 적어보자.
· 미래의 인생설계도를 그려보자.

[보물지도 활동 예시]

[활동참고자료]

- 임영복. 2013. "꿈 스케치." 국일미디어 :220~231(꿈의 보물지도를 만들어라)
- 존 고나드. 2008. "존 아저씨의 꿈의 목록." 글담어린이: 55~58(꿈을 닮아 간다는 게 어떤 뜻일까?).
- 잭 캔필드. 2008. "영혼을 위한 닭고기 수프." 푸른숲: 34-42(또 하나의 표시를).
- 박성철. 2007. "중학생 인생수업." 추수밭: 147~152(문서로 만들지 않는 목표는 가치가 없다).
- 미나미노 다다하루. 2014. "팬티 바르게 개는 법." 공명: 189~192(100세가 된 나를 상상한다.
- 쑤린. 2015. "어떻게 인생을 살 것인가." 다연: 188~192(목표를 향해 나아가라).

2.3 흥미와 직업

학생들에게는 흥미와 직업에 관련된 도서를 검색하여 읽고, 흥미와 적성에 맞는 직업을 선택하는 것이 중요하다는 인식을 심어주는 활동이 필요하다. 학생들에게 흥미와 직업을 연결하는 것이 중요한 이유는 다음의 사례들을 통해 알 수 있다.

워렌 버핏이 어느 대학 강연에서 한 대학생으로부터 "직업 선택 때문에 고민이 많은데 어떤 직업을 선택하는 것이 좋을까요?"라는 질문을 받았다. 워렌 버핏은 "지금은 힘들어도 10년 후 좋아질 것이라고 생각하는 회사, 혹은 지금은 보수가 적지만 10년 후에는 열 배를 받게 될 것이라고 기대하는 회사, 이런 회사는 절대로 선택하지 마십시오. 좋아하는 일을 할 수 있는 직업을 선택하십시오. 10년 후 부자가 되었어도 선택하고 싶은 직업, 그런 직업을 선택하십시오."라고 말했다.

다음 사례로는 EBS 〈지식채널 e〉에서 나오는 〈문제는 재미다〉라는 동영상을 보면 리처드 파인만은 재미있는 일을 하라고 권하고 있다. 천재는 노력한 자를 이길 수 없고 노력한 자는 즐기는 자를 이길 수 없다는 말이 있듯이 성적에 맞춰서 혹은 다른 사람의 권유로 진로를 결정하기 보다는 즐길 수 있는 것을 선택하도록 한다. 프로그램 운영자는 자신의 흥미를 알고 흥미에 따른 직업선택이란 어떤 것인지에 대해 알려줄 수 있는 도서를 선정하여 함께 활동해보도록 지도한다.

[활동내용]
· 시간이 가는 줄 모르고 재미있게 하는 일은 무엇인가?
· 하고 싶은 일은 무엇인가?
· 가장 하고 싶지 않은 일은 무엇인가?
· 가장 좋아하는 과목은 무엇인가?
· 요즘 관심 가는 주제나 인터넷 사이트는 무엇인지 적어보자.

[흥미와 직업연결활동 예시]

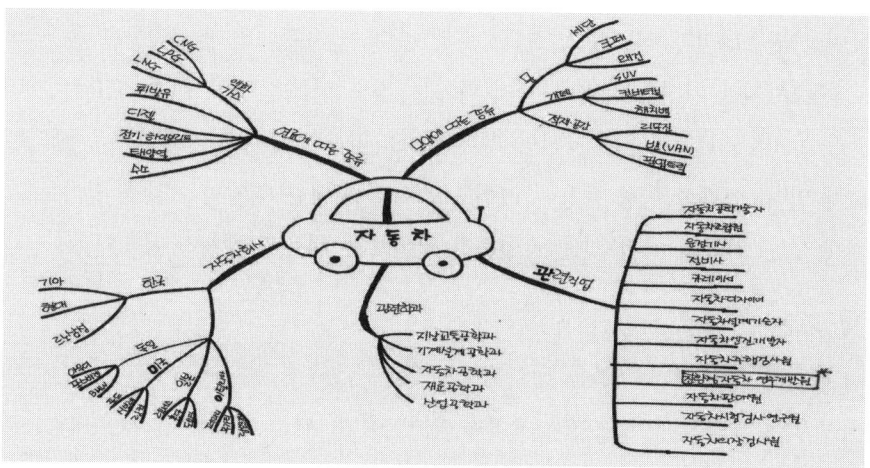

[활동참고자료]

· 잭 캔필드. 2001. "영혼을 위한 닭고기 수프 2." 푸른숲: 50~53(가슴이 원하는 삶).
· 임영복. 2013. "꿈 스케치." 국일미디어: 22~25(네가 진짜 원하는 게 뭐니)
  52~57(흥미분야를 찾아라).
· 최명선 외. 2010. "꿈을 찾으면 내 직업이 보인다." 이담북스: 24~31(나의 흥미).
· 이철수 외. 2012. "나는 무슨 일하며 살아야 할까?" 철수와영희: 53~57
  개미vs베짱이, 누구의 삶이 더 나을까?
· 사마키 다케오 외. 2004. "선생님도 모르는 과학자이야기." 글담: 32~37
  (멘델, 제일 형편없는 과목은 생물이었다).
· EBS지식채널e. 2013. "지식채널 e 8." 북하우스: 114~127(문제는 재미다).
· EBS지식채널e제작팀. 2014. "지식 e inside." 북하우스: 122~133(나비에 미치다),
  270~279(의사 장기려).
· 손영운. 2005. "교과서를 만든 과학자들." 글담: 168~170 (박물학이 가장 쉬웠어요).
· 양병무. 2009. "좋아하는 일하면서 먹고 살기." 비전과리더십.

2.4 라이프스타일과 진로

직업에 따라 라이프 스타일에 많은 변화가 일어난다. 간호사, 경찰, 소방공무원, 의사, 철도공무원, 음식점 등에 종사하는 직업은 밤낮이 바뀌는 경우가 종종 있다. 따라서 밤에 일하고 낮에 잠을 자게 되는 일이 생기면 생활리듬도 그렇게 변화될 수 밖에 없다. 밤을 새면 다음날 전혀 생활이 되지 않는 사람이 간호사나 소방공무원 등의 직업에 종사하게 되면 적응이 쉽지 않을 것이다. 따라서 프로그램 운영자는 학생들이 생활스타일과 직업을 연결해보도록 한다. 언제부터인가 사람들은 돈을 버는 것도 중요하지만 자신의 삶을 가꾸어 나가는 것도 행복을 위해 아주 중요한 것임을 깨달았다. 따라서 학생들은 자신의 라이프 스타일과 직업과의 상관관계를 생각해볼 필요가 있다. 아래의 활동 내용은 라이프 스타일에 따른 직업의 세계를 알아보고 자신에게 맞는 직업은 어떤 것들이 있는지 알아보는 내용을 제시하고 있다.

[활동내용]
- 자신의 라이프 스타일을 생각해보자.
- 밤낮이 구분되지 않는 일, 제복을 입는 직업, 남들 놀 때 일하는 직업, 혼자 일하는 직업, 밖에서 일하는 직업, 외근이 많은 직업, 말을 많이 하는 직업 중에서 할 수 있을 것 같은 일은 무엇인지 이유를 들어 말해보자.
- 삶 속에서 가장 우선시 하고 싶은 것은 무엇인가?

[활동예시]

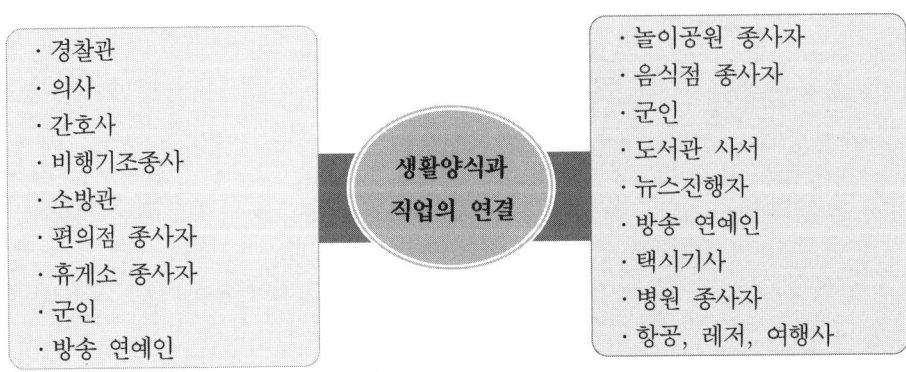

남들 쉴 때 일하는 직업		밤낮이 바뀐 직업	
· 도서관 사서	· 편의점 근무자	· 의사 간호사	· 스튜어디스
· 경찰공무원	· 음식점 종사자	· 경찰공무원	· 조송사
· 소방공무원	· 운전기사	· 소방공무원	· 군인
· 의사, 간호사	· 항공기조종사	· 편의점근무자	· 휴게소근무자
사람이 아닌 것을 상대하는 직업		말을 많이 하는 직업	
· 동물학자	· 애견미용사	· 교사 교수	· 연극배우
· 수의사	· 가축업자	· 학원강사	· 상담원
· 곤충학자	· 아쿠아리스트	· 영업직원	· 언어치료사
· 식물학자	· 축산연구원	· 스피치강사	· 통역가

[활동참고자료]

- 미나미노 다다하루. 2014. "팬티 바르게 개는 법." 공명: 178~183(어크 라이프 발런스, 일과 생활의 균형이 중요한 시대가 온다).
- 이수석. 2006. "교과서를 만든 철학자들." 글담: 135~136(행복하게 사는 방법, 중용), 142~143(행복을 추구한 철학자, 에피쿠로스).
- 김상호. 2015. "유망직업백과," 노란우산.

2.5 적성검사 속의 나

프로그램 운영자는 다양한 적성 검사방법을 통해서 흥미와 적성을 알아보고 진로를 설계해보는 시간을 마련하고 많은 자료에 흥미와 적성을 알아보는 테스트지가 실려 있으므로 그것을 활용해 보도록 지도한다. 학생들이 이러한 적성 검사지를 포트폴리오에 붙이고 추천하는 직업에 대해서 조사하거나 생각해보는 시간을 갖도록 지도한다.

[활동내용]
- 적성검사에서 나의 성향과 자신이 생각하는 성향이 맞는지 비교해보자.
- 적성검사 속에서 추천해준 직업과 희망직업이 일치하는지 말해보자.
- 적성검사 속 나의 강점에 대해서 다른 사람에게 소개해보자.

[활동참고자료]
- 임영복. 2013. "꿈 스케치." 국일미디어: 96~113(다중지능 찾기).
- 폴 D. 티거 외. 2012. "나에게 꼭 맞는 직업을 찾는 책." 민음인.
- 지수근. 2014. "프레디저 진로 설계." 나비의활주로.
- 김상호. 2015. "유망직업백과," 노란우산.

2.6 자기이해

학생들은 자신이 어떤 것을 좋아하고 그에 따라 어떤 직업을 가질 것인지 모르는 경우가 많다. 사람은 누구나 개성을 가지고 있으며, 남다른 장점과 재능을 가지고 있다. 자신만의 특징, 장점, 재능을 적어보면 성향과 흥미, 적성에 따른 직업이 보인다. 따라서 학생들은 잘하는 과목, 흥미 있는 분야, 현재의 관심사, 잘하는 것, 칭찬을 많이 받는 것, 시간가는 줄 모르고 하는 활동, 성격, 가정과의 관계, 대인관계 등 자신에 대해서 전반적으로 생각해보는 시간을 가져봐야 한다. 이를 위해서 프로그램 운영자는 학교도서관에 다양한 읽기자료를 활용하여 자기이해활동 및 자아 존중감 신장 활동을 통해서 자아정체감을 확립을 할 수 있도록 지도한다.

[활동내용]
- 좋아하는 과목, 현재의 관심사, 흥미와 취미 등을 적어보자.
- 나의 재능은 무엇인가?
- 나는 누구인지 설명해보자.
- 자신만의 특징을 간단한 문장으로 적어보자.
- 나를 표현할 수 있는 형용사를 나열해보자.
- 자신의 가치관을 설명할 수 있는 좌우명을 말해보자.
- 가장 많이 접속하는 사이트는 무엇인지 말해보자.
- 내안의 적은 무엇인가?
- 나의 이름에 대해 생각해보기(지어준 사람, 이름의 의미, 한자 등)
- 다른 사람이 생각하는 나는 어떤 모습인지 3명에게 물어보고 느낌을 적어보자.

· 내가 가장 잘 할 수 있는 것은 무엇인지 써 보자.
· 칭찬을 많이 받는 행동이나 말은 무엇인지 써 보자.

[활동참고자료]

· J. 슈타이너. 1997. "난 곰인 채로 있고 싶은데." 비룡소.
· 김난도. 2010. "아프니까 청춘이다." 쌤앤파커스.
· 강보영. 2010. "진학보다 진로를 먼저 생각하는 10대의 미래지도." 노란우산.
· 탄줘잉. 2005. "살아가는 동안 꼭 해야 할 49가지." 위즈덤하우스.
· 쑤린. 2015. "어떻게 인생을 살 것인가." 다연: 248~353(자신의 자리를 찾아라).

2.7 자기소개서

자기소개를 잘 하기 위해서는 자기이해가 바탕이 되어야 하며, 성장해 오면서 경험했던 다양한 활동이 삶에 어떠한 영향을 미쳤고, 미래를 위해 어떤 준비와 노력을 해왔는지를 진정성 있게 기술해야 한다. 프로그램 운영자는 자기소개서 중에서 진로 선택 동기 나 삶의 영향을 준 도서에 대해 기술하도록 하는 부분에 대해서 진로독서교육을 실시할 수 있다. 자기소개서에 포함되는 일반적인 내용은 다음과 같다.

· 자신의 성격, 가치관, 태도 등이 가장 잘 설명될 수 있도록 성장과정 기술
· 본인이 전공을 선택하게 된 이유 및 배경은 무엇이며, 그 선택에 영향을 준 경험 (인물, 서적, 사건 등)에 대해 기술
· 재학 시절 경험했던 활동(단체, 동아리 혹은 개인활동 등) 중 가장 기억에 남는 사건이나 (구체적인 상황, 자신의 역할, 과정과 결과 등 포함) 특정 분야의 전문성을 갖추기 위해 노력한 경험에 대해 구체적으로 기술
· 새로운 일에 도전했거나 어려움을 극복한 경험을 기술
· 글로벌 시대에 세계시민의 자질을 갖추기 위해서 해왔던 노력에 대해 기술
· 본인의 장래 포부를 제시하고 그 외에 본인에 대해 알리고 싶은 내용을 기술

〈자기소개서에 들어가는 내용 예시〉

[활동내용]
- 가장 감명 깊게 읽는 책은 무엇이며, 그 이유 기술하기
- 진로와 관련된 책 중에서 2권에 대해 300자 쓰기
- 삶의 영향을 미친 도서에 대해 기술하기

3. 독서를 통한 진로이해

학생들은 학교를 가고 공부를 하고 청소년기에는 직업을 선택하는 것이 당연하다고 생각한다. 그런데 학교를 가고 공부를 하고 직업을 선택해야 하는지와 그것이 삶에 어떠한 영향을 미치는지 생각해볼 기회가 별로 없다. 어른들이 시기별로 준비해야 할 것들에 대해서 미리 알려주고 준비해주기 때문에 학생들은 자신의 삶과 연결하여 자신의 활동들이 얼마나 의미와 가치가 있으며 미래를 준비하는데 이런 것들이 얼마나 필요한 것인지 알지 못한다. 따라서 프로그램 운영자는 학생들이 독서를 통해서 진로를 이해하는 시간을 가져봄으로써 일과 삶, 일의 가치, 직업 선택의 기준 등을 생각해보고 자신의 삶을 설계해보도록 지도한다.

3.1 일과 삶

유럽에서는 '대처(thatcher : 이엉장이), 쿡(cook : 요리사), 테일러(tailer : 양복장이)' 등 직업을 가리키는 말이 자신의 성이 되었다. 직업이 바로 내가 되는 것이다. 사람이 보내는 시간 중에서 가장 많이 차지하는 부분 중 하나가 일인 만큼 삶에 있어서 일은 굉장히 중요하다. 따라서 프로그램 운영자는 일이 가지는 의미와 그에 따른 삶에 대해 생각해보는 시간을 가져보도록 지도한다. 이 활동을 통해 단순히 돈을 벌기 위한 수단이 아닌 삶에서의 일이 가지는 다양한 의미를 생각해보고 일의 필요성과 중요성을 일깨워 줄 수 있다. 관련 자료를 선택할 때는 경제 분야에서는 일이 가지는 의미가 크기 때문에 관련된 내용을, 진로관련도서에서는 삶과 일에 대한 내용을 발췌할 수 있다.

[활동내용]
- 삶에 있어서 일이란 어떤 의미를 가지는지 생각해보자.
- 일을 하면 생기는 장단점에 대해 기술해보자.
- 워커홀릭 즉, 일 중독자에 대한 생각을 말해보자.
- 일이 가지는 의미를 되새기며 희망하는 직업이 가지는 의미를 생각해보자.
- 일은 왜 해야 하는가?에 대한 답을 삶의 의미에서 찾아보자.
- 일과 삶의 조화란 무엇이라 생각하는지 서술해보자.

[활동참고자료]
- 이철수 외. 2011. "나는 무슨 일하며 살아야할까?" 철수와영희: 62~65(일이 그 사람이 되다).
- 미나미노 다다하루. 2014. "팬티 바르게 개는 법." 공명: 141~142(일한다는 것에 대해), 165~167(스스로 돈을 번다는 것).

3.2 일의 가치

어린아이를 데리고 가던 엄마가 일요일에도 공사장에서 작업복을 입고 일하는 사람을 가리키며 "너도 공부 안하면 저 사람처럼 되는 거야"라고 말한 기사를 본 적이 있다. 아무리 직업에 귀천이 없다고 말하지만 사람들의 생각은 그렇지 않다는 것을 보여주는 일화일 것이다. 고대 사람들은 노동은 노예가 하는 것이라고 생각했기 때문에 노예들은 육체노동부터 정신노동에 이르기까지 대부분의 노동을 도맡아 했다. 그 만큼 옛날에는 노동이 가지는 가치를 크게 보지 않았다고 할 수 있다. 프로그램 운영자는 일이 가지는 가치와 직업의 귀천이 있는가에 대해 생각해 볼 수 있는 도서를 선정하여 지도해 보도록 한다.

[활동내용]
- 정신노동과 육체노동의 가치는 무엇인가?
- 직업의 귀천이 있는가?

- 고대와 현대 직업의식에 대해 비교해보자.
- 화이트칼라 vs 블루칼라에 대해 자신의 생각을 써보자.
- 키케로가 말한 직업의 귀천에 대해 비판해보자.
- 일이 가지는 가치에 대해 설명해보자.

[활동참고자료]

- 니콜라우스 피처. 2006. "청소년을 위한 경제의 역사." 비룡소.
- 전국사회교사모임. 2008. "(사회선생님이 들려주는) 경제이야기." 인물과사상사.
- 미나미노 다다하루. 2014. "팬티 바르게 개는 법." 공명: 143~149(노동의 진정한 의미를 곱씹다).
- 이철수 외. 2011. "나는 무슨 일하며 살아야할까?" 철수와영희: 59~62(옛날의 일 vs 오늘날의 일).

3.3 직업선택의 기준

학생들은 직업선택에 있어서 흥미와 적성보다는 연봉이나 안정성에 더 많은 비중을 두고 있다. 요즘 청소년들에게 직업선택의 기준을 물어보면 많은 학생들이 연봉이 얼마나 되는가를 따지거나 안정만을 추구하는 경향이 있다. 하지만 직업선택은 자신의 적성과 흥미, 안정성, 연봉, 계속성 등 다양한 사항들을 고려하여야 한다. 현대에는 남녀의 직업이 구분되지 않고 있고, 다양한 분야에서 동등하게 일하고 있으며 직업에 대한 사회적인 시각도 변화하고 있다. 학생들은 직업을 선택할 때 직업에 관한 고정관념이나 편견을 버리고 다양한 가능성을 열어두어야 한다. 따라서 프로그램 운영자는 학생들이 식업선택의 제한을 받지 않도록 활동프로그램을 통해 지도한다. 관련된 도서를 선정하여 직업선택의 기준에 대해 토론하고 직업선택에 있어서 무엇에 주안점을 둘 것인지를 깊이 생각해보는 시간을 가져보도록 지도한다.

[활동내용]
- 직업선택의 기준 중에서 가장 우선시 고려하는 사항은 무엇인지 이유를 들어 설명해보자.

- 직업선택의 기준에 대해 토론해보자.
- 연봉, 흥미와 적성, 안정성, 전망, 지속성 말고도 제시할 수 있는 다른 기준에 대해 말해보자.

[활동참고자료]

- 김난도. 2010. "아프니까 청춘이다." 쌤앤파커스.
- 톨스토이. 2005. "톨스토이단편선." 인디북: 사람에게는 얼마만큼의 땅이 필요한가?
- 강수돌. 2014. "잘 산다는 것." 너머학교: 55-56(돈 버는 인생과 보살핌의 인생).
- 이철수 외. 2011. "나는 무슨 일하며 살아야할까?" 철수와영희: 22~24(좋아하는 일을 선택하자).

3.4 안정적인 삶

많은 청년들이 안정적인 직장을 얻기 위해 공무원 시험에 매달리고 있는 것은 어제 오늘의 일이 아니다. 기대수명은 계속 늘어가는 상황에서 4~50대에 퇴직하는 경우가 발생하면서 평생 직업을 찾기 위해 노력하는 것이다. 이러한 사회분위기를 체감하는 부모들은 자녀들에게 안정적인 직업을 택할 것을 요구하고 있다. 하지만 많은 구직자들이 공무원시험에 몰리면서 공부만 하는 상황에 이르렀고 이것이 사회적인 문제가 되고 있다. 과거에는 성적에 맞춰서 학과를 선택했다면 지금은 안정적인 직업이 직업선택의 우선시되는 기준이 되어 버린 것이다. 하지만 얼마 전 저성과를 낸 공무원을 퇴출시키겠다는 발표가 있었다. 과연 안정적으로 평생 가질 수 있는 직장이 있는 것인지, 그것이 과연 올바른 선택인지 생각해볼 시간을 가져보도록 지도할 필요가 있다.

[활동내용]
- 안정적인 일에는 무엇이 있는지 생각해보자.
- 현재 안정적인 일이 미래에도 안정적일지 생각해보자.
- 안정적인 일을 선택했다면 그것이 자신과 맞는 일인지 생각해보자.
- 적성과 흥미에 맞으면서 미래에도 꾸준히 할 수 있는 일은 무엇인지 생각해보자.

[활동참고자료]
- 스펜서 존슨. 2015. "누가 내 치즈를 옮겼을까?" 진명출판사.
- 조진표. 2012. "진로교육, 아이의 미래를 멘토링하다." 주니어김영사: 44~47(자율과 경쟁의 시대, 안정된 직업은 없다).
- 이철수 외. 2011. "나는 무슨 일하며 살아야할까?" 철수와영희: 65~67(개미가 택한 '안정'은 정말 믿을 만한 것인가?).
- 이솝. 1997. "이솝우화." 소담. 개미와 배짱이.
- 알퐁스 도데. 2006. "알퐁스 도데 단편선." 문예: 스갱씨의 염소.
- 김대환. 2009. "(하버드 박사의)경제학 블로그." 살림.
- 조진표. 2014. "진로교육, 아이의 미래를 멘토링하다." 주니어김영사.
- 김국태 외. 2015. "꿈, 지금 꼭 정해야 하나요?" 팜파스: 139~145.

3.5 직업세계의 변화

사회가 변화하면서 사라지는 직업이 있고, 새로운 직업이 생겨나기도 한다. 시대변화와 자신의 적성과 흥미를 고려하여 미래에는 어떤 직업이 유망할지 생각해 보아야 한다. 많은 청소년들이 유망 직종과 유행 직종을 구별하지 못하고, 친구나 매체를 통해 유행하는 직종을 따라가는 모습을 보인다. 사회가 빠르게 변함에 따라 없어지는 직업이 생기고, 새로운 직업과 직종이 생겨나기 때문에 직업을 선택하는데 자신이 꿈꾸는 직업의 전망도 고려해보도록 지도해야 한다. 따라서 프로그램 운영자는 변화하는 직업세계에 대한 도서내용을 발췌하여 함께 읽고 조사하는 활동을 지도해보도록 한다.

[활동내용]
- 사라진 직업에는 어떤 것이 있는지 조사해보자.
- 현재는 있지만 사라질 것이라고 예상되는 직업을 쓰고 그 이유를 말해보자.
- 로봇이 대체할 수 있는 직업은 무엇이 있을까?
- 미래에 생길 직업을 예상해보자.
- 현재의 인기직업이 미래에도 유망이 있을지 생각해보자.
- 자신이 꿈꾸는 희망직업이 미래에는 어떤 모습으로 변화할지 생각해보자.
- 앞으로도 사라지지 않고 계속 응용이 될 만한 기술은 무엇이 있을까?

사라진 직업		신생 직업
· 촛불관리사 · 버스안내양 · 전화 교환원 · 인력거꾼 · 굴뚝청소원 · 타자원 · 얼음 장수 · 칼 가는 사람		· 디지털장의사 · 사이버평판관리자 · 노년플래너 · 정신대화사 · 그린장례지도사 · 주변환경정리전문가 · 산림치유지도사 · 홀로그램전문가

[활동참고자료]

- 박영숙. 2011.04.23. 로봇에게 빼앗기는 아홉가지 일자리. 데일리안. 2015.11.03. 검색 http://www.dailian.co.kr/
- [동영상] EBS 지식채널e : 인기직업 http://home.ebs.co.kr/
- 교육부 외, 2014. "미래의 직업세계." 한국직업능력개발원.
- 박영숙. 2015. "미래 직업, 어디까지 아니?" 고래가숨쉬는도서관.
- 김상호. 2011. "톡 까놓고 직업 톡." 조선앤북: 104~112(사라져가는 전통 직업들).

3.6 사회적 역할과 책임

사회구성원이 각자 맡은 자리에서 직업윤리의식을 가지고 역할과 책임을 다할 때 사회가 원활히 돌아간다. 높은 지위에 오를수록 강한 책임감과 높은 윤리의식이 요구된다고 할 수 있다. 직업 생활을 영위하는 것이 개인의 삶의 목적을 위해서이기도 하지만 사회구성원으로서의 역할도 동시에 수행하고 있다고 할 수 있기 때문에 직업에 따른 사회적 역할과 책임 그리고 윤리의식에 대해서 생각해보는 활동을 지도해야 한다. 애국심으로 독가스를 개발한 하버, 전쟁을 빨리 끝내고 싶은 마음에 다이너마이트를 개발한 노벨 등은 잘못된 판단과 부족한 윤리의식을 보여주는 예이다. 프로그램 운영자는 윤리의식의 부족이 주변사람이나 일 혹은 사회에 미치는 영향에 대해 생각해볼 필요가 있다. 따라서 프로그램 운영자는 직업적 윤리의식을 담고 있는 다양한 분야의 도서를 선정하여 활동지를 작성하여 배부하고 토론활동을 해보도록 한다.

[활동내용]
- 희망직업의 사회적 역할과 책임이 무엇인지 말해보자.
- 사회적 역할과 책임이 주어지지 않았을 때 발생하는 문제점은 무엇인가?
- 사회적 기업에 대한 생각을 적어보자.
- 사회봉사하는 기업체에 대해 생각해보자.
- 직업을 활용한 봉사활동은 무엇이 있을까?
- 내 직업을 올바른 윤리의식 없이 한다면 발생되는 문제점이 무엇인가?

[활동참고자료]
- 사마키 다케오. 2004. "선생님도 모르는 과학자이야기." 글담.
  : 164~170(하버, 애국심으로 독가스를 개발했지만).
  : 185~191(노벨, 다이너마이트 발명자의 숨겨진 신념).
- 카를로 콜로디. 2010. "피노키오의 모험." 비룡소.
- O. 헨리. 2005. "20년 후." 신원문화사.
- 유영선. 2013. "세계를 바꾸는 착한 기술이야기." 북멘토.
- EBS지식채널e제작팀. 2014. "지식 e inside." 북하우스: 336~349(시민, 과학자).
- 레슬리 덴디, 2011. "세상을 살린 10명의 용기 있는 과학자들." 다른.
- EBS 지식채널. "여섯명의 시민."

4. 독서를 통한 진로탐색

4.1 직업탐색활동

학생들에게 희망직업을 물어보면 대부분 공무원, 교사, 변호사, 의사, 연예인 등이 하고 싶다고 말한다. 예전에 비해서 다양한 전문직을 꿈꾸는 학생들이 늘어나긴 했지만 학생들은 여전히 자주 보거나 들어 본 몇 개의 직업에 대해서만 알고 있는 실정이다. 학생들은 우리 주변에서 흔히 볼 수 있거나 연봉이 높거나 안정적인 직업 몇 가지만 알고 있는 것이다. 프로그램 운영자는 학생들에게 다양한 직업의 세계를 이해하게 하고 그 속에서 자신의 적성과 삶의 목표에 맞는 직업을 선택할 수 있도록 해야 한다. 또한 학교도서관에 다양한 직업관련 소개 자료를 구비하고 직업탐색에 활용할 수 있도록 기반조성을 해야 한다.

가. NIE 활동을 통한 직업탐색

신문에는 다양한 직업의 사람들이 소개되거나 기사로 쓰이기 때문에 신문을 활용하여 직업을 탐색하는 활동을 할 수 있다. 즉, 프로그램 운영자는 신문을 나눠준 후 직업을 찾도록 하는 활동으로 직업명을 찾거나 직업을 나타낼 수 있는 사진을 찾는 활동을 할 수 있다. 직업명을 찾을 경우 모둠으로 활동하여 많은 직업을 찾아내도록 경쟁을 유도하고 이색 직업이나 모르는 직업을 조사하도록 지도한다.

[활동예시]

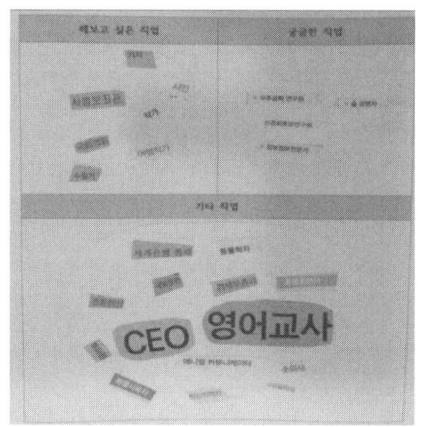

나. 학교도서관에서 직업 찾기

프로그램 운영자는 각 분류번호별로 직업분야를 설명해주고 관련도서를 찾아 직업을 조사하는 활동을 지도할 수 있다. 이 활동을 통해 관심 있는 분야의 책이 어느 주제 분야에 있는지 파악할 수 있으며 진로도서목록 작성하기로 연결할 수 있다.

[활동내용]
· 흥미있는 주제분야의 분류번호 쓰기
· 관련도서 찾아 목록 만들어보기

〈표 3-9〉 주제분류별 직업안내

분류번호	직업군
000 (총류)	컴퓨터공학자, 프로그래머, 저널리스트, 사서, 사서교사, 독서치료사, 기자, 웹전문가, 북아티스트, 학예사, 큐레이터, 언론인, 기록물관리사, 서지학자
100 (철학)	철학자, 심리학자, 심리치료사, 윤리학자, 심리상담전문가, 범죄심리학자, 심리검사개발원, 상담교사, 도덕교사, 철학연구원
200 (종교)	승려, 목사, 신부, 종교학자, 수녀, 전도사, 성직자, 교구관리인, 선교사
300 (사회과학)	통계학자, 경제학자, CEO, 펀드매니저, 은행원, 공인회계사, 관세사, 소방관, 사회학자, 승무원, 정치가, 공인중개사, 교통공학자, 통신공학자, 보험설계사, 증권분석가, 노동운동가, 공인노무사, 인권운동가, NGO종사자, 광고기획자, 소방관, 경찰, 우편배달부, 법원공무원, 사회학연구원, 변리사, 행정연구원, 다문화코디네이터, 사회복지사, 외교관, 선거관리위원, 교도관, 검사, 판사, 변호사, 법무사, 국회의원, 행정연구원, 초등교사, 중등교사, 보육교사, 군인, 유치원교사, 특수교사, 군무원, 민속학자, 장교, 국방과학연구원
400 (순수과학)	자연과학연구원, 수학자, 물리학자, 지질학자, 생명공학연구원, 식물학자, 광물학자, 보석감정사, 천문학자, 동물학자, 고생물학자, 뇌공학자
500 (기술과학)	의사, 법의학자, 농부, 작물시험원, 원예사, 수의사, 간호사, 동물간호사, 물리치료사, 위생사, 선박정비원, 도선사, 환경공학자, 환경기사, 토목기사, 조경기술자, 환경운동가, 건축공학기술자, 건축제도기능사, 자동차정비사, 기계공학기술자, 금형설계기사, 자동차기술자, 기관사, 항공우주공학자, 전기전자공학자, 로봇공학자, 염료개발기술자, 패션디자이너, 양복기능사, 미용사, 메이크업아티스트, 스타일리스트, 요리사, 조리사, 제과제빵사, 푸드스타일리스트, 스몰리에, 바리스타, 요리연구가, 호텔리어, 과학교사, 해양공학기술자, 한의사, 공학교수, 영양사, 유전자감식연구원, 기상연구원
600 (예술)	건축가, 조각가, 공예가, 목공예기술사 서예가, 화가, 메디컬일러스트레이터, 미술치료사, 몽타주제작전문가, 사진작가, 연극배우, 작곡가, 음악치료사, 가수, 악기연주가, 국악인, 음향감독, 영화배우, 연극배우, 폴리아티스트, 무용가, 발레리나, PD, 프로게이머, 체육교사, 스포츠매니저, 운동선수
700 (언어)	언어학자, 동시통역사, 번역가, 관광통역안내원, 한국어강사, 외국어강사, 어문학교수, 언어청각사, 한문교사, 국제회의통역사, 다문화언어지도사
800 (문학)	문학평론가, 비평가, 작가, 소설가, 수필가, 희곡작가, 방송작가, 대본작가 애니메이션 시나리오 작가, 시나리오 작가, 시인, 국어교사, 어문학교수
900 (역사)	역사학자, 지도제작자, 여행가, 오지탐험가, 사회교사, 문화재보존원, 지리학자, 여행상품개발원, 여행안내원, 관광여행기획자

다. 교과별 진로독서

교과독서시간 혹은 학교도서관 활용수업을 통해서 학습독서와 진로독서를 접목한 프로그램을 구성할 수 있다. 정규수업시간을 통해 실시되기 어렵기 때문에 다양한 시간을 활용하여 프로그램을 실시하는 노력이 필요하다. 별도의 수업시간을 마련하기 어려울 때는 방과후 독서 혹은 아침독서활동을 통해 실시할 수 있다. 다음은 교과별 진로도서목록과 그에 따른 활동지 예시이다.

〈표 3-10〉 교과별 진로도서목록 예시

교과	활동주제	활동자료	관련직업
국어	직업윤리의식	20년 후	전직업, 경찰
영어	원서 번역하기	해리포터와 불의 잔	번역가, 통역가
수학	수학의 필요성	세상 밖으로 날아간 수학	수학자
사회	차별과 평등의 논리	사회를 보는 논리	정치가, 사회학자
역사	우리 역사 바로 알기	지혜와 덕으로 삼국통일을 이끈 여왕	역사학자
도덕	문화주체론	교과서를 만든 철학자들	사학자, 문화재보존원
한문	한자 속이 숨은 의미	한자를 알면 세계가 좁다	한문교사, 언어학자
음악	음악의 기능	세상 모든 음악가의 음악이야기	음악치료사, 음악교사
미술	그림의 해석	한눈에 반한 서양미술관	화가, 큐레이터
기술가정	패션의 역사	문화와 역사가 담긴 옷 이야기	패션디자이너
과학	과학자의 윤리의식	선생님도 모르는 과학자이야기	과학자, 발명가

〈교과별 진로독서 활동지 예시 - 음악〉

G선상의 아리아

이곡은 바흐의 〈관현악 모음곡 제3번〉가운데 '에어'라는 곡이에요. 속칭 〈G선상의 아리아〉라고 부르지요.

이 이름은 19세기의 유명한 바이올린 연주자인 빌 헬미가 바이올린 줄 가운데 G선만으로 이 곡을 연주한 데서 붙여졌어요.

'아리아'란 선율을 뜻해요. 그리고 G선은 바이올린의 네 개 현 가운데 가장 두꺼운 현이에요. 즉 〈G선상의 아리아〉는 G선만을 이용해서 연주되는 곡이지요. 이 곡은 바흐가 가장 행복했던 시절에 쓴 곡이라고 하는데, 그래서인지 멜로디가 부드럽고 무척 아름다워요. 오늘날에도 팝이나 재즈로 편곡되어 자주 연주되고 있어요. 이 음악을 듣고 있으면 스르르 눈이 감길 만큼 고요하고 편안해져요. 그래서 이곡은 불면증 치료 음악 가운데 첫 번째로 손꼽히고 있어요.

실제로 6.25전쟁 때 아수라장 같던 피난 열차 속에서 〈G선상의 아리아〉를 들려주자 모두 조용해졌다고 해요.

그런데 바흐는 진짜로 수면제용 음악을 작곡했어요. 밤이면 잠을 못 이루는 어느 백작을 위해 〈골드베르크 변주곡〉을 만들었던데, 그 곡은 불면증 환자도 잠들게 할 정도로 그 위력이 대단했다고 해요.

(출처: 유미선. 2007. "세상 모든 음악가의 음악이야기." 꿈소담이)

음악은 다양한 기능을 가지고 있다. 사람의 마음을 부드럽게 하기도 하고 숙면을 유도하기도 하며 신체적인 기능을 촉진시키기도 한다. 음악이 우리에게 주는 여러 가지 기능 및 효과에 대해 서술해보자.

4.2 직업탐색하기

흥미에 맞는 직업 혹은 자신이 원하는 직업을 선택하였다고 하더라도 직업의 다양성을 인식하고 희망분야의 직업의 세계를 세분화하여 이해하는 활동이 필요하다. 만약 교사를 꿈꾸는 학생이라면 교사 중에서도 어떤 교사를 하느냐에 따라서 가야 할 대학이나 전공이 달라지기 때문에 구체적인 직업을 선택하기 위해 직업탐색을 해보도록 지도한다. 또한 학생들이 자신이 알지 못하는 직업을 찾아봄으로써 새로운 직업의 세계를 알게 되고 그에 따라 희망직업이 변경되거나 적성에 맞는 직업을 찾을 수 있음으로 다양한 직업의 세계를 조사하는 활동을 지도하도록 한다.

[활동내용]
- 관심 가는 직업에 대해 조사해보자.
- 지금까지 들어보지 못한 직업을 소개해보자.
- 희망분야나 흥미가 있는 분야에는 어떠한 직업들이 있는지 조사해보자.

[활동참고자료]

- 파트리시아 올. 2009. "직업옆에 직업옆에 직업." 미세기.
- 이랑. 2014. "(십대를 위한)직업백과." 꿈결.
- 주니어김영사편집부. 2014. "적성과 진로를 짚어 주는 직업교과서 시리즈." 주니어김영사.
- 부키편집부. 2015. "부키전문직 리포트." 부키.
- 청어람. 2014. "나의 미래공부." 청어람.
- 동천출판사편집부. 2014. "행복한 직업찾기 시리즈." 동천.

4.3 직업가계도 만들기

유전적으로 비슷한 DNA구조와 비슷한 환경을 가진 가족들이 종사하고 있는 직업을 보면 나의 적성을 찾는데 참고가 될 수 있다. 따라서 프로그램 운영자는 학생들의 가족이나 친지들의 직업을 그려보는 직업가계도 만들기 활동을 해보도록 한다. 학생들은 부모, 형제, 친지들이 어떠한 직업을 가지고 있는지 살펴보고 직접 해당 직업에 대한 자세한 설명을 들을 수 있음으로 직업선택에 많은 도움이 될 것이다.

[활동자료예시]

과학 명문가로 유명한 다윈 가문과 퀴리 가문은 아버지가 아이들에게 늘 자연을 가까이할 수 있게 해주고, 지식을 나누어주면서 자연에 대한 호기심과 탐구심을 길러주었다. 다윈 가문은 할아버지 때부터 연구하기 시작한 진화론을 가문의 학문으로 삼고 5대에 걸쳐 연구를 거듭했다. 한편 퀴리 가문은 2대에 걸쳐 노벨상을 수상했으며, 대대로 수많은 과학자를 배출했다. 또한 케네디가는 정치 명문가를 이루기 위해 먼저 백만장자와 국회의원을 목표로 삼았고, 결국 3대째에 이르러 위대한 대통령을 탄생시켰다. 아일랜드 농부 출신의 케네디 가가 미국으로 이민 온 지 110년 만의 일이었다.

(출처: 최효찬. 2008. "세계명문가의 자녀교육." 예담)

[활동내용]
- 우리 부모님의 직업에 대해 알아보자.
- 친지들의 직업을 조사해보고 직업가계도를 그려보자.
- 친지 중 관심이 가는 직업을 가진 분에게 직업에 대해 물어보고 적어보자.
- 형제들의 꿈을 조사하고 비교해보자.

[활동참고자료]

- 최효찬. 2008. "세계명문가의 자녀교육." 예담.
- 김상호. 2011. "톡 까놓고 직업 톡." 조선앤북: 46~49
  (가계도를 그려라, 적성이 보인다.)

4.4 유망직업과 유명직업

현재 유망하다고 판단되어 소개되는 직업이 10년 후에도 유망할 것인가? 청소년들이 취업을 하기까지 5~10년 정도가 걸리는데 10년 후를 내다보고 직업을 전망해야 한다. 드라마나 영화를 통해 소개되는 직업이 갑작스레 유명해져서 유망직업으로 느껴지기도 한다. 프로그램 운영자는 유명한 직업이라고 해서 유망한 직업이 아니라는 것을 인식시키고 사람들이 너도나도 몰리는 직업이 유망직업이 아닐 수도 있다는 것을 알려줘야 한다. 따라서 다양한 정보를 통해서 자신이 선택한 직업의 전망이 어느 정도인지 취업은 어느 정도 하는지를 조사해보는 시간을 갖도록 지도한다.

[활동내용]
- 예전에 전망이 좋았던 직업에는 무엇이 있었는지 알아보자.
- 현재 인기가 있는 직업은 무엇인지 알아보자.
- 내가 선택한 직업의 전망이 어느 정도 인지 조사해보자.
- 앞으로 유망할 것이라 판단되는 직업과 그 이유를 적어보자.

[활동참고자료]

- 김상호. 2015. "유망직업백과." 노란우산.
- 고용노동부. 2015. "2015 한국직업전망." 진한엠엔비.
- 박영숙. 2015. "미래 직업, 어디까지 아니?" 고래가숨쉬는도서관.
- 고정민. 2015. "미래 유망직업 콘서트." 꿈결.
- 한국콘텐츠미디어. 2014. "청소년 미래유망직업카드." 한국콘텐츠미디어.
- 박영숙. 2011.04.23. 로봇에게 빼앗기는 아홉가지 일자리, 데일리안. 2015.11.03. 검색 ttp://www.dailian.co.kr/
- 김상호. 2011. "톡 까놓고 직업 톡." 조선앤북.

4.5 이색직업과 신생직업

매년 사회와 시대의 요구에 따라 새로운 직업들이 생겨나고 있다. 레고모델조립사, 냅킨공예가, 쇼콜라티어, 슈가크래프터, 생태세밀화가, 아트토이디렉터 등의 이색직업이 생겨나고 있지만 관심을 가지고 있지 않으면 알기 힘들다. 따라서 이색직업과 신생직업에는 어떤 것들이 있는지 조사하여 직업의 세계를 폭넓게 이해하는 시간을 가져보도록 지도한다.

[활동내용]
- 이색직업을 선택하여 조사해보자.
- 새로 생긴 직업을 조사해보자.
- 생겼으면 하는 직업과 그 이유를 말해보자.
- 이색직업이나 신생직업이 가지는 장단점을 생각해보자.

[활동참고자료]

- 김상호. 2015. "유망직업백과." 노란우산.
- 21세기재테크연구원. 2013. "이색직업." 큰방.
- 한국고용정보원. 2015. "톡톡튀는 이색학과 눈길끄는 이색직업." 휴먼컬처아리랑.
- 한국콘텐츠미디어. 2014. "청소년 신생 이색 직업카드." 한국콘텐츠미디어.
- 김상호. 2011. "톡 까놓고 직업 톡." 조선앤북: 이색학과, 유망직업에 관한 진실.

5. 진로에 따른 독서활동

5.1 직업탐색보고서

선택한 직업에 대한 필요한 능력, 자격, 관련학과, 연봉, 졸업 후 진로, 전망 등 다양한 자료를 조사해보고 미래를 준비하는 과정이 필요하다. 프로그램 운영자는 학교도서관의 다양한 자료를 활용하여 직업탐색보고서를 작성해보도록 지도한다. 수업 전에 직업탐색보고서 작성 지도를 위해 직업관련 자료를 미리 도서관에 구비해두고, 다양한 직업이 소개된 자료를 수업 전에 미리 찾아 별치해 놓으면 원활한 수업진행이 가능하다. 다양한 도서를 구비했는데도 불구하고 희망직업에 관한 자료를 찾지 못하는 학생은 개별적으로 인터넷자료를 찾아 제공하도록 한다.

[활동내용]
· 직업소개에 들어갈 내용

하는 일, 필요한 자격증, 관련학과, 연봉, 졸업 후 진로, 전망, 적성과 흥미

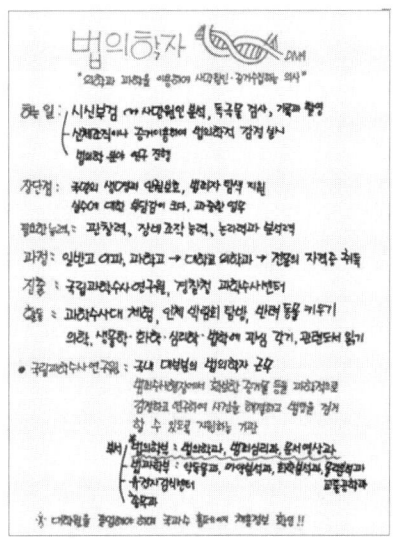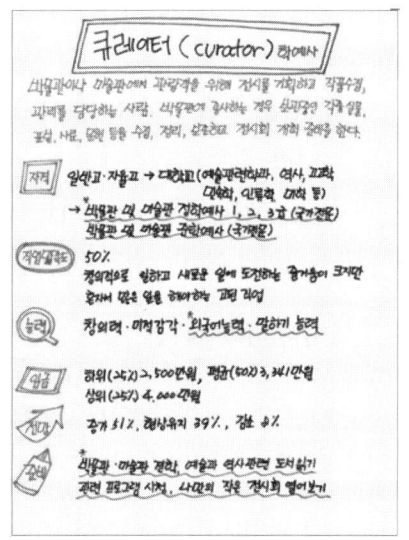

〈직업탐색보고서 예시 - 법의학자, 큐레이터〉

[활동참고자료]

- 진로관련도서
- 워크넷 http://www.work.go.kr/

5.2 진로도서목록 작성하기

프로그램 운영자는 진로에 따라 어떠한 책을 읽을지 선정하여 목록을 정리해보는 시간을 갖도록 지도한다. 권장도서나 필독도서를 읽는 것보다 진로와 꿈에 관련된 도서를 읽도록 지도한다. 관심이 있는 분야 혹은 자기의 목표와 관련된 주제를 정하고 주제와 연관된 책을 꾸준히 읽는 전략적인 독서활동이 필요하기 때문이다. 책을 통해 진로를 결정하고 그에 맞는 책을 찾아 읽는 자기주도적인 독서활동을 하도록 해야 한다. 다음의 표는 진로독서 로드맵 단계[2]이다. 프로그램 운영자는 진로독서 로드맵 단계에 따라 진로설계 후 관련된 도서를 선정하는 활동을 지도한다. 또한 직업별 도서목록을 소개하여 진로도서목록을 작성하는데 도움을 주도록 한다.

〈표 3-11〉 진로독서 로드맵 단계

단계	단계 내용
1단계 [입문]	책을 좋아하게 만드는 책. 흥미와 재미와 감동 1석3조를 한 번에 잡을 수 있는 책들을 선정, 책읽기를 좋아하게 만든다.
2단계 [진로탐색]	내 적성과 꿈을 탐색하는 책. 나의 강점과 꿈을 발견하게 해주는 책들을 선정, 자신에 대해 구체적으로 파악하고 삶의 목표를 명확하게 세울 수 있게 한다.
3단계 [진로모델찾기]	인생의 롤 모델을 만나는 책. 롤 모델로 삼을 만한 다양한 인물이야기 책들을 선정, 성공적인 삶에 대한 동기부여를 자극한다.
4단계 [학습능력키우기]	배경지식을 높여주는 책들을 선정하여 재미있게 읽으면서 학습효과를 얻는다.
5단계 [직업탐구]	내게 맞는 직업을 알려주는 책. 자신의 적성에 맞는 직업을 찾게 해주는 책들을 선정, 행복하고 당당한 미래의 청사진을 구체화한다.

---

[2] 김은정 외. 2011. "(학교도서관을 활용한) 진로독서프로그램." 경기도교육청북부청사.

〈표 3-12〉 직업별 도서목록 예시

직업	관련도서
수의사	유쾌한 수의사의 동물병원 24시/박대곤
물리학자	막스 플랑크 평전/에른스트 페터 피셔
뮤지컬배우 · 뮤지컬연출가	뮤지컬 쇼쇼쇼/이지원
음악치료사	클래식 음악의 괴짜들/스티븐 이설리스
심리치료사	누다심의 심리학 블로그/강현식
교사	영원한 1순위 사범대 교육대/김다영
승무원	스튜어디스 · 스튜어드가 말하는 항공승무원/원혜경
변호사	이재원 변호사와 함께 보는 옛이야기 명판결/이재원
간호사	간호사가 말하는 간호사/권혜림
정치가	그래서 이런 정치가 생겼대요/우리누리
광고기획인	광고천재 이제석/이제석
국제공무원	국제기구 멘토링/정홍상
작가	29인의 드라마작가를 말하다/신수진

5.3 뉴스기사 읽고 의견쓰기

뉴스기사는 최신 정보를 가지고 있으며 토론주제로 선정하기에 아주 적당한 자료이다. 다양한 직업분야의 기사를 접할 수 있기 때문에 학생들이 희망직업에 관련된 기사를 읽고 자신의 분야에 대해 최신정보를 얻을 수 있으며 그와 더불어 현재 발생하고 있는 문제에 대해서 해결방안을 모색해볼 수 있는 시간을 가질 수 있다. 또한 지속적인 뉴스기사를 읽고 해결방안을 모색하고 스크랩하여 하나의 포트폴리오로 구성할 수 있다. 프로그램 운영자는 직업별 뉴스기사를 손쉽게 접할 수 있도록 지속적으로 자료를 제공하는 서비스를 실시한다면 진로독서교육에 도움이 될 것이다. 뉴스기사를 직업별로 제공하거나 모둠별 제공 혹은 같은 기사를 제공하고 각 직업별로 해결방안을 모색해보도록 지도한다.

아래의 활동지는 독서율 감소에 따른 각 직업별 해결방안을 모색해보는 내용을 담고 있다. 프로그램 운영자는 정기적으로 직업별 다양한 활동지를 작성하여 학생들에게 배부하도록 한다.

[활동자료 예시 1]

청소년, 독서량 늘고 독서율 줄어
학생들의 독서량은 증가했으나 독서율은 감소한 것으로 나타났다.

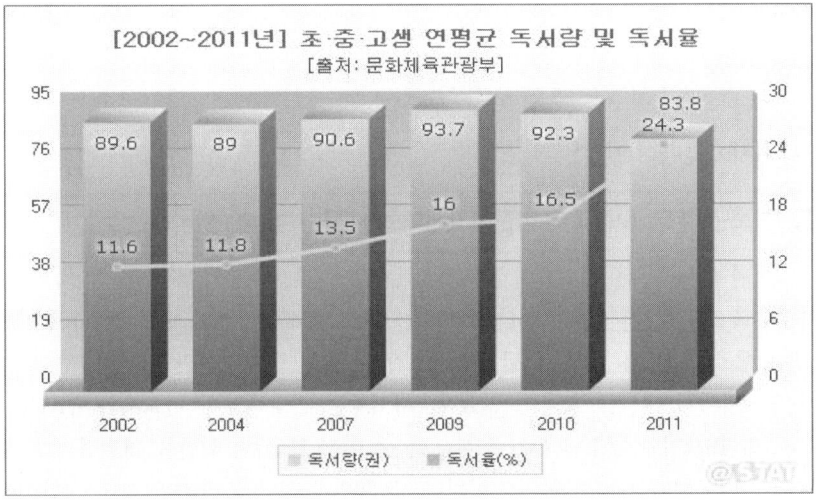

문화체육관광부는 2011년12월29일부터 2012년1월12일까지 성인 2,001명과 초·중·고생 3,001명을 대상으로 〈2011 국민독서 실태조사〉를 실시했다. 조사 결과, 지난해 초·중·고생의 연평균 독서량은 24.3권으로 집계됐다. 이는 2010년(16.5권)에 비해 7.8권 늘어난 수치다. 반면, 지난해 학생들의 연평균 독서율은 92.3%에서 83.8%로 8.5%p 감소했다. 특히, 학생들의 연평균 독서율은 학교급이 올라갈수록 낮았다. 초등학생의 독서율이 93.8%로 가장 높았다. 이어 중학생 79.3%, 고등학생 79.1%의 순이었다. 한편, 지난해 성인들의 독서량은 9.9권으로 전년 대비 0.9권 감소했다. 이에 반해 독서율은 1.4%p 증가한 66.8%였다.

(출처: 신지영. 2012. 5. 18. "청소년, 독서량 늘고 독서율 줄어."
데이터뉴스. 2015. 11. 21. 검색 http://www.datanews.co.kr)

청소년의 독서율이 줄어드는 문제에 대해 직업별 해결방안을 적어보자.

직업	해결방안
국회의원	
출판사	
교사	
사서	
공무원	*문체부/지자체*
서점주인	
교육청	
사회단체	

[활동예시자료 2]

[스톱! 청소년 부당 노동 ①] 안전사각지대로 내몰린 10대 '알바생'

단돈 2천원에 목숨 건 질주 … 성희롱 고통에도 참는 경우가 대다수

\# 고등학교 2학년생인 A군은 건당 2000원을 받고 오후 6시부터 새벽 2시까지 3주 정도 배달 아르바이트를 했다. 배달 중 사고가 났는데, 병원비는커녕 사업주에게 오토바이 수리비까지 내라는 요구를 받았다. 사업주는 근로계약서 미교부와 부모동의서 미확인, 만 18세미만 청소년 야간근로 위반 등 여러 관련 법 위반을 저질렀지만, 오히려 A군에게 손해배상을 하라는 것이었다. 부모에게 허락을 받지 않고 아르바이트를 한 A군은 막막함을 호소했다.

◆ 임금체불 등 청소년 근로고충 상담 증가 = 만 15~19세 청소년 아르바이트생 28만 명이 노동법 사각지대에 내몰리고 있다. 배달 아르바이트를 하다가 매년 10여명이 목숨을 잃고, 성희롱을 당해도 속수무책이다.

〈출처: 김아영. 2015. 10. 28. 스톱! 청소년 부당노동. 내일신문. 2015. 11. 21 검색 http://www.naeil.com/〉

청소년 노동환경을 개선하기 위한 해결방안을 적어보자.

[활동참고자료]

· 언론재단 카인즈. www.kinds.or.kr

5.4 직업관련 논문쓰기

프로그램 운영자는 진로를 선택한 학생들과 심화과정으로 논문쓰기 지도를 할 수 있다. 소논문쓰기활동은 정보활용교육, 문제해결능력, 진로에 따른 연구주제를 정하여 1년 동안 자료조사 및 문제해결 방법을 생각해보는 활동으로, 학생들의 자료탐색방법, 자료분석능력, 정보활용능력 및 보고서 작성능력을 신장시킬 수 있다. 또한 희망직업에 대한 정보와 지식을 폭넓고 자세하게 접할 수 있는 기회를 갖게 된다. 소논문쓰기의 실제는 제4장을 참고하여 지도할 수 있다.

[활동내용]
- 1단계 : 희망직업 설정하기
- 2단계 : 직업과 관련된 선행연구논문주제 조사하기
- 3단계 : 연구주제설정 및 목차설정
- 4단계 : 연구주제와 관련된 선행연구논문 조사하기, 참고문헌 기재하기
- 5단계 : 선행연구논문정리, 연구
- 6단계 : 연구주제 본론, 결론완성하기
- 7단계 : 검토, 수정, 편집
- 8단계 : 연구주제 발표 및 마무리

[활동과정]

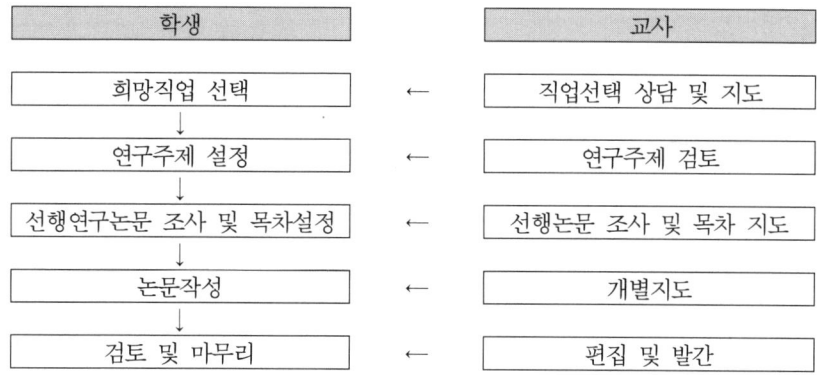

[활동참고도서]

· 소병문 외. 2014. "고등학생 소논문쓰기 어떻게 시작할까." 씨엔톡.

5.5 나의 롤모델

진로관련 분야에 롤모델을 만들면 유명 인사들의 앞선 경험과 지혜를 통해 인생의 좌표를 설정하고 긍정적인 삶을 살아가는데 도움을 줄 수 있다. 프로그램 운영자는 위인들의 다양한 일화를 통해 바람직한 역할 모델을 제시하고 인생의 목표를 설정하고 진로는 결정하도록 지도한다. 이러한 활동을 통해 학생들은 위기에 닥쳤을 때 롤모델의 행동, 좌우명, 인생의 가치관과 태도 등을 배움으로써 앞으로 자신의 태도를 반성하고 미래준비에 노력할 수 있도록 하는 밑거름이 될 수 있으며, 바람직한 자아정체성을 형성할 수 있다.

[활동내용]
· 롤모델 관련도서 읽고 롤모델 소개하기

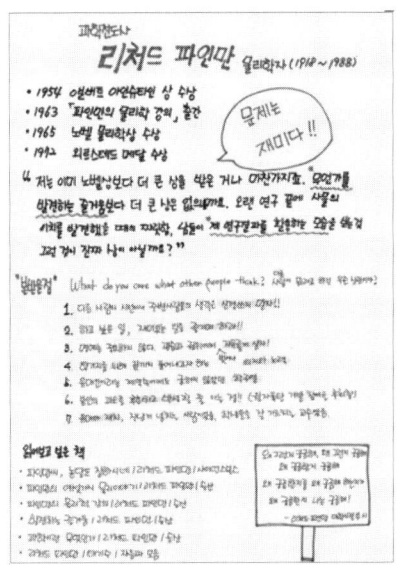 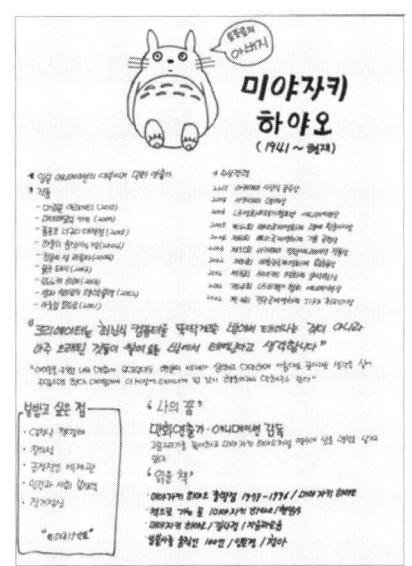

[활동참고도서]

- 김태광. 2008. "꿈꾸는 너에게 불가능은 없다." 굿인포메이션: 성공한 사람들에게서 배워라, 존경하는 인물을 찾아라.
- 박성철. 2007. "중학생 인생수업." 추수밭: 94-98(위대한 인물을 인생의 스승으로 모시기).
- 임영복. 2013. "꿈 스케치." 국일미디어: 182-187 꿈의 모델을 만나라.
- 김옥림. 2011. "10대에 꼭 해야 할 32가지." 미래문화사.
- 박경철. 2014. "청소년을 위한 자기혁명." 리더스북: 75~77(영웅을 품고 사는 삶은 흔들림이 없다).

5.6 독서 감상 쓰기

자기소개서 및 면접을 볼 때, '가장 감명 깊게 읽은 책', '삶에 영향을 준 책', '진로선택에 영향을 준 책' 등에 대해서 기술하거나 말해보라고 한다. 따라서 프로그램 운영자는 책을 읽고 자신의 경험에 비추어 감상을 쓰는 활동을 통해서 표현력을 높이도록 지도한다. 특히 자기소개서나 서술형평가에서 원하는 형식인 300자에서 500자 쓰기 활동을 해보도록 지도한다.

[활동내용]
- 가장 감명 깊게 읽었던 책을 쓰고, 그 이유를 300자 내외로 서술해보자.
- 본인이 전공을 선택하게 된 이유 및 배경은 무엇이며, 그 선택에 영향을 준 도서에 대해 기술해보자.
- 기억에 남는 책의 주인공을 쓰고 본받을 점이 무엇인지 기술해보자.
- 책 주인공 중에 우리학교 선생님이었으면 하는 주인공과 그 이유를 적어보자.
- 책 주인공에게 해주고 싶은 충고가 있다면 말해보자.

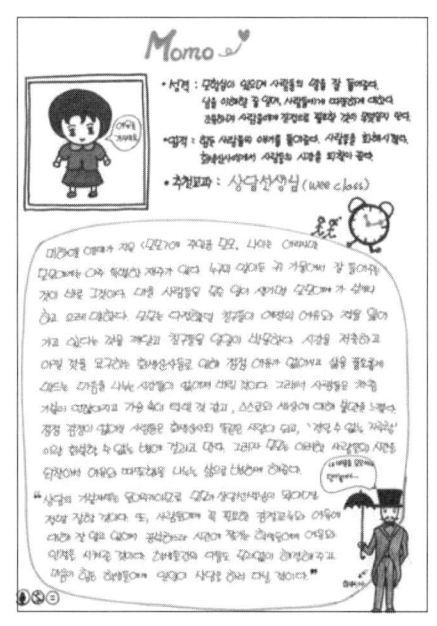

〈주인공 표현하기〉

부 록

진로독서활동지 [부록 1~20]

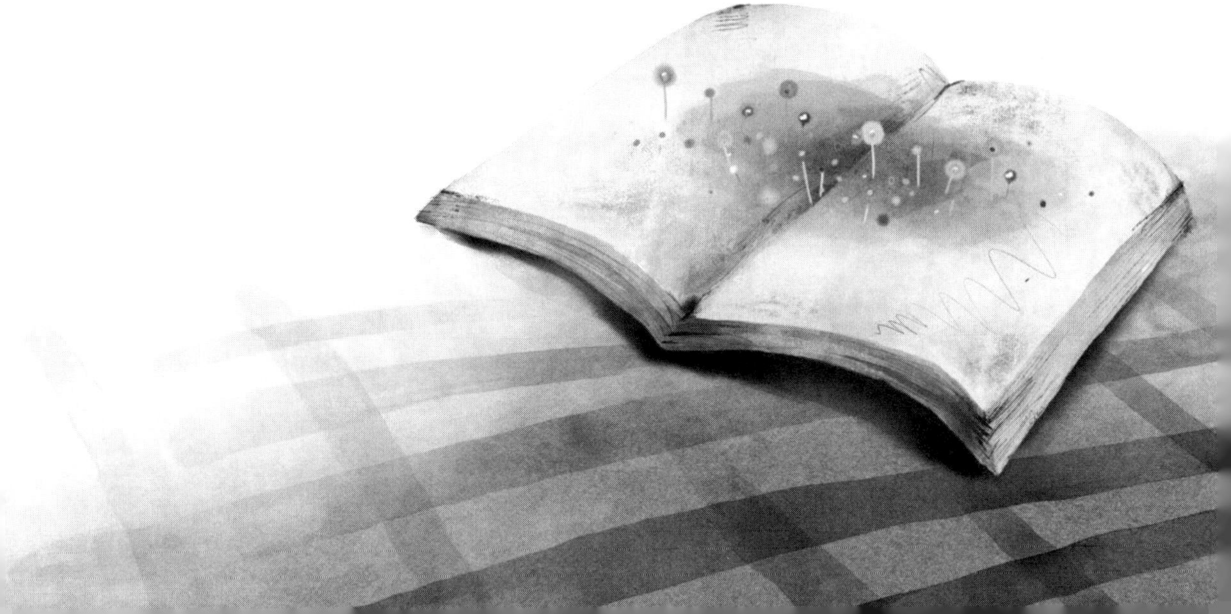

부록 1 비전과 진로 1

1. 사람이 살아가는 인생의 목적은 행복추구에 있다. 철학자 에피쿠로스는 사람이 행복을 추구하는 방법에는 두 가지가 있다고 말했다.

   - 자신이 원하는 것을 성취하면서 행복해 하는 것

   - 있는 것에 만족하면서 행복해 하는 것

2. 가장 행복하다고 생각되는 사람은 누구이며, 그 이유는 무엇인지 적어보자.

3. 행복해지기 위한 조건은 무엇인지 3가지를 적어보자.

   ⦿ _____

   ⦿ _____

   ⦿ _____

부록 2 비전과 진로 2

> 슈바이처
> - 비전 : 어려운 사람들을 도우며 살아가는 것
> - 직업 : 의사, 선교사
> - 인생 : 의사가 되어 아프리카에서 어려운 사람들을 도우며 살았다.

[활동내용]

◉ 내 삶의 비전은 무엇인가?

◉ 나의 비전을 실천하기 위한 도구 즉, 희망직업은 무엇인가?

◉ 삶의 비전과 그에 따른 직업에 대해서 300자로 서술해보자.

부록 3 목표설정

인생의 목표 설정하기

※ 연령별 목표를 설정하고 실천해보자.

10대
-
-
-

20대
-
-
-

30대
-
-
-

40대
-
-
-

50대
-
-
-

60대
-
-
-

70대
-
-
-

부록 4 흥미와 직업

1. 시간 가는 줄 모르고 재미있게 하는 활동은 무엇인지 써 보고 연상되는 직업을 연결해보자.

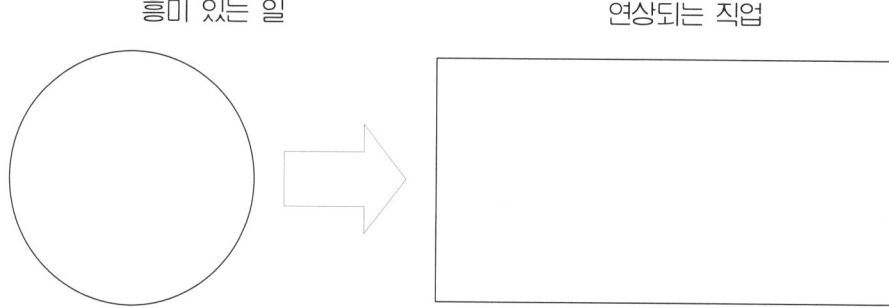

2. 좋아하는 과목과 관련된 직업을 써 보자.

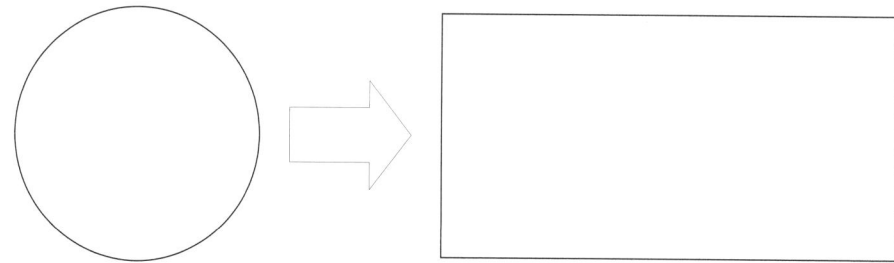

3. 자주 접속하는 인터넷 서핑 키워드가 무엇인지 적어보고, 자신이 현재 무엇에 관심이 있는지 살펴보자.

_____
_____
_____
_____

부록 5   라이프 스타일과 직업

라이프 스타일과 직업의 세계

직업을 선택할 때 적성, 안정성, 장래성, 연봉 등도 중요하지만 나의 라이프 스타일과 맞는지도 한번 생각해봐야합니다. 생활과 연관을 지어 직업을 분류해봅시다.

남들 쉴 때 일하는 직업	밤낮이 바뀐 직업
여름 또는 겨울에 힘든 직업	**남자 또는 여자가 많은 직업**
밖에서 많이 일하는 직업	**사람이 아닌 것을 상대하는 직업**
말을 많이 하는 직업	**제복(사원복)을 입는 직업**

부록 6 적성검사와 나

〈다중지능 검사지〉

나의 성격

나의 강점

추천직업

나의 소감

〈검사결과비교〉

나의 장래 희망	다중지능검사 추천직업

부록 7 자기이해 1

1. '나'하면 떠오르는 단어를 빠르게 8가지를 적고, 8개 단어를 사용하여 나를 소개해보자.

	나	

2. 내가 생각하는 나와 다른 사람이 생각하는 나에 대해 기술해보자.

내가 아는 나	친구가 아는 나	부모가 아는 나

부록 8 자기이해 2

1. 표지와 제목을 보고 드는 생각은 무엇인가?

_____
_____
_____
_____
_____

2. 자신이 곰이라는 것을 증명하지 못한 곰은 결국 공장에서 사람처럼 일을 하게 된다. 서커스 곰과 동물원 곰에 말에 대해 반박해보자.

"자네가 정말 곰이라면 그 사실을 나한테 증명해야 하네."

"보기에는 곰처럼 생겼네요. 하지만 곰이 아닙니다. 정말 곰이라면 관중석에 앉아 있을 리가 있나요? 진짜 곰은 춤을 출 수 있지요."

_____
_____

"아니오, 이 친구는 진짜 곰이 아닙니다. 진짜 곰이 차를 타고 돌아다니다니 말이 됩니까? 진짜 곰은 우리처럼 철창 안에서 살고 있는 법이지요. 그렇지 않으면 사육장 안에서 살 던지요."

_____
_____
_____

(출처: J. 슈타이너. 1997. "난 곰인채로 있고 싶은데." 비룡소)

3. 그냥 눈으로 보기에도 곰인데 사람들은 인정해주지 않는다. 그런 사람들에게 곰은 자신을 증명해보이려고 하지만 동물원의 곰들과 서커스단의 곰들은 자신들의 기준으로 곰을 곰이 아니라고 말한다. 결국 곰도 자신의 정체성을 잃어버리고 공장에서 일을 하게 된다. 곰인 채로 있었던 곰과 자신들의 기준으로만 판단을 내리는 사회와의 갈등을 그린 동화이다. 사회적 기준으로 인해, 다른 사람들의 기준으로 인해 자신이 인정받지 못하는 경우가 있다. 다른 사람과 구별되는 나는 어떤 사람인지 적어보자.

자신을 표현하지 못하는 문제	자신을 믿어주지 않는 사회

당신은 누구인가? 자신만의 특징을 간단한 문장으로 표현해보자.

4. 자신을 설명할 수 있는 것들을 나열해보자.

자신을 표현할 수 있는 형용사들을 생각해보고, 그 형용사를 활용하여 자기를 소개해보자.

_____

_____

_____

부록 9 자기소개서

1. 자신의 성격, 가치관, 태도 등이 가장 잘 설명될 수 있도록 성장과정을 구체적으로 기술하시오.

_____
_____
_____

2. 본인이 전공을 선택하게 된 이유 및 배경은 무엇이며, 그 선택에 영향을 준 경험(인물, 서적, 사건 등)에 대해 기술하시오.

_____
_____
_____

3. 중학교 재학 시절 경험했던 활동(단체, 동아리 혹은 개인활동 등) 중 가장 기억에 남는 사건이나 (구체적인 상황, 자신의 역할, 과정과 결과 등 포함) 특정 분야의 전문성을 갖추기 위해 노력한 경험에 대해 구체적으로 기술하시오.

_____
_____
_____

4. 새로운 일에 도전했거나 어려움을 극복한 경험을 기술하시오.

_____
_____
_____

5. 본인의 장래 포부를 제시하고 그 외에 본인에 대해 알리고 싶은 내용을 기술하시오.

_____
_____
_____

부록 10 일과 삶

1. 삶에 있어서 일이란 어떤 의미를 가지는지 생각해보자.

_____
_____
_____
_____

2. 일을 하면 생기는 장단점에 대해서 기술해보자.

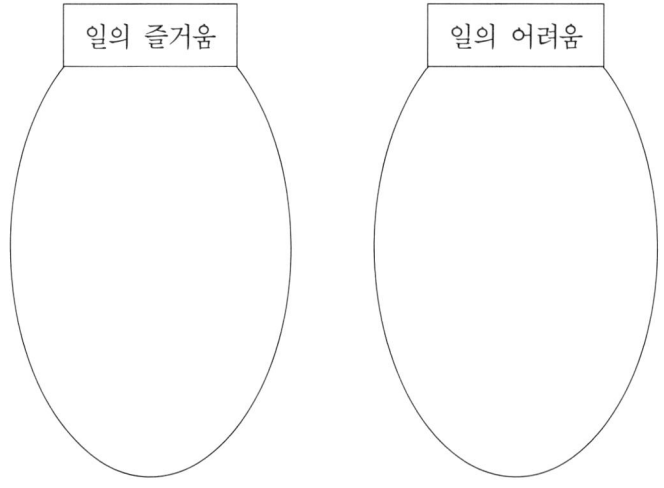

3. 일과 삶을 조화롭게 하기 위한 방법에는 어떤 것이 있을지 기술해보자.

◉ _____

◉ _____

◉ _____

부록 11 정신노동과 육체노동

로마의 정치가이자 작가였던 마르쿠스 툴리우스 키케로(기원전 106년~43년)는 직업에 대해 이렇게 말했다.

"어떤 직업이 귀하고 천한가를 판단하는 데에는 다음과 같은 기준이 적용된다. 우선 항구의 세관원이나 고리대금업자처럼 인간에게 증오심을 불러일으키는 직업은 귀하지 않다. 타고난 재주를 발휘하지 못하고 단순히 노동력을 제공하고 돈을 받는 직업도 별로 좋지 않다. 그런 일을 해서 받은 돈에는 자신을 노예로 부린 데 대한 값이 포함되기 때문이다. 또한 금방 되팔기 위해 물건을 사들이는 상인도 천한 직업이다. 그들은 상대를 속이지 않고는 돈을 벌지 못한다. 일을 할 때 정신이 자유롭지 못한 수공업자들도 천한 직업에 속한다. 가장 비천한 직업은 육체적인 쾌락을 위해 일하는 직업이다. 예를 들면 생선 장수, 푸줏간 주인, 요리사, 닭고기나 새고기를 파는 사람, 향수를 파는 사람이 그렇다. 춤꾼처럼 사람들 앞에서 우스꽝스러운 짓을 하는 일도 마찬가지이다." 키케로는 의사, 설계사, 교육자 등을 귀한 직업으로 보았다. 그러나 가장 고상한 직업을 가진 사람은 농사를 지을 땅을 가지고 있으면서 일은 노예에게 시키고 자기는 아무것도 하지 않는 사람이었다. 결국 키케로의 기준에서 보면 오늘날의 직업은 거의 모두 비천한 것이다.

1. 마르쿠스 툴리우스 키케로의 말을 비판하고 육체노동과 정신노동의 가치에 대해 기술해보자.

---

2. 다음 그림을 보고 만약 내가 부모라면 아이에게 어떤 말을 해줄 것인지 적어보자.

(이미지출처: 팟빵직썰 일일 시사만화)

- 해주고 싶은 말

_____

_____

_____

- '직업에 귀천이 있는가'에 대한 자신의 생각을 적어보자.

_____

_____

_____

부록 12 직업선택의 기준

직업을 선택하는 기준은 개개인마다 다르다. 다음의 직업선택의 일반적 기준을 읽고 직업 선택을 할 때 무엇을 우선시해야 하는지 적어보고 그 이유를 말해보자.

직업선택의 일반적 기준

1. **개인의 적성**
   직업 선택시 자신의 소질과 능력을 개발해서 그에 맞는 직업을 선택하여야 한다.
2. **직업의 장래성**
   현대사회에서는 직업의 종류도 다양하고 그 변화도 빠르다. 따라서 직업선택시에도 장래성과 전망을 파악하는 시각을 가져야 한다.
3. **직업의 안정성**
   평생을 통해 안정된 직업생활을 할 수 있는 방향으로 직업을 선택하여야 한다.
4. **경제적 소득(연봉)**
   경제적 소득이 직업선택에서 또 하나의 중요한 요인이다.

나는 직업선택 할 때 (연봉 / 적성)을 먼저 고려할 것이다. 왜냐하면,

_____
_____
_____
_____
_____

부록 13   **직업세계의 변화**

1. 지식채널 e〈인기직업〉 동영상을 보고 사라진 직업을 적어보자.

2. 위의 직업이 사라진 이유를 적어보고, 미래에 사라질 거라 예상이 되는 직업을 말해보자.
   - 사라진 이유

   _____
   _____
   _____
   _____

   - 사라질 것이라 예상되는 직업

3. 앞으로 생겨날 것이라 예상되는 직업을 쓰고, 그 이유를 설명해보자.

   _____
   _____
   _____
   _____

제3장 | 진로독서포트폴리오와 진로독서교육 309

부록 14 안정적인 삶

누가 내 치즈를 옮겼을까?

"스니프"
킁킁거리며 냄새를 맡는다는 의미의 의성어

"스커리"
종종거리며 급히 달린다는 의미의 의태어

"헴"
헛기침한다는 의미의 의성어

"허"
점잔을 뺀다는 의미의 단어

유형	행동특성	나와 비교
생쥐 (스니프) (스커리)	▶ 두뇌는 단순, 직관력은 매우 훌륭 ▶ 안정된 삶속에서도 늘 움직임 ▶ 변화에 적응력이 빠름(변화감지)	
사람 (헴)	▶ 과거의 경험을 바탕으로 판단 ▶ 안정된 삶을 추구(변화에 둔감) ▶ 변화된 삶에 적응하지 못함	
사람 (허)	▶ 과거의 경험을 바탕으로 판단 ▶ 안정된 삶을 추구(변화에 둔감) ▶ 안정이 깨졌을 경우 변화를 시도함	

종류	의미	적용
치즈	우리가 얻고자 하는 좋은 직업, 인간관계, 재물, 건강 혹은 영적인 평화와 같은 것들을 상징	
미로	학교, 가정, 직장, 소모임 등 복잡하고 헤매기 쉽지만 길을 발견하면 더없이 훌륭한 삶을 즐길 수 있는 곳.	
창고	여유롭고 안정적인 삶을 상징	

> "우리 주위의 환경은 시시각각 변하고 있는데, 우리는 항상 그대로 있길 원하지. 이번에도 그랬던 것 같아. 그게 삶이 아닐까? 봐, 인생은 계속 앞으로 나아가고 있잖아. 우리도 그렇게 해야 돼."

인간의 수명은 늘어나 노년에도 일을 해야 하는 시대가 오고 있어 이제 안정적인 직업은 없다고 한다. 우리가 노년까지 계속적으로 원하는 직업에 종사하기 위한 방법은 무엇이 있을까 생각해보자.

_____

_____

_____

_____

_____

_____

부록 15 직업윤리와 사회적 책임

직업윤리

어떤 직업을 수행하는 사람들에게 요구되는 행동규범을 의미한다. 각자 자기가 맡은 일에 투철한 사명감과 책임감을 가지고 일을 충실히 수행해야 하며, 도덕적이어야 한다.

[글 1] 애국심으로 독가스를 개발한 하버

세계 1차 세계대전이 발발하자 독일은 과학자 하버를 중심으로 하여 독가스를 개발하는데 매진했다. 프랑스군과 싸운 이플전투에서 독가스를 살포했으며 이로 인해 1만 9천여 명의 사상자가 발생했다. 하버의 부인은 독가스 개발을 그만 하라고 부탁했으나 하버를 이를 듣지 않다. 히틀러가 정권을 잡은 후 유태인이란 이유로 다른 나라에서 떠돌다 쓸쓸히 생을 마감했다. (발췌 : 선생님도 모르는 과학자이야기)

[글 2] 피노키오를 가둔 판사

고양이와 여우에게 속아서 금화 다섯 냥을 빼앗긴 피노키오는 판사에게 가서 억울함을 호소하며 그들의 생김새와 사기행위를 낱낱이 얘기했다. 판사는 잘 듣고 있다가 서기에게 말한다.

"저 불쌍한 녀석이 금화 다섯 냥을 도둑맞았다. 그러니까 저 놈을 잡아 빨리 감옥에 가두어라." 불독 두 마리가 달려와 쓸데없는 시간 낭비를 막기 위해 피노키오의 입을 틀어막고 감옥으로 보냈다. '바보들의 함정' 도시의 가옥에서 피노키오는 넉 달 동안 갇혀 있었다(발췌: 피노키오).

[글 3] 시민, 과학자

일본 원전 1세대 연구원이자 비영리 연구기관인 원자력자료정보실을 설립한 시민 과학자 다카기 진자부로는 과학을 시민의 눈높이에서 시민을 위해 사용하고자 노력했다. "이것은 우라늄 펠릿입니다. 이 펠릿을 잘 태우면 한 가정이 1년 동안 쓸 전기가 나옵니다. 암 치사량이라는 관점에서 보면 5만 명 정도의 치사량이 됩니다."

핵을 만난 이후 계속된 스스로를 향한 질문 '무엇을 위한 과학인가?' 13년 만에 그가

내린 결론은 기업을 위한 연구도 대학을 위한 연구도 논문을 위한 연구도 아닌 독립적인 학문의 길을 가기로 하고 비영리 연구기관인 '원자력자료정보실'을 창설했다. 잡지 신문 논문 등으로 국내외에 원전의 현실을 알린 그는 세계적으로 유명한 반핵운동가가 된다. (발췌 : EBS 지식채널 e 시민, 과학자)

[글 4] 훌륭한 재판관

알제리의 바워거스 왕은 훌륭한 재판관이 있다는 소문을 듣고 그를 시험해보기로 한다. 학자와 농부가 한 여자를 두고 서로 자기 아내라고 우겼다. 그 여자가 익숙하게 잉크 스탠드를 씻고 새 잉크를 붓는 것을 보고 학자의 아내라고 판결했다. 기름장수와 고기장수가 주머니에서 나온 돈이 자기 것이라 우겼다. 재판관은 동전을 물에 담가 기름이 뜨지 않는 것을 확인하고 고기장수의 것이라 말했다. (출처: 훌륭한 재판관)

1. 위의 글을 읽고 사람들이 직업윤리의식과 사회적 책임감이 없다면 어떤 현상이 일어날지를 쓰고 직업윤리의식이 왜 필요한지를 서술해보자.

___

___

___

___

2. 희망하는 직업이 가져야 할 직업윤리의식과 사회적 책임에 대해 서술해보자.

희망직업 :
___

가져야 할 윤리의식과 사회적 책임

___

___

___

부록 16 진로탐색보고서

	내용	나의 준비사항
하는 일		
준비과정		
자격조건		
졸업 후 진로		
전망		
작업환경		

부록 17 진로독서목록

관 련 독 서 목 록

서명/저자/ 출판사	한줄정리	감상 (삶의 변화, 목표 변화, 자세 등에 연관)

부록 18 직업 관련 뉴스 읽고 생각하기

직업에 관련된 뉴스를 찾아 인쇄하여 붙이고 자신의 생각과 해결방안을 적어보자.

관련뉴스 붙이는 곳

부록 19 나의 롤모델

나의 롤모델

나의 생각 내 인생의 좌표를 알려줄 수 있는 롤모델 혹은 멘토의 어떤 점을 닮고 싶은지와 닮기 위해 어떤 노력을 할 것인지 적어보자.

부록 20 미디어감상토론

( )학년 ( )반 이름( )

제목	EBS 지식채널 e <동물의 눈을 가진 여자>
주요 내용 메모 하기	
생각해 볼 문제	"돼지가 동물이라는 생각은 잊고 공장의 기계인 것처럼 다뤄라." 미국 양돈업체 잡지 중 '돼지 농가경영'에서 나온 말이다. 지금 농가에서는 닭, 소, 돼지 등의 동물들이 비좁은 사육장에서 각종 스트레스를 받으며 키워지고 있다. 인간의 필요 때문에 사육되는 동물의 고통 없이 죽을 권리를 위해 '동물복지규정' 발표한 동물학자 템플 그랜딘. 동물에게는 권리란 없는 것일까? 동물복지와 동물권에 대한 자신의 생각을 말해보자.
내 생각 쓰기	

참고문헌

기상조절연구그룹. 2009. 『날씨를 마음대로, 기상조절』. 파주: 김영사.
김태광. 2008. 『꿈꾸는 너에게 불가능은 없다』. 서울: 굿인포메이션.
김아영. 2015. 스톱! 청소년 부당노동 ①. 『내일신문』. 10월 21일. 〈http://www.naeil.com〉 [인용 2015. 10. 28].
김은성. 2009. 『오바마처럼 연설하고 오프라처럼 대화하라』. 고양: 위즈덤하우스.
김은정 외. 2011. 『(학교도서관을 활용한) 진로독서프로그램』. 의정부: 경기도교육청북부청사.
김형진. 2006. 『벼랑 끝에서 만나는 처칠』. 서울: 기파랑.
니콜라우스 피퍼. 2006. 『청소년을 위한 경제의 역사』. 서울: 비룡소.
미래를준비하는기술교사모임. 2010. 『테크놀로지의 세계3』. 서울: 랜덤하우스코리아.
사마키 다케오. 2004. 『선생님도 모르는 과학자 이야기』. 서울: 글담.
슈타이너, J. 1997. 『난 곰인채로 있고 싶은데』. 서울: 비룡소.
스펜서 존슨. 2015. 『누가 내 치즈를 옮겼을까』. 서울: 진명.
신지영. 2012. 청소년, 독서량 늘고 독서율 줄어. 『데이터뉴스』. 5월 18일. 〈http://www.datanews.co.kr〉. [인용 2015. 11. 21].
유미선. 2007. 『세상 모든 음악가의 음악이야기』. 서울: 꿈소담이.
이철수. 2011. 『나는 무슨 일하며 살아야할까?』. 서울: 철수와영희.
장석민 외. 1997. 『산업인력개발정책에 부응한 학교 진로교육 실천방안 연구』. 서울: 한국진로교육학회.
장 지글러. 2013. 『왜 세계의 절반은 굶주리는가?』. 서울: 갈라파고스.
정약용. 2005. 『목민심서』. 파주: 창비.
존 고다드. 2011. 『존 아저씨의 꿈의 목록』. 서울: 글담어린이.
진로와직업인정도서편찬위원회. 2012. 『중학교 진로와 직업』. 서울: 두산동아.
최효찬. 2008. 『세계명문가의 자녀교육』. 서울: 예담.
카를로 콜로디. 2005. 『피노키오』. 서울: 현암사.
톨스토이. 2003. 『세상에서 가장 중요한 세 가지 일』. 서울: 아테나.
EBS 지식채널 e 홈페이지. 〈http://home.ebs.co.kr/jisike/index〉
EBS편집부[편]. 2013. 『EBS 지식채널 e 시민, 과학자』. 서울: EBS. 〈http://home.ebs.co.kr/jisike/index〉.
sbs cnbc. 2015. 다문화 한부모 가족의 친정엄마가 되어주세요. 『sbs cnbc』. 11월 10일. 〈http://sbscnbc.sbs.co.kr〉 [인용 2015. 11. 21].

제4장 소논문 쓰기 활동을 통한 진로독서교육 프로그램

제1절 중학교에서 청소년 글쓰기 활동 모색하기

제2절 중학생을 위한 소논문 쓰기 활동을 통한 진로독서교육 프로그램의 이해

제3절 중학생을 위한 소논문 쓰기 활동을 통한 진로독서교육 프로그램의 실제

부 록

제4장
소논문 쓰기 활동을 통한 진로독서교육 프로그램

제1절 중학교에서 청소년 글쓰기 활동 모색하기

　학교에서 이루어지는 대부분의 활동이 입시전략과 직결되는 고등학교와 달리, 평준화된 지역의 중학교는 성적을 학습활동의 동기로 삼기가 쉽지 않다. 또한 초등학교와 달리 읽기 자료의 수준이 갑자기 높아지면서 학업에 의욕을 잃는 경우도 많다. 한편 중학교는 고등학교에 비해 성적에 대한 구애가 적다. 삶에 대해 고민하고 보다 넓게 세상을 바라보는 시각을 여유롭게 키울 수 있는 얼마 되지 않는 기회이기도 하다. 본 프로그램의 최종 목적은 평생학습론적 관점에서 학습자가 스스로 자신을 바르게 인식하고 그러한 인식을 바탕으로 필요한 정보를 찾고, 골라내며, 정리하여 표현하는 방법을 제시한다. 본 프로그램은 중학생을 대상으로 평생학습론적 관점에서 학습자가 자신을 객관적으로 인식하고 그러한 인식을 바탕으로 진로와 관련된 정보를 찾고, 골라내며, 정리하여 표현하는 방법을 학습할 수 있도록 하는데 초점을 두었다.

　학습활동을 이끄는 중요한 열쇠 중 하나는 학습동기이다. 학습에 임해야 할 필요성이 발생하면 학습자는 강제하지 않아도 능동적이고 주체적으로 활동한다. Keller가 그의 저서 『Motivational Design for Learning and Performance』에서 제시한 학습 동기를 구성하는 주요한 네 가지 요소는 다음과 같다. 주의 집중(Attention), 관련성(Relevance), 자신감(Confidence), 만족감(Satisfaction)의 4가지 요소가 그것이다. Keller는 이러한 요소들이 학습자의 동기를 유발하고 지속시켜 학습자의 수행 결과에 중요한 영향을 미친다고 말한다. 본 프로그램은 학업에 흥미를 가지기 어려운 학습자를 대상으로 제작하였다. 학업 성취도가 낮은 원인을 학습 흥미의 부족으로 가정한 후, Keller의 ARCS 학습동기 이론에 근거를 두고 M. Eisenberg와 R. Berkowitz의 Big6 모형(the Big Six Skills)을 활용하여 접근하였다. 학습자 개인의 흥미, 특성 및 적성을 진단하는 활동을 통해 주의를 집중시키고, 학습자가 스스로 주제를 선정할 수 있는 기회를 마련하여 학습자의 진학 및 진로 활동과 관련성을 획득할 수 있도록 했다. 핵심은 개인 학습자의 흥미와 진로 교육을 글쓰기 활동에 접목하여 단계별로 접근할 수 있는 방법적 해결책을 제시하는 것이다. 논문 형식의 글쓰기는 기본적인 형식이 정해져 있기 때문에 오랜 연습과 재능이 필요한 문학적 글쓰기보다 상대적으로 접근하기가 쉽다. 형식과 구성 요소만 숙지하면 완성도와 관계없이 누구나 작성할 수 있다. 논문 한 편을 완성시키는 활동을 통해 성취감을 제공하고 나아가 장래 희망 직업과 관련된 분야를 진지하게 탐색하는 과정을 통해 진로 성숙도를 높이는 것을 최종 목표로 삼는다.

프로그램의 한계를 미리 지적하자면, 고등학생들과 달리 대부분의 중학생들은 전문 학술자료를 읽고 이해하기 힘들다. 논문의 선행연구가 부족하기 때문에 자연스럽게 새로운 이론이나 명확한 해결방안을 제시할 수 없어 완성도가 비교적 허술해진다. 완성도 높은 작품을 위해 학생들을 지나치게 닦달하면 중도 포기가 다수 발생하여 역효과를 부를 수도 있다. 학습자에게는 그 또래들만의 생각과 글이 있다. 프로그램 운영자의 역할은 미성숙한 아이디어지만 그것을 끌어내는 기회를 제공하고 구체적으로 표현할 수 있게 도와 스스로 완성하여 성취감을 느낄 수 있도록 하는 것이다. 프로그램 운영자의 과욕으로 학습자가 활동을 중도 포기하는 일이 없도록 유의할 필요가 있다.

프로그램의 기대효과를 정리하면 〈표 4-1〉과 같다.

〈표 4-1〉 소논문 쓰기 프로그램의 기대효과

가) 평생교육의 관점에서 정보활용능력을 함양할 수 있다.
나) 진로 성숙도를 높여 자기 자존감과 학업의욕을 고취한다.
다) 교사와 학생의 소통 기회를 제공하여 멘토링 효과를 발생시킨다.
라) 논문을 완성하는 활동을 통해 성취감을 얻는다.

제2절 중학생을 위한 소논문 쓰기 활동을 통한 진로독서교육 프로그램의 이해

이 프로그램은 학기별 총 40차시 1년 분량으로 구성되어 있다. 그러나 학습자와 학습 환경, 프로그램 운영자의 역량을 고려하여 조정하여 운영할 수 있다. 프로그램을 운영할 때 중점적으로 지도해야 할 내용은 크게 다음 네 분야로 나누어 볼 수 있다.

첫째, 학습자 스스로를 객관적으로 분석하는 계기를 제공한다. 논문 주제는 자유롭게 정할 수 있지만 주제에 대해 조사하고 자료를 수집하며 정리하는 기간은 매우 지루하기 때문에 주제를 선택한 이유가 확실하지 않으면 글을 완성하기 힘들다. 운영해 본 결과, 중도에 포기하는 참가자 중 절반 이상이 잘못된 주제 선택이 원인이었다. 이런 결과를 사전에 막기 위해 활동지를 이용한 다양한 자기 평가 활동을 실시한다. 이 활동을 통해 학생들은 현재 자신에게 가장 중요한 이슈를 생각하고 선택할 수 있다. 정보활용교육 6단계 중 1단계 과제정의가 여기에 해당된다.

둘째, 문제 해결을 위한 정보원과 정보탐색방법을 배운다. 많은 학생들이 온라인 참고정보원으로 포털 사이트의 메인 검색창을 떠올리지만 특별한 검색 전략에 대해 배운 경험이 없다. 본 프로그램에서는 최대한 정확하고 객관적이며 공식적인 자료를 탐색하는 방법을 제시한다. 또한 검색어를 어떻게 입력해야 검색결과의 정확도를 높일 수 있는지를 학습한다. 그 결과 학습자들은 스스로 생각해서 정보를 탐색하고 선택하고 정확한 정보를 어디서 찾는지 학습하게 된다. 온라인 참고정보원은 공신력 있는 데이터베이스를 프로그램 운영자가 적절한 기준과 필요에 따라 미리 선정하여 제시하고 제시된 정보원을 참고문헌으로 활용할 수 있도록 지도한다. 정보활용교육 6단계 중 2단계 정보탐색 전략 수립 및 3단계 정보탐색 활동이 여기에 해당된다.

셋째, 수집한 정보를 체계적으로 정리하는 방법을 배운다. 본격적인 논문의 형식을 중학생 수준에 맞추어 간략 제시하여 논문 형식에 익숙해지도록 한다. 서론,

본론, 결론, 참고문헌의 최소한의 규칙만 적용하여 글쓰기를 전혀 모르는 학생들 역시 형식만 참고하면 누구나 논문 한 편을 완성할 수 있도록 지도한다. 정보활용교육 6단계 중 4단계 정보이용 활동이 여기에 해당된다.

넷째, 정리한 정보를 바탕으로 자신의 의견을 제시할 수 있도록 한다. 중학생 수준에서 독창적인 아이디어를 제시하는 것은 현실적으로 힘들다. 그러나 수집한 의견들을 참고하여 요약한 후, 거기에 자신의 의견을 덧붙이는 것은 중학생들도 도전해볼만하다. 더불어 참고문헌의 출처를 밝히는 법을 알려주어 제시한 의견이 객관적 타당성을 얻을 수 있도록 지도한다. 마지막으로 완성한 작품을 프로그램 운영자와 함께 수정 보완하여 완성한다. 이 과정을 진행할 때 운영자는 학습자의 작품 내용을 최대한 존중하여 학습자가 스스로의 활동의 자신감 및 자긍심을 가질 수 있도록 지도해야 한다. 수정 보완하는 부분은 맞춤법이나 문장 호응도, 각주, 참고문헌 기재의 오류 정도만 살피고 수정할 수 있도록 한다. 정보활용교육 6단계 중 5단계 정보표현이 여기에 해당된다.

다섯째, 전체 과정을 되돌아보는 시간을 가진다. 생략해도 작품의 완성에 큰 영향을 미치지 않기 때문에 프로그램 운영에서 상대적으로 소홀해지기 쉬운 과정이다. 그러나 학습자에게 이 시간은 다른 학습자의 작품을 감상하고 배울 수 있는 소중한 기회다. 가능하다면 시간을 별도로 마련하여 발표회 형식으로 운영해보면 좋다. 친한 선생님 혹은 친구들을 초청하여 프레젠테이션을 해볼 수 있다. 활동을 통해 학습자는 스스로의 부족한 점을 깨닫고 다른 학습자로부터 긍정적인 자극을 얻는다. 이러한 경험은 보람과 즐거움뿐만 아니라 타인으로부터 인정받는 기회를 제공함으로서 성취감을 북돋아주는 효과도 얻을 수 있다. 정보활용교육 6단계 중 마지막 단계인 정보평가가 여기에 해당된다.

프로그램 운영의 전체적인 흐름은 〈표 4-2〉와 같다.

프로그램 운영자가 가장 중요하게 다루어야 할 목표의식은 프로그램에 참여한 학습자의 기초적인 정보활용능력을 신장시켜 차후 혼자서 정보탐색활동을 할 수 있도록 학습시키는 것이다. 프로그램의 핵심은 과정을 익히고 훈련에 참여하는 경

〈표 4-2〉 소논문 쓰기 활동의 진행과정과 정보활용교육 6단계의 비교

정보활용교육 6단계	소논문 프로그램	활용 내용
1단계 과제정의 ■문제인식 ■활동의의 인식	가) 오리엔테이션	■활동지 1 어떻게 살아야 할까 ■활동지 2 논문쓰기에 대한 이해 ■활동지 3 찾아라 내가 잘 하는 일 ■활동지 4 나의 머리 속에서는… (내 뇌 지도 그리기)
	나) '나'를 이해하기	■활동지 5 내가 생각하는 나 ■활동지 6 다른사람이 생각하는 나 (선생님, 친구, 부모님) ■활동지 7 심리검사 통해서 보는 나 ■활동지 8 나는 어떤 사람일까?
2단계 정보탐색 전략수립 ■관련 정보원 리스트 작성 ■최종 적용할 정보원 선정 ■검색 키워드 리스트 작성 ■동의어, 유사어, 관련어 리스트 작성	다) 연구주제 생각하기 ■주제의 망라적 탐색 ■정보원 및 정보탐색 방법 안내 ■탐색 결과물 분석하여 주제 구체화 ■연구 주제 결정	■활동지 9 인터넷 참고 정보원 안내 ■활동지 10-1 키워드 만들기 안내 ■활동지 12 인터넷의 바다에서 헤엄치기 ■활동지 13 마인드 맵 1차 ■활동지 14 좋은 제목과 주제를 고르자
3단계 정보탐색 ■온라인 및 오프라인 자료 탐색 및 수집	라) 정보탐색 및 수집 ■탐색기록과 수집한 자료를 볼 수 있도록 일목요연하게 정리 ■온, 오프라인 자료 (복사 혹은 출력물) 읽고 이해 ■읽은 내용에서 필요한 부분 요약 발췌하기 ■전문가 인터뷰 ■참고문헌 쓰기 연습	■활동지 10-2~5 정보탐색 기록지 배포 ■활동지 11 자료를 정리할 때 주의할 점 ■활동지 13 마인드 맵 최종 완성
4단계 정보이용 ■읽기, 보기, 듣기, 색인, 목차 활용 ■노트에 기록(요약, 발췌) ■출력 ■활동지 작성(요약, 발췌)		
5단계 정보표현 ■최종 보고서(결과물) 작성	마) 논문 작성 ■목차쓰기 ■본문쓰기 ■워드 프로세서 작업 ■표지 만들기 ■첨삭, 수정하여 완성	■활동지 15 논문의 구성 안내 ■활동지 16 목차 만들기
6단계 정보평가 ■정보과정의 효율성 평가 ■학습목표의 달성여부 평가	바) 활동 돌아보기 ■돌려 읽기, 바꿔 읽기 ■프레젠테이션 ■총평 (소감 나누기)	■활동지 17 프레젠테이션

험을 제공하는데 맞추어져 있으며 운영자는 학습의 강조점을 결과물의 완성도보다 각각의 과정에서 어떤 활동을 왜 해야 하며, 어째서 이 단계를 반드시 거쳐야 하는지 필요성을 꼼꼼히 설명하고 납득시켜야 한다. 학습 과정을 기억하고 이해하는 것이 가장 중요한 부분이므로, 학습자가 활동한 모든 활동 결과물은 아이디어를 적은 작은 메모를 비롯하여 초안, 수정, 완성된 최종원고까지 모든 자료들을 활동 순서대로 포켓형 폴더에 보관하여 언제든지 찾아볼 수 있게끔 정리하도록 지도한다. 이렇게 모은 자료집은 이후 최종 결과물과 함께 학습자가 스스로 활동을 되돌아볼 때 큰 도움이 된다.

 중학생을 위한 소논문 쓰기 활동을 통한 진로독서교육 프로그램의 실제

1. 효율적인 수업 운영을 위한 시간 확보

차시가 많고 연속성이 중요한 프로그램 특성상 안정적으로 수업을 운영할 수 있도록 하는 것이 중요하다. 다음은 중학교에서 수업 시수를 확보할 수 있는 방법을 나열해보았다. 각각 장단점이 있으므로 프로그램 운영자 및 학습자의 사정에 맞게 운영하되, 프로그램 운영 방식에 맞게 조절해야 한다.

1.1 토요 방과후 학교

회당 3시간 이상을 확보할 수 있기 때문에 시간 운영이 여유롭다. 강의식 수업보다 학습자들이 직접 자료를 수집하고 읽고 정리하는 활동에 알맞다. 다만 주말이기 때문에 개별 변수가 많이 발생한다. 학습자들의 개인사 혹은 가정사를 꼼꼼히 살펴보고 결정해야 한다.

1.2 방과후 학교

정기적으로 운영할 수 있다는 장점이 있다. 하교 후 바로 시작되기 때문에 학습자들의 출석률이 높다. 또한 학기 중의 방과후 학교는 담임교사들이 학습자들을 함께 관리해주고 학교 내 일상적인 운영 계획에서 크게 벗어나지 않기 때문에 운영 및 안내가 상대적으로 수월한 편이다. 그러나 학습 초기의 강의식 수업에는 적절하지만 뒤로 갈수록 장시간 집중이 요구되는 활동이 많아지기 때문에 시간에 쫓겨 운영하게 된다는 단점이 있다. 보통 1회 45분, 일주일에 2회 정도 시행하며 학기 혹은 1년 단위로 운영할 수 있다.

1.3 방학 중 독서 프로그램

프로그램 운영자의 방침에 따라 7일 혹은 14일 정도의 기간 동안 매일 2,3시간씩 운영할 수 있다. 시간이 넉넉하기 때문에 프로그램 운영의 자유도가 높다는 장점이 있다. 그러나 확보할 수 있는 차시는 최대 15차시 정도로 한계가 정해기 때문에 프로그램을 꼼꼼하게 운영하기는 힘들다. 종종 개학 후에 추수 활동을 지도하게 되는데 이러다보면 수업의 연속성이 떨어져 효율이 낮아진다. 짧게 맛보기로 운영하기에 좋다.

1.4 자유학기제 프로그램

학교마다 다르겠지만 보통은 120분 블록타임으로 묶여서 운영되므로 시간확보에 매우 용이하다. 정규교육 과정에 포함되어 학생 모집이 쉽고 평가 역시 교육과정에 맞춰 이루어지므로 체계적이고 완결성 있는 운영이 가능하다. 단점이라면 2015년 현재 중학교 특정 학년을 대상으로 한정적으로 시범운영 되고 있기 때문에 적용할 수 있는 학년에 한계가 있다. 자유학기제는 대부분 한 학기만 운영되며 17차시로 구성된다. 따라서 프로그램의 전체 운영을 시간에 맞추어 적절히 조정해야 할 필요가 있다.

2. 수업 대상의 설정

프로그램을 운영하려면 대상을 신중하게 선택해야 한다. '논문'은 형식에 맞추어 쓰면 간단하지만 형식 자체가 낯선 학습자들에게는 자칫 두려움을 안길 수도 있기 때문이다. 학습대상을 설정할 때는 학습자의 다음 요소들을 고려하여 인원을 구성해볼 수 있다.

2.1 학업 성취 수준에 따라

고등학교에서 소논문 쓰기는 입학사정관 제도 도입으로 인해 스펙 쌓기의 한 방법으로 인식되는 면이 크다. 중학교는 사정이 조금 달라서 몇몇 특수 목적 고등학교를 염두에 둔 상위권 학생을 빼면 소논문 쓰기 활동에 큰 관심을 갖기 힘든 것이 사실이다. 따라서 학습 집단을 고려할 때 동질성을 중요하게 고려할 필요가 있다. 예를 들면 고등학교 입시를 준비하는 학습자를 대상으로 자기소개서 쓰기 준비라는 실용적인 목적을 강조하여 홍보해 볼 수 있다. 반대로 학업에 흥미가 없는 학습자들을 모집할 경우, 앞으로 삶을 살기 위해 필요한 정보활용능력의 배양 혹은 관심 있는 직업 혹은 관심 있는 분야에 대해 깊이 있게 파고드는 기회를 누릴 수 있다는 점을 중점적으로 홍보한다. 정규과목에 관심이 별로 없지만 자신만의 독특한 취미생활이나 관심분야에 깊이 빠져 있는 학습집단을 대상으로 한다면 더욱 효과적이다.

2.2 취학 학령에 따라

소논문 쓰기 활동을 운영해본 결과, 학업 성취도와 작품의 완성도가 반드시 정비례하지는 않았다. 진로 성숙도, 자기 이해도 및 자기 존중감, 학습능력 등이 복합적으로 작용하는 프로그램 특성상 동질집단보다는 이질집단으로 운영하면 얻을 수 있는 여러 가지 효과가 존재한다. 1학년 학생들은 방과후 학교에 참가하는 선배 학생들과 개인적인 친분을 쌓아 학교생활에 적응하는 통로로 삼는 경우도 있고, 고등학교 입시를 눈앞에 두고 진지하게 고민하는 고학년 학습자들을 저학년 학습자들이 보고 느끼고 생각을 넓히는 기회를 제공할 수 있다.

3. 수업 운영의 실제

3.1 오리엔테이션

본격적인 활동에 들어가기에 앞서 전체적인 프로그램의 진행과 수업목적을 설명한다. 결과보다 과정이 중요하다는 점을 계속 강조할 필요가 있다. 논문은 형식에 맞추어 쓰면 간단하지만 글쓰기 경험이 부족한 학습자들에게 형식에 맞추어 쓰기 역시 만만치 않은 활동이다. 따라서 학습자들에게 결과물의 완성도에 너무 집착하지 않도록 말해두어야 한다.

- 활동지 1 어떻게 살아야 할까
- 활동지 2 논문쓰기에 대한 중요한 생각

활동지 1을 활용하여 학습자들이 가장 관심을 가지고 있는 문제, 예를 들어 진학, 진로에 관련된 이야기부터 삶을 바라보는 시각까지 각 개인이 흥미를 가지고 있는 주제에 대해 전문가적인 식견으로 글을 쓸 수 있는 드문 기회라는 점을 강조하여 흥미를 유발한다. 아래의 〈그림 4-1〉의 사례를 보면 평소에 관심이 있는 분야를 나열한 것이 보인다. 나열된 내용들 중에서 몇 가지를 골라 직업 혹은 진로와 연결시켜 대화해본다. 직업 선택의 기준은 연봉, 적성과 흥미, 전망, 직업의 안정성 중에서 가장 중요하다고 생각하는 1가지를 골라 이유와 함께 적은 후 다 함께 각자 중요하다고 생각하는 항목과 그 이유에 대해 토론해보자.

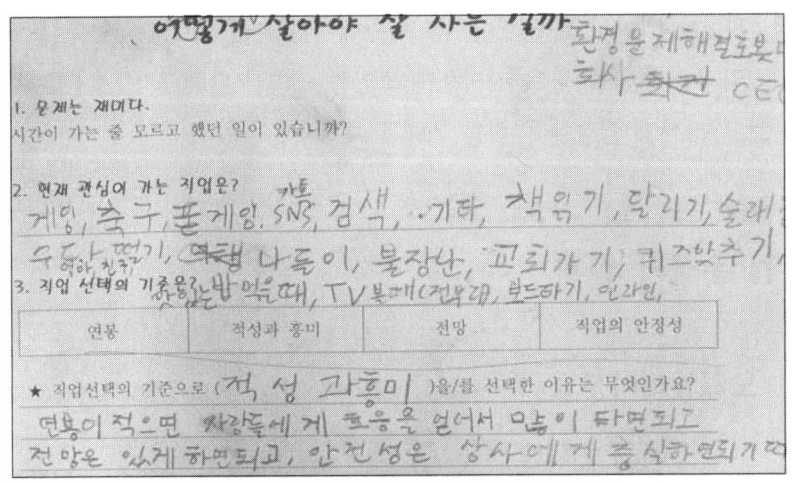

〈그림 4-1〉 활동지 1 작성 예

활동지 2는 논문쓰기의 주제를 선정하기 위해 알아야 할 내용들을 간단하게 정리한 것이다. 시간이 없다면 생략해도 관계없지만 주제는 본격적인 작업에 들어가기 전에 미리 생각해두도록 매 시간 환기시켜야 한다. 그만큼 주제 정하기가 어렵고 동시에 중요하기 때문이다. 일상의 흥미가 훌륭한 글감이 될 수 있음을 강조하여 학습에 흥미를 잃지 않도록 지도한다. 마음가짐에 대해 충분히 설명했다면 마지막으로 수업에 필요한 준비물을 안내한다. 폴더는 활동내용을 모아둘 수 있는 투명한 폴리 비닐포켓 폴더를 준비하도록 한다. 준비가 끝났으면 본격적인 수업에 들어간다.

3.2 '나'를 이해하기

과제정의 활동에서는 앞으로 작성하게 될 논문의 주제를 정하기 위한 사전작업을 실시한다. 논문의 주제는 각 학습자가 현재 가장 흥미를 가지고 연구할 수 있는 내용이라야 하는데 그 내용을 끌어내기 위해서는 다음과 같이 활동할 수 있다.

- 활동지 3 찾아라 내가 잘 하는 일
- 활동지 4 나의 머리 속에서는…(내 뇌 지도 그리기)
- 활동지 5 내가 생각하는 나는 어떤 사람?
- 활동지 6 다른 사람이 생각하는 나 (선생님, 친구, 부모님)
- 활동지 7 심리검사를 통해서 보는 나
- 활동지 8 나는 어떤 사람일까? (활동 종합)

사전활동을 하는 이유는 크게 두 가지가 있다. 첫 번째가 프로그램 운영자가 학습자의 특징을 파악하기 위함이고, 두 번째가 학습자 스스로 자신을 객관화하여 스스로에게 가장 필요한 적절한 주제를 얻기 위해서이다.

삶에서 자신을 객관적이고 종합적인 시선으로 바라보는 기회는 흔치 않다. 이 활동은 아직 충분히 지적, 정신적으로 성숙하지 못한 학습자가 세상과 자신을 바라보는 시야를 넓히는 계기를 제공하는데 목적이 있다. 다시 말해 학습자가 학교나 성적이라는 프레임 없이 오롯이 한 사람으로서의 스스로를 인식하는 기회를 제공하는 것이다. 이 단계를 거치게 되면 참가자는 활동 이전보다 스스로에 대해 객관적으로 인식할 수 있게 된다. 프로그램 운영자는 활동 중에서 좋은 점을 찾아 충분히 칭찬하고 학습자가 활동에 자신감을 가질 수 있도록 유도한다. 이러한 사전 활동은 프로그램 운영자와 학습자 사이에 심리적 래포(Rapport)를 형성하여 프로그램이 원활하게 진행될 수 있도록 도와주는 역할을 한다. 그 외에도 학습자가 작성하는 활동지를 통해 학습자의 텍스트 이해 능력을 가늠하거나 학습자의 인간관계, 또는 주변 상황이 어떠한지도 짐작할 수도 있다. 특히 활동지 5 '다른 사람이 생각하는 나'는 학습자의 주변 인물로부터 설문을 받아오는 형식으로 되어 있다. 약 15명 정도의 프로그램 참여자 중 항상 2, 3명 정도의 참가자들은 끝까지 활동지를 채워오지 못하거나 스스로 작성해 제출하는 모습을 볼 수 있었다. 이런 학습자는 학교생활에 적극적이거나 활달한 성격은 아닐 것이라 추측해볼 수 있다. 주의할 점은 이런 활동들은 어디까지나 단편적인 정보에 불과하므로 섣불리 확신을 가지는 일은 없어야 하며 학습자를 입체적으로 파악하는 단서로서 주제 선정에 연결되도록 유도하는 정도로 사용해야 한다. 사전활동은 학습의 지속적인 흥미 유지를 위한 기본적인 작업이다. 따라서 보여주기 식의 지나치게 학술적인 주제보다는 학습자의 일상생활과 직접적으로 연관이 있고 고민이 필요하다고 느낄 수 있는 내용을 글감으로 삼을 수 있도록 지도해야 한다.

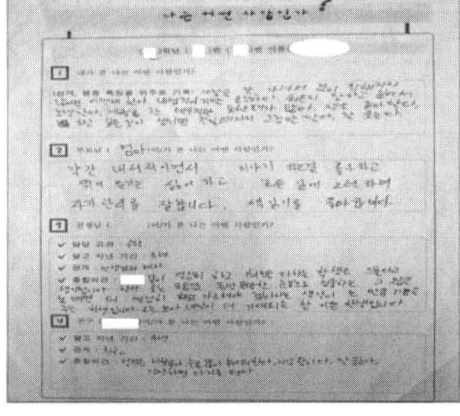

〈그림 4-2〉 활동지 5 작성 예   〈그림 4-3〉 활동지 6 작성 예

활동지의 대부분이 개인적인 관점이 담긴 대답을 요하기 때문에 가능한 강제로 발표시키는 일은 피하도록 한다. 그 대신 보기 드문 독특한 의견이나 누구나 공감할 수 있는 내용은 프로그램 운영자가 임의로 골라서 작성자를 밝히지 않고 화제로 삼아 다 같이 이야기해본다. 이 활동에는 활동지 3, 4를 적용해 볼 수 있다.

활동지 7은 각종 직업 심리검사 및 성격검사를 실시한 후 그 결과를 기록지에 요약 정리하는 활동이다. 활동지 6과 7은 '거울에 비친 나'를 보는 활동이다. '스스로 생각하는 나' (활동지 5)와 '거울에 비친 나'를 비교해보는 것도 학습자들의 흥미를 끌 수 있는 활동이 될 수 있다. 직업 심리검사는 워크넷[1] 또는 커리어넷[2]에서 무료로 제공한다. 프로그램 운영 시간이 부족한 경우에는 생략할 수 있다.

---

[1] http://www.work.go.kr [인용 2016. 2. 29].
[2] http://www.career.go.kr [인용 2016. 2. 29].

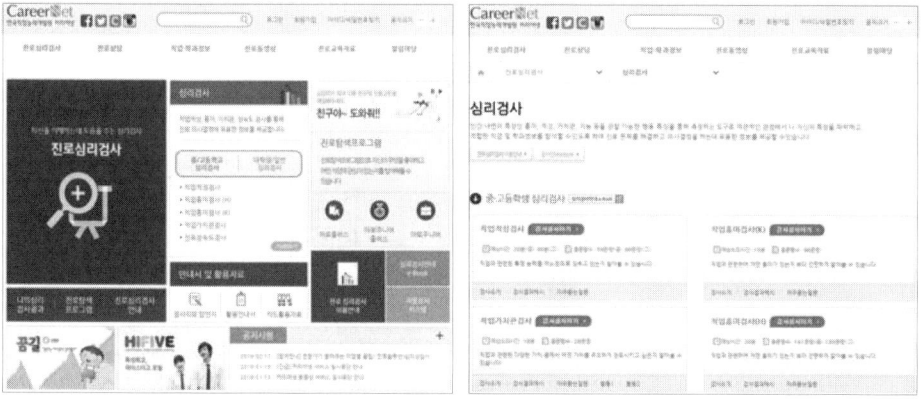

〈그림 4-4〉 커리어넷 진로 심리 검사 화면

활동지 8은 앞서 활동한 내용들을 한 눈에 볼 수 있게 요약 정리하는 활동이다. 이런 활동을 통해 학습자는 자신에 대해 좀 더 깊이 이해하고 평소에 관심을 가지지 않았던 자신과 주변 환경을 연결하여 생각해볼 수 있게 된다.

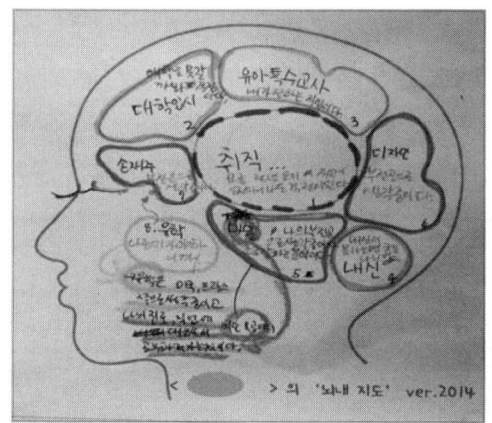 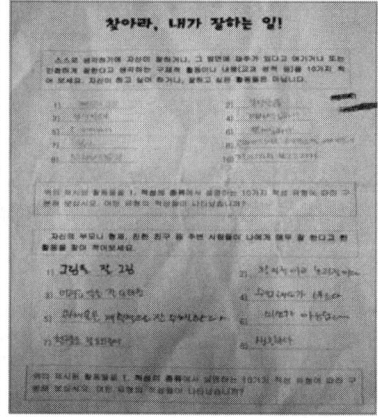

〈그림 4-5〉 활동지 4 작성 예   〈그림 4-6〉 활동지 3 작성 예

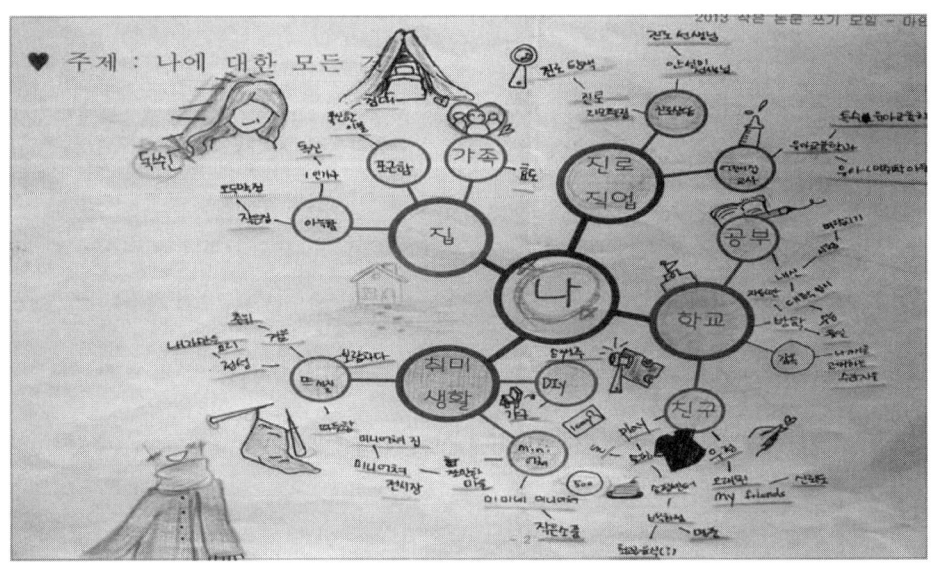
〈그림 4-7〉 활동지 8 '나는 어떤 사람일까' 종합내용을 마인드맵으로 작성한 예

3.3 연구주제 생각하기

가장 좋은 주제는 학생의 생활 속에서 추출하는 것이다. 나와 내 주변 사람들, 나의 장래 희망, 취미나 흥미, 학업의 과정에서 관심을 가지게 된 주제, 더 자세히 알리고 싶은 사회, 경제, 문화적 이슈 등이 주제가 될 수 있다. 이러한 활동을 위해 다음과 같은 활동지를 활용해 볼 수 있다.

- ■활동지 9 인터넷 참고 정보원 안내
- ■활동지 10 정보탐색 활동: 키워드 만들기
- ■활동지 11 자료를 수집, 정리할 때 주의할 점
- ■활동지 12 인터넷의 바다에서 헤엄치기
- ■활동지 13 마인드 맵 1차
- ■활동지 14 좋은 제목과 주제를 고르자

이 단계에서 사전 활동을 통해 키워드만 뽑아둔 연구주제에 대한 망라적 탐색을 실시한다. 온라인 참고정보원에 대한 상세한 설명은 다음 단계에 실시하고 여기서는 간단히 사이트들의 이름과 주소만 제시하는 것으로 마무리한다. 망라적 탐색은 논문 작성 전에 실시하는 사전 연구의 성격을 가지며 온라인, 오프라인, 논문, 신문기사, 인터뷰 영상 또는 기사 등 다양한 형태의 자료들을 접해보는 시간이다. 이 활동은 이후 주제를 결정한 후 더욱 심화하여 진행될 예정이므로 사전활동의 성격이 강하다는 점을 학습자들에게 주지시킨다. '나'에 대해 조사하면서 관심있는 주제를 정했다면 주제를 키워드로 만들어서 포털 사이트에서 검색해본다. 검색 결과를 살펴보고 연구를 진행하기 적합한 주제인지 확인한다. 검색 결과가 너무 많거나, 너무 적으면 연구를 진행하기 부적합한 주제라고 판단하고 제외한다. 검색 결과는 훑어보기 형식으로 읽도록 하고 도서 자료의 경우는 목차나 초록, 작가의 말 등을 참고한다. 온라인 자료의 경우, 포털 검색창을 검색 결과로 나오는 게시물 건수 등을 참고하여 걸러낸다.

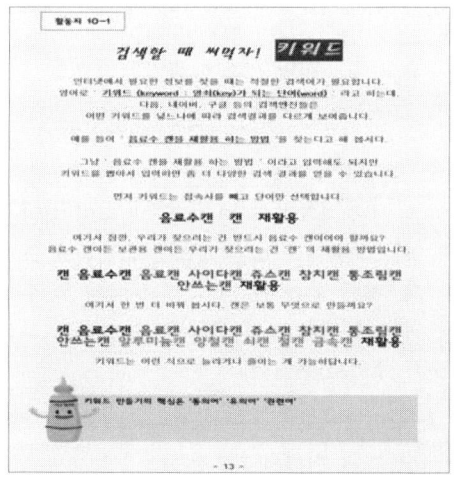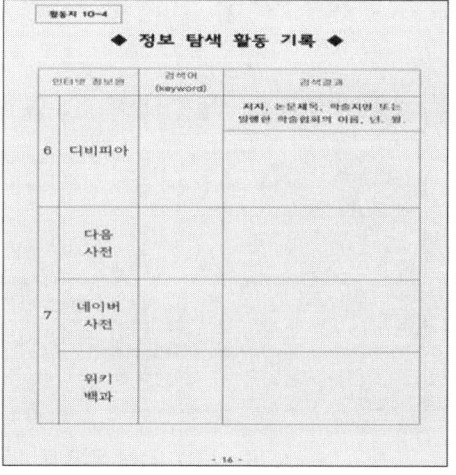

〈그림 4-8〉 키워드 검색 연습 활동지

키워드를 만들고 나면 만들어진 키워드를 활용하여 참고정보원 리스트에 있는 정보원에서 한 번씩 다 검색해보도록 한다. 검색을 완료하고 나면 해당 주제가 어떤 자료를 찾아야 하는지 감을 잡을 수 있다. 제공된 정보원 검색이 끝났으면 포털 사이트 등을 자유롭게 검색하도록 한다. 온라인 정보원에서 자료를 쉽게 구할 수 없는 학생은 해당 학교 도서관의 자료 검색이나 근처 공공 도서관의 홈페이지에서 자료를 검색해서 빌릴 수 있도록 유도한다.

최근 몇몇 특수주제의 데이터베이스를 제외하면 검색 로봇이 자동으로 검색어를 조합하는 기능을 갖추고 있기 때문에 키워드 조합을 굳이 하지 않아도 정보검색에 크게 문제가 없다. 그러나 이러한 키워드 만들기 활동은 앞으로 목차를 작성할 때 개념을 잡는데 큰 도움이 된다. 또한 주제에 대한 학습자의 사고를 넓혀주는 효과가 있다.

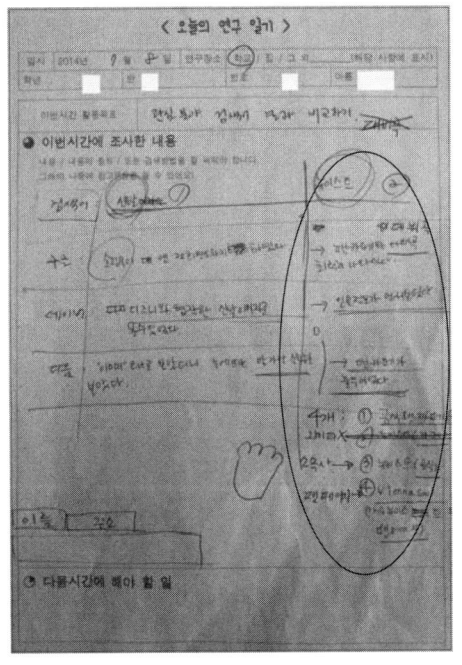

키워드 '신발'로 선택한 학습자가 포털 사이트에서 검색 결과로 나온 내용들을 정리한 것이다. 검색 결과는 다음과 같았다.

1. 구글 : 신발 쇼핑몰 링크
2. 네이버 : 신발 디자인 사진
3. 다음 : 신발 광고에 출연한 아이돌 그룹의 팬까페

학습자가 원했던 것은 신발 디자인 혹은 신발 제작에 관한 내용이었지만 관련 없는 내용들이 너무 많다고 기술하고 있다. 해당 학습자는 결과를 분석한 후 주제가 연구에 부적합하다고 판단하고 다른 주제로 변경했다.

〈그림 4-9〉 검색 결과를 분석하여 주제 적합성 판단하기

정보원 사전 탐색을 실시하기 전 온라인 포털 사이트의 특징과 구조를 간단하게 설명한다. 포털 사이트의 구조를 설명하는 이유는 넘쳐나는 정보들 사이에서 짧은 시간 내에 필요한 정보만 정확하게 찾아내기 위해서이다. 인터넷 상에서 손쉽게 사용할 수 있는 자료는 사전류이다. 대형 포털 사이트들은 각종 사전 출판사들과 협약을 맺어 각종 언어사전과 백과사전 데이터베이스를 무료로 제공한다. 신

문기사는 구글 뉴스를 활용하면 비교적 광고가 적고 신뢰도가 높은 검색 결과를 얻을 수 있다. 구글은 검색 엔진의 기능성에 중점을 둔 것이 특징으로 카테고리형 검색 엔진을 사용하는 다른 포털 사이트들보다 상업성이 덜한 편이다. 로딩 시간이 비교적 짧고 기사 제목이 한 눈에 들어온다는 장점이 있다.

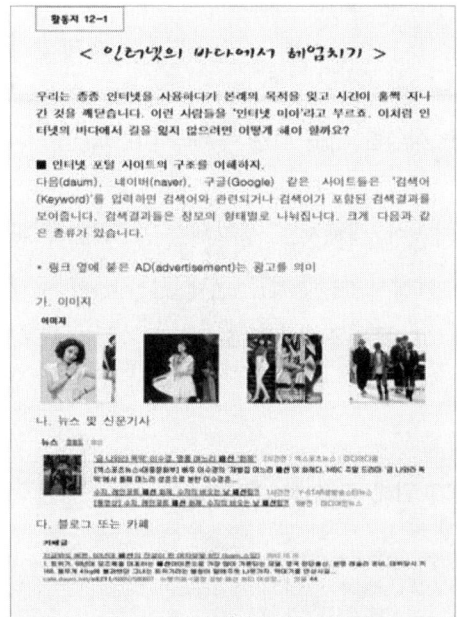 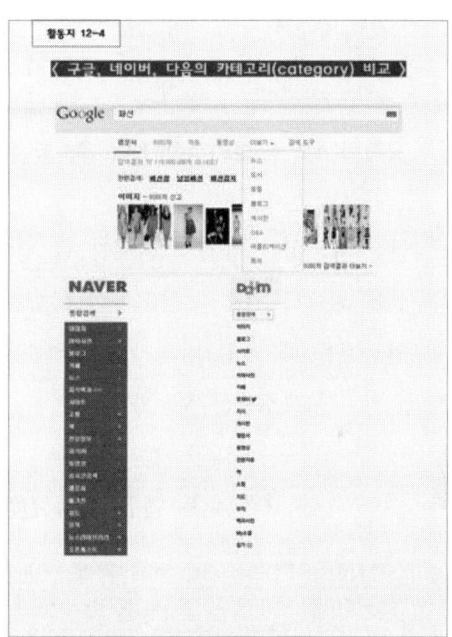

〈그림 4-10〉 활동지 12 검색 사이트의 구조 이해

정보원 사전 탐색이 끝나면 축적된 지식을 바탕으로 마인드맵을 그려본다. 최소 2가지 이상의 주제를 마인드맵으로 표현해볼 수 있도록 해야 비교 분석이 가능하다. 가지가 적거나 내용이 풍부하지 못한 것, 연구자가 연구하려는 내용이 이미 완벽하게 정리되어 나와 있는 주제는 피하도록 한다. 브라우징 작업에는 2차시 정도만 할애하여도 충분하다. 작성된 마인드맵은 프로그램 운영자와 학습자가 함께 보고 분석하면서 어떤 주제가 논문 쓰기에 적절한지 비교한 후 최종 결정한다.

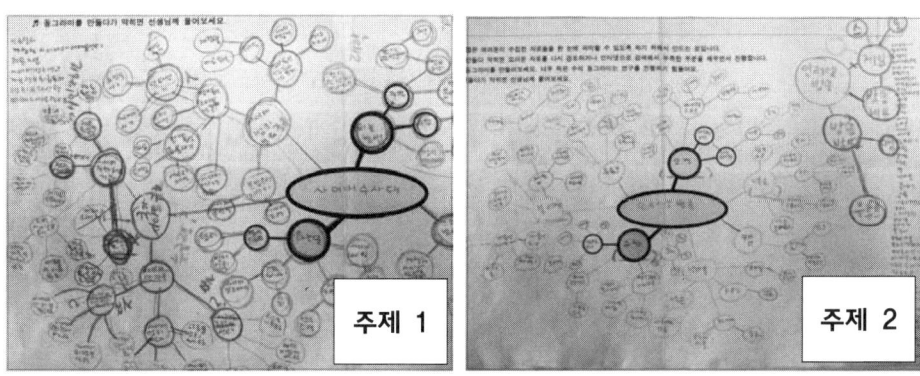

〈그림 4-11〉 브라우징 작업 후, 학습자가 작성한 서로 다른 주제의 마인드 맵

연구 가능성과 함께 고려해야 할 연구 가치에 대해서도 생각해볼 수 있도록 한다. 〈표 4-3〉의 질문을 참고하여 학습자가 어째서 이 주제를 선택했는지, 이 주제를 연구했을 때 어떤 의의가 발생하는지에 그 이유를 명확하고 세세하게 기술 하도록 지도한다(소병문 외 2014).

〈표 4-3〉 연구주제를 선정하기 위해 고려해야 할 사항

1. 구상하는 연구주제에 대해 평소에 관심과 호기심이 있는가?
2. 구상하는 연구주제는 여러분이 해결할 수 있는 주제인가?
3. 연구할 만한 가치가 있는 주제인가?

주제 정하기 활동지의 빈칸들은 논문의 서론과 결론에 해당하는 내용들이다. 한번 작성한 주제를 프로그램 운영자와 협의를 거쳐 계속 다듬어 나가야 하며 주제를 확정하고 연구를 진행하다가 막히면 다시 수정할 수도 있다. 수정은 기존의 주제에서 범위를 넓히고 좁히는 경우에만 허용하며 주제 자체를 변경하는 경우는 가능한 지양해야 한다. 제목은 최대한 연구주제와 연구목적을 한눈에 알아볼 수 있게 작성해야 하는데 너무 긴 문장보다는 짧고 간결하며 제목 안에 주제가 잘 드러나게 지도한다. 잘 만든 제목과 그렇지 않은 제목을 예시로 주고 고쳐보는 활동을 통해 완성도 높은 제목을 작성하는 기준을 알게 한다.

제목을 쓰고 난 후에는 이런 제목을 선택한 이유와 연구 후 발생할 변화에 대해서 최대한 자세히 쓰게 한다. 여기서 말하는 변화는 사고와 태도의 변화를 통틀어 말하는 것이다. 지식정보의 습득으로 인한 태도의 개선, 문제의 해결, 목표의 변화 혹은 다짐 등을 포함한다.

> **학습자 활동 예시) 위암의 발생원인과 예방 및 치료방법**
> *이 주제를 선택한 이유 : 어머니가 얼마 전에 병원의 1차 검사에서 위암 판정을 받으셨다. 2차 검사에서 다행히 잘못된 판정이었다는 결과가 나오긴 했지만 어머니가 걱정되어서 이 주제를 선택했다. 이 연구를 통해 어머니께 위암의 위험에 대해 설명해드리고 위암을 예방하는 방법을 알려드리고 싶다.

위 예시의 연구목적은 어머니께 위암의 위험성을 경고하고, 증세를 정확히 알아내서 병이 심각해지기 전에 해결할 수 있도록 도와드리는 것이다. 이처럼 나와 내 주변 사람들, 나의 진로 탐색 활동이나 친구 관계 개선, 취미로 삼고 있는 활동, 흥미 있는 사회문제 등이 가장 무난하게 선정할 수 있는 주제라 하겠다. 연구주제는 나와 일상적으로 관련이 되고 내 삶의 일부분으로써 매우 가깝거나, 필요하거나, 생각해야 할 이유가 뚜렷한 것이어야 질리지 않고 연구를 진행할 수 있다.

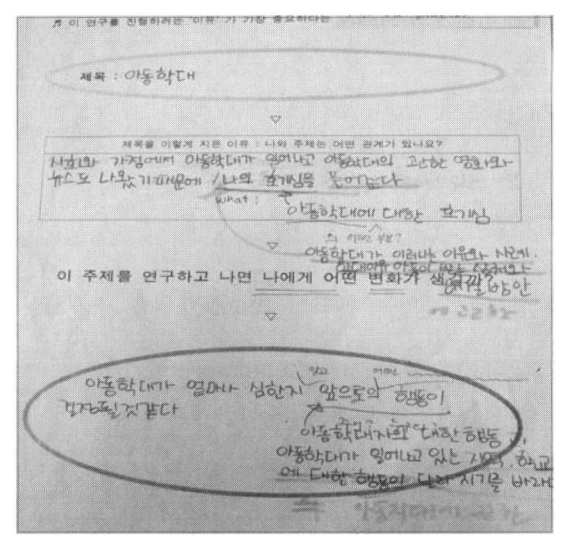

〈그림 4-12〉 활동지 14 제목 작성 활동 예

논문쓰기는 단계별 학습이 긴밀하게 연결되어 있고 시간이 많이 소요되는 활동이므로 갑자기 주제를 완전히 다른 분야로 변경했을 경우, 다른 학습자들과 격차가 많이 벌어지게 되고 조바심을 내며 진행하다가 결국 포기하게 된다. 가능한 주제는 신중하게 결정할 수 있도록 사전 브라우징과 마인드맵을 포함한 활동에 넉넉하게 여유를 두고 프로그램을 운영하여 학습자가 성급하게 주제를 결정하거나 변경하는 일이 없도록 주의해야 한다.

3.4 정보 탐색 및 수집

주제가 확정되었기 때문에 지금부터 해당 주제에 관한 자료를 심도 있게 탐색한다. 탐색 및 수집활동을 시작하기 전에 참고정보원에 대해 다시 한 번 상세히 안내한다. 참고정보원이란 앞으로 출처로 사용될 수 있는 믿을 수 있는 근거를 가진 온라인, 오프라인 정보원을 말하며 도서자료, 신문자료, 백과사전 및 언어사전, 학술논문, 그 외 전문 분야의 잡지 등을 포함하는 정보원으로서 믿을 만한 출처를 가진 모든 자료를 포괄한다. 그러나 주제에 따라 제공된 정보원에서 자료를 찾지 못하는 경우도 발생할 수 있기 때문에 프로그램 운영자는 학습자의 활동 상황을 세심하게 점검하여 정보봉사의 형식으로 정보 탐색 및 수집을 도와준다.

- ■활동지 9 인터넷 참고 정보원 안내
- ■활동지 10 정보 탐색 활동 기록지 배포
- ■활동지 11 자료를 정리할 때 주의할 점
- ■활동지 13 마인드 맵 1차 수정 보완

먼저 손쉽게 접근할 수 있는 온라인 참고정보원을 소개해보자면 다음과 같다.

1. KINDS (www.kinds.or.kr) - 신문 및 잡지 기사
   - ☐ 한국언론연구원이 구축한 언론전문종합 DB
   - ☐ 전국종합일간신문, 경제신문, TV뉴스, 시사 잡지의 통합검색 가능

2. 디비피아 (http://www.dbpia.co.kr/) - 논문 및 전문가 자료
   - ☐ 석사, 박사 논문, 국내외 1000여종 학술잡지 자료 제공

3. 커리어넷 (http://www.careernet.re.kr/) – 직업심리검사, 직업정보, 학과정보
   □ 한국직업능력개발원과 교육과학기술부가 함께 만든 진로 관련 DB
   □ 미래의 직업세계 – 직업정보, 학과정보에 검색어 입력

4. 워크넷 (http://www.work.go.kr) – 직업심리검사, 직업정보, 학과정보, 진로상담, 직업 및 학과 동영상 등
   □ 직업인 인터뷰, 미래의 새로운 직업, 직업인 동영상 등을 제공

5. 공공데이터 포털 (https://www.data.go.kr) – 정확하고 전문적인 정보 제공
   □ 국가가 가지고 있는 다양한 전문적인 정보를 국민에게 이용할 수 있도록 지원하는 것을 목적으로 함.
   □ 검색결과를 링크, 원문, 요약 텍스트로 제공해준다.
   □ 무료 자료도 있지만 유료 자료도 많다.

6. Google (www.google.co.kr) – 검색결과가 너무 작을 때, 신문기사 검색
   □ 네이버나 다음에서 검색했을 때 검색결과가 많이 나오지 않는 주제
   □ 구글 – 우측 상단 구글 앱 – 뉴스 선택 – 검색

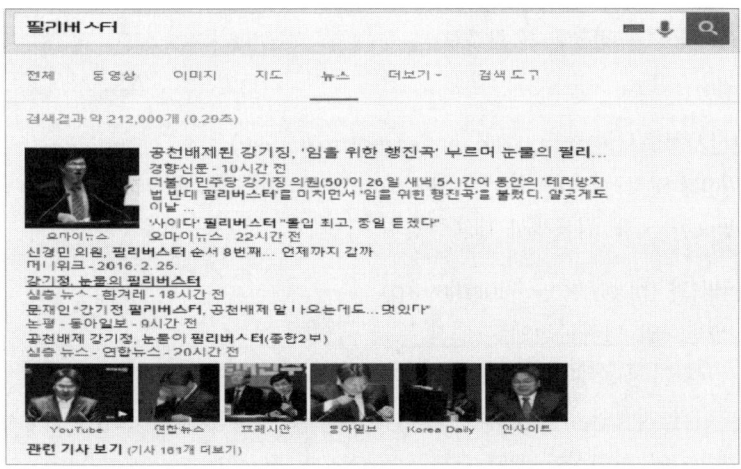

〈그림 4-13〉 구글 뉴스 '필리버스터' 검색 결과 화면

7. 네이버, 다음의 사전들 – 단어의 정의 및 어원을 찾을 때
   □ 네이버나 다음 등의 '포털 사이트'에서 제공하는 각종 사전
     (언어사전, 백과사전, 전문용어사전)

〈그림 4-14〉 인터넷 포털 사이트의 사전 항목

8. 국가법령정보센터 (http://www.law.go.kr/main.html) - 법률정보
   □ 우리나라에서 시행되고 있는 모든 법령정보를 제공
   □ 판례, 생활법령을 주로 활용
      예) 청소년 보호법에 의한 게임 셧다운 제도와 관련된 내용을 검색하고 싶으면 검색어를 '게임'으로 입력 후 '생활법령' 클릭

9. 국가통계 포털 (http://www.kosis.kr)
   - 객관적이고 정확한 수치자료
   □ 산업, 인구, 소비 변화 방향 등을 주제별, 기관별, 명칭별로 제시

10. 안산시립도서관 (http://lib.iansan.net/main.asp)
    □ 우리학교 도서관과 협약이 체결되어서 60권까지 대출 가능.
    □ 필요한 책을 검색해서 대출중인지 확인 후, 제목을 적을 것.

11. 위키백과 (http://ko.wikipedia.org)
    - 일반적인 백과사전에 다루지 않는 특이한 정보
    □ 예) 판타지 소설의 갈래
    □ 네이버 지식인과 비슷하다. 그러나 네이버 지식인 보다 조금 더 상세하고 체계적이며 신뢰성이 있다.
    □ 반드시 주석이나 출처를 확인하자.

12. 네이버 전문정보 (http://academic.naver.com)
    - 공공데이터 포털과 비슷
    □ 각종 논문, 연구보고서, 특허, 통계 등을 볼 수 있다.

13. 국립중앙도서관 '사서에게 물어보세요' (http://www.nl.go.kr/ask/)
    □ 국가도서관으로서 관련된 주제에 대한 다양한 자료들을 찾을 수 있다.
    □ 주제에 대한 연구를 한 눈에 브라우징 할 때 도움이 된다.
14. 인천광역시 부평도서관 (http://www.bpl.go.kr/data/refer_info3.aspx)
    □ 전자도서관 - 인터넷 정보원 항목을 참고

정보원 목록은 사전에 확인을 거쳐 여전히 최신성과 정확성을 유지하고 있는지를 확인하여 매년 새롭게 갱신해야 한다. 정보원 목록에는 프로그램 운영 장소가 학교일 경우, 학습자의 생활 근거지와 가까운 공공도서관 홈페이지를 제시해 줄 수 있다. 위에 제시된 참고정보원 항목 10번이 해당된다. 제시된 목록에서 신문기사를 전문적으로 다루는 카인즈(KINDS)는 검색 시스템이 복잡하여 기사 검색이 상대적으로 불편하다. 그 대안으로 구글의 뉴스 항목을 체크해서 검색하는 것을 추천한다. 다음이나 네이버 등의 포털 사이트 신문기사 검색도 사용할 수 있지만 상업적 광고를 포함한 불필요한 정보 역시 그만큼 많기 때문에 자칫 인터넷 미아가 되기 쉽다.

최근 인터넷 정보원 중에서 비교적 쉽게 접근할 수 있는 정보원이 집단 지성을 기반으로 한 사용자 참여형 데이터베이스이다. 집단 지성이란 다수의 개체들이 서로 협력하거나 경쟁을 통하여 얻게 된 지적 능력의 결과로 얻어진 집단적 능력을 일컫는 용어인데, 집단지성의 대표적 사례로는 인터넷을 기반으로 한 위키피디아(위키백과)와 웹2.0을 꼽을 수 있다(온라인 두산백과 2015). 이런 종류의 오픈소스 데이터베이스는 공신력을 인정받는 단일 주체가 만드는 정보원과는 달리 익명의 대중들의 토론을 거쳐 만들어진다. 따라서 정보원에서 제공되는 자료는 활용하기 전에 반드시 해당 정보의 출처가 명확하게 밝혀져 있는지, 출처의 권위가 믿을 수 있는지 확인한 후 사용하도록 지도할 필요가 있다. 카페, 블로그 등의 개인 웹페이지에도 같은 기준을 적용하여 선별하도록 지도한다. 최대한 다양한 정보를 다루어 보는 경험이 중요하기 때문에 온라인, 오프라인 정보와 도서, 신문, 잡지자료 등 가능한 여러 가지 형태의 자료를 참고할 수 있도록 학습자를 유도한다.

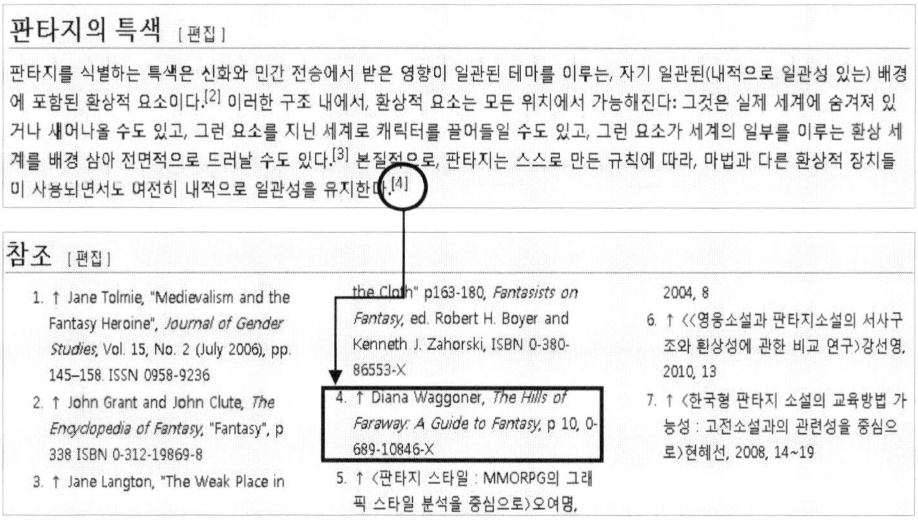

판타지의 특색 [편집]

판타지를 식별하는 특색은 신화와 민간 전승에서 받은 영향이 일관된 테마를 이루는, 자기 일관된(내적으로 일관성 있는) 배경에 포함된 환상적 요소이다.[2] 이러한 구조 내에서, 환상적 요소는 모든 위치에서 가능해진다: 그것은 실제 세계에 숨겨져 있거나 새어나올 수도 있고, 그런 요소를 지닌 세계로 캐릭터를 끌어들일 수도 있고, 그런 요소가 세계의 일부를 이루는 환상 세계를 배경 삼아 전면적으로 드러날 수도 있다.[3] 본질적으로, 판타지는 스스로 만든 규칙에 따라, 마법과 다른 환상적 장치들이 사용되면서도 여전히 내적으로 일관성을 유지한다.[4]

참조 [편집]

1. ↑ Jane Tolmie, "Medievalism and the Fantasy Heroine", *Journal of Gender Studies*, Vol. 15, No. 2 (July 2006), pp. 145-158. ISSN 0958-9236
2. ↑ John Grant and John Clute, *The Encyclopedia of Fantasy*, "Fantasy", p 338 ISBN 0-312-19869-8
3. ↑ Jane Langton, "The Weak Place in the Cloth" p163-180, *Fantasists on Fantasy*, ed. Robert H. Boyer and Kenneth J. Zahorski, ISBN 0-380-86553-X
4. ↑ Diana Waggoner, *The Hills of Faraway: A Guide to Fantasy*, p 10, 0-689-10846-X
5. ↑ 〈판타지 스타일 : MMORPG의 그래픽 스타일 분석을 중심으로〉오여명, 2004, 8
6. ↑ 〈《영웅소설과 판타지소설의 서사구조와 환상성에 관한 비교 연구》강선영, 2010, 13
7. ↑ 〈한국형 판타지 소설의 교육방법 가능성 : 고전소설과의 관련성을 중심으로〉현혜선, 2008, 14~19

〈그림 4-15〉 한국어 위키 백과의 출처 표기 예

위키백과는 정보원으로 사용되기 위해서 마찬가지로 정보의 출처를 확인하도록 지도한다. 위키백과는 대표적인 참여형 백과사전 중 하나로서, 논란의 여지가 있는 문서에 대해 양식에 맞추어 출처를 밝히도록 되어 있다. 문서 맨 아래쪽 출처 항목을 확인하고 출처가 신뢰성 있다면 정보원으로 밝히고 사용하도록 지도한다.

그 외에도 주제에 따라 다양한 정보원을 참고할 수 있다. 네이버 캐스트는 주제에 관한 전문적인 내용을 잘 정리해두고 있어 매우 유용하며 다음의 EBS 지식백과, 문화유산지도, 스토리 펀딩 등도 도움이 된다. 또는 국가에서 운영하는 공익적인 성격을 가진 웹 페이지, 또는 해당 분야의 전문성을 인정받은 전문가가 운영하는 개인 홈페이지 등도 참고 정보원으로서 기능할 수 있다. 온라인 정보원을 선택할 때는 〈표 4-4〉, 〈표 4-5〉와 같은 기준을 참고하여 선택할 수 있다(송기호 2006).

학습자들이 주로 사용하는 온라인 참고정보원 중에서 신뢰도를 가늠하기 힘든 경우가 해당 분야의 전문가가 운영하는 1인 개인 페이지인데, 위에 제공된 기준을 참고하여 적용하면 정보원으로서 가치를 가늠하게 할 수 있다.

정보원 선정이 끝나면 자료를 수집, 정리하도록 한다. 온라인 자료 검색에는 3차시 정도면 충분하다. 프로그램 참여자 수가 많고 동시에 사용가능한 컴퓨터 대수가 한정되어 있다면 비슷한 주제를 다루는 학습자끼리 묶어 몇 개의 모둠으로 나눈다. 모둠별로 순번을 정해 번갈아가며 컴퓨터를 사용하고 컴퓨터를 사용할 수 없는 모둠은 학교도서관의 자료를 찾거나 지난 회차에 검색, 수집한 자료들을 읽고 정리하는 시간을 가진다. 컴퓨터실을 빌려 한꺼번에 검색할 수 있도록 지원할 수도 있다.

〈표 4-4〉 인터넷 정보원을 선택할 때 사용할 수 있는 평가표

인터넷 정보원 선택 시 생각해야 할 내용	그렇다	보통이다	아니다
다른 사람들의 이용이 많은가?			
관련주제에 관해서 자료를 많이 수록하고 있나?			
사이트의 내용이 정기적으로 업데이트 되는가?			
동영상, 사진, 그림 등을 제공하는가?			
나의 수준에 적합한가?			
보기에 편리하고 이용하기에 편리한가?			
적절한 하이퍼링크를 제공하는가?			

〈표 4-5〉 참고정보원 선택 시 생각해야 할 내용

참고정보원 선택 시 생각해야 할 내용	그렇다	보통이다	아니다
저자나 편집자는 그 분야의 전문가인가?			
관련도서를 출판한 경험이 있는 출판사인가?			
최근에 발행된 책이며 최신 내용을 수록했는가?			
내용 면에서 객관성이 있는가?			
나의 수준에 적합한가?			
인쇄상태가 좋고 사용하기에 편리한가?			
삽화나 그림, 사진, 도표 등을 제공하는가?			

〈그림 4-16〉 모둠별 자료 탐색 활동 모습

자료를 수집하고 정리할 때 학생들에게 지도해야 할 부분은 다음과 같다. 첫째, 자료를 수집할 때는 반드시 수집한 자료의 서지사항을 기록하도록 한다.

〈표 4-6〉 각종 참고문헌 기록에 필요한 서지사항

1. 인터넷 검색 - 검색한 포털 사이트 이름, 검색어, 검색방법
2. 도서 - 저자명, 서명, 출판사, 출판연도, 페이지
3. 논문 - 논문 저자명, 논문제목, 작성연도, 페이지
4. 신문기사 - 기자명, 기사제목, 신문사명, 작성연도

이 작업을 해두는 이유는 나중에 한꺼번에 참고문헌을 정리하기 어렵기 때문이다. 특히 온라인 참고정보원의 경우 출력물을 참고자료로 사용하게 되는데 이걸 제대로 정리해두지 않으면 나중에 그 자료가 어디서 온 건지, 누가 쓴 건지 알 수 없어진다. 복사한 경우에는 복사물의 잘 보이는 곳에 서명, 저자, 출판사, 출판연도를 꼭 기재하고 온라인 자료의 경우는 어디서 찾았는지, 다음에 또 찾아갈 수 있도록 검색경로를 기록하도록 주의시켜야 낭패가 없다.

둘째, 모든 자료는 반드시 그때그때 읽고 이해해 두도록 한다. 특히 학술논문은 분량과 상관없이 단어나 문장의 수준이 어렵다. 읽지 않고 쌓아두면 나중에는 엄두가 나지 않아 보지 못하고 포기하게 된다. 논문은 수시로 읽고 필요한 내용은 밑줄을 긋거나 눈에 잘 띄도록 표시해 두었다가 과목 선생님께 질문할 수 있도록 지

도할 필요가 있다. 모르는 내용은 반드시 이해한 후, 요약 메모와 함께 폴더에 보관해 두어야 나중에 유용하게 쓰일 수 있다.

〈그림 4-17〉 참고문헌 기록 활동의 예

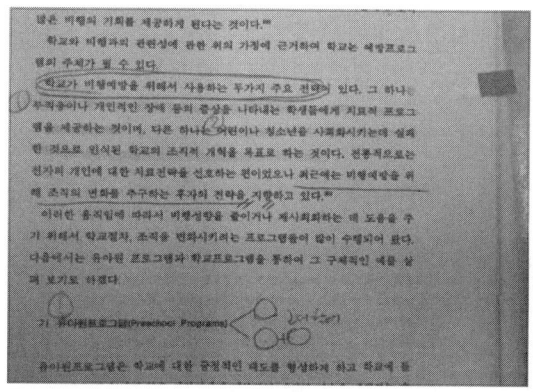
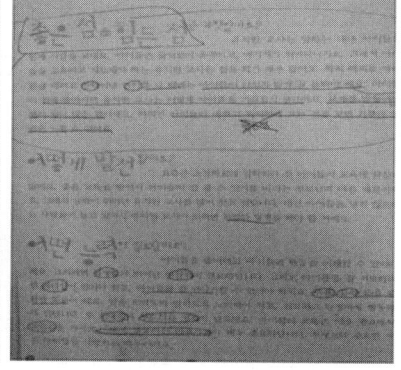

〈그림 4-18〉 자료 읽고 이해하기 활동의 예

셋째, 온라인 자료와 오프라인 자료를 골고루 이용하도록 지도한다. 온라인 자료는 출판된 오프라인 자료에 비해 상대적으로 신뢰도가 떨어지는 경우가 많다. 특히 네이버 지식인, 위키백과 등 일부 참고자료들은 출처가 제대로 밝혀지지 않는 사례가 많기 때문에 이러한 온라인 정보의 특성을 학습자들에게 사전에 안내하여 출처가 분명한 정보만 골라서 쓰도록 한다. 〈그림 4-19〉는 한 포털 사이트의 참여형 지식백과사전의

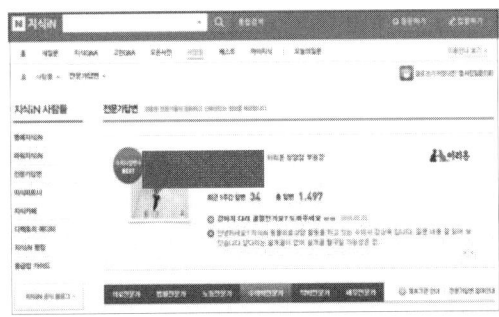 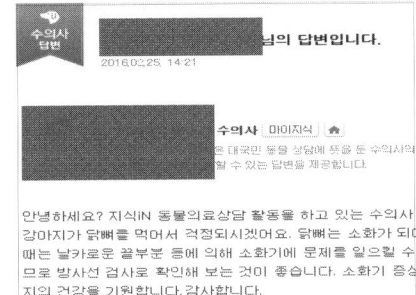

〈그림 4-19〉 네이버 지식in 전문가 답변 화면

화면을 가져온 것이다. 이 사이트에서는 '전문가 답변' 항목이 존재하며 검증된 전문가가 답변을 달면 따로 표시를 해준다. 위키백과 역시 논란이 되거나 출처가 존재하는 정보는 1차 출처를 밝히고 있으므로 확인하도록 지도한다. 온라인 포털 사이트에서 참고할만한 자료는 신문자료, 학술논문, 백과사전, 언어사전 등이다. 온라인 자료 외에도 출판된 인쇄자료나 학술논문 등도 가능하면 인용하도록 지도한다.

넷째, 자료수집이 완료되면 마인드맵을 그리도록 한다. 지금까지 모은 자료들을 한 눈에 볼 수 있는 지도처럼 펼쳐두는 작업이다.

이 마인드맵은 나중에 목차를 만들 때 가장 기본적인 자료가 되므로 꼼꼼하게 작성할수록 좋다. 완성된 마인드맵을 프로그램 운영자와 함께 검토하여 주제의 범위를 축소, 확대하거나 맵의 가지가 너무 엉성한 곳은 추가로 정보 탐색을 실시하

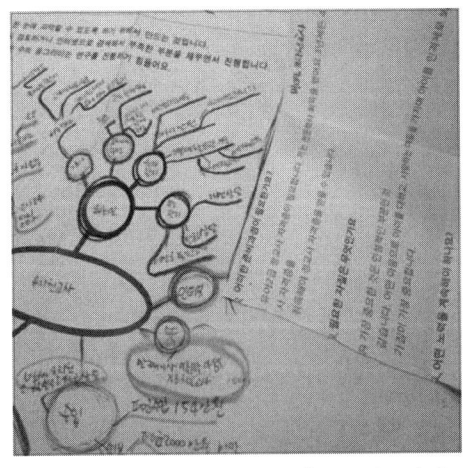 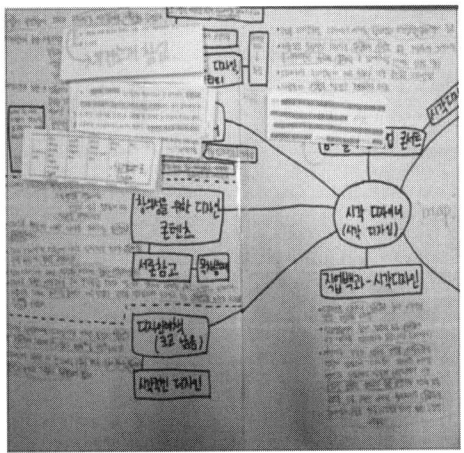

〈그림 4-20〉 마인드 맵 (최종) 활동의 예

여 부족한 부분을 더하거나 삭제하여 정리한다. 마인드맵을 시작할 때는 맨 위쪽에 주제를 적고 이 주제를 선택한 이유도 밑에 같이 적도록 하는데, 이렇게 하는 이유는 자료 수집에 집중하느라 글의 주제를 잊는 경우가 종종 발생하기 때문이다. 프로그램 운영자는 학습자들에게 항상 활동의 목표가 무엇인지 분명하게 인지하고 있도록 계속 주의를 환기시켜야 한다.

3.5 논문작성

이제 본격적으로 논문쓰기에 돌입하게 된다. 수집·정리한 자료는 폴더에 비슷한 내용끼리 모아서 내용을 알 수 있도록 표시하여 언제든지 바로 찾아서 꺼내 볼 수 있도록 준비한다. 사용되는 활동지는 다음과 같다.

- 활동지 18 논문 형식의 이해
- 활동지 19 목차 작성

목차를 작성하여 논문의 전체 구성을 먼저 설명한다. 학습자들에게 논문의 큰 그림을 머릿속으로 미리 그려보도록 한다.

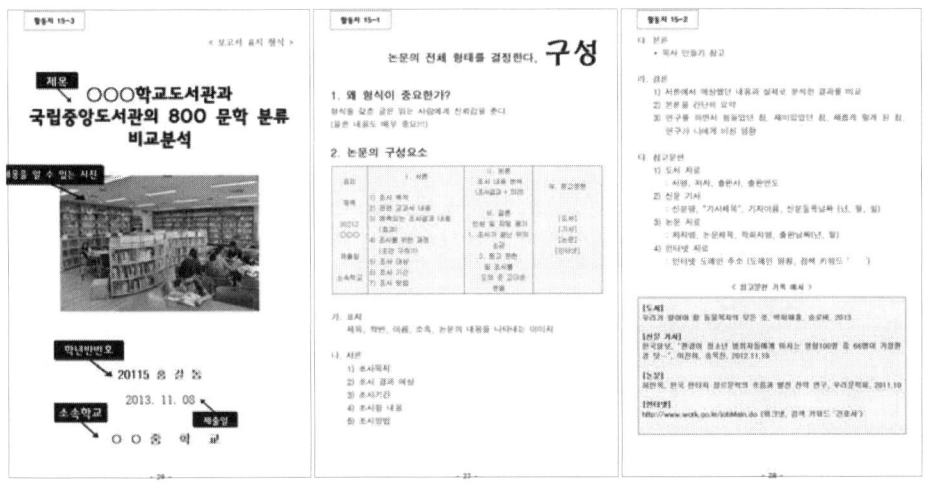

〈그림 4-21〉 논문의 구성 활동지

여기에 참고로 하면 좋은 소논문 구성이 있어 따로 〈표 4-5〉에 소개한다(김은주 2015).

〈표 4-5〉 개요상자 : 소논문에 들어가는 요소의 예

소논문의 요소		세부항목	비고
(가주제) 제목		연구내용을 분명히 알 수 있는 제목. 연구에 사용된 변수, 논점 등을 포함하면 좋고 가급적 12개 단어를 초과하지 않는 것이 좋다. 예) OO이 ***지역 ★★★★의 인식에 미치는 영향	제목이 결정되지 않았을 때는 가주제를 쓴다.
목차		전체 내용이 파악되도록 작성하며 어떤 연구를 했는지 흐름이 보이도록 한다.	1쪽 이내
초록 (abstract)		논문 주제, 연구의 목적과 필요성, 연구 방법과 결과, 결론, 향후 연구의 방향이나 응용 등에 대한 내용을 포함하여 논문을 500자 정도로 요약함. 평가는 포함하지 않으며 키워드를 3~5개 내외 추출하여 제시한다.	인용, 표, 그림 등은 사용하지 않음. '논문 요약'으로 대신해도 된다.
본문	서론	연구의 필요성	1~2쪽 내외
		연구문제와 목적, 관련 문헌 제시	
	본론	연구가설	1~2쪽 내외
		연구방법(연구도구)조사 또는 실험 설계	
		자료 분석 방법	
		연구 결과 및 분석 (고찰)	4~5쪽 내외
	결론	결과분석, 결론 및 논의, 연구의 가치, 연구의 한계점, 연구의 확장 가능성 등	2~3쪽 내외
참고문헌		단행본, 학술지 논문, 학위논문, 기타 자료	1/2~1쪽 내외
부록		연구에 사용한 도구, 증거 자료, 설문 내용 등	3쪽 내외
활동일지		활동 사진 포함, 이전 내용과 달라진 점 위주로 간략하게 작성	3쪽 이내
소감문		이 연구를 통해 배운 점, 진로 연계 관련, 향후 포부 등	2쪽 이내
		권장	20쪽 내외

논문의 기본 구조에 맞추어 목차를 작성한다. 목차란 논문을 읽는 사람에게 전체적인 글의 흐름을 제시하거나 연구자가 강조하고자 하는 부분을 알리기 위해 사

용되는 것이다. 표지와 서론 사이에 위치하면 본격적으로 논문을 읽기 전에 글의 흐름을 파악하기 쉽다. 따라서 논문에 대한 이해를 돕는 것과 동시에 혼란에 빠지거나 오해를 하지 않도록 도움을 준다. 또한 실제 논문을 읽기 전 이 논문이 읽을 만한 논문인가 아닌가를 판단하는 기준도 된다. 목차는 너무 길지도 짧지도 않게 한눈에 전체의 내용을 볼 수 있게 해야 한다(노형희 2015).

목차를 작성할 때 가장 중요한 참고자료는 최종 완성된 마인드맵이다. 한눈에 지금까지 모아온 자료들을 볼 수 있기 때문에 글의 전체적인 윤곽을 파악할 때 요긴하게 사용된다. 마인드맵의 가지들을 키워드로 만들고 순서를 정해 나열하는 방식으로 진행한다. 목차는 여러 번 수정될 수 있고 목차를 작성하는 도중에 주제 범위를 축소 확대하는 것도 가능하다.

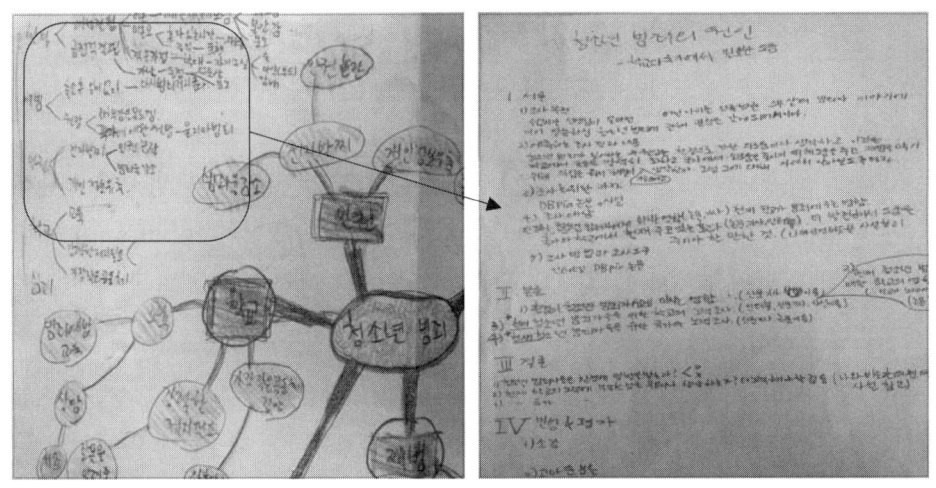

〈그림 4-22〉 마인드맵을 이용한 목차 작성의 예

여기서 말하는 목차는 본문의 논리전개를 말하는 것이다. 〈그림 4-22〉의 사례는 학습자가 마인드맵을 요약하여 키워드를 선정한 모습이다. 학습자는 키워드를 관계도 형식으로 나열한 후, 나열된 단어들을 뼈대로 삼아 목차를 작성했다. 목차 작성을 어려워하는 학습자에게는 이렇게 단계별로 해결할 수 있는 과제부터 부여한다.

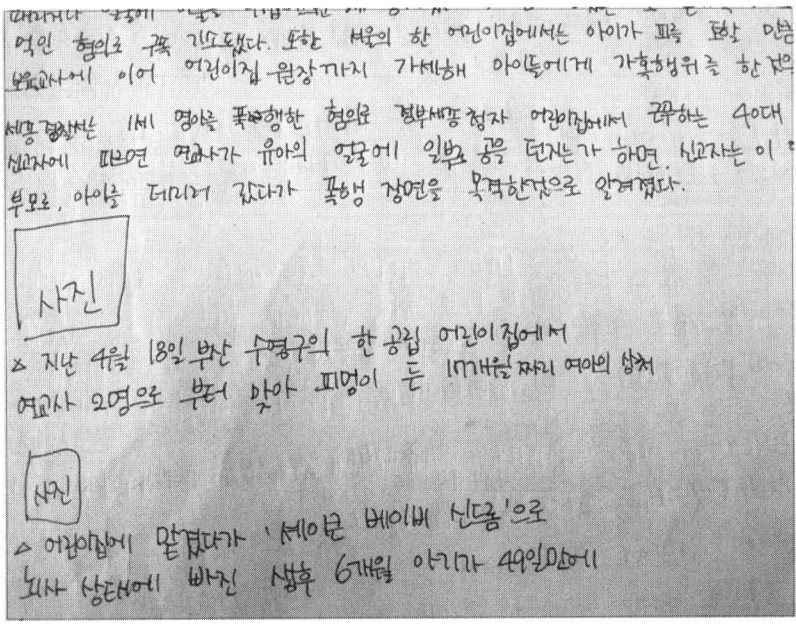

〈그림 4-23〉 손글씨로 본문 작성하기 예

목차가 완성되면 글의 뼈대가 완성된 것이나 다름없다. 본문은 완성된 뼈대에 살을 바르는 작업이다. 본문쓰기는 워드프로세서로 작업할 수도 있지만 1차 작업은 손글씨 쓰기를 권장한다. 목차는 본문을 작성하는 도중에도 자주 고치게 되는데 워드프로세서로 이 작업을 하다보면 글의 흐름을 자주 놓치는 경우가 많다.

〈그림 4-23〉을 보면 손글씨로 내용을 정리하던 학습자가 본문 중간에 사진을 삽입할 자리를 미리 표시해 둔 모습을 볼 수 있다. 컴퓨터를 다루는데 능숙하지 못하거나 자료를 찾고 정리하는데 익숙하지 않은 학습자들에게는 천천히 손으로 글을 쓰도록 하면 좋다. 작성하면서 모르는 부분은 친구나 선배들에게 물어가며 천천히 진행할 수 있도록 시간을 넉넉히 주어야 한다.

온라인 참고문헌과 오프라인 참고문헌은 기본적으로 출처를 밝힌다는데 목적을 두고 복잡한 방식을 배제하고 최대한 간단하게 기록하게 한다. 온라인 참고문헌의 경우 도메인 주소와 더불어 검색 키워드를 같이 기록하여 어떤 경로로 찾았는지 밝혀두면 나중에 학습자가 다시 연구를 진행할 때 도움이 된다. 워크넷이나 커리어넷은 메인 페이지에서 다시 검색을 해야만 해당 정보를 볼 수 있다. 이런 경우는 검색어를 같이 명시하도록 지도한다.

〈그림 4-24〉 본문 작성 모습　　　〈그림 4-25〉 프로그램 후반기 수업 모습

논문쓰기는 글의 특성상 수업 후반으로 갈수록 개별지도의 성격에 가까워진다. 〈그림 4-25〉에 등장하는 학생 5명은 모두 각각 다른 작업을 하고 있다. 1명은 본문 쓰기를 하고 있고 다른 2명은 목차를 쓴다. 옆 테이블에는 워드프로세서로 작업하고 있는 참가자와 본문을 쓰다가 중단하고 부족한 자료를 찾아 복사하고 있는 모습을 볼 수 있다. 이런 현상은 연령, 읽기속도, 이해력, 집중력, 성격, 개성 등이 학습집단 안에서 복합적으로 작용한 결과라고 볼 수 있다. 강의식 수업과는 달리 개인 프로젝트의 성격이 강하여 질문의 종류도 다양하고 도움을 요청하는 횟수도 회를 거듭할수록 많아진다. 간혹 한 줄씩 쓸 때마다 프로그램 운영자의 확인을 받고 싶어 하는 학습자가 있는데 이런 학습자들은 모든 과정을 일일이 확인받고자 하는 경향이 있다. 프로그램 운영자는 무조건 도와주려고 하지 말고 학습자가 최대한 스스로 할 수 있도록 용기를 북돋아준 후, 학습자가 해야 할 과업을 명확히 지정하고 '여기까지 쓰고 난 다음에 다시 얘기해 보자' 하는 식으로 선을 그어야 한다. 이후 따로 시간을 내어 수업 시간 외 시간에 작성한 내용을 보고 대화하며 함께 고쳐나가면 사제 관계형성에도 좋고 시간 운용에도 효율적이다.

손글씨 쓰기로 본문이 완성되면 컴퓨터 워드프로세서로 다시 작성한 후, 프로그램 운영자가 확인하여 수정한다. 검토할 내용은 내용의 흐름이 자연스러운지, 형식에 맞춰서 썼는지, 맞춤법이나 띄어쓰기 등을 올바르게 적용했는지 등을 확인한다. 내용을 수정하는 동안 학습자는 표지를 만들거나 더 추가하고 싶은 부분이나 부족한 부분을 보완할 수 있다. 〈그림 4-26〉은 프로그램 운영자와 학습자가 함께 읽으며 수정한 결과물을 제시한 것이다.

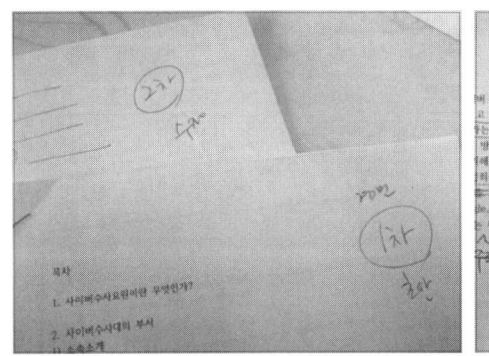
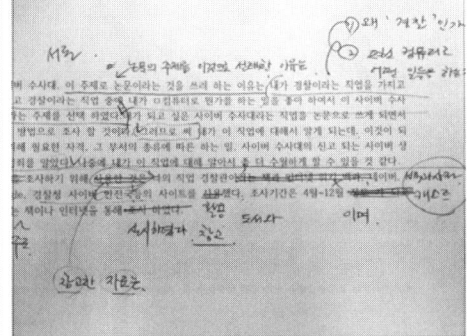
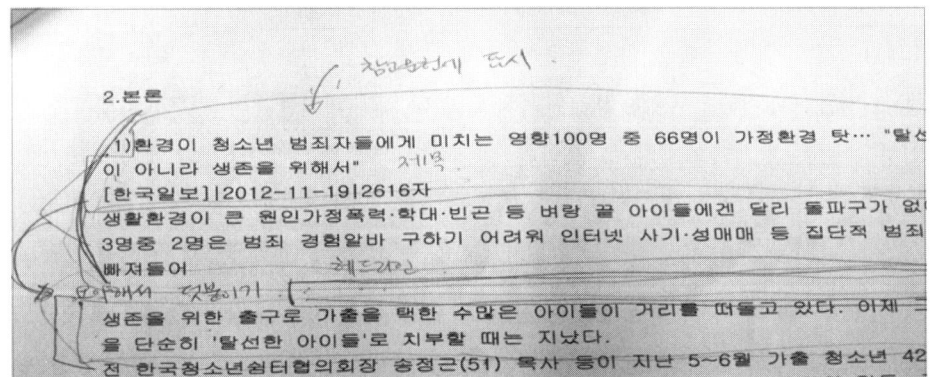

〈그림 4-26〉 원고 수정의 예

3.6 활동 돌아보기 (마무리 활동)

본문을 다 완성하고 나면 논문의 내용을 객관적인 시선에서 다시 점검받을 필요가 있다. 친한 친구끼리 바꿔 읽거나 서로에게 내용을 설명해준다. 이름을 가리고 돌려 읽어보는 것도 좋다. 돌려 읽기 활동이 끝나면 원저자에게 장점과 단점을 말해주어 피드백이 가능하도록 하고 프로그램 운영자가 최종적으로 수정 첨삭하여 부족한 부분을 보충하고 완성한다.

연구 발표회를 열거나 결과물을 전시할 수 있는 기회를 마련해보자. 발표회는 부담스럽지 않게 친한 선생님 또는 친구들을 초대하여 조촐한 다과회 형식으로 운영할 수 있다. 활동지 20을 활용하여 프레젠테이션을 할 때 갖추어야 할 기본적인 사항들을 학습하여 준비한다.

■ 활동지 20 발표(프레젠테이션) 및 과정평가

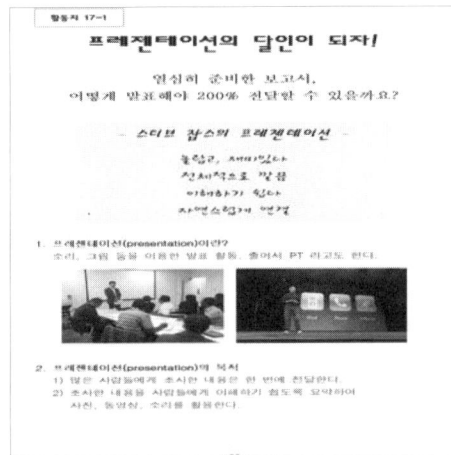 

〈그림 4-27〉 프레젠테이션 활동지 및 평가표

연구 발표회가 여건상 힘들다면 논문집으로 제작할 수 있다. 프로그램에 참가했던 학생들에게 제작된 논문집을 나누어주면 활동을 되돌아보는 계기도 되고 책에 실린 다른 학습자의 작품을 보며 스스로를 반성하는 기회도 된다. 제출한 작품에 아쉬운 점이 있다면 연구 내용을 더욱 발전시켜 다시 논문을 다시 쓰게 할 수도 있다. 여분의 논문집은 도서관에 보관했다가 다음 수업 운영의 참고자료로 쓰거나 전시한다. 논문집에는 프로그램의 간단한 소개, 학습자 활동 모습, 학습지 일부, 프로그램 진행 과정 등을 넣을 수 있다. 프로그램에 참가했지만 최종적으로 원고를 제출하지 못한 참가자는 맨 앞장에 참가자 명단을 만들어 이름을 모두 명시한다. 이렇게 해두면 논문을 제출하지 못한 학습자들도 참가했던 보람을 함께 나눌 수 있다.

〈그림 4-28〉 소논문 쓰기반 문집 제작 예

부 록

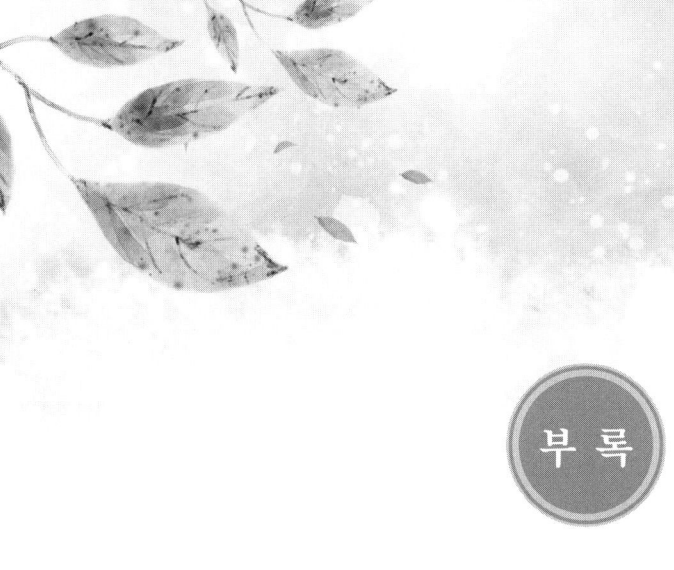

부록 1 학생 활동 작품

부록 2 소논문 쓰기 단계별 활동지

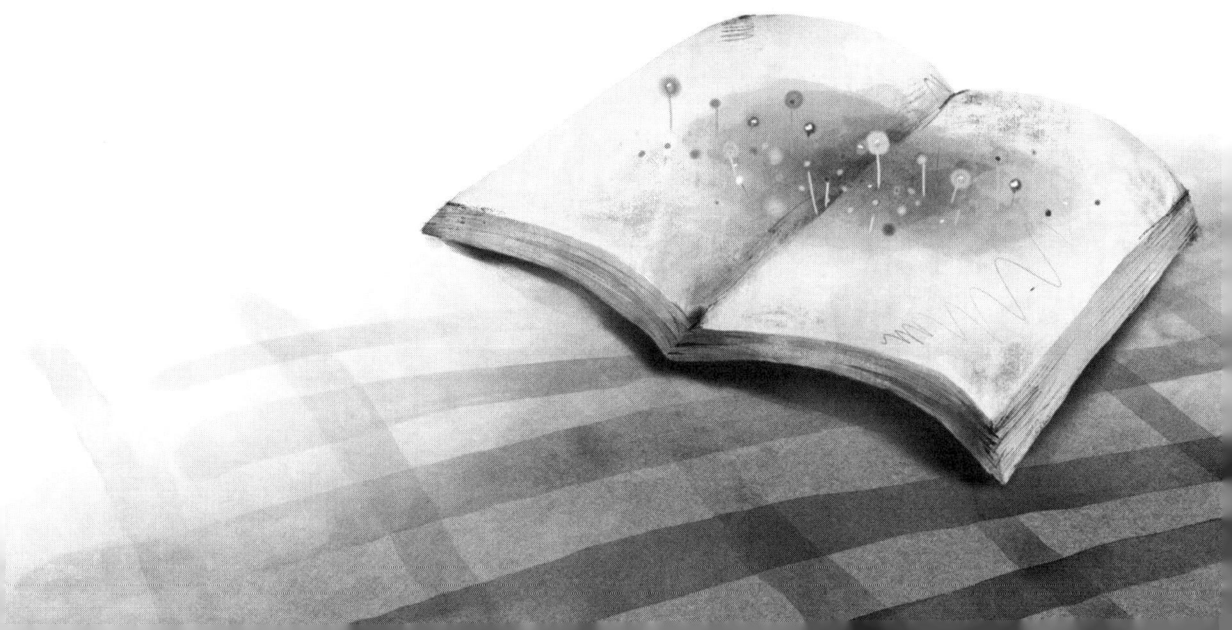

부록 1 학생 활동 작품

지역사회의 아동학대

- 아동학대에 대한 사람들의 태도가 달라지기를 바라며 -

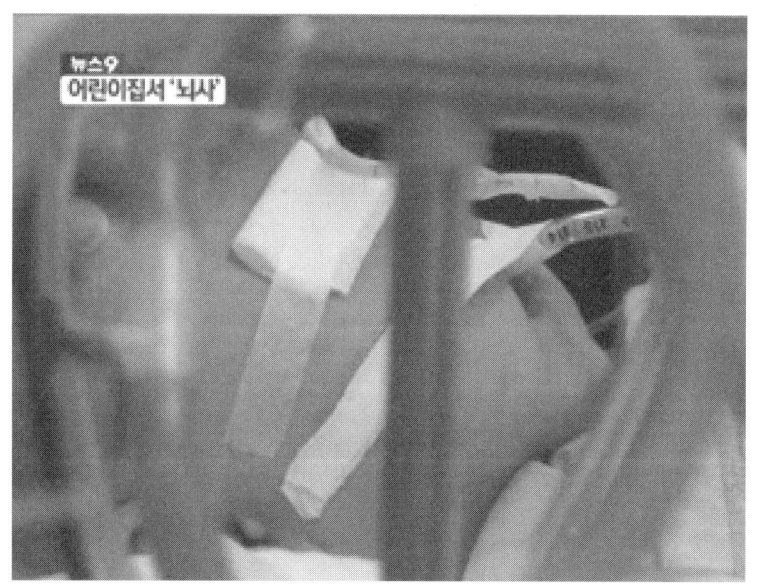

○학년 ○반 ○번 ○○○

20○○년 ○월 ○일

○○ 중학교

지역사회의 아동학대
- 아동학대에 대한 사람들의 태도가 달라지기를 바라며 -

○○○*

목 차

Ⅰ. 서론
Ⅱ. 본론
  1. 아동학대의 뜻
    1) 아동의 정의
    2) 학대의 정의
    3) 아동학대의 정의
  2. 아동학대의 종류
    1) 신체적학대의 종류
    2) 성적학대의 종류
    3) 정서적학대의 종류
    4) 방임의 종류
    5) 아동에게서 해서는 안 될 행위
       (금지행위)
  3. 아동학대 사례
  4. 아동청소년 보호법
  5. 아동학대 사례를 통해 알 수 있는 점
    1) 부모의 마음
    2) 아동의 심리상태
    3) 현재의 제도
Ⅲ. 결론
   참고문헌

Ⅰ. 서론

이 연구를 하게 된 이유는 사회와 가정에서 학대가 일어나고 있고 아동학대의 관한 영화와 뉴스도 많이 나오고 있기 때문이다. 어렸을 때부터 정신적, 신체적 폭력을 당하면 어린 마음과 몸에 상처를 입히기에 사람들에게 아동학대에 대해 알려주고 싶어서 조사하게 되었다. 이 글을 읽는 사람들이 아동학대가 얼마나 심한지 이해하고 어린이집, 가정 및 학교 등에서 일어나는 아동학대에 대해 사람들이 알게 되어 아동학대에 대한 사람들의 생각이 달라지기를 바란다. 아동학대가 얼마나 아이들에게 상처를 입히고, 피해를 주는지 이해하여 아동학대가 줄어들기를 바란다.

Ⅱ. 본 론

1. 아동학대의 뜻

아동학대에 대해 말하기 전에 '아동'과 '학대'의 정의에 대해 먼저 알아보고자 한다.

1) 아동의 정의
① 신체적·지적으로 미성숙한 단계에 있는 사람
② 초등학교에 다니는 나이의 아이
③ 〈법률〉아동 복지법에서, 18세 미만의 사람을 이르는 말
④ 유치원에 다닐 나이에서 12~13세 까지의 어린아이

2) 학대의 정의
① 몹시 괴롭히거나 가혹하게 대우함
② 사람이나 동물을 정신적으로나 육체적으로 괴롭히고 가혹하게 대함

3) 아동학대의 정의
① 보호자를 포함한 성인에 의하여 아동의 건강과 복지를 해치거나 정서적 발달을 저해 할 수 있는 신체적·정서적·성적폭력·가혹행위 및 아동의 보호자에 의한 유기와 방임을 말함
② 아동이 부모 혹은 부모를 대신하는 보호자로부터 받는 학대 행위

정리하자면, 아동학대는 18세 미만의 어린이를 신체적, 정서적, 성적으로 부모 또는 보호자에게 학대를 당하는 것을 아동학대라고 한다.

2. 아동학대의 종류

아동학대는 크게 신체적, 성적, 정서적 학대를 말하면 그 외에도 방임이 있다.

1) 신체적 학대의 종류
  ① 신체적 손상을 입힌 경우와 신체적 손상을 입히도록 허용한 경우
  ② 구타나 폭력에 의한 멍, 화상 찢김, 골절, 장기파열, 기능의 손상
  ③ 생후 36개월 이하의 영아에 가해진 처벌은 이유 여하를 막론하고 학대
  ④ 물건을 던지는 행위
  ⑤ 떠밀고 움켜잡는 행위
  ⑥ 뺨을 때리는 행위
  ⑦ 발로 차거나 물어뜯고 주먹으로 치는 행위
  ⑧ 두들겨 패는 행위
  ⑨ 흉기, 화학물질, 약물 등을 이용하여 신체에 상해를 입히는 행위
  ⑩ 반복적으로 꼬집는 행위
  ⑪ 전기충격
  ⑫ 물에 빠뜨리는 행위
  ⑬ 고립과 감금 등으로 신체적 자유를 박탈하는 행위
  ⑭ 아동의 신체를 노 동화 하여 착취하는 행위
  ⑮ 사회가 아동의 노동력을 착취를 통제하는 제도적 조치를 취하지 않는 행위

2) 성적 학대의 종류
  ① 성인의 성적 충족을 목적으로 아동과 함께 하는 모든 성적 행위
  ② 성적유희, 성기 및 자위행동 장면의 노출, 관음증(변태성욕의 하나, 다른 사람의 알몸이나 성교하는 것을 몰래 훔쳐봄으로써 성적 만족을 얻는 증세)
  ③ 포르노 매체에 배우로 출연, 포르노물 판매행위
  ④ 포르노 비디오(음란물)를 아동에게 보여주는 행위
  ⑤ 성기삽입, 성적접촉(성인이 아동에게 자신의 성기나 신체를 만지도록 하거나 아동의 성기를 만지는 행위, 아동의 옷을 강제로 벗기거나 키스를 하는 행위, 드라이 성교, 디지털 섹스. 구강성교, 항문 성교, 애무 등)
  ⑥ 강간등과 같은 접촉행위

⑦ 아동매춘이나 매매 등 의 행위

⑧ 성매매 업소에 아동을 데리고 가는 행위 등

3) 정서적 학대의 종류

① 언어적 · 정서적 위협, 억제, 감금, 기타 가학적 행위

② 아동의 인격, 감정이나 기분을 심하게 무시하거나 모욕하는 행위

③ 좁은 공간에 장시간 혼자 가둬 두는 행위

④ 원망적, 거부적, 적대적, 경멸적 언어폭력

⑤ 아동에게 욕설을 퍼붓는 행위

⑥ 아동이 가정폭력을 목격하도록 하는 행위

⑦ 형제나 친구들을 비교하는 행위

4) 방임

① 고의적 반복적으로 아동 양육 및 보호를 소홀히 함으로 아동의 건강과 복지를 해치거나 정상적인 발달을 저해 할 수 있는 모든 행위

② 아동에서 의식주를 제공하지 않거나, 장시간 위험에 상태에 방치하는 신체를 써서 폭력을 행사하는 방임 및 유기[1]

③ 아동의 무단결석을 허용하는 등 교육적 방임

④ 예방접종을 제때에 하지 않거나 필요한 치료를 소홀히 하는 등 의료적 방임

⑤ 아동과의 약속에 무신경하거나 아동의 마음에 상처를 입히는 정서적 방임

⑥ 신체적 방임 : 건강보호의 거부와 시간을 늘림, 보호받지 못함, 쫓아 내거나 몰아냄, 알맞지 않은 감독 등

⑦ 교육적 방임 : 학교등록의 포기, 특별한 아동에게 행하는 교육 대한 무관심 등

⑧ 정서적 방임 : 적절한 양육과 사랑을 제공하지 못하는 것, 마음의 작용과 의식상태의 정상을 기울여 보호하는 것을 대수롭지 않게 여기는 것

---

[1] 유기(보호받지 못하는)

5) 아동에게 해서는 안 되는 행위(금지 행위)

① 아동의 신체에 상처를 주는 행위
② 아동에게 성적 수치심을 주는 성희롱, 성폭행 등의 학대행위
③ 아동의 정신건강 및 발달에 해를 끼치는 정서적 학대행위
④ 자신의 보호·감독을 받는 아동을 유기하거나 의식주를 포함한 기본적 보호 양육 및 치료를 소홀히 하는 방임행위
⑤ 아동을 타인에게 사거나 팔아버리는 행위
⑥ 장애를 가진 아동을 대중에 관람시키는 행위
⑦ 아동에게 구걸을 시키거나 아동을 이용하여 구걸하는 행위
⑧ 대중의 오락과 영리를 목적으로 연극, 영화, 서커스 따위에게 요금이 지불되고 대중에게 보이고 아동의 건강과 안전에 해로운 아슬아슬할 정도로 위태로운 동작이나 상태를 시키는 행위
⑨ 정당한 권한을 가진 남의 일이 잘되도록 주선하는 기관 외의 자가 아동의 양육을 남의 일이 잘되도록 주선하고 금품을 취득하는 행위
⑩ 아동을 위하여 증여 또는 급여된 금품을 그 목적 외의 용도로 사용하는 행위

정리하자면, 아동학대란 아동에게 이러한 가혹행위를 하고 괴롭히는 행위이다.

3. 아동학대의 사례

이 사례는 2010 아동학대 우수사례보고서와 신문기사에서 뽑은 것이다.

마산동부경찰서에 따르면 생후 6개월 된 김 모 군이 잠을 자다가 이상증세를 보여 119 구급 대에 의해 병원으로 이송되었다. 호흡과 맥박이 없는 상태로 병원에서 응급처치를 했으나 뇌사상태에 빠졌다. 뇌사상태에 빠진지 49일 만에 숨졌다. 사망원인은 '셰이큰 베이비 신드롬'으로 추정되었고, 어린이집과 공립어린이집에서 아동들을 신체적으로 때리고, 숟가락을 같이 쓰거나, 식자재의 원산지를 속이고, 학부모들에게 돈을 더 받고, 아이가 피를 토하고, 폭언을 하고, 가혹하게 대해 정부는 제도를 정하여 학부모들을 안심시킨 사례이다.

이 사례에는 신체학대, 정서학대가 들어있다.

아동들의 엉덩이를 때려서 멍이 들게 하고, 아이들이 칭얼댄다는 이유 등으로 1세 아동의 머리, 등, 엉덩이 등을 때리거나 얼굴에 이불을 씌운 채 방치했으며, 감기 걸렸는데도 깊은 숟가락으로 아동들에게 밥을 먹였다. 이이가 피를 토할 만큼 때리기도 했다. 이는 신체학대에 해당된다. 술을 거의 매일마시며 욕설을 하는 것은 정서학대에 해당된다.

이러한 피해는 특히 어린이집에서 많이 일어나는 것 같다. 아동학대를 가한 사람들은 아이들이 자신의 말을 듣지 않는다고 말하고, 오히려 소리를 지른다고 말한다. 나는 이러한 사례들이 이해가 되지 않는다. 자신들이 조금만 더 주의 깊게 생각하면 이러한 일은 막을 수 있지 않을까 하는 생각도 들기도 한다. 내가 학부모들의 입장이 되어 본다면, 아이들을 안심하고 맡길 수 없을 것이다. 아무리 그래도 아이들은 아직 어리다. 아직 여리고 약하고 그런 아이들을 해치려고 하는 사람들도 이해가 안 된다. 그럼에도 불구하고 이런 아동학대 사건은 지금도 일어나고 있다.

4. 아동청소년 보호법

아동청소년 보호법은 아동청소년을 보호하기 위해 만들어진 법이다. 하지만 정작 이 법이 필요한 아동 및 청소년들은 오히려 더 이 법에 대해 불만을 가지고 있는 것 같은데, 그건 이 법을 잘 몰라서 그러는 것 같다. 그리고 어른들 중에서도 모르는 사람도 있을 것 같다. 이런 법을 제대로 잘 알리고 아동 및 청소년을 보호하기 위해 어른들의 힘이 필요하다.

성추행 행위에 대하여는 아동청소년보호법 제 7조와 제 12조의 의하여 체벌될 수 있다. "제 7조(아동·청소년에 대항 강간·강제 추행 등) 폭행 또는 협박으로 아동 청소년을 강간한 사람은 5년 이상의 유기징역에 처한다." 고 되어 있다. 〈개정 2011.9.15.〉

다음은 이 법의 일부분을 그대로 가져온 것이다.

1) 아동·청소년에 대하여 폭행이나 협박으로 다음 각 호의 어느 하나에 해당하는 행위를 한 자는 3년 이상의 유기징역에 처한다.

   ① 구강·항문 등 신체(성기는 제외)의 내부에 성기를 넣는 행위
   ② 성기·항문에 손가락 등 신체(성기는 제외)의 일부나 도구를 넣는 행위

2) 아동·청소년에 대하여 「형법」 제 298조(강제추행) 폭행 또는 협박으로 사람에 대하여 추행하는 자는 10년 이하의 징역 또는 1천500만원의 이하의 벌금에 처한다. 〈개정 1995.12.29〉

3) 아동·청소년에 대하여 「형법」 제 299조(준 강간, 준 강제 추행) 사람의 심신상실 또는 항거불능의 상태를 이용하여 간음 또는 추행한 자는 제 297조, 제 297조의2, 제298조 예에 의한다. 〈개정 2012.12.18〉

   - 제 297조(강간) 폭행 또는 협박으로 사람을 강간한 자는 3년 이상의 유기징역에 처한다. 〈개정 2012.12.18〉
   - 제 297조의2(유사강간) 폭행 또는 협박으로 사람에 대하여 구강, 항문 등 신체(성기는 제외한다.)의 내부에 성기를 넣거나 성기, 항문에 손가락 등 신체(성기는 제외한다.)의 일부 또는 도구를 넣는 행위를 한 사람은 2년 이상의 유기징역에 처한다.

4) 지위나 계층의 등급 또는 상대를 압도할 만큼 강력한 힘으로 아동·청소년을 부부가 아닌 남녀가 성관계를 맺거나 아동·청소년을 추행한자는 제 1항부터 제 3항까지의 예에 따른다. 〈개정 2011.9.15〉

5) 제 1항부터 제 5항까지의 범죄를 실행하려다 그 목적을 달성하지 못한 범죄(범인)은 처벌한다.

제 12조의 신고의 무자의 성범죄에 대한 이중처벌 제 22조 제 2항 각 호의 기관, 시설 또는 단체의 장과 그 종사자가 자기의 보호·감독 또는 진료를 받는 아동·청소년을 대상으로 성범죄를 범한 경우에는 그 죄에 정한 형의 2분의 1까지 가중 처벌한다.

살펴보면 법은 참 잘 만들어져 있는 것 같다. 그러나 나는 이러한 법이 제대로만 실시되어야 의미가 있다고 생각한다. 우리나라는 법만 제정되어있고, 제대로 이루어 진적이 별로 없는 것 같다.

아동학대에 관한 영화를 보면 대부분 실화를 토대로 영화를 만들었다. 예를 들어 '소원'이 그렇다. 소원은 학교 가는 아이를 붙잡아 성폭행하고 장기를 파손시킨 내용이다. 이 영화를 만든 목적이 아동학대를 줄이기 위해서 만든 것 같다는 생각이 들었다. 영화를 보면 판결을 내릴 때 만취 상태 때 아동학대를 했다고 징역기간이 줄어들고, 증거가 없다고 하여 징역기간이 줄어들고, 증거가 있어도 술에 만취하여 저지른 행동이라고 징역기간이 줄어든다.

그리고 음주운전은 제대로 잡으면서 아동학대를 만취상태로 학대를 하였다고, 징역기간이 줄어드는 것은 전혀 말이 안 되는 것이다. 이렇게 되면 음주운전은 왜 처벌하고, 왜 봐주지 않는 것일까? 법이 제대로 이루어지기 위해서는 사소한 부분부터 구체적인 부분까지 제대로 이루어져야 된다고 생각한다.

> '조두순 사건'을 계기로 음주나 약물에 의한 심신미약 상태에서 저지른 성 범죄를 감경사유에서 제외하는 성폭력 특례법이 제정된 후 이를 적용한 첫 판결이 나왔다. 10대 조카를 성폭행 하려다가 살인한 혐의로 가해자는 심신미약 상태였지만 범행 당시 상황을 비교적 뚜렷하게 기억하는 것을 고려하면 심신미약 주장은 인정되지 않으며, 재범[2] 우려가 크므로 무기징역을 선고하였다.

위의 신문기사에서 볼 수 있듯이 다행이도 '조두순 사건'을 계기로 음주나 약물에 의한 심신미약 상태에서 저지른 성범죄를 감경사유로 제외하는 법이 성폭력 특례법으로 제정되었다.

그러나 나는 이 법을 제정한 것이 아이들의 생명만을 위해 만들어진 것이 아닌가 하는 생각이 든다. 아동의 몸 상태가 건강하더라도 정신적인 충격은 생각하지 않았다. 이 법들이 아동을 위해서 만들어진 것 이라면 아이들의 생명 뿐 만 아니라 아이들의

---

2) 재범 (죄를 지은 뒤 다시 죄를 범함. 또는 그렇게 한 사람)

모든 것 즉 정서적, 신체적으로 보호해 줄 수 있는 법을 만들어야 된다고 생각한다.

다시 말해, 아이들을 위해서 법을 새로 만들거나 더 강력하게 만들어야 된다. 예를 들어 징역이 10년이었다면, 20년으로 늘리고 벌금이 이천만원 이라면 삼, 사천만원으로 늘려야 된다고 생각한다.

더 이상 법이 약해지면 안 된다. 수많은 아이들이 상처를 입고, 정신적으로 씻을 수 없는 경험을 한다. 나는 아이들이 이러한 일을 경험한다고 해보면 가슴 아프고, 두렵게 느껴진다. 아직 어린 아이들을 위해서라도 법을 새로 만들거나 더욱 강력하게 만들어야 한다고 생각한다.

5. 아동학대 사례를 통해 알 수 있는 점

1) 부모의 마음

아동학대를 당한 아이의 부모들은 아이들이 상처를 입었을 때, 부모님들은 아이가 상처 입은 것의 몇 배나 되는 죄책감과 마음의 짐을 지게 될 것이다. 부모님들은 아이들이 다치는 것보다 차라리 자기가 다치길 원할 정도다. 부모들의 마음은 다 똑같다. 아동학대는 아이만 다치게 하는 게 아니라 그 부모님들까지 아프게 한다.

2) 아동의 심리상태

아이들은 학대를 당하고 난 뒤, 심리상태가 매우 불안정 해진다고 한다. 아동학대 실화를 바탕으로 한 영화를 보면 아이의 심리가 자세히 드러나는데 모두 다 무서워한다. 학대를 당한 아이들은 무서워 불안에 떨 뿐만 아니라, 대인관계를 피하게 되고, 말도 안하게 된다. 이런 아이들을 돕기 위해 상담을 하지만 아이들은 그 이후로도 폭행 장면만 봐도 불안하고 우울해한다고 한다. 신체적 폭행이 아니더라도 언어폭력으로 인한 심리적인 위협도 큰 상처를 줄 수 있다.

3) 현재의 제도

현재 정부에서는 '안심보육 특별대책'을 실시하고 있다.

① 학대 교사나 원장에 대한 10년간 시설 설립 및 근무를 제한

② 학부모와 원장의 담합으로 실직자로 위장하거나 재취업 사실을 속이고 실업급여를 챙긴 경우엔 고발 및 보조금과 양육료 지원을 중단
③ 통학차량 신고를 의무화하고 법규를 반복 위반하면 어린이집을 폐원하는 방안추진
④ 어린이집 불법운영을 고발하는 공인제보자의 보상금을 확대
⑤ 보육교사의 처우도 유치원교사 수준으로 높이고, 대체 교사 확대 및 보조교사를 채용하여 업무 부담을 경감할 계획

보건복지부는 '돌봄 시설 인권보호 및 학대근절 종합대책'을 발표했는데, 어린이집 등에 시설안전지킴이를 배치해 학대 여부 등을 감시할 예정이라고 한다. 하지만 이 제도가 얼마나 효과가 있을지 의문이다. 만약 안전지킴이가 한눈 판 사이에 사건이 일어나게 되면 어떻게 될지 아무도 모르는 거 아닌가.

Ⅲ. 결 론

이 논문을 쓰면서 아동학대가 계속 일어나는 이유는 사건이 일어나더라도 법이 제대로 사용되지 않기 때문이라는 결론을 얻었다. '법을 제정했으면 제대로 사용해야 되는 것이 아닌가?' 하는 생각이 계속 들었다. 나의 원래 꿈은 의사였는데, 이 논문을 쓰고 나서 웃음치료사, 사회복지사에 대해 관심이 생겼다.

논문을 작성하기 위해 사례를 조사하면 할수록 아동학대가 줄어들고, 더 이상 일어나지 않기 위해서는 법을 강하게 개정해야 한다는 생각을 하게 되었다. 많은 사람들이 아동학대가 얼마나 심하게 일어나고 있는지 알고 있을 것이다. 아동학대는 몸과 마음에 모두에 상처를 많이 입히는 짓이다. 더 이상 일어나지 않도록 사회든 가정에서든 어디에서든 아동학대는 우리 모두의 일이고 언제나 누군가가 더 아파하고 있다는 것을 명심하도록 해야 할 것이다. 아동학대에 관한 영화로 '도가니', '소원', '여왕의 교실' 등이 있다. 관련 영화를 보거나 책을 읽고, 아동학대의 심각성을 조금이라도 더 알아주었으면 한다.

논문활동은 미래에 대해 한걸음 더 다가간 계기가 될 수 있었다. 논문의 주제를 아동학대라고 생각하게 된 계기는 머릿속에 '도가니'라는 영화가 생각이 나서 주제를 아동학대라고 정하게 되었는데, 이 논문을 쓰면서 아동학대에 대해 더 알 수 있게 되었다.

매주 수, 금에 나와서 정의, 사례, 논문 등 아동학대에 관련된 부분들은 찾아보았고 덕분에 논문을 쓸 때 어렵지 않게 쓸 수 있어 다행이었다. 생각보다 사례가 많아 놀랍기도 하였다. 찾은 자료들을 정리하고 직접 손 글씨로 목차와 논문을 쓰다 보니 성취감 역시 있었다. 논문의 준비단계 부터 마무리 과정까지 절대 포기하시지 않고 열심히 가르쳐주신 사서선생님께 감사드리고 만약 논문을 또 쓸 기회가 다시 온다면 이번 경험을 교훈삼아 떠올리면서 다시 써보고 싶다.

참고문헌

[인터넷]
http://www.naver.com (네이버 국어사전, 검색 키워드 '아동' '학대')
http://www.daum.net (다음 국어사전, 검색 키워드 '아동' '학대')
http://law.go.kr/main.html (국가법령정보센터 법령정의사전, 검색 키워드 '아동학대')

[논문]
김종세. 아동인권과 아동학대, 아동인권수준 제고방안, 법학연구, 2008.08.25.
보건복지부. 1391중앙아동보호기관, 2010 아동학대 우수사례보고서, 2010.09.20.
법제처. 보건복지부(아동복지정책과), 아동복지법, 법률 제11572호.

[신문기사]
신원경. 어린이집 아동학대 잔혹사 '이대로 괜찮나?', 2013.06.13.
전창해. 법원 "심신미약 상태서 성범죄 감형 안돼" 첫 판결, 2014.01.13.

부록 2 소논문 쓰기 단계별 활동지

활동지 1

어떻게 살아야 잘 사는 걸까

1. 문제는 재미다.
   시간이 가는 줄 모르고 했던 일이 있습니까? 어떤 일이었는지 써 봅시다.

2. 현재 관심이 가는 직업은?

3. 직업 선택의 기준은?

연봉	적성과 흥미	전망	직업의 안정성

★ 직업선택의 기준으로 (　　　　　)을/를 선택한 이유는 무엇인가요?

4. 희망하는 직업에 종사하게 되면 어떤 어려움이 있을까요?

> "어떤 직업이든 스트레스는 있습니다. 그래서 자기가 만족하고 원하는 직업을 가져야 합니다. 더 이상 남들에게 보여 주기 위한 삶을 살지 마세요. 세상에서 가장 행복한 사람은 내가 무엇을 하고 싶은지 알고, 그것을 위하여 노력하는 사람입니다. 어떤 일을 하든 스스로가 자부심을 가지고 일하는 사람은 빛이 난답니다."
> - 방송인 김경림 〈세상을 바꾸는 천개의 직업〉 중에서

희망하는 직업을 선택했을 때 예상되는 어려움을 써 봅시다.

꿈을 밀고 나가는 힘은 이성이 아니라 희망이며, 두뇌가 아니라 심장이다

5. 나에게 일이란 어떤 것일까요?

활동지 2

<논문 쓰기에 대한 중요한 생각>

가. 논문이란?
어떤 문제에 대한 구체적이고, 객관적이며, 학문적인 해결 방법을 체계적으로 쓰는 글

나. 논문 주제를 정한다는 것은…
결국 내 생활 속, 내가 생각하는 주제에 문제점을 느끼고 그것을 해결하는 과정이다.

다. 논문 주제를 정할 때, 이런 점을 생각해보자.
1) 나는 어떤 사람인가?
   성격, 친구관계, 가족관계, 학교생활, 공부습관, 식생활 등의 생활 속 고민거리들
2) 나의 장래 희망
   미래의 나는 어른이 되면 어떤 일을 하고 있을까?
3) 내 취미생활
   독서, 가수(아이돌), 패션, 미용, 요리, 애완동물, 방 꾸미기, 드라마, 뮤지컬, 연극, 영화감상 등
4) 내가 좋아하는 과목은?
   학교에서 관심 있게 듣는 수업 주제에 대하여
5) 관심 있는 사회, 경제, 문화 이슈는?
   역사, 미술, 음악, 사회현상, 경제, 정치, 과학기술 등

[읽을거리] *필요한 것은 정보 수집력이 아니라 '분석력'*

DISE는 일종의 프레젠테이션(PT) 면접이다. 두산의 사업과 관련된 사례(Case) 자료(A4 10~15장 정도)를 한 시간 동안 연구해 자료를 준비하고, 두 명의 면접관 앞에서 5분 동안 발표하는 형식이다. (중략)
<u>특히 DISE에서는 분석능력이 기본적으로 필요하다. 각종 그래프와 표, 그림 등이 나오기 때문에 사전에 여러 형태의 자료를 보고 그 자료가 의미하는 내용이 무엇인지 분석하는 연습이 필요</u>하다. 면접 전에 스터디 등을 통해 발표 연습을 해보는 것도 좋다.

조선일보, "미생탈출 AtoZ (29) 두산그룹", 우고운, 2015.08.28

활동지 3

찾아라, 내가 잘하는 일!

> 스스로 생각하기에 자신이 잘하거나, 그 방면에 재주가 있다고 여기거나 또는 민첩하게 잘한다고 생각하는 구체적 활동이나 내용 (교과 성적 등) 을 10가지 적어 보세요. 자신이 하고 싶어 하거나, 잘하고 싶은 활동들은 아닙니다.

1) _____   2) _____
3) _____   4) _____
5) _____   6) _____
7) _____   8) _____
9) _____   10) _____

> 자신의 부모나 형제, 친한 친구 등 주변 사람들이 나에게 매우 잘 한다고 한 활동을 찾아 적어보세요.

1) _____   2) _____
3) _____   4) _____
5) _____   6) _____
7) _____   8) _____

★ 항목은 반드시 10개를 다 채울 수 있도록 합니다.
★ 다른 사람이 보는 나와 스스로 생각하는 나는 어떤 차이가 있을까요?
★ 만약 큰 차이가 있다면 왜 이런 차이가 발생했는지 말해봅시다.

활동지 4

내 뇌 지도 그리기

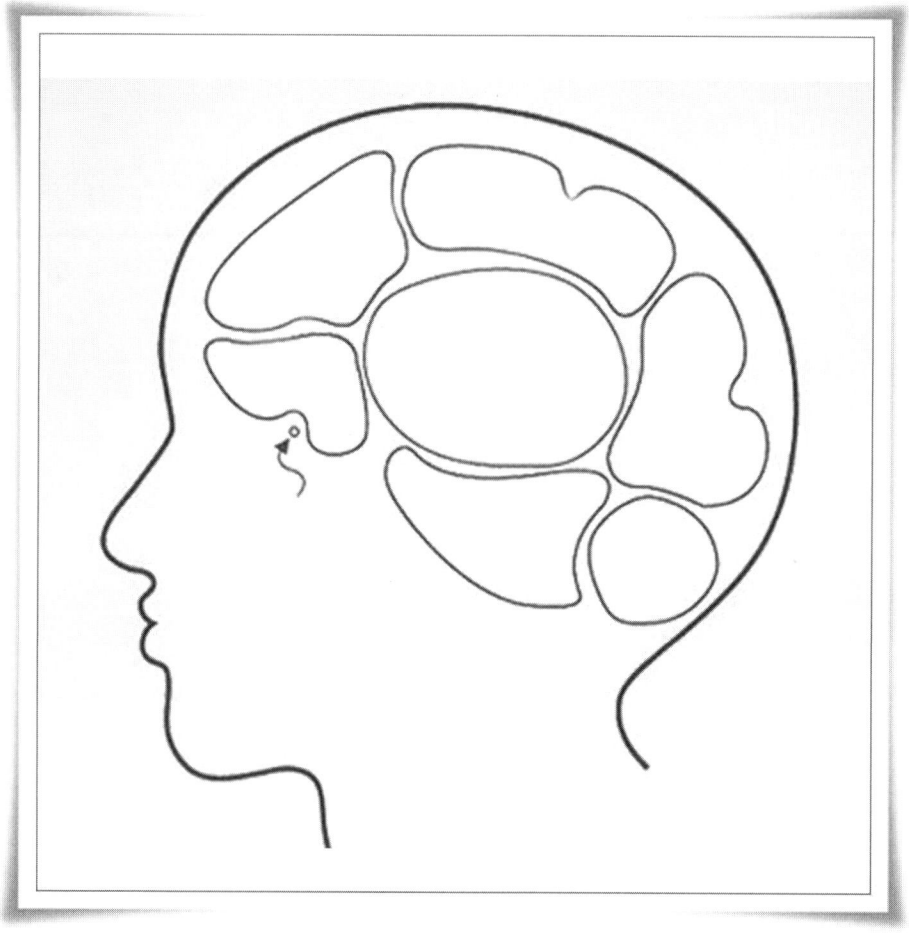

우리는 많은 생각을 하며 살아갑니다. 금방 잊어버리는 것도 있고, 계속 생각하는 것도 있지요. 이제 중학생이 된 나. 내 머릿속을 차지하고 있는 생각들은 어떤 것들이 있을까요? 차분하게 생각을 떠올려 봅시다. <u>자주 생각하는 것은 넓은 곳에, 별로 중요하다고 생각되지 않는 것은 좁은 부분에 작게 표시합니다.</u>
<u>색을 칠하거나 관련된 그림을 그려도 좋습니다.</u>
설명이 필요하면 추가해도 됩니다.

활동지 5

내가 생각하는 나는 어떤 사람?

1. '지금의 나'에 대해 적어 보자.

구분	내용
내가 가장 좋아하는 것(취미)	
내가 가장 잘 할 수 있는 것(특기)	
나의 장점(자랑)	
나의 단점	
내가 가장 아끼는 물건	
내가 가장 즐거웠던 순간	
나의 신체적 조건	
내가 싫어하고 힘들어 하는 일	
고쳐야 할 성격	

2. '내가 바라는 나'에 대해 적어 보자.

구분	내용
내가 진학하고 싶은 고등학교	
내가 바라는 성격	
내가 하고 싶은 직업	
내가 가장 바라는 것	
올해 꼭 이루고 싶은 것	

활동지 6

다른 사람이 생각하는 나

1. '선생님이 보는 나'

   (   ) 선생님께서 본 나는 어떤 사람인가요?

선생님, 담당 교과를 말씀해주세요	
알고 지낸 기간은 얼마나 되세요?	
나의 장점 (칭찬)	
나의 단점 (충고)	

2. '친구들이 보는 나'

   친구 (   ) 가 '나'에 대해 말합니다!

알고 지낸 기간을 써 주세요.	
어떻게 친해졌나요?	
나의 장점 (칭찬)	
나의 단점 (충고)	

3. '부모님이 보는 나'

   우리 부모님은 나에 대해 어떻게 생각하고 계실까요?

다른 사람에게는 없는 나만의 특징	
나의 장점 (칭찬)	
나의 단점 (충고)	

활동지 7-1

심리검사를 통해서 보는 나 (1)

- **흥미 검사 결과**

흥미분야	
관련직업	
결과에 대한 내 생각	

- **적성 검사 결과**

적성타입	
관련직업	
결과에 대한 내 생각	

- **가치관 검사 결과**

가치관 유형	
관련직업	
결과에 대한 내 생각	

활동지 7-2

심리검사를 통해서 보는 나 (2)

- **성격 (개성) 검사 결과**

성격의 유형 및 특징	
관련직업	
결과에 대한 내 생각	

- **다중지능 검사 결과**

점수가 가장 높은 항목	
관련직업	
결과에 대한 내 생각	

활동지 8

〈나는 어떤 사람일까?〉

1. 다른 사람들이 보는 나는 어떤 사람?

   엄마/아빠가 보는 나는

   친구가 보는 나는

   선생님이 보는 나는

2. 내가 생각하는 나는 이런 사람!

   내 장점은요…

   내 단점은요…

   요즘 관심을 가지고 있는 것들은요…

3. 나를 분석해 봤더니 이런 결과가 나왔어요.

각 유형검사	결과	관련직업	내가 생각하는 나와 맞지 않는다고 생각한다면 그 이유는?
흥미			
가치관			
적성			
성격			
다중지능			

4. 나는 이런 사람이 되고 싶어요.

   내가 가지고 싶은 성격은…

   그런 성격을 가지고 싶은 이유는…

   내가 갖고 싶은 직업은 (   ) 에요.
   왜냐하면

   내가 가장 바라는 것은 (   ) 랍니다.
   왜냐하면

활동지 9-1

◆ 인터넷 정보원 ◆

♬ 논문작성은 '정확성'과 '전문성'이 생명입니다. 그래서 이런 점들을 보장하는 사이트를 알아두는 것이 매우 중요합니다. 위에 말한 정보들을 '고급정보'라고 하는데, 이처럼 고급정보를 다루는 웹 사이트들은 여러분의 논문을 한층 더 수준 높고 완성도 있게 만들어줍니다.

1. KINDS (www.kinds.or.kr) - 신문 및 잡지 기사
   □ 한국언론연구원이 구축한 언론전문종합 DB
   □ 전국종합일간신문, 경제신문, TV뉴스, 시사 잡지의 통합검색 가능

2. 디비피아 (http://www.dbpia.co.kr/) - 논문 및 전문가 자료[3]
   □ 석사, 박사 논문, 국내외 1000여종 학술잡지 자료 제공

3. 커리어넷 (http://www.careernet.re.kr/) - 직업심리검사, 직업정보, 학과정보
   □ 한국직업능력개발원과 교육과학기술부가 함께 만든 진로 관련 DB
   □ 미래의 직업세계 - 직업정보, 학과정보에 검색어 입력

4. 워크넷 (http://www.work.go.kr) - 직업심리검사, 직업정보, 학과정보, 진로상담, 직업 및 학과 동영상 등
   □ 직업인 인터뷰, 미래의 새로운 직업, 직업인 동영상 등을 제공

5. 공공데이터 포털 (https://www.data.go.kr) - 정확하고 전문적인 정보 제공
   □ 국가가 가지고 있는 다양한 전문적인 정보를 국민에게 이용할 수 있도록 지원하는 것을 목적으로 함
   □ 검색결과를 링크, 원문, 요약 텍스트로 제공해준다.
   □ 무료 자료도 있지만 유료 자료도 많다.
      (이런 경우에는 해당 자료의 제목을 선생님께 알려주세요!)

---

[3] 그 외에도 학교에서 무료 혹은 유료로 구독하는 학술 데이터베이스를 안내한다.

활동지 9-2

6. Google (www.google.co.kr) - 검색결과가 너무 작을 때, 신문기사 검색
   - ☐ 네이버나 다음에서 검색했을 때 검색결과가 많이 나오지 않는 주제
   - ☐ 구글 – 우측 상단 구글 앱 – 뉴스 선택 – 검색

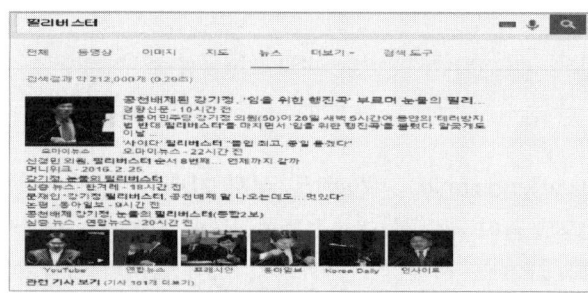

〈그림 1〉 구글 뉴스 '필리버스터' 검색 결과 화면

7. 네이버, 다음의 사전들 - 단어의 정의 및 어원을 찾을 때
   - ☐ 네이버나 다음 등의 '포털 사이트'에서 제공하는 각종 사전 (언어사전, 백과사전, 전문용어사전)

〈그림 2〉 인터넷 포털 사이트의 사전 항목

8. 국가법령정보센터 (http://www.law.go.kr/main.html) - 법률정보
   - ☐ 우리나라에서 시행되고 있는 모든 법령정보를 제공
   - ☐ 판례, 생활법령을 주로 활용

   예) 청소년 보호법에 의한 게임 셧다운 제도와 관련된 내용을 검색하고 싶으면 검색어를 '게임'으로 입력하고 '생활법령' 클릭

활동지 9-3

9. 국가통계 포털 (http://www.kosis.kr)
- 객관적이고 정확한 수치자료
- ☐ 산업, 인구, 소비 변화 방향 등을 주제별, 기관별, 명칭별로 제시

10. 안산시립도서관 (http://lib.iansan.net/main.asp)[4]
- ☐ 우리학교 도서관과 협약이 체결되어서 60권까지 대출 가능.
- ☐ 필요한 책을 검색해서 대출중인지 확인 후, 제목을 적을 것.

11. 위키백과 (http://ko.wikipedia.org)
- 일반적인 백과사전에 다루지 않는 특이한 정보
- ☐ 예) 판타지 소설의 갈래
- ☐ 네이버 지식인과 비슷하다. 그러나 네이버 지식인 보다 조금 더 상세하고 체계적이며 신뢰성이 있다.
- ☐ 단, 네이버 지식인과 마찬가지로 반드시 주석[5]이나 출처[6]를 확인하자.

12. 네이버 전문정보 (http://academic.naver.com)
- 공공데이터 포털과 비슷
- ☐ 각종 논문, 연구보고서, 특허, 통계 등을 볼 수 있다.

13. 국립중앙도서관 '사서에게 물어보세요' (http://www.nl.go.kr/ask/)
- ☐ 국가도서관으로서 관련된 주제에 대한 다양한 자료들을 찾을 수 있다.
- ☐ 주제에 대한 연구를 한 눈에 브라우징 할 때 도움이 된다.

14. 인천광역시 부평도서관 (http://www.bpl.go.kr/data/refer_info3.aspx)
- ☐ 전자도서관 - 인터넷 정보원 항목을 참고

---

4) 그 외 학교 또는 학습자의 생활 근거지 주변의 지역 사회 도서관을 안내할 수 있다.
5) 주석(註釋) : 낱말이나 문장의 뜻을 쉽게 풀이함
6) 출처(出處) : 사물이나 말 따위가 생기거나 나온 근거

> 활동지 10-1

검색할 때 써먹자! 키워드

인터넷에서 필요한 정보를 찾을 때는 적절한 검색어가 필요합니다.
영어로 '키워드 (keyword : 열쇠(key)가 되는 단어(word)'라고 하는데,
다음, 네이버, 구글 등의 검색엔진들은
어떤 키워드를 넣느냐에 따라 검색결과를 다르게 보여줍니다.

예를 들어 '음료수 캔을 재활용 하는 방법'을 찾는다고 해 봅시다.

그냥 '음료수 캔을 재활용 하는 방법'이라고 입력해도 되지만
키워드를 뽑아서 입력하면 좀 더 다양한 검색 결과를 얻을 수 있습니다.

먼저 키워드는 접속사를 빼고 단어만 선택합니다.

음료수캔   캔   재활용

여기서 잠깐, 우리가 찾으려는 건 반드시 음료수 캔이어야 할까요?
음료수 캔이든 보관용 캔이든 우리가 찾으려는 건 '캔'의 재활용 방법입니다.

캔 음료수캔 음료캔 사이다캔 쥬스캔 참치캔 통조림캔 안쓰는캔 재활용

여기서 한 번 더 바꿔 봅시다. 캔은 보통 무엇으로 만들까요?

캔 음료수캔 음료캔 사이다캔 쥬스캔 참치캔 통조림캔 안쓰는캔
알루미늄캔 양철캔 쇠캔 철캔 금속캔 **재활용**

키워드는 이런 식으로 늘리거나 줄이는 게 가능하답니다.

키워드 만들기의 핵심은 '동의어' '유의어' '관련어'

활동지 10-2

◆ 정보 탐색 활동 기록 ◆

인터넷 정보원		검색어 (keyword)	서명, 저자, 출판사, 출판연도, 책내용 (짧게)
1	우리학교 도서관 도서정보		
2	안산시립 도서관 도서정보[7]		

---

7) 해당 지역 사회 도서관으로 대체 가능

활동지 10-3

◆ 정보 탐색 활동 기록 ◆

	인터넷 정보원	검색어 (keyword)	검색결과	
3	KINDS (카인즈)		신문사, "기사제목", 기자이름, 년.월.일	
4	커리어넷 직업정보		관련학과, 자격	
			하는 일	
			적성 및 흥미	
			준비방법	
5	워크넷 직업정보		하는 일	
			교육/자격/훈련	
			임금, 전망	
			필요한 능력 및 개인적 특징	

활동지 10-4

◆ 정보 탐색 활동 기록 ◆

	인터넷 정보원	검색어 (keyword)	검색결과
6	디비피아		저자, 논문제목, 학술지명 또는 발행한 학술협회의 이름, 년. 월.
7	다음 사전		
	네이버 사전		
	위키 백과		

활동지 10-5

◆ 정보 탐색 활동 기록 ◆

	인터넷 정보원	검색어 (keyword)	검색결과
8	구글		
	공공 데이터 포털		

활동지 11

〈자료를 수집하고 정리할 때 조심해야 할 몇 가지〉

1. **모든 자료는 출처를 적어 둔다.**

    * 출처(出處) : 자료를 구한 곳, 자료가 원래 있던 곳

    가. 인터넷 검색 – 검색한 포털 사이트 이름, 검색어, 검색방법
    나. 도서 – 저자명, 서명, 출판사, 출판연도, 페이지
    다. 논문 – 논문 저자명, 논문제목, 작성연도, 페이지
    라. 신문기사 – 기자명, 기사제목, 신문사명, 작성연도

    ☞ 만약 이 작업을 해두지 않으면 나중에 참고문헌을 작성할 수 없게 된다. <u>참고문헌을 쓸 수 없는 자료는 없는 것과 마찬가지다.</u>
    ☞ 특히 인터넷 검색의 경우, 검색방법이나 제목을 기록해두지 않고 출력만 해두면 나중에 어디서 나왔는지 전혀 알 수 없게 된다. 출력을 해 두었더라도 반드시 기록을 하자.

2. **모든 자료는 반드시 읽고 이해해두자. (*특히 논문!!!!*)**

    가. 밑줄을 긋거나, 형광펜으로 표시
    나. 읽은 내용을 요약
    다. 읽고 난 후 자료에 대한 '자신의 생각과 느낌'을 꼭 써두자.

3. **출력할 수 없는 자료는 복사한다.**

    ☞ 복사해서 필요한 부분만 오려낸 다음 A4 용지에 붙이고 여백에 '자신의 생각'을 쓴다.

4. **온라인 자료보다 오프라인 자료가 더 믿을만하다.**

    ☞ 목차를 작성할 때 도서자료의 목차를 참고하면 더 쉽다.

5. **모은 자료는 반드시 폴더에 모두 보관해야 하며 되도록 비슷한 것끼리 모아서 분류, 정리할 수 있도록 하자.**

> **활동지 12-1**

<인터넷의 바다에서 헤엄치기>

우리는 종종 인터넷을 사용하다가 본래의 목적을 잊고 시간이 훌쩍 지나간 것을 깨닫습니다. 이런 사람들을 '인터넷 미아'라고 부르죠. 이처럼 인터넷의 바다에서 길을 잃지 않으려면 어떻게 해야 할까요?

■ **인터넷 포털 사이트의 구조를 이해하자.**

다음(daum), 네이버(naver), 구글(Google) 같은 사이트들은 '검색어(Keyword)'를 입력하면 검색어와 관련되거나 검색어가 포함된 검색결과를 보여줍니다. 검색 결과들은 정보의 형태별로 나눠집니다. 크게 다음과 같은 종류가 있습니다.

* 링크 옆에 붙은 AD(advertisement)는 광고를 의미

가. 이미지

이미지

나. 뉴스 및 신문기사

뉴스   정확도 | 최신

'금 나와라 뚝딱' 이수경, 명품 며느리 패션 '화제'   2시간전 | 엑스포츠뉴스 | 미디어다음
[엑스포츠뉴스=대중문화부] 배우 이수경의 '재벌집 며느리 패션'이 화제다. MBC 주말 드라마 '금 나와라 뚝딱'에서 둘째 며느리 성은으로 분한 이수경은...

수지, 레인코트 패션 화제, 수지의 비오는 날 패션팁?!   1시간전 | Y-STAR생방송스타뉴스
[동영상] 수지, 레인코트 패션 화제, 수지의 비오는 날 패션팁?!   9분전 | 미디어인뉴스

다. 블로그 또는 카페

카페글
지금봐도 예쁜, 60년대 패션의 전설이 된 여자모델 6인 (bgm,스압)   2012.10.16
1. 트위기. 60년대 모즈룩을 대표하는 패션아이콘으로 가장 많이 거론되는 모델. 영국 런던출신. 본명 레슬리 혼비. 데뷔당시 키 168. 몸무게 41kg에 불과했던 그녀는 트위기라는 별칭이 말해주듯 나뭇가지, 막대기를 연상시킬...
cafe.daum.net/ok211/680V/580607   뉴빵카페-(얼짱 성형 패션 뷰티 여성정.. | 댓글 44

제4장 ‖ 소논문 쓰기 활동을 통한 진로독서교육 프로그램   **389**

활동지 12-2

블로그

결혼식하객**패션** 여자 20대결혼식코디으로 올봄유행**패션**을 담아 』 2013.04.23
결혼식하객**패션** 여자 20대결혼식코디으로 올봄유행**패션**을 담아 』 봄도 되니까 여기 저기서 결혼식 소식이 들리네요. 얼마 전엔 지인이 결혼식을 해서 발도장을 쾅 찍고 온 저입니다. 새하얀 드레스를 입은 그녀, 눈가가...
leeve.**tistory.com**/668 리브의 오감만족

라. 동영상

동영상

...orld, Beautiful People 팝송레게머리**패션**헤어스타일외국노래   1시간전
[UCC다바다] Amazulu - Wonderful World, Beautiful People 팝송레게머리**패션**헤어스타일외국노래
출처: 판도라TV

패션센스쇼한국매력포텐남성팬도 장난아니야 정말귀요미한...   1시간전
[UCC다바다] 인피니트지드래곤급**패션**센스쇼한국매력포텐남성팬도 장난아니야 정말귀요미한여성들의완소위너비남친포스이름이뭐예요infiniteYO직직팬컴펜엘프모자

Homme 5.0 - Ep.02 : 2013 F/W 서울**패션**위크1   2013.04.23
2013년 봄 남자라면 절대 놓쳐서는 안 될 것! best 3! 꽃중년 **패션** MAKE OVER! 국내 최고의 **패션** 축제 2013 F/W 서울**패션**위크 남자들의 로망을 한자리에 2013...
출처: youtube

마. 사전 또는 백과사전

어학사전

국어   **패션** [fashion,passion]
뜻 1) 어느 특정한 감각이나 스타일 2) 예수 그리스도의 수난 이야기를 극적으로 나타낸 종교 음악 뜻(3개) 더보기

백과사전

패션 [fashion] 브리태니커
주로 복장 등이 특정한 시기에 널리 유행하는 일. **패션**은 단기간의 유행(fads) 및 여타의 집단적 열광과 유사하지만 그것들과 달리 제도화되어 있고 정규적으로 ...

백과사전 더보기 ▶

바. 책 (도서정보)

책

패션의 탄생 - 만화로 보는 **패션** 디자이너 히스토리
강민지 지음 | 루비박스 | 2011.05.01
책소개 명품 브랜드와 위대한 디자이너에 얽힌 모든 것을 만화로 읽는다! 만화로 보는 패션 디자이너 히스토리 『패션의 탄생』. 이 책은 샤넬, 페라가모, 에르메스, 루이 비통, 발렌시아가, 랄프...
최저가 13,980원 [가격비교]

엉뚱이 소피의 못말리는 **패션**
수지 모건스턴 지음 | 최윤정 옮김 | 비룡소 | 1997.03.20
책소개 옷을 이상하게 입고 다녀 학교로부터 경고를 받은 소피를 부모님은 심리치료사에게 보내지만 박사님은 오히려 창의력이 뛰어난 아이라고 말한다. 무조건 남과 다르다는 것이 사회성에서...
최저가 4,220원 [가격비교]

이혜영의 **패션** 바이블
이혜영 지음 | 살림LIFE | 2009.10.12
책소개 이 시대 최고의 패션아이콘 이혜영의 두 번째 스타일링 지침서! 이혜영의 『패션 바이블』. '이혜영 단발머리', '이혜영 헤어핀', '이혜영 립스틱' 등 새로운 패션을 선보일 때마다...
최저가 7,500원 [가격비교]

패션(개념에서 소비자까지) eBook
조킬수 지음 | 시그마프레스 | 2003.03.01
책본문 (sales records) / 88판매축진형 매장 / 359판매총괄책임자 / 336패드(fads) / 62**패션** / 58**패션** 가이드(Fashion Guide) / 95**패션** 그룹 인터내셔널(Fashion Group International... (480 페이지)

책 더보기 ▶

활동지 12-3

■ 정보 검색, 이렇게 해보세요.

가. 주제를 결정하기 전 : 눈으로만 말해요~

1) 검색결과를 <u>눈으로만</u> 훑어본다.

　모르는 단어, 흥미 있는 단어, 관계있는 단어를 옮겨 적는다. 이때 옮겨 적은 단어들은 나중에 다시 검색한다. 이런 방식으로 검색결과를 늘리는 검색법을 '눈덩이 굴리기'라고 한다.

2) <u>한 단어로 여러 개의 사이트</u>를 검색한다.

　<u>사이트 마다 검색결과가 다를 수 있다</u>. 예를 들어 '네이버'에서 먼저 검색했다면 이후 '다음' '구글'에서 검색한 결과를 옮겨 적을 때는 이전에 보지 못했던 단어들을 골라서 옮겨 쓰면 중복을 막을 수 있다.

나. 주제를 결정하고 난 후 : 찾은 내용은 출처! 복사! 출력!

1) 전문가가 쓴 자료를 우선 확보한다.

　책, 신문기사, 연구논문, 국가 보고서, 통계 등이 대표적인 자료들이다. 위키백과, 블로그, 지식인, 카페 등은 되도록 사용하지 말자. *왜냐하면 글쓴이들이 전문가인지 아닌지 확신할 수 없기 때문*이다. 자료를 아무리 찾아도 없는 경우는 어쩔 수 없지만.

2) 전문가에게 직접 물어보자

　질문을 미리 준비한 다음, 직접 찾아서 **인터뷰 또는 설문조사**를 하자. 인터뷰가 힘들다면 트위터나 페이스북 등으로 물어볼 수 있다. (많은 유명인들이 자신의 SNS를 공개한다) SNS를 사용하기 *힘들다면 전문가를 인터뷰한 동영상을 찾는다.* 백문이 불여일견!

3) 단어의 정의는 반드시 정리하자
- ■ 辭典 (언어사전) : 단어의 발음, 의미, 어원, 사용법을 해설한다.
- ■ 事典 (백과사전) : 단어를 포함한 용어, 인물, 사건, 현상, 풍습 등 다양한 분야의 사항들을 해설한다.

활동지 12-4

〈구글, 네이버, 다음의 카테고리(category) 비교〉

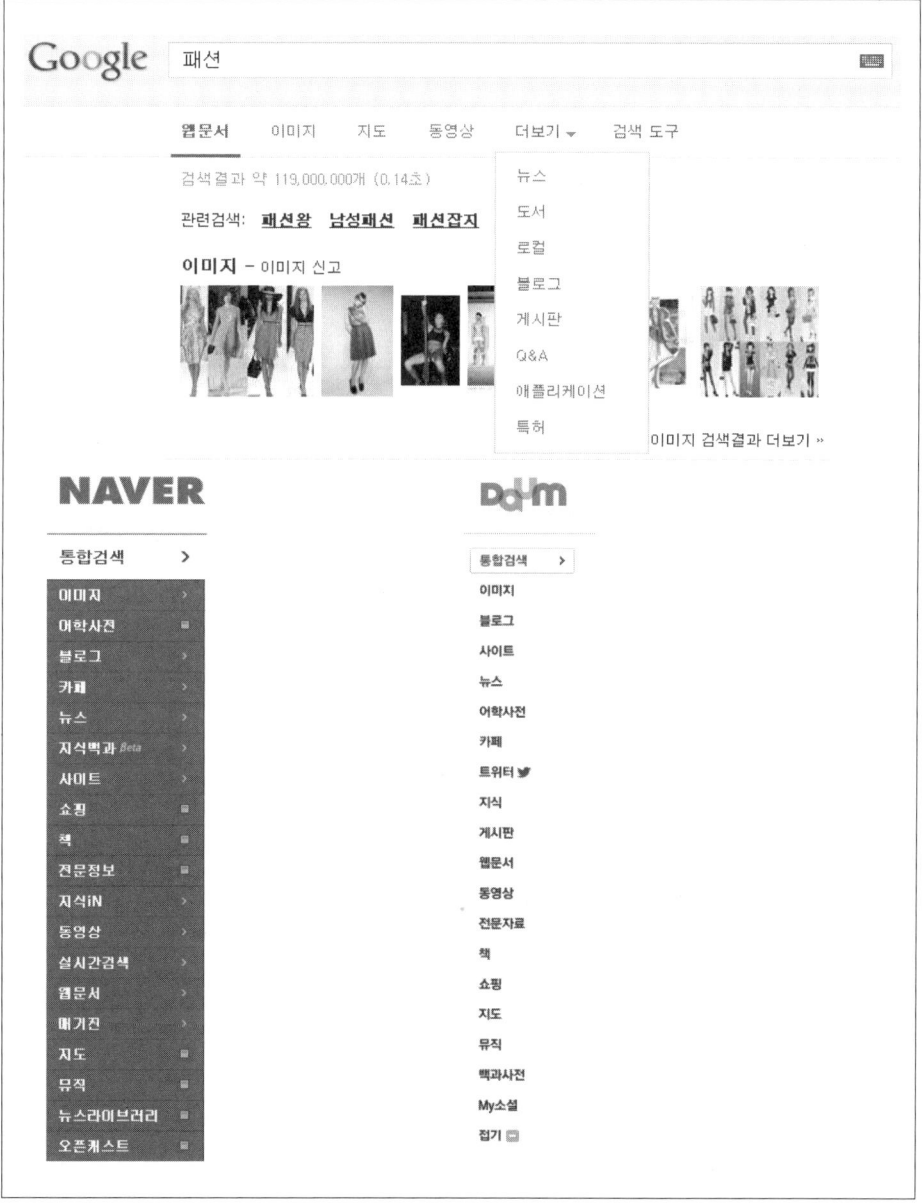

활동지 13

주제	

♪ 이번 마인드맵은 여러분이 수집한 자료들을 한 눈에 파악할 수 있도록 만드는 것입니다.
♪ 마인드맵을 만들다 막히면 모아둔 자료를 다시 검토하거나 인터넷으로 검색해서 부족한 부분을 채우면서 진행합니다.
♪ 최대한 많은 동그라미를 만들어보세요. 너무 적은 수의 동그라미는 연구를 진행하기 힘들어요.
♪ 동그라미를 만들다가 막히면 선생님께 물어보세요.

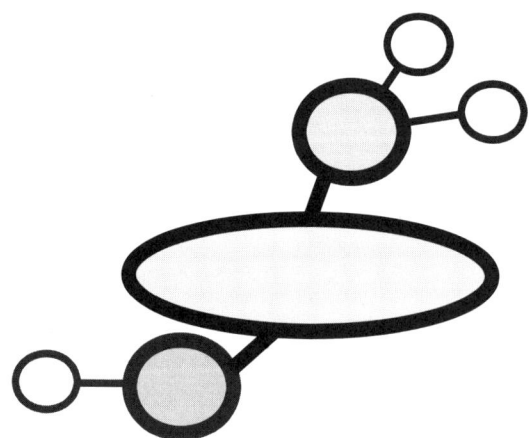

활동지 14-1

좋은 제목과 주제를 고르자!

1. 한 가지 주제에 대한 제목인가?

잘못된 예	고친 예
온라인 게임과 스타에 관한 연구	온라인 게임 스타크래프트에 관한 연구

2. 표현이 정확하고 구체적인가?

잘못된 예	고친 예
똥	똥으로 알아보는 건강
캐릭터	인기 있는 조연 캐릭터의 공통점
만화	우리나라 만화와 일본 만화의 비교
영화	2014 후반기에 새로 나온 영화 조사
옷	체형을 보완할 수 있는 디자인의 옷
사탕, 사탕, 사탕	잘 팔리는 사탕의 특징

3. 내 관심사와 어떤 관련이 있나?

4. 보고서를 작성할 수 있는 주제인가?

\	\	\	\
보고서란 체계적이고 집중적으로 어떤 문제를 풀이하고 의미를 정리하는 글이다.			
표지 제목 30212 ○○○ 제출일 소속학교	Ⅰ. 서론 1) 조사 목적 2) 관련 교과서 내용 3) 예측되는 조사결과 내용 (효과) 4) 조사를 위한 과정 (조언 구하기) 5) 조사 대상 6) 조사 기간 7) 조사 방법	Ⅱ. 본론 조사 내용 분석 (조사결과 + 의견) Ⅲ. 결론 반성 및 자체 평가 1. 조사가 끝난 뒤의 소감 2. 참고 문헌 및 조사를 도와준 고마운 분들	Ⅳ. 참고문헌 [도서] [기사] [논문] [인터넷]

활동지 14-2

5. 다음 주제는 바르게 만들어진 주제일까? 옳지 않다고 생각한다면 각자 고쳐 봅시다.

1) 우리나라와 다른 나라의 유물 유적 연구

2) 테디베어에 대한 연구

3) 위대한 위인들에 대한 연구

4) 일본 만화 연구

5) 각 나라를 대표하는 옷에 관한 연구

6) 별자리에 관하여

7) 돌피 인형 연구

8) 애니메이션에 대한 연구

9) 삼국지와 영웅호걸들

10) 애완동물에 대해서

11) 한국 프로 야구에서 활약했던 선수들

12) 내가 가보고 싶은 나라의 문화유산

13) 집에서 기르기 쉬운 관엽식물과 봄에 피는 야생화

14) 2009년에 나온 드라마 조사

15) 종이접기의 유래와 접는 법

활동지 14-3

논문의 핵심 제목을 만들자

♬ 막연했던 생각들을 구체적인 자료로 찾아보며 대충 파악이 되었다면 이제 진짜 제목을 만들어 봅시다.
♬ 이 연구를 진행하려는 '이유'가 가장 중요하다는 걸 명심하세요!

제목 :

▽

제목을 이렇게 지은 이유 : **나**와 **주제**는 어떤 **관계**가 있나요?

▽

이 주제를 연구하고 나면 나에게 어떤 **변화**가 생길까요?

활동지 15-1

논문의 전체 형태를 결정한다, **구 성**

1. 왜 형식이 중요한가?

형식을 갖춘 글은 읽는 사람에게 신뢰감을 준다.
(물론 내용도 매우 중요!!!)

2. 논문의 구성요소

표지	Ⅰ. 서론	Ⅱ. 본론	Ⅳ. 참고문헌
제목	1) 조사 목적 2) 관련 교과서 내용	조사 내용 분석 (조사결과 + 의견)	[도서] [기사]
30212 ○○○	3) 예측되는 조사결과 내용 (효과) 4) 조사를 위한 과정 (조언 구하기)	Ⅲ. 결론 반성 및 자체 평가 1. 조사가 끝난 뒤의 소감	[논문] [인터넷]
제출일 소속학교	5) 조사 대상 6) 조사 기간 7) 조사 방법	2. 참고 문헌 및 조사를 도와 준 고마운 분들	

가. 표지

제목, 학번, 이름, 소속, 논문의 내용을 나타내는 이미지

나. 서론

1) 조사목적
2) 조사 결과 예상
3) 조사기간
4) 조사할 내용
5) 조사방법

활동지 15-2

다. **본론**
  * 목차 만들기 참고

라. **결론**
  1) 서론에서 예상했던 내용과 실제로 분석한 결과를 비교
  2) 본론을 간단히 요약
  3) 연구를 하면서 힘들었던 점, 재미있었던 점, 새롭게 알게 된 점, 연구가 나에게 미친 영향

마. **참고문헌**
  1) 도서 자료
     : 서명, 저자, 출판사, 출판연도
  2) 신문 기사
     : 신문명, "기사제목", 기자이름, 신문등록날짜 (년, 월, 일)
  3) 논문 자료
     : 저자명, 논문제목, 학회지명, 출판날짜(년, 월)
  4) 인터넷 자료
     : 인터넷 도메인 주소 (도메인 명칭, 검색 키워드 '   ')

〈참고문헌 기록 예시〉

[도서]
우리가 알아야 할 동물복지의 모든 것, 박하재홍, 슬로비, 2013

[신문 기사]
한국일보, "환경이 청소년 범죄자들에게 미치는 영향100명 중 66명이 가정환경 탓…", 이진희, 송옥진, 2012.11.19

[논문]
허만욱, 한국 판타지 장르문학의 흐름과 발전 전략 연구, 우리문학회, 2011.10

[인터넷]
http://www.work.go.kr/jobMain.do (워크넷, 검색 키워드 '간호사')

활동지 15-3

〈보고서 표지 형식〉

제목 →

○○○학교도서관과 국립중앙도서관의 800 문학 분류 비교분석

내용을 알 수 있는 사진 →

학년반번호 → ○학년 ○반 ○번 홍 길 동

제출일 → 2013. 11. 08

소속학교 → ○ ○ 중 학 교

활동지 16

〈글의 기본 구조, 목차를 만들자〉

1. 목차란?

가. 목차

목록이나 제목, 조항 따위의 차례.

예) 목차를 붙이다, 목차를 짜다, 목차를 보고 원하는 정보를 찾다.

나. 차례

1) 순서 있게 구분하여 벌여 나가는 관계. 또는 그 구분에 따라 각각에게 돌아오는 기회.

2) 책이나 글 따위에서 벌여 적어 놓은 항목.

2. 목차를 만들면 논문의 반을 완성한 셈이다!

1) 우리가 지금 작성하는 목차는 논문의 '본문'에 해당한다.

2) 수집한 자료를 어떤 순서로 늘어놓아야 읽는 사람이 읽기 쉽고 논리적으로 이해할 수 있을까?

■ 목차
Abstract
Ⅰ. 서론
Ⅱ. 대중스타의 패션 트렌드와 영향력
Ⅲ. 대중스타의 패션 트렌드
Ⅳ. 결론
참고문헌

3. 목차 만드는 방법

가. 관심분야에 대한 마인드 맵 작성

나. 선생님과 함께 작성한 마인드 맵 검토

1) 주제를 유지해도 괜찮을 것 같으면 계속 진행

2) 주제의 범위가 너무 넓거나 좁으면 주제 수정

다. 주제를 결정한 다음 해당 주제에 관해 다시 마인드 맵 작성

라. 작성한 마인드맵에서 중심 주제와 가장 가까운 동그라미들이 목차가 된다.

활동지 17-1

프레젠테이션의 달인이 되자!

열심히 준비한 보고서,
어떻게 발표해야 200% 전달할 수 있을까요?

- 스티브 잡스의 프레젠테이션 -

놀랍고, 재미있다
전체적으로 깔끔
이해하기 쉽다
자연스럽게 연결

1. 프레젠테이션(presentation)이란?
소리, 그림 등을 이용한 발표 활동. 줄여서 PT라고도 한다.

2. 프레젠테이션(presentation)의 목적
1) 많은 사람들에게 조사한 내용을 한 번에 전달한다.
2) 조사한 내용을 사람들에게 이해하기 쉽도록 요약하여 사진, 동영상, 소리를 활용한다.

활동지 17-2

3. 프레젠테이션(presentation)에 사용하는 프로그램
 1) 한글 2007
 2) 파워포인트(power point)

4. 프레젠테이션(presentation) 자료 만들 때 주의할 점
 1) 발표시간 : 5분을 넘지 않는다.
 2) 창의적으로 내용을 구성한다.
 3) 시각자료를 1개 넣는다. (통계, 사진, 그림, 그래프, 동영상 등)
 4) 발표자에 대한 소개 자료를 넣는다.
 5) 슬라이드는 총 10장을 넘기지 않는다.
 6) 듣는 이가 재미있게 들을 수 있도록 한다.
 7) 한 페이지 안에 너무 많은 글자를 넣지 않도록 한다.

<프레젠테이션에 들어가야 할 핵심내용 7가지>

1. 조사 목적	4. 조사 내용 요약	7. 참고문헌
2. 조사 결과 예측	5. 조사 결과 요약	
3. 조사 기간	6. 조사 후기	

5. 발표 시 갖추어야 할 기본자세
 1) 단정한 옷차림
 2) 세련된 매너 (웃음, 질문과 답)
 3) 명확하고 적절한 톤의 목소리
 4) 시간 지키기 (연습을 통해 걸리는 시간 미리 확인)

활동지 17-3

〈프레젠테이션 개별 평가표〉

★ 1~7 번까지 : 예 ① 체크, 아니오 ⑤ 체크
★ 체크한 뒤 점수의 합계를 낸다.
★ 가장 많은 점수를 얻는 순서대로 시상 (최우수 2명, 우수 2명, 장려 2명)

순서	평가항목	평가 점수
1	시각자료를 넣었는가? (사진, 통계, 그림, 그래프, 동영상 등)	① ⑤
2	슬라이드가 10장 이내인가?	① ⑤
3	자기소개에 대한 내용이 있는가?	① ⑤
4	참고문헌을 제대로 작성하였는가?	① ⑤
5	조사목적을 명확하게 밝혔는가?	① ⑤
6	예측되는 조사결과를 제시하였는가?	① ⑤
7	발표가 끝나고 질문 응답시간을 주었는가?	① ⑤
8	발표자가 내용을 얼마나 외워서 진행하였는가?	① ② ③ ④ ⑤
9	제한시간을 얼마나 잘 지켰나? (최대 5분)	① ② ③ ④ ⑤
10	조사한 내용이 논리적으로 전달되었는가?	① ② ③ ④ ⑤
11	발표 듣기가 즐거웠나?	① ② ③ ④ ⑤
12	발표 예절에 맞는 단정한 옷차림인가?	① ② ③ ④ ⑤
13	질문에는 바른 대답을 하였는가?	① ② ③ ④ ⑤
14	한 화면에 들어가는 글자 수는 적당한가? (최대 7줄)	① ② ③ ④ ⑤
15	글자 크기는 적당한가?	① ② ③ ④ ⑤
16	그림이나 색깔 등이 적절하게 사용되었나?	① ② ③ ④ ⑤
17	발표 내용을 이해하기 쉬웠는가?	① ② ③ ④ ⑤
18	흥미롭고 기발한 전달방법을 사용하였는가?	① ② ③ ④ ⑤
19	목소리 크기나 표정 등이 발표에 적절했는가?	① ② ③ ④ ⑤
20	조사 결과는 조사 목적에 맞게 나왔는가?	① ② ③ ④ ⑤
점수합계		점

활동지 18

〈오늘의 연구 일지〉

일시	201 년 월 일	연구 장소	학교 / 집 / 그 외_____(해당 사항에 표시)		
학년		반		번호	이름

이번시간 활동목표	

◐ **이번시간에 조사한 내용**

　내용 / 내용의 출처 / 또는 검색방법을 잘 써둬야 합니다.
　그래야 나중에 참고문헌을 쓸 수 있어요!

◐ **다음시간에 해야 할 일**

참고문헌

구글. 뉴스 검색, 필리버스터. 〈https://goo.gl/vyXub6〉 [인용 2015. 2. 29].
구글. 이미지 검색, 프레젠테이션. 〈http://goo.gl/l7tvDD〉 [인용 2015. 2. 26].
김은정 외. 2011. 『학교도서관을 활용한 진로독서 프로그램』. 의정부: 경기도교육청북부청사.
김은주. 2015. 『고등학교 소논문 쓰기 장미쌤의 실천사례』. 서울: 씨앤톡.
네이버. 네이버 지식in 전문가 답변. 〈http://goo.gl/Rlydn1〉 [인용 2015. 2. 29].
노영희. 2015. 『논문자료탐색과 논문작성법』. 서울: 청람.
두산백과. 집단지성(Collective Intelligence, 集團知性). 〈http://dic.naver.com〉 [인용 2016. 2. 26].
서울특별시교육청 직업진로교육과. 2009. 『입학사정관제 대비 커리어포트폴리오 워크북』. 서울: 서울특별시교육청.
소병문 외. 2014. 『고등학생 소논문 쓰기 어떻게 시작할까』. 서울: 씨앤톡.
손민영. 2011. 『우리는 수곡지식인 : 진로 프로젝트 활동지』. 청주: 수곡중학교.
송기호. 2006. 『학교도서관 교육의 실제』. 서울: 학교도서관협회.
유튜브. 스티브 잡스 아이폰 프레젠테이션. 〈https://youtu.be/EEEPkThgKM4〉 [인용 2015. 2. 10].
전보라. 2011. 『Individual research class : 5~6차시 탐색한 자료의 기록과 관리』. 서울: 경기여고.
조선일보. 『미생탈출 A to Z(29) 두산그룹』. 우고운, 2015. 8. 28.
한국어 위키백과. 판타지 소설. 〈https://ko.wikipedia.org〉 [인용 2015. 2. 26].

색 인

ㄱ

개요상자 ·· 352
건너뛰며 읽기 ································ 153
검색어 ·· 325
결론 ·· 340
과제 ··· 35
과제정의 ······································· 325
교과교육 분야 ································ 109
교과교육과정 ·································· 27
교육목표분류 ································· 111
기획독서 ································ 232, 237

ㄴ

나의 미래직업 보고서 ···················· 155
네이버 지식인 ································ 349
네이버 캐스트 ································ 346
논문집 ··· 357

ㄷ

다중지능 검사 ································ 131
다중지능이론 ································· 128
대주제 ·· 47
독서감상 ······································· 293
독서감상문 ···································· 237
독서기록장 ···································· 235
독서포트폴리오 ······ 230, 236, 248, 249
동아리활동 ······························· 18, 27
동아리 활동 평가 ··························· 162

ㄹ

롤모델 ··································· 254, 292
리플릿 ··· 157

ㅁ

마인드맵 ······················ 32, 44, 149, 339
매체읽기 ······································· 259
목차 ······································ 338, 352
문제해결능력 ··································· 13
문헌연구 ··· 55
물리적 환경 구축 ··························· 126

ㅂ

반성 ··· 37
발췌독서 ································ 233, 239
발표하기 ··· 60
방과후 시간 ····································· 27
방과후 수업 ··································· 126
방과후 학교 ··································· 329
백과사전 ······································· 338
범교과 학습 ····································· 15
별점주기 활동 ································ 160
본문 ··· 353
본문쓰기 ······································· 354
브레인스토밍 ································· 148

ㅅ

사서교사 ······························ 30, 38, 52

사전 연구 ·· 337
사전활동 ·· 333
생각나누기 ·· 38
생각모으기 ·· 34
서론 ·· 340
서지사항 ·· 348
소감 ·· 61
소그룹 ·· 42
소논문쓰기 ·································· 256, 291
소주제 ·· 35, 48
수강생 모집 ·· 117
실과 교과 ·· 109
심리적 래포 ·· 333

ㅇ

언어사전 ·· 338
연구 발표회 ·· 357
온라인 참고정보원 ········ 325, 336, 342
운영 기간 ·· 125
운영 시간 ·· 125
운영 환경 ·· 116
운영 환경구축 ···································· 117
워크넷 ·· 334
위키백과 ·· 346
인문고전도서 ······································ 255

ㅈ

자기소개서 ·· 271
자기주도적 학습 ······················ 13, 15, 16
자기평가 활동 ···································· 160
자료 선정 ·· 127
자아개념 ·· 13
자유학기제 ·· 329

적성검사 ·· 269
전문가가 답변 ···································· 350
전시 ·· 60
정보윤리 ·· 147
정보이용 ·· 326
정보탐색 ······································ 137, 325
정보탐색 전략 수립 ·························· 325
정보평가 ·· 326
정보표현 ·· 326
정보활용 ·· 29
정보활용교육 ······································ 327
정보활용능력 ······································ 111
제목 ·· 340
조력교사 ·· 52
주제 ·· 26
직업 ·· 12
직업가계도 ·· 283
(직업동화) 내 꿈은 ·························· 142
직업정보 ···127
직업탐색 ···························· 279, 282, 286
직업흥미유형 ······································ 133
진로 ·· 12, 25
진로관련 도서목록 ·····························137
진로교육 ·········· 11, 109, 227, 244, 324
진로교육단계 ······································ 240
진로독서 ······························ 237, 238, 281
진로독서교육 ······· 230, 232, 235, 239,
   241, 248, 260
진로독서교육과정 ································ 14
진로독서단계 ······································ 241
진로독서지도 ······················ 229, 232, 259
진로독서포트폴리오 ······· 231, 237, 240
진로와 직업 ·· 112

진로탐색 ····················· 279
진로탐색 영역 ············· 112
진로활동 ························ 17
진로활동의 목표 ········ 109
진로활동의 운영방법 ·· 109
진로활동의 활동 ········ 109
질문 목록표 ········· 32, 45
집단 지성 ···················· 345
집단의 특성 ················ 116

ㅊ

차시별 주제와 전략 ··· 119
참가자 선정 ················ 124
참고문헌 ············ 326, 348
참고문헌 작성법 ········ 148
참고자료 ························ 40
참고자원 ················ 50, 58
참고정보원 ·················· 342
참여형 데이터베이스 ··· 345
창의적 체험활동 ·········· 16
창의적 체험활동 분야 ··· 109
창체시간 ················ 27, 40
체크리스트 ·················· 115
출처 ···················· 345, 354

ㅋ

커리어넷 ······················ 334
키워드 ·························· 337

ㅍ

파워포인트 ·················· 158
평가 ······················· 30, 37
포털 사이트 ················ 338
폴드 팝업 북 ·············· 157
프레젠테이션 ······ 326, 357
프로젝트 학습 ···· 12, 13, 20, 23

ㅎ

한국십진분류표 ·········· 139
한국직업전망 ·············· 137
훑어 읽기 ···················· 153

Big6 Skills ················· 111
Big6 모형 ··················· 324
CRE-PBL ······················ 25
EBS 지식백과 ············ 346
Fold Pop-up book ···· 157
leaflet ························· 157
ppt ································ 59
prezi ····························· 59

◎ 지은이 소개

• 방 숙 영
  경기 군포 당정중학교 교사(사서)
  (학교도서관을 활용한) 진로독서 프로그램(경기도교육청 2011, 공저)
  공주대학교 대학원 문헌정보교육학 석사

• 김 은 정
  경기 고양 행남초등학교 교사(사서)
  (학교도서관을 활용한) 진로독서 프로그램(경기도교육청 2011, 공저)
  공주대학교 대학원 문헌정보교육학 박사과정

• 박 주 현
  광주 건국초등학교 교사(사서)
  독서태도 검사의 이해와 실제(전남대학교 출판부 2016, 공저)
  전남대학교 대학원 문헌정보학 박사

• 박 보 경
  경기 안산 부곡중학교 교사(사서)
  도서관과 함께하는 청소년 정보활용교육 프로그램(경기도사이버도서관 2015, 공저)
  공주대학교 문헌정보교육학과 졸업

진로독서교육의 이해와 실제

2016년 4월 20일 인쇄
2016년 4월 25일 발행
지은이 _ 방숙영·김은정·박주현·박보경
펴낸이 _ 김선태
발행처 _ 도서출판 태일사(www.taeilsa.co.kr)
　　　　대구광역시 중구 2·28길 26-5(남산동)
　　　　전화 053-255-3602 | 팩스 053-255-4374
등록일자 _ 1991. 10. 10
등록번호 _ 제 6-37호

정가 20,000원

ⓒ방숙영 외 2016   ISBN 979-11-87268-00-0   93020

■ 이 도서의 무단 전재 및 복제를 금합니다.
■ 파본은 구입하신 서점에서 교환하여 드립니다.